Deutsche Märchen seit Grimm

Herausgegeben von Paul Zaunert

EUGEN DIEDERICHS VERLAG

Neue Ausgabe in einem Band
Bearbeitet und mit Nachweisen versehen von
Elfriede Moser-Rath

10. bis 12. Tausend 1976
(37. bis 39. Tsd. der Gesamtauflage)

Einbandentwurf: Hans Hermann Hagedorn
Gesamtherstellung: Passavia Passau
ISBN 3-424-00257-7 Hln
ISBN 3-424-00258-5 Leder

1. Die Prinzessin auf dem Baum

Es war einmal ein armer Junge, der mußte tagaus, tagein die Schweine in den Wald treiben, daß sie bei Bucheckern und Eichelmast fett würden. Dabei war er nach und nach achtzehn Jahre alt geworden. Eines Tages trieb er seine Schweine tiefer in den Wald, als er gewöhnlich zu tun pflegte; da sah er plötzlich einen allmächtig hohen Baum vor sich, dessen Zweige sich in den Wolken verloren. »Der Tausend, das ist aber ein Baum!« sagte der Junge bei sich. »Wie mag es wohl sein, wenn du dir von seinem Wipfel aus die Welt beschaust!« Gedacht, getan; er ließ seine Schweine im Boden wühlen und kletterte an dem Stamme empor. Er kletterte und kletterte, es wurde Mittag, die Sonne ging unter, aber noch immer war er nicht in das Geäst gekommen. Endlich, da es schon zu dunkeln begann, erreichte er einen armlangen Stutz, der in die freie Luft hinausragte. Daran band er sich mit der neuen Peitschenschnur, die er in der Tasche trug, fest, daß er nicht hinabstürzte und Hals und Bein bräche, und dann schlief er ein.

Am andern Morgen hatte er sich so weit verkobert, daß er sich mit frischen Kräften wieder an die Arbeit machen konnte. Um die Mittagszeit langte er denn auch in dem Geäst an, und von dort ging das Steigen leichter, doch den Zopf erreichte er auch diesmal nicht; wohl aber kam er gegen Abend in einem großen Dorfe an, das in die Zweige hineingebaut war.

»Wo kommst du her?« fragten die Bauern verwundert, als sie ihn erblickten. »Ich bin von unten heraufgestiegen«, antwortete der Junge. »Da hast du eine weite Reise gehabt«, sprachen die Bauern, »bleib bei uns, daß wir dich in unsern Dienst nehmen!« – »Hat denn hier der Baum schon ein Ende?« fragte der Junge. »Nein«, gaben die Bauern zurück, »der Wipfel liegt noch ein gut Stück höher.« – »Dann kann ich auch nicht bei euch wohnen bleiben«, versetzte der Junge, »ich muß in den Zopf hinauf. Aber zu essen könnt ihr mir geben; denn ich bin hungrig, und müde bin ich auch.« Da nahm ihn der Schulze des Dorfes in sein Haus, und er aß und trank, und nachdem er satt geworden war, legte er sich hin und schlief. Am andern Morgen bedankte er sich bei den Bauern, sagte ihnen Lebewohl und stieg weiter den Baum hinauf.

Die Sonne stand schon hoch am Himmel, als er ein großes Schloß erreichte. Da schaute eine Jungfrau zum Fenster hinaus, die freute sich sehr, daß ein Mensch gekommen sei, sie in ihrer Einsamkeit zu trösten. »Komm zu mir herein und bleibe bei mir«, sagte sie freundlich. »Hat hier denn der hohe Baum sein Ende?« fragte der Junge. »Ja, höher hinauf kannst du nicht«, sprach die Jungfrau, »und nun komm herein, daß wir uns die Zeit vertreiben.« – »Was machst du denn hier oben so alleine?« fragte der Junge. – Antwortete die Jungfrau: »Ich bin eines reichen Königs Tochter, und ein böser Zauberer hat mich hierher verwünscht, daß ich hier leben und sterben soll.« Sprach der Junge: »Da hätte er dich auch ein wenig tiefer verwünschen können.« Das half nun aber nichts, sie saß da oben und mußte da oben bleiben; und weil die Prinzessin ein hübsches, artiges Mädchen war, so beschloß er, nicht wieder zurückzukehren und mit ihr zusammen im Schlosse hauszuhalten.

Das war ein lustiges Leben, das die beiden da oben im Schlosse auf dem hohen Baume führten. Um Speise und Trank durften sie nicht sorgen; denn was sie wünschten, stand auch sogleich vor ihnen; nur wollte dem Jungen nicht behagen, daß die Prinzessin ihm verboten hatte, in ein bestimmtes Zimmer im Schlosse zu treten. »Gehst du hinein«, hatte sie ihm gesagt, »so bringst du mich und dich ins Unglück.« Eine Zeitlang gehorchte er ihren Worten; endlich aber konnte er es nimmermehr aushalten, und als sie sich nach dem Essen hingelegt hatte, um ein Stündchen zu schlafen, nahm er den Schlüsselbund und suchte den Schlüssel hervor, ging hin und schloß die verbotene Türe auf. Als er drinnen im Zimmer war, gewahrte er einen kohlschwarzen großen Raben, der war mit drei Nägeln an die Wand geheftet; der eine ging ihm durch den Hals, und die andern beiden durchbohrten seine Flügel. »Gut, daß du kommst«, schrie der Rabe, »ich bin vor Durst schier verschmachtet! Gib mir von dem Kruge, der dort auf dem Tische steht, einen Tropfen zu trinken, sonst muß ich elendiglich des Todes sterben.« Der Junge aber hatte über dem Anblick einen solchen Schrecken bekommen, daß er auf die Worte des Raben gar nicht achtete und zur Türe zurücktrat. Da schrie der Rabe mit kläglicher Stimme, daß es einen Stein erweichen konnte: »Ach, geh nicht fort, ehe du mich geletzt hast; denke, wie dir zumute wäre, wenn dich jemand Durstes sterben ließe.« – »Er hat recht«, sprach der Junge bei sich, »ich will ihm helfen!« Dann nahm er den Krug vom Tische und goß ihm einen Tropfen Wasser in den Schnabel hinein. Der Rabe fing ihn mit der Zunge auf, und sobald er ihn heruntergeschluckt hatte, fiel der Nagel, der durch den Hals ging, zu Boden. »Was war das?« fragte der Junge. »Nichts«, antwortete der Rabe, »laß mich nicht verschmachten und gib mir noch einen Tropfen Wasser!« – »Meinetwegen«, sagte der Junge und goß ihm einen zweiten Tropfen in den Schnabel hinein. Da fiel auch der Nagel, welcher den rechten Flügel durchbohrt hatte, klirrend auf die Erde herab. »Nun ist's aber genug«, sagte er. »Nicht doch«, bat der Rabe, »aller guten Dinge sind drei!« Doch als der Junge ihm auch den dritten Tropfen eingeflößt hatte, war der Rabe seiner Fesseln frei, schwang die Flügel und flog krächzend zum Fenster hinaus.

»Was hast du getan?« rief der Junge erschrocken. »Wenn es nur die Prinzessin nicht merkt!« Die Prinzessin merkte es aber doch; denn er sah kreidebleich aus, als er zu ihr in die Stube trat. »Du bist wohl gar in dem verbotenen Zimmer gewesen?« sprach sie hastig. »Ja, das bin ich gewesen«, antwortete der Junge kleinlaut, »aber ich habe dort weiter nichts Schlimmes verübt. Es hing nur ein verdursteter schwarzer Rabe an der Wand, dem gab ich zu trinken; und als er drei Tropfen getrunken hatte, fielen die Nägel, mit denen er angeheftet war, auf den Erdboden herab, und er bewegte die Flügel und flog durch das Fenster davon.« – »Das ist der Teufel gewesen, der mich verzaubert hat«, jammerte die Prinzessin, »nun wird's nicht mehr lange währen, so holt er mich nach!« Und richtig, es dauerte nicht lange, so war eines Morgens die Prinzessin verschwunden, und sie kam nicht wieder, obgleich der Junge drei Tage lang auf ihre Rückkehr wartete.

»Kommt sie nicht zu mir, so gehe ich zu ihr!« sagte er bei sich, als sie auch am Abend des dritten Tages nicht wieder zurückgekehrt war, und machte sich mit dem folgenden Morgen auf den Weg, den Baum herab. Als er in dem Dorfe ankam, fragte er die Bauern: »Wißt ihr nicht, wo meine Prinzessin geblieben ist?« – »Nein«, sagten die Bauern, »wie sollen wir es wissen, wenn du es nicht weißt, der du von dem Schlosse kommst!« Da stieg der Junge tiefer und tiefer, bis er endlich wieder auf den Erdboden gelangte. ›Nach Hause gehst du nicht, da gibt's Schläge‹, dachte er; darum wanderte er immer waldein, ob er nicht irgendwo die Spur der Prinzessin ausfindig machen könnte. Nachdem er drei Tage im Walde umhergeirrt war, begegnete ihm ein Wolf. Er fürchtete sich und floh; doch der Wolf rief: »Fürchte dich nicht! Aber sage mir, wohin führt dich dein Weg?« – »Ich suche meine Prinzessin, die mir gestohlen ist«, antwortete der Junge. »Da hast du noch weit zu laufen, ehe du sie bekommst«, sagte der Wolf. »Aber hier hast du drei Spier

Haare von mir. Wenn du in Lebensgefahr bist und die Haare zwischen den Fingern reibst, so bin ich bei dir und helfe dir aus der Not.« Der Junge bedankte sich bei dem Wolfe und ging weiter.

Über drei Tage kam ihm ein Bär in den Weg, und der Junge war vor Schreck wie versteinert; denn er hielt sich verloren. Auf einen Baum klettern nutzte zu nichts, denn der Bär wäre ihm nachgestiegen und hätte ihn in den Zweigen zerrissen. Der Bär war aber gar nicht blutdürstig gesinnt, sondern rief dem Jungen freundlich zu: »Fürchte dich nicht, ich tue dir kein Leid an. Erzähle mir nur, was dir fehlt.« Als der Junge sah, wie gutmütig der Bär war, sagte er dreist: »Mir fehlt meine Prinzessin, die hat mir ein böser Zauberer gestohlen, und ich wandere jetzt in der Welt umher, bis ich sie finde.« – »Da hast du noch einen guten Weg, bis du zu ihr gelangst«, erwiderte der Bär, »aber hier hast du drei Spier von meinen Haaren! Wenn du in Lebensgefahr kommst und meiner bedarfst, so reibe die Haare zwischen den Fingern, und ich bin bei dir und stehe dir bei.«

Der Junge steckte die Haare zu sich, bedankte sich und zog wieder drei Tage im Walde umher. Da begegnete ihm ein Löwe, und als der Junge vor Angst gerade auf einen Baum klettern wollte, rief das wilde Tier ihm zu: »Nicht doch, bleib unten, ich tue dir nichts.« – »Das ist etwas anderes«, sagte der Junge, und dann erzählte er auch dem Löwen, warum er ohne Weg und Steg in dem Wald herumlaufe. »Da hast du's gar nicht mehr weit«, antwortete der Löwe, »eine gute Stunde von hier sitzt die Prinzessin in dem Jägerhaus. Mach dich auf und geh zu ihr! Und wenn du in Lebensgefahr kommst und mich brauchen kannst, so nimm diese drei Spier Haare und reibe sie zwischen den Fingern; dann bin ich bei dir und helfe dir aus aller Not.« Damit übergab er dem Jungen die drei Spier Haare und trottete weiter in den Busch hinein; der Junge aber schritt wacker zu, um das Jägerhaus bald zu erreichen.

Es dauerte auch gar nicht lange, so sah er es durch die Bäume schimmern, und noch ein klein Weilchen, so hatte er die Türe aufgeklinkt und stand in der Stube und sah die Prinzessin vor sich stehen. »Junge, wo kommst du her?« rief sie erstaunt. »Wo ich herkomme?« antwortete der Junge. »Denkst du, ich werde allein oben bleiben und dich bei dem bösen Zauberer lassen? Aber jetzt gib mir geschwind etwas zu essen, und dann wollen wir uns auf und davon machen und zu deinem Vater gehen!« – »Ach, mein Junge, das geht nicht so«, sagte die Prinzessin traurig, »der alte Jäger, der mich bewacht, ist zwar den ganzen Tag über im Walde; aber er hat einen dreibeinigen Schimmel im Stalle, der weiß alle Dinge und jagt ihm sogleich nach, wenn wir geflohen sind. Und wenn er das weiß, so holt er uns bald ein.« Der Junge ließ sich das aber wenig kümmern, aß und trank, und als er satt war, nahm er die Prinzessin bei der Hand und lief mit ihr aus dem Jägerhause auf und davon. Als sie ein Weilchen gegangen waren, schrie der dreibeinige Schimmel im Stalle Mord und Zeter und hörte nicht auf, bis der alte Jäger herbeigelaufen kam und ihn fragte, was ihm fehle. »Es ist jemand gekommen und hat die Prinzessin gestohlen!« schrie der Schimmel. »Sind sie schon weit?« fragte der Jäger. »Weit noch nicht«, antwortete der Schimmel, »setz dich nur auf meinen Rücken, wir werden sie bald einholen!« Als der Jäger den Jungen und die Prinzessin erblickte, rief er zornig: »Warum hast du mir meine Prinzessin gestohlen?« – »Warum hast du sie mir gestohlen?« gab ihm der Junge trotzig zurück. »Ach, du bist's«, antwortete der alte Jäger, »da will ich dir die Sache für diesmal verzeihen, weil du damals mitleidig warst und mich mit dem Wasser tränktest. Aber unterstehst du dich noch einmal und raubst mir die Prinzessin, so muß dich mein dreibeiniger Schimmel in den Erdboden stampfen, daß du des Lebens vergißt.« Dann nahm er dem Jungen die Prinzessin ab, hob sie vor sich auf den Sattel und ritt mit ihr in das Jägerhaus zurück. Der Junge schlich sich jedoch leise nach, und als der alte Zauberer wieder in den Wald gegangen war, trat er von neuem in das Haus hinein und sagte zur Prinzessin: »Höre einmal, ich rette dich doch! Wenn ich nur erst einen solchen Schimmel habe, wie ihn der alte Jäger besitzt. Ich werde unter das Bett kriechen, und du fragst ihn dann, wenn ihr im Bett seid, wie er den dreibeinigen Schimmel erworben hat.« Damit war die Prinzessin einverstanden, und der Junge kroch unter das Bett und wartete, bis der Abend kam und der Jäger nach Hause kehrte.

»Väterchen«, sagte die Prinzessin zutraulich, als der Zauberer zu Bette gegangen war, und kraute ihm die struppigen Haare, »Väterchen, wie seid Ihr zu dem dreibeinigen Schimmel gekommen? Das ist ein prächtiges Pferd, ist klüger als ein Mensch und läuft schneller als der Wind.« – »Das will ich dir sagen, mein Töchterchen«, sprach der alte Jäger und schmunzelte über sein garstiges Gesicht, denn das Krauen tat ihm wohl, »den Schimmel habe ich mir in drei Tagen erworben.« – »Kann sich jeder Mensch ein solches Pferd verdienen?« fragte die Prinzessin. »Gewiß«, antwortete der Jäger, »wenn er klug ist, kann's ihm nicht fehlen. Ein Stündchen von hier im Walde wohnt eine Bauersfrau, das ist eine arge Hexe. Sie besitzt die schönsten Pferde weit und breit; und wer ihre Fohlen drei Tage zu hüten vermag, der kann sich zur Belohnung das Pferd aussuchen, das ihm von allen Tieren im Stalle am besten gefällt. Vorzeiten gab sie auch noch zwölf Lämmer obendrein; mir hat sie dieselben aber nicht gegeben; so kam's, daß die zwölf Wölfe, die in dem Walde wohnen, als ich mit meinem Schimmel davonritt, auf mich losstürzten. Und da ich keine Lämmer hatte, die ich ihnen vorwerfen konnte, so eilten sie meinem Schimmel nach, und ehe ich über die Grenze kam, die sie nicht überschreiten dürfen, hatten sie dem Tiere den rechten Fuß ausgerissen, und seitdem hat er drei Beine bis auf den heutigen Tag.« – »Wer nun aber die Fohlen nicht hüten kann, wie geht's dem?« fragte die Prinzessin. »Dem geht's schlecht«, erwiderte der alte Jäger, »die Hexe schlägt ihm das Haupt ab und spießt es auf dem Zaune auf, der um das Gehöft geht; und da staken schon so viel Köpfe, daß sie bald einen neuen Zaun bauen muß, um sie alle unterzubringen.« Jetzt wußte der Junge unter dem Bette genug; die Prinzessin hörte darum auf mit Fragen, und sie schliefen alle drei die ganze Nacht hindurch.

Am anderen Morgen, als der Jäger wieder in den Wald gegangen war, kroch der Junge unter dem Bette hervor, aß und trank mit der Prinzessin, und dann machte er sich auf den Weg nach dem Gehöft der Hexe, von dem der Jäger in der Nacht gesprochen hatte. Es dauerte auch gar nicht lange, so sah er den Zaun mit den Menschenköpfen vor sich, und nun wußte er Bescheid, daß er nicht irregegangen sei. Als er an dem Hoftore war, trat ihm auch schon die Hexe entgegen und sprach zu ihm: »Was willst du hier?« – »Deine Fohlen hüten!« antwortete der Junge. »Gut, ich will dich annehmen«, sagte die Hexe, »und wenn du mit den Pferden jeden Abend hübsch pünktlich um acht Uhr zu Hause kommst, so darfst du dir nach drei Tagen das Pferd in meinem Stalle aussuchen, das dir am besten gefällt. Das soll dein Lohn sein! Kommst du aber später heim, so schlage ich dir das Haupt ab und stecke es auf den Staketenzaun.« – »Das magst du tun«, erwiderte der Junge, »aber der Lohn ist mir nicht hoch genug. Ich verlange außer dem Pferde noch zwölf Lämmer obendrein.« – »Das habe ich früher getan«, antwortete die Hexe, »aber die Zeiten sind schlechter geworden, und die Pferdezucht wirft die zwölf Lämmer nicht ab.« – »Dann hüte ich gar nicht«, antwortete der Junge. Als die Hexe sah, daß er auf seinem Kopfe bestand, brummte sie: »Meinetwegen, bekommen wird er sie ja ebensowenig wie das Pferd«, dann sprach sie laut: »Die Sache ist abgemacht, du sollst auch die zwölf Lämmer erhalten, und morgen früh treibst du meine zwölf Fohlen auf die Wiese.«

Und so tat der Junge auch. Am frühen Morgen, ehe die

Sonne aufging, schwang er sich dem stärksten Füllen auf den Rücken und ritt zur Wiese hinab, und es dauerte gerade eine halbe Stunde, bis er dort angelangt war. ›Um halb acht mußt du wieder aufbrechen‹, dachte er bei sich, dann ließ er die Fohlen grasen und legte sich hinter einen Schlehenbusch, um die schönen Sachen zu verzehren, die ihm die alte Hexe in den Kaliet (Korb) gepackt hatte. Da war Weißbrot und Braten und Wurst, aber das Beste von allem war eine halbe Flasche Branntwein. Als er die an die Lippen gesetzt hatte und der erste Schluck die Kehle hinabgelaufen war, da tat ihm der Trank so wohl, und er trank und trank, bis er den ganzen Branntwein ausgetrunken hatte. In den Branntwein hatte die alte Hexe aber einen Schlaftrunk gemischt, und so kam's, daß er in einen tiefen Schlaf verfiel.

Nachdem er endlich wieder aufgewacht war, rieb er sich die Augen und sah sich um. Ja, da war von den Fohlen nichts mehr zu sehen, sie waren auf und davon gegangen, und er klagte und jammerte und schlug sich mit der Hand vor den Kopf. Endlich fiel ihm der Wolf ein: »Wenn du in Not bist, sollst du die drei Spier Haare zwischen den Fingern reiben!« hat er dir gesagt! Und damit zog er die Wolfshaare aus der Tasche hervor und rieb sie zwischen den Fingern. Sogleich stand der Wolf neben ihm und sprach: »Was ist dir, mein Junge, womit kann ich dir helfen?« – »Ach, mir sind meine Fohlen weggekommen«, jammerte der Junge, »und wenn du mir nicht hilfst, lieber Wolf, so schlägt mir die alte Hexe heute abend den Kopf ab und steckt ihn auf den Staketenzaun.« – »Zehn Meilen sind die Fohlen schon gelaufen«, antwortete der Wolf, »darum setz dich schnell auf meinen Rücken, und wenn ich sie eingeholt habe und ihnen vorgekommen bin, so schlage mit den drei Zäumen, die du in der Hand hast, drei Kreuze vor ihnen, und sie müssen stehenbleiben, als wären sie angewachsen.« Da setzte er sich dem Wolf auf den Rücken, und der lief so schnell, daß dem Jungen die Haare nur so flogen. Es dauerte auch gar nicht lange, so hatte der Wolf den Fohlen einen Vorsprung abgewonnen; der Junge schlug mit den Zäumen dreimal ein Kreuz, und sie konnten weder vorwärts noch rückwärts. »Nun reite mit ihnen nach Hause«, sprach der Wolf, »du wirst noch beizeiten heimkommen.« Das ließ sich der Junge nicht zweimal sagen, er schwang sich auf den Rücken des stärksten Füllens hinauf, und dann kehrte er mit ihnen im Trabe zur Wiese zurück und langte dort an, ehe die Glocke die siebente Stunde verkündet hatte. Dann ließ er die Tiere noch ein Weilchen abtrocknen und grasen, bis er sich um halb acht auf den Heimweg machte und zur rechten Zeit in das Gehöft zurückkehrte.

Die alte Hexe riß die Augen weit auf, als sie den Jungen mit den Fohlen zur rechten Zeit heimkehren sah; aber sie bezwang sich und reichte ihm freundlich die Hand und sprach: »Du bist ein tüchtiger Hütejunge, du gefällst mir!« Dann führte sie ihn in die Stube und setzte ihm Speise und Trank vor; doch während er aß, lief sie in den Stall und bearbeitete die Fohlen mit dem Besenstiel. »Konntet ihr ihm denn nicht entlaufen, ihr ungehorsamen Tiere«, rief sie zornig. »Wir sind zehn Meilen gelaufen«, schrien die Füllen, »er kam uns aber auf einem Wolfe nachgeritten und hat uns wieder zurückgebracht.« – »Ein Wolf?« sagte die Hexe verwundert. »Das ist etwas anderes; da müssen wir schon ein stärkeres Mittel gebrauchen«; und am anderen Morgen gab sie dem Jungen die Flasche, drei Viertel mit Branntwein gefüllt, mit auf den Weg. Der mundete ihm wieder so köstlich und tat ihm im Herzen so wohl, daß er ihn mit einem Zuge austrank; dann sank er um und schlief unter dem Schlehdornbusch ein und rückte und rührte sich nicht.

Als er endlich aufwachte, merkte er wohl, daß die Mittagszeit schon vorüber sei, und von seinen Fohlen war wiederum nichts mehr zu sehen. Diesmal besann er sich nicht lange. ›Gestern hat mir der Wolf geholfen, heute muß mich der Bär aus der Not retten‹, dachte er und rieb die Bärenhaare zwischen den Fingern. Und schon stand er vor ihm und sprach: »Was ist dir, mein Junge, und womit kann ich dir helfen?« – »Hilf mir zu meinen Fohlen«, antwortete der Junge. »Zwanzig Meilen sind sie schon gelaufen«, sprach der Bär, »aber setz dich geschwind auf meinen Rücken, daß wir sie einholen.« Da stieg der Junge dem Bären auf den Rükken, und der Bär lief, daß die Haare seines Reiters in der Luft sausten, und er hörte nicht eher auf, als bis er den Fohlen einen Vorsprung abgewonnen hatte. Darauf schlug der Junge mit den drei Zäumen die Kreuze, und als sie stillstanden, schwang er sich auf sein Handpferd hinauf und ritt so schnell wie möglich zur Wiese zurück; aber, so sehr er die Füllen auch laufen ließ, er konnte die Wiese vor halb acht nicht erreichen, so daß er stracks weiterreiten mußte, um noch zur Zeit in den Hof der Hexe zu gelangen.

»Das nenn' ich mir einen Hirten«, sagte die Alte freundlich, und doch war sie inwendig Gift und Galle, »jetzt komm nur herein und verzehr dein Abendbrot.« Und als der Junge in der Stube saß und aß, lief sie wieder in den Stall hinab und hieb mit dem Besenstiel auf die Fohlen ein. »Wir können nichts dafür«, riefen die Fohlen und schrien vor Schmerz, »wir sind zwanzig Meilen gelaufen, da kam er uns nachgeritten auf einem Bären und hat uns wieder zurückgebracht.« – »Auf einem Bären?« sagte die Hexe. »Der Junge ist stärker als ich. Aber warte nur, morgen sollst du mir nicht entkommen.« Den anderen Tag gab ihm die Hexe die ganze Flasche voll Branntwein mit auf den Weg, und der Junge bedankte sich noch bei der alten Hexe für das schöne Getränk. Und als er auf der Wiese angelangt war, trank er die ganze Flasche in einem Zuge aus und legte sich ins Gras und schlief fest ein und erwachte erst zur Nachmittagszeit wieder aus dem Schlafe. »Donner Sachsen! Hilft mir heute der Löwe nicht, so bin ich gewißlich verloren!« rief er erschrocken, zog die drei Spier Löwenhaare eilends aus der Tasche hervor und rieb sie zwischen den Fingern. Alsbald stand der Löwe vor ihm und sprach: »Nur rasch auf meinen Rücken, wir haben keine Zeit zu verlieren! Dreißig Meilen haben die Fohlen schon zurückgelegt«; und als der Junge sich auf ihn gesetzt hatte, lief er, wie der Sturmwind saust, und die Haare sausten und summten dem Jungen um den Kopf, und als die Sonne sich ihrem Untergange neigte, hatte der Löwe auch die Fohlen eingeholt und der Junge dieselben zum Stehen gebracht. »So, nun spare Sporn und Peitsche nicht und laß sie laufen, was sie können, dann kommst du noch hin auf den Hof«, rief der Löwe, und der Junge tat, wie ihm geheißen war, und spornte sein Pferd, daß ihm das Blut aus den Weichen floß, und hieb auf die anderen Fohlen mit der Peitsche ein, daß die Fetzen flogen, und langte ein Viertel vor acht auf der Wiese an. Da war an Ruhe und Rast nicht zu denken, er trieb die Füllen nur um so stärker an, und als die Glocke acht schlug, war er im Torweg, und die Flügel des Tores, welche die Alte zuwarf, hätten ihm beinahe die Fersen abgeschlagen.

»Das war die höchste Zeit!« rief der Junge atemlos und trat in das Haus hinein; die Alte aber lief zu den Fohlen und schlug sie mit dem Besenstiel, daß es einen Stein erbarmen konnte. »Wir können nichts dafür, verschon uns«, baten die Fohlen, »wir sind dreißig Meilen gelaufen, er aber kam uns auf einem Löwen nachgejagt und hat uns in Eile wieder zurückgebracht.« Als die Hexe das hörte, ließ sie nach mit dem Schlagen und kehrte ärgerlich in die Stube zurück; dafür ging jetzt der Junge in den Stall hinein, um sich ein Pferd auszusuchen, und der Hexe kleine Tochter begleitete ihn. In dem Stalle standen viele Pferde, und eins war immer schöner als das andere. Ganz hinten aber stand in einer besonderen Bucht ein hochbeiniger, magerer Schimmel. »Das ist meiner Mutter Reitpferd«, sagte das kleine Mädchen, »das läuft so schnell wie der Wind.« Da wußte der Junge genug und ging wieder hinein zu der alten Hexe.

Am anderen Morgen sagte die Hexe: »Nun, Junge, welches Pferd willst du haben als Lohn für die Hütezeit?« – »Den Schimmel in der kleinen Bucht«, antwortete der Junge. »Ach, was willst du mit dem, der ist ja das Mitnehmen nicht wert! Sieh doch, wie mager und schmutzig er aussieht. Nein, mit dem Tier kann ich dich nicht ziehen lassen, die Leute würden über mich reden, wenn ich dir solch ein Pferd zum Lohne gäbe!« Der Junge blieb aber bei seinem Willen, und da mußte sich die Hexe wohl oder übel fügen. Als er jedoch aus dem Stalle getreten war, holte sie schnell einen Bohrer herbei und bohrte damit dem Schimmel Löcher durch alle vier Hufe, darauf nahm sie ein Rohr und sog ihm alles Mark aus seinem Gebein und tat es in einen irdenen Topf. Dann nahm sie Mehl, mengte es mit dem Mark und buk einen Dinsback (Kuchen) daraus. Den schob sie dem Jungen ins Vorderhemd, daß er unterwegs zu essen habe und nicht Hunger leide. Nachdem sie das getan hatte, holte sie zwölf Lämmer aus dem Stalle hervor und band sie an den Hinterfüßen an einer Schnur auf und hing sie über den Schimmel. »Da hast du deinen Lohn«, sprach sie, und der Junge sagte ihr Lebewohl und ging neben dem Schimmel her zum Torweg hinaus. Auf das Pferd setzen mochte er sich nicht, denn es trat so steif auf und ließ sich so schwach an, als ob es bald sterben müsse. Auch wunderte ihn, daß es immer mit der Zunge nach seinem Vorderhemd leckte. »Was willst du denn dort, Schimmelchen?« fragte der Junge mitleidig. Da hub der Schimmel zu reden an und sprach: »Ich lecke nach dem Dinsback; denn die alte Hexe hat mir mit einem Rohr alles Mark aus meinem Gebein durch die Hufe gesogen, hat es mit Mehl gemengt und in deinen Dinsback gebacken.« – »Dann iß ihn nur«, sprach der Junge, »denn er steht dir von Rechts wegen zu.« Und als der Schimmel den Kuchen gegessen hatte, kam die alte Kraft wieder in sein Gebein, und der Junge schwang sich auf seinen Rücken, und er griff mächtig aus. Es dauerte aber nicht lange, so kamen sie in den Wald, und wie sie ein wenig darin gewesen waren, stürzten die zwölf Wölfe, von denen der alte Jäger gesprochen, auf sie los. Rasch schnitt der Junge mit seinem scharfen Messer die Schnur entzwei, und die zwölf Lämmer fielen auf die Straße herab, und die zwölf Wölfe stürzten über sie her und erwürgten sie und fraßen sie auf. Als sie die Lämmer gefressen hatten, war der Schimmel aber schon so weit gekommen, als die Macht der Hexe reichte, und der Junge hatte ihn also mit heilem Leibe vor den Wölfen in Sicherheit gebracht.

Nun machte er, daß er zu dem Jägerhäuschen kam. Dort ließ er den Schimmel am Türpfosten halten und lief hinein, holte die Prinzessin heraus und setzte sie vorne auf das Roß; dann schwang er sich selbst hinauf und ließ den Schimmel laufen, was er laufen wollte. Als er fort war, erhob der dreibeinige Schimmel wie damals einen grausamen Lärm und ruhte nicht eher, als bis der alte Zauberer herbeigelaufen kam und fragte: »Warum schreist du so? Was ist denn geschehen?« – »Der Junge ist wieder hier gewesen und hat die Prinzessin geraubt«, antwortete der dreibeinige Schimmel. »Sind sie schon weit?« – »Nein, weit sind sie noch nicht, wir werden sie schon einholen; setz dich nur auf meinen Rücken.« Das tat der Zauberer und ritt dem Jungen nach. »Schimmelchen, lauf! Schimmelchen, lauf!« rief der Junge, als er den Zauberer erblickte; aber der Schimmel lief nicht, sondern ging gemächlich Schritt. Da war's denn kein Wunder, daß der alte Jäger sie einholte. »Räuber!« rief er dem Jungen zu. »Hab' ich dir's nicht gesagt, du solltest es nicht noch einmal wagen, die Prinzessin zu stehlen; nun soll dich mein Schimmel in den Erdboden stampfen.« Indem er das sagte, rief der vierbeinige Schimmel dem dreibeinigen zu: »Schwesterchen, wirf ihn ab!« Da warf der dreibeinige Schimmel den alten Zauberer auf die Erde, und der vierbeinige kam ihm zu Hilfe, und dann traten sie so lange mit ihren harten Hufen auf ihm herum, bis auch kein einziger Knochen unzermalmt war.

Als der Zauberer tot war, setzte der Junge die Prinzessin

auf den dreibeinigen Schimmel, er selbst blieb sitzen, wo er war, und sie ritten zusammen in das Königreich, wo der Vater der Prinzessin regierte. Da war einmal die Freude groß, als er seine einzige Tochter wieder hatte, und als er hörte, daß der Junge sie erlöst habe, gab er sie ihm sogleich zur Frau, und es wurde Hochzeit gefeiert in großer Pracht und Herrlichkeit. Der alte König starb bald darauf; da wurde der arme Schweinejunge König an seiner Statt, und er herrschte über seine Untertanen nach Recht und Gerechtigkeit. Eines Tages fielen ihm seine beiden Schimmel ein, und er ging in den Stall hinab, wo sie untergebracht waren. Da sprach der vierbeinige Schimmel zu ihm: »Mein Schwesterchen und ich haben dir geholfen, nun hilf du uns auch. Zieh dein Schwert und schlag uns das Haupt ab.« Antwortete der junge König: »Das werde ich bleiben lassen; ich habe euch viel zu lieb, und so lohnt man seinen Freunden nicht.« – »Wenn du mir nicht gehorchen willst«, sprach der Schimmel, »so schaffen wir dir Unglück über Unglück auf den Hals.« Das wollte der junge König auch nicht haben, drum zog er das Schwert aus der Scheide und schlug damit den beiden Schimmeln die Köpfe ab. Kaum hatte er das getan, so standen ein stattlicher Prinz und eine wunderschöne Prinzessin vor ihm, die bedankten sich, daß er sie erlöst habe. Derselbe alte Jäger, der die junge Königin auf den hohen Baum verwünscht, hatte auch sie in Pferde verwandelt; nun aber waren sie und ihr ganzes Reich von dem Zauber erlöst, und die ganzen großen Wälder, in denen der alte Jäger sein Wesen getrieben hatte, waren mit erlöst und jetzt Städte und Dörfer, Mühlen und Seen geworden, und der Prinz und die Prinzessin waren Herrscher über das ganze Land. Sie blieben noch eine Zeitlang bei ihrem Erlöser und seiner Frau, dann zogen sie in ihr eigenes Königreich. Der junge König lebte mit seiner Frau glücklich und zufrieden sein Leben lang, und wenn sie nicht gestorben sind, dann leben sie heute noch.

2. Vom Mann ohne Herz

Es waren einmal sieben Brüder, die hatten weder Vater noch Mutter mehr und lebten in einem Hause beisammen. Sie mußten alles selber besorgen, waschen, kochen, Stuben kehren und was da noch weiter zu tun war, denn sie hatten auch keine Schwestern. Eine solche Wirtschaft verdroß sie bald. Da sprach einer von ihnen: »Wir sollten ausziehen und uns jeder eine Braut holen.« Der Rat gefiel allen Brüdern, und sie machten sich reisefertig; der jüngste aber wollte zurückbleiben und das Haus hüten; seine sechs Brüder versprachen, ihm auch eine Braut mitzubringen. Die Brüder nahmen Abschied, und ihrer sechs zogen nun lustig und fröhlich in die Welt hinaus. Bald kamen sie in einen großen wilden Wald, da trafen sie, nachdem sie lange darin herumgewandert waren, ein kleines Häuschen, vor dessen Tür stand ein alter Mann. Als er die Brüder nun so lustig vorüberziehen sah, rief er ihnen zu: »Wo wollt ihr denn hin, daß ihr so an meinem Hause vorbeigeht?« – »Wir wollen uns jeder eine junge, hübsche Braut holen«, erwiderten sie, »darum sind wir so lustig. Wir sind allzusammen Brüder, einen aber haben wir noch zu Hause gelassen, und dem sollen wir auch eine Braut mitbringen.« – »So wünsche ich euch viel Glück auf der Reise«, antwortete der alte Mann, »aber ihr seht wohl ein, da ich immer so allein bin, daß ich auch eine Braut nötig habe, ich rate euch, bringt mir auch eine mit.« Die Brüder antworteten nichts darauf, sondern reisten weiter und dachten: ›Das wird der alte Mann wohl nur im Scherz geredet haben, er kann gar keine Braut gebrauchen.‹

Bald kamen sie in eine Stadt; da fanden sie sieben junge und schöne Schwestern. Jeder von den Brüdern nahm sich eine von ihnen zur Braut, die siebente jüngste Schwester aber nahmen sie mit für ihren jüngsten Bruder.

Als sie nun wieder in den Wald kamen, stand der alte Mann vor seiner Tür und schien auf sie gewartet zu haben.

Er rief ihnen schon von weitem zu: »Nun, habt ihr für mich auch eine Braut mitgebracht, wie ich euch gesagt habe?« – »Nein«, antworteten die Brüder, »für dich, alter Mann, konnten wir keine finden; wir haben nur für uns Bräute mitgebracht, und die siebente ist für unsern Bruder.« – »Die könnt ihr mir lassen«, sagte der alte Mann, »denn euer Versprechen müßt ihr halten.« Aber die Brüder weigerten sich. Da nahm der alte Mann ein kleines weißes Stäbchen von einem Borde über der Haustür, und als er damit die sechs Brüder und ihre Bräute berührte, waren sie alle in graue Steine verwandelt. Die legte er mit dem Stabe auf das Bord über der Tür, die siebente jüngste Braut aber behielt er bei sich. Das Mädchen mußte nun alles in seinem Hause besorgen, was zu tun war und was eine Hausfrau für Geschäfte hat. Sie vollbrachte das alles mit willigem Herzen und hatte es auch ganz gut bei ihm, nur der einzige Gedanke plagte sie, daß er bald sterben könnte. Was sollte sie dann so ganz allein anfangen in dem großen wilden Walde, und wie sollte sie dann ihre armen verzauberten Schwestern und deren Verlobte befreien? Je länger sie bei ihm war, je schrecklicher ward ihr dieser Gedanke; sie weinte und klagte den ganzen Tag und schrie dem Alten immer in die Ohren: »Du bist alt und kannst leicht sterben, was soll ich dann anfangen, wenn du tot bist? Ich werde hier ja ganz allein in diesem großen Walde sein.« Da ward der alte Mann verdrießlich und sagte: »Du brauchst gar keine Angst zu haben, ich kann nicht sterben, denn ich habe kein Herz; aber wenn ich sterben sollte, was doch nicht möglich ist, so liegen ja auf dem Bort über der Haustür zwölf graue Steine und dabei ein kleiner weißer Stock; damit brauchst du nur an die Steine zu schlagen, so wirst du deine Schwestern und ihre Verlobten wieder lebendig haben.« Das Mädchen gab sich nun eine Weile zufrieden, dann aber fragte sie ihn, wenn sein Herz nicht in der Brust wäre, wo er es denn hätte? »Kind«, sagte der Alte, »sei nicht so neugierig, du kannst nicht alles wissen.« Aber sie ließ nicht nach mit Bitten und Fragen, bis er unwillig sagte: »Nun, damit du nur Ruhe hältst, so sage ich dir, mein Herz sitzt in der Bettdecke.«

Nun pflegte der Alte morgens in den Wald zu gehen und erst abends wiederzukommen; dann mußte seine junge Haushälterin das Essen für ihn bereit haben. Als er nun an dem Abend nach Hause kam, da fand er seine Bettdecke mit allerlei schönen Federn und kleinen Blumen über und über besteckt und geziert; da fragte er das Mädchen, was denn das bedeuten sollte. »Ach, Vater«, antwortete sie, »ich muß den ganzen Tag allein sein und kann dir nichts zuliebe tun, so wollte ich doch deinem Herzen eine Freude machen, das, wie du sagst, in der Bettdecke steckt.« – »Kind«, sagte der Alte und lachte, »es war ja nur ein Scherz von mir, mein Herz ist lange nicht in der Bettdecke, das ist ganz anderswo.« Da fing sie wieder an zu klagen: »Also hast du doch ein Herz in deiner Brust und kannst sterben; was soll ich dann anfangen, und wie bekomme ich die Meinigen wieder, wenn du tot bist?«

»Was ich dir sage, liebes Kind«, antwortete der alte Mann, »sterben kann ich nicht und habe gewiß kein Herz in der Brust, aber wenn ich sterben sollte, was doch nicht möglich ist, so liegen ja die Steine über der Haustür und dabei ein kleiner weißer Stock; damit kannst du ja nur, wie ich dir schon einmal sagte, an die Steine schlagen, so hast du alle die Deinen wieder!« Aber da bat und quälte sie ihn abermals so lange, wo er denn sein Herz hätte, bis er sagte, es sitze in der Stubentür.

Nun schmückte sie am andern Tage die Stubentür von oben bis unten mit bunten Federn und Blumen, und als abends der Alte nach Hause kam und nach der Ursache fragte, antwortete sie ihm: »Ach, Vater, ich kann dir ja den ganzen Tag nichts zuliebe tun, so wollte ich deinem Herzen eine Freude machen!« Aber der alte Mann antwortete wieder: »Mein Herz sitzt lange nicht in der Stubentür, das ist ganz anderswo.« Da ging es nun ebenso wie am vorigen

Tage; sie weinte, jammerte und sprach: »Vater, du hast doch ein Herz und kannst doch sterben, du willst mich nur täuschen!« Da antwortete der alte Mann: »Sterben kann ich nicht, aber weil du es durchaus wissen willst, wo mein Herz ist, will ich es dir sagen, damit du dich endlich beruhigst. Weit, weit von hier, in einer ganz unbekannten, einsamen Gegend liegt eine große Kirche, die Kirche ist mit dicken eisernen Türen wohlverwahrt, um die Kirche fließt ein großer tiefer Graben, in der Kirche fliegt ein Vogel, in dem Vogel ist mein Herz, und solange dieser Vogel lebt, lebe ich auch. Von selbst stirbt er nicht, und niemand kann ihn fangen; daher kann ich nicht sterben, und du kannst ohne Sorge sein.«

Unterdes hatte der jüngste Bruder gewartet und gewartet; als nun seine Brüder gar nicht wiederkamen, vermutete er, es möchte ihnen ein Unfall begegnet sein. Daher machte er sich endlich selbst auf den Weg, um sie zu suchen. Er war schon einige Tage gegangen, da kam er auch in den Wald, durch den seine Brüder gewandert waren, und gelangte zu dem Hause des alten Mannes. Er traf ihn nicht zu Hause, aber das Mädchen, seine Braut, empfing ihn.

Er erzählte ihr, daß er sechs Brüder gehabt, die seien ausgezogen, sich Bräute zu holen, aber es müßte ihnen ein Unglück zugestoßen sein, weil sie noch immer nicht zurückgekommen wären. Darum sei er selber ausgereist, um sie aufzusuchen. Da erkannte das Mädchen in ihm ihren Bräutigam und sagte ihm, wer sie sei und was aus seinen Brüdern und ihren Bräuten geworden sei. Beide wurden sehr froh, daß sie sich gefunden hatten; sie trug ihm Essen auf, und nachdem er sich erquickt hatte, sprach er: »Nun sage mir, liebe Braut, wie rette ich meine Brüder?« Da erzählte sie vom alten Manne, der sein Herz nicht in der Brust, sondern in einer weit entfernten Kirche habe; »die Kirche«, sprach sie, »liegt in einer einsamen wüsten Gegend, sie ist wohlverwahrt mit dicken eisernen Türen, um die Kirche fließt ein tiefer Graben, in der Kirche fliegt ein Vogel, in dem ist das Herz des alten Mannes.« – »Ich will doch versuchen«, sagte der Bräutigam, »ob ich des Vogels nicht habhaft werden kann; freilich ist mir der Weg unbekannt und weit, und die Kirche ist wohlverwahrt, aber mit Gottes Hilfe wird es mir gelingen.« – »Ja, das tu nur«, sagte das Mädchen, »suche den Vogel; denn solange der Vogel lebt, können deine Brüder nicht freiwerden; für diese Nacht aber mußt du dich unter dem Bettgestell verstecken, damit der Alte dich nicht findet; morgen kannst du weiterreisen.« Das tat er denn auch und kroch unter das Bett, sobald der alte Mann nach Hause kam; am andern Morgen aber, als er wieder ausgegangen, holte die Braut den Bräutigam aus dem Versteck hervor, gab ihm einen ganzen Korb voll Lebensmittel, und nach einem zärtlichen Abschied machte er sich auf den Weg. Als er nun eine ganze Weile gegangen war und ihn hungerte, setzte er sich nieder, stellte seinen Korb vor sich und machte ihn auf; indem er aber Fleisch und Brot hervorlangte, sprach er: »Wer nun Lust hat mitzuessen, der komme!« Alsbald kam ein großer roter Ochse an und sprach: »Hast du das gesagt, wer mit dir essen wolle, der solle nur kommen, so wollte ich nun gerne mitessen!« – »Jawohl, Kamerad«, antwortete der junge Bursche, »das habe ich gesagt, und du sollst dein Teil erhalten.«

Nun fingen sie an zu essen, und als sie satt waren, sprach der rote Ochse, indem er wieder gehen wollte: »Wenn du in Not bist und meiner Hilfe bedarfst, so kannst du deinen Wunsch nur aussprechen, dann komme ich und helfe dir.« Gleich darauf war er unter den Bäumen verschwunden, und der Bursche setzte seine Reise fort.

Als er nun wieder eine Strecke gegangen war und ihn abermals hungerte, setzte er sich nieder, öffnete den Korb und sprach wie früher: »Wer nun Lust hat mitzuessen, der komme!« Gleich kam aus dem Gebüsch ein großes wildes Schwein und sprach: »Hast du das gesagt, wer mit dir essen wolle, der solle nur kommen, so wollte ich gerne mitessen.« Der Bräutigam antwortete: »Das ist mir ganz recht, Kamerad, lange nur zu.« Nachdem sie aber gegessen hatten, da sprach auch das wilde Schwein: »Wenn du in Not bist und meiner Hilfe bedarfst, so sprich deinen Wunsch nur aus, und ich will dir helfen.« Darauf verschwand es im Wald, und der Bursche setzte seine Reise wieder fort.

Als er nun am dritten Tage essen wollte und wieder sprach: »Wer nun Lust hat, mit mir zu essen, der komme«, da rauschte es in den Gipfeln der Bäume, und der Vogel Greif ließ sich nieder und setzte sich neben den Wanderer, indem er sprach: »Hast du das gesagt, wer mit dir essen wolle, der solle nur kommen, so wollte ich gerne mit dir essen.« – »Recht gerne«, antwortete der Bräutigam, »in Gesellschaft speisen ist angenehmer als ohne Gesellschaft, lange nur zu!« Nun fingen sie beide an zu essen. Als sie aber satt waren, sprach der Vogel Greif: »Wenn du in Not bist, kannst du mich nur rufen, und ich will dir beistehen.« Darauf verschwand er in der Luft, und der Bräutigam setzte seinen Weg fort. Es dauerte nun nicht lange mehr, so konnte er die Kirche schon in der Ferne sehen; er verdoppelte seine Schritte, und bald war er in ihrer Nähe. Aber da war ihm der Graben im Wege, der war ihm zu tief, um hindurchzuwaten, und schwimmen konnte er nicht. Da fiel ihm zum Glück der rote Ochse ein; ›der könnte dir jetzt helfen‹, dachte er, ›wenn er einen grünen Steig durch das Wasser tränke; wenn er doch hier wäre!‹ Kaum hatte er das gesagt, so war der rote Ochse da, legte sich in die Knie und trank so lange, bis ein grüner trockener Steig durchs Wasser ging. Der junge Bursche schritt nun durch den Graben und stand vor der Kirche; doch die hatte so starke eiserne Türen, daß er keine öffnen konnte, und die Wände waren viele Fuß dick, nirgends war eine Öffnung. Da er nun kein anderes Mittel wußte, versuchte er, einzelne Steine aus der Mauer herauszubrechen; mit vieler Mühe gelang es ihm, einen herauszubringen. Da fiel ihm ein, daß das wilde Schwein ihm helfen könne; er rief: »O wäre das wilde Schwein doch hier!« Sogleich stürmte es daher und rannte mit solchem Ungestüm gegen die Mauer, daß augenblicklich ein großes Loch entstand. Der junge Bursche ging jetzt in die Kirche hinein; da sah er den Vogel darin herumfliegen. ›Den kannst du selbst nicht greifen‹, dachte er, ›aber wenn der Vogel Greif nur hier wäre!‹ Kaum hatte er das gesagt, war der Vogel Greif da, aber diesen selbst kostete es viele Mühe, den kleinen Vogel zu fangen; endlich aber griff er ihn, gab ihn dem jungen Mann in die Hand und flog davon. Freudig steckte der seine Beute in seinen Korb und ging nun zurück nach dem Häuschen, wo seine Braut war. Als er bei ihr angekommen war und ihr erzählte, daß er den Vogel gefangen im Korbe habe, da freute sie sich sehr und sprach: »Nun sollst du erst schnell ein bißchen essen, und dann krieche nur wieder unter die Bettstelle mit dem Vogel, daß der alte Mann dich nicht gewahr wird!« Das geschah, und als er eben unter dem Bette lag, so kam auch schon der alte Mann nach Hause, er fühlte sich aber krank und klagte. Da fing das Mädchen wieder an zu weinen und sprach: »Ach, nun stirbt Vater doch, das kann man ja sehen, und Vater hat doch ein Herz in der Brust!« – »Ach, Kind«, erwiderte der Alte, »schweig doch still, ich kann nicht sterben, es geht gewiß bald vorüber!« Nun aber kniff der Bräutigam unter der Bettstelle den Vogel ein wenig. Da ward der Alte ganz matt, daß er sich niedersetzte.

Und als der Bursche den Vogel noch fester anfaßte, fiel er ohnmächtig vom Stuhl. Da rief die Braut: »Kneif ihn ganz tot!« Und als der Bursche das getan, lag auch der Alte tot auf dem Boden. Da holte das Mädchen ihren Bräutigam erst unter der Bettstelle hervor, dann ging sie hin, nahm die Steine und das weiße Stäbchen vom Borte über der Tür und klopfte damit an jeden Stein, da standen mit einem Male alle ihre Schwestern und die Brüder wieder vor ihnen. »So«, sagte sie, »nun wollen wir nach Hause reisen und Hochzeit halten und glücklich sein; denn der alte Mann ist tot, und wir haben nichts mehr von ihm zu fürchten.« Und sie reisten fröhlich miteinander fort, feierten ihre Hochzeit alle an einem Tage und lebten danach noch viele Jahre einträchtig und glücklich miteinander.

3. Der lustige Ferdinand oder der Goldhirsch

Es war einmal ein Soldat, der war immer lustig und guter Dinge, obwohl er nur wenig zu beißen hatte; denn die Groschen und Kreuzer wollten nicht lange in seiner Tasche bleiben, so daß oft Schmalhans Koch bei ihm war. Doch ließ er sich das nicht verdrießen; er blieb immer der lustige Ferdinand; so nannten ihn nämlich seine Kameraden.

Als er nun eines Tages vor der Tür des Königs die Wache hatte und sich das schöne Schloß mit seinen Kostbarkeiten recht betrachtete und all die vornehmen Herren sah, die da aus- und eingingen und dem König zu Diensten waren, da dachte er: ›So ein König hat es doch gut; der hat Geld genug, und für Geld kann man ja alles in der Welt haben. Hätt' ich nur Geld, ich wüßte wohl, was ich täte.‹

Wie dem lustigen Ferdinand diese Gedanken so im Kopfe herumgingen und er niemand hatte, dem er sie hätte mitteilen können, so nahm er ein Stück Kreide und schrieb an die Tür, die zum Zimmer des Königs führte:

Das Geld
Bezwingt die ganze Welt.

Als später der König ausging und diese Worte las, ließ er eine strenge Untersuchung anstellen, wer das geschrieben hätte. Da gestand es der lustige Ferdinand sogleich ein, und weil der König ein guter gnädiger Herr war, ließ er ihn selbst vor sich kommen und stellte ihn darüber zur Rede, verzieh es aber dem Soldaten leicht, weil dieser sagte, er habe das nur so hingeschrieben, weil er auf dem Posten nicht habe reden dürfen und doch den Gedanken nicht habe loswerden können. Dann aber wollte der König ihm beweisen, daß er mit seinen Gedanken auf dem Holzwege gewesen sei. Allein der lustige Ferdinand wußte den König immer zu widerlegen und sagte endlich sogar: »Herr König, wenn ich nur Geld genug hätte, so wollte ich alles erreichen, es möchte sein, was es wolle, ja, ich glaube fest, ich wollte Eure Tochter zur Frau kriegen und selbst noch ein König werden.«

Diese Rede von einem gemeinen Soldaten verdroß zwar den König ein wenig, doch ließ er sich's nicht merken und sagte vielmehr: »Um dich zu widerlegen, will ich eine Wette mit dir eingehen. Du sollst ein ganzes Jahr lang so viel Geld haben, als du verlangst; kannst du während dieser Zeit die Liebe meiner Tochter gewinnen, so ist es gut, du sollst sie haben; will sie dich dann aber nicht, so kostet dir's den Kopf. Jetzt besinn dich wohl!« Der lustige Ferdinand besann sich aber nicht lange und sagte gleich, er wolle die Wette wohl eingehen. Er erhielt nun vom König den Schlüssel zur Schatzkammer und nahm fürs erste so viel Geld, als er nur heimtragen konnte. Dann ließ er Essen und Trinken sich schmekken, lud seine Kameraden zu sich ein, fuhr spazieren und ging auf Reisen und sah und genoß für sein Geld alles, was das Herz nur begehrte. Um die schöne Prinzessin aber kümmerte er sich gar nicht. Die war indes nicht so vergnügt wie der Ferdinand. Um sie nämlich vor allen Nachstellungen und Bewerbungen zu schützen, hatte der König sie auf eine kleine Insel, die in der Nähe des Schlosses lag, bringen lassen und hatte streng verboten, daß irgendein Mannsbild zum Besuch zu ihr gelassen würde. Da lebte sie nun wie in einem Gefängnis und hatte oft Langeweile. Als der lustige Ferdinand eines Tages wieder in die Schatzkammer kam und seine leeren Taschen mit Gold füllte, fragte ihn der König, wie es gehe, und mahnte ihn zugleich, daß er nur noch ein halbes Jahr übrig habe und wohl sehen möge, wie er in dieser Zeit das Herz seiner Tochter gewinne; denn sonst werde es ihn unfehlbar das Leben kosten, sagte er.

Ferdinand blieb guten Mutes und dachte: ›Es ist wahr, du mußt dich jetzt wohl nach der Prinzessin umsehen‹, und ging zu einem Goldschmied, der war so geschickt wie kein anderer Meister in der ganzen Welt, und bestellte bei ihm einen goldenen Hirsch, ganz so groß wie ein rechter Hirsch, mit großem, zackigem Geweih; im Innern aber sollte der Hirsch hohl sein, so daß ein ausgewachsener Mann sich darin verbergen könne. Das Geld dazu holte Ferdinand aus der Schatzkammer des Königs, und es dauerte nicht lange, da war der Hirsch fertig und war so überaus schön geworden, daß man gar nichts Herrlicheres sehen konnte.

Durch eine geheime Tür, die niemand fand, der es nicht wußte, kroch der lustige Ferdinand in den Bauch des Hirsches und nahm sogleich seine Zither mit, die er ganz ordentlich zu spielen verstand. Dann hatte er dem Goldschmied alles entdeckt und hatte ihn für vieles Geld dazu bewogen, daß er den Goldhirsch aufs Schloß brachte und ihn dem König zeigte. Der konnte sich gar nicht genug darüber verwundern. Als nun aber der Goldschmied ein bestimmtes Zeichen gab und im Bauche des Hirsches eine Zither anfing zu spielen, da wußte der König nicht, was er vor Entzücken sagen sollte. Auch die Königin war ganz außer sich vor Freude und bat den König, er solle den Hirsch doch kaufen und seiner Tochter auf die Insel schicken, daß sie sich damit unterhalten möchte. – Der König sagte ja, das wolle er gern tun, und kaufte den Goldhirsch und ließ ihn sogleich der Tochter bringen. Die freute sich nicht wenig darüber und ließ den Hirsch beständig spielen und konnte sich nicht satt hören, bis sie endlich müde wurde und einschlief.

Da machte der lustige Ferdinand leise die Tür auf und schlüpfte heraus und besah sich die Prinzessin, die in ihrem Bett lag und ruhig schlief. Sie war aber so wunderschön, daß er seine Augen nicht von ihr wegwenden mochte und es endlich nicht lassen konnte, ihr einen recht langen und herzhaften Kuß auf die Lippen zu drücken, also, daß die Prinzessin davon erwachte und gar sehr erschrak, als sie einen Mann vor ihrem Bett stehen sah.

Ferdinand aber sagte ihr sogleich, wer er sei, und bat sie so dringend und rührend, sie möge ihn doch nicht verraten, er wolle ihr auch alle Tage was vorspielen, solange sie's nur hören möge, daß die Prinzessin es ihm endlich versprach, wenn er hübsch still in seinem Versteck bleiben wollte. Ja, das wollte er ja herzlich gern, sagte er, und verkroch sich alsbald wieder in den Bauch des Hirsches.

Am andern Morgen konnte es die Prinzessin gar nicht erwarten, bis sie den Hirsch wieder spielen hörte. Auch der König kam, um es zu hören, und freute sich ganz besonders, weil seine Tochter so vergnügt war; ja, sie meinte, daß sie jetzt keine Langeweile auf der Insel mehr haben werde.

Als es nun Abend war und die Prinzessin wieder ganz allein war und zu Nacht aß, da machte der lustige Ferdinand leise die Tür auf und rief: »Prinzessin, ach, liebe Prinzessin, darf ich nicht ein wenig hinauskommen? Ich habe so argen Hunger! Seit gestern habe ich nichts mehr gegessen, und heut habe ich soviel spielen müssen!« Ja, da erlaubte es ihm die Prinzessin, daß er heraussteigen und mit ihr essen durfte. Und wie sie ihn nun recht betrachtete und sich mit ihm unterhielt, da gefiel er ihr recht gut und immer besser, also, daß sie es gern geschehen ließ, als er sie zu guter Letzt in den Arm nahm und recht tüchtig abküßte. Und wie sie nun zu Bett ging und der lustige Ferdinand ihr klagte, daß ihm der Rücken gar so weh täte, weil er in dem Hirschbauche immer krumm liegen müsse, und daß er in der letzten Nacht ganz erbärmlich habe frieren müssen, da ließ die Prinzessin ihn mit unter ihre Bettdecke schlüpfen, und beide hatten sich dann recht herzlich lieb und versprachen sich, daß sie nicht voneinander lassen, sondern immer so beisammen bleiben wollten.

So ging es denn nun vier oder fünf Monate lang fort, und die beiden waren überaus glücklich. Den lustigen Ferdinand sah man nirgends, und der König meinte, er werde wohl wieder auf Reisen sein. Da wurde plötzlich die Prinzessin bleich und krank, so daß der König ihr seinen Leibarzt schickte, der sie untersuchen und ihr was verordnen sollte.

Der Doktor aber schüttelte den Kopf, ging zum König und sprach: »Der Prinzessin kann ich nicht helfen; die wird in einigen Monaten, wenn sie ein kleines Kind bekommen hat, von selbst schon wieder wohl werden.« Darüber ward der König so ungehalten und aufgebracht, daß er den Arzt ins Gefängnis werfen ließ. Dann schickte er einen andern Doktor zu der Prinzessin; der sagte aber dasselbe wie der erste und wurde ebenfalls dafür eingesperrt. Und ebenso erging es noch einigen andern, bis der König endlich selbst zu seiner Tochter ging und sie fragte, ob sie denn heiraten wolle. Sie sagte, sie habe schon geheiratet. Und als der König fragte, wer denn ihr Gemahl sei, sagte sie: »Der lustige Ferdinand, den du mir ja selbst in dem goldenen Hirsch geschenkt hast«, und öffnete die Tür und ließ ihn aussteigen. Da ärgerte sich der König zwar, konnte aber doch sein Wort nicht brechen, weil die Prinzessin erklärte, daß sie nie einen anderen lieben und heiraten möge; und so hat der lustige Ferdinand, noch ehe das Jahr herum war, seine Wette gewonnen, hat die Prinzessin behalten und ist nach dem Tode ihres Vaters auch noch König geworden.

4. Hans Wunderlich

Es war einmal ein König, der lebte mit seiner Frau glücklich und zufrieden. Da starb ihm die Königin und ließ ihm ein kleines Prinzeßchen zurück. Das war so schön, daß der König seine Herzensfreude daran hatte; um so mehr tat ihm leid, daß das Kind ohne Mutter groß werden sollte. Er heiratete darum zum zweiten Male. Doch der Stiefmutter war die Kleine ein rechter Dorn im Auge, und zumeist ärgerte sie sich, daß der König das Kind so liebhatte; denn so durfte sie ihm niemals etwas anhaben. Als das Mädchen nun sechzehn Jahre alt geworden und der König gerade im Kriege war, konnte sie es nimmer aushalten und rief alle Hexenmeister und Hexen des ganzen Königreichs zu sich aufs Schloß, und sie berieten miteinander, wie sie die Prinzessin verderben könnten. Der eine sagte dies, der andere das; am meisten gefiel aber der Königin der Rat eines alten Jägers, welcher der größte Hexenmeister im Lande war. Der ging in den Wald und fing dort von jeder Art Tiere eins und nahm jedem drei Blutstropfen aus dem Leibe und gab ihm dann die Freiheit zurück. Die Blutstropfen tat er in ein Fläschchen und brachte das der Königin und hieß sie, es der Stieftochter am andern Morgen in die Suppe zu schütten. Und so tat die Königin auch.

Nachdem drei Monate vergangen waren, mochte die Prinzessin nicht mehr singen und springen, wie sie früher getan hatte, sondern blieb zu Hause und spann. Die alte Königin aber schrieb ihrem Mann ins Feld: »Was soll ich mit deiner Tochter machen? Sie ist liederlich geworden und treibt sich mit leichtfertigem Gesindel herum.« – ›Das schreibt sie, weil es nicht ihr Kind ist‹, dachte der König und ließ ihr durch einen Boten melden, sie möge hübsch achtgeben auf seine Tochter; wenn er zurückkomme, wolle er sie bestrafen. Da verstrichen wieder drei Monate, und die Prinzessin wurde ganz still und weinte nur manchmal ganz leise vor sich hin; die Königin aber schrieb einen neuen Brief an den König, darin stand: »Willst du vor deinem Lande zum Gespött werden? Deine Tochter ist die liederlichste Dirne im ganzen Reich.« Als der König das Schreiben gelesen hatte, rief er seinen treusten Diener herbei, gab ihm einen versiegelten Brief und sprach: »Eile, mein Sohn, und gehe auf das Schloß, und wenn es wahr ist, daß die Prinzessin, meine Tochter, mir

Schande macht vor aller Welt, so gib der Königin diesen Brief; ist es aber nicht wahr, so behalte den Brief und bring ihn mir eilends zurück.« Der Bote tat, wie ihm der König befohlen hatte, und als er auf dem Schlosse war, sah er, daß die Königin recht geschrieben hatte, gab ihr den Brief und eilte wieder davon. Die Königin aber erbrach das Siegel, öffnete den Brief und las: »Mach mit meiner Tochter, was du willst, und bestrafe sie, wie sie es verdient hat.« Da lachte der alten Hexe das Herz im Leibe, und sie rief ihren Hofjäger herbei und befahl ihm, die Prinzessin im Walde zu erschießen, und als Wahrzeichen, daß er den Befehl vollführt habe, solle er ihr das Herz und die Augen ausschneiden und mit auf das Schloß bringen.

Der Jäger nahm die Prinzessin bei der Hand und führte sie in den Wald hinaus. Als sie ein Endchen gegangen waren, sprach er: »Jetzt steh still«, und legte die Büchse an, um das arme Kind zu erschießen. »Ach, lieber Jäger, was hab' ich denn getan, daß du mich töten willst?« schrie die Königstochter. »Das weiß ich nicht«, antwortete der Jäger, »die Königin hat es mir so befohlen.« Da bat ihn die Prinzessin vom Himmel zur Erde, und endlich sagte der Jäger: »Wenn ich dich verschone, so komme ich um mein Leben, denn ich soll der Königin, deiner Mutter, deine Augen und das Herz als Wahrzeichen bringen, daß ich dich erschossen habe.« – »Erschieß doch den Hund und nimm von ihm Augen und Herz«, bat die Prinzessin, »und ich schwöre dir einen teuren Eid, daß ich niemals wieder meines Vaters Reich betreten werde.« Das war der Jäger zufrieden, und nachdem ihm die Prinzessin geschworen hatte, tötete er seinen Hund, schnitt ihm die Augen und das Herz aus und brachte beides der Königin. Da freute sich die alte Hexe, denn nun dachte sie, ihre Stieftochter wäre tot.

Die Prinzessin war aber nicht tot, sondern lief im wilden Walde herum, und als es Abend geworden war, fand sie ein Erdloch, aus dem der Sturmwind einen großen Eichbaum gerissen hatte. Dahinein trug sie trockenes Laub und Moos und machte sich ein warmes Lager zurecht, daß sie die Nacht über nicht frieren durfte. Am andern Morgen suchte sie Wurzeln und Kräuter, pflückte Erdbeeren und Himbeeren, und des Abends kroch sie wieder in das weiche Nestchen hinein. So lebte sie drei Monde lang. Eines Nachts war ihr im Schlaf so recht warm geworden, und als sie mit Sonnenaufgang nach ihrer Gewohnheit aufstehen wollte, sprang ein bunter Junge vor ihr herum, der hatte Federn und Haare, schwarz und weiß, gries und grau, rot und grün, gelb und blau. »Mutter«, rief der närrische Schelm, »du hast lange genug im Wald Kräuter gegessen, jetzt komm mit an des Königs Hof.« Der Prinzessin kam es wunderlich vor, daß der bunte Junge sie Mutter nannte, aber da er es so sagte, glaubte sie ihm auch und folgte ihm nach, wohin er sie führte. Es dauerte nicht lange, so waren sie aus dem Wald heraus, und noch ein klein Weilchen, so standen sie vor einem prächtigen Königsschloß. »Mutter, hier ist die Stelle der Küchenmagd frei«, sagte der bunte Junge, »da vermiete dich nur. Das gute Essen wird dir besser munden als das Kräuter- und Beerenwesen im Walde.« – »Wo bleibst aber du?« fragte die Prinzessin. »Das laß meine Sorge sein, Mutter«, antwortete der bunte Junge und sprang davon. Die Königstochter aber tat, wie ihr der bunte Junge geheißen hatte, und wurde auch sogleich als Küchenmagd angenommen.

Indes spielte der bunte Junge mit den Kindern der Stadt vor dem Tore und balgte sich mit ihnen herum, wie Knaben zu tun pflegen. Da kam des Königs Sohn von der Jagd zurück, und als er den bunten Jungen sah mit Federn und Haaren, schwarz und weiß, gries und grau, rot und grün, gelb und blau, schlug er die Hände über dem Kopf zusammen und rief: »Bunter Junge, wo kommst du denn her?« – »Das weiß ich nicht.« – »Wer ist dein Vater?« – »Das glaubst du mir doch nicht.« – »Wer ist deine Mutter?« – »Das sage ich nicht.« – »Wo wohnst du denn?« – »Wo ich will.« – »Hör einmal, bunter Junge«, sagte darauf der Prinz, dem der Schelm gefiel, »ich will dich in meinen Dienst nehmen.« – »Wenn du mir gut tust, geh' ich darauf ein«, antwortete er, »du darfst mich aber niemals wieder bunter Junge rufen.« – »Wie heißt du denn?« fragte der Königssohn. »Ich heiße Hans Wunderlich!« – »Nun, so komm mit mir, Hans Wunderlich«, sprach der Prinz, und der bunte Junge lief neben dem Rosse her, schneller, als ein Windspiel zu laufen vermag. Auf dem Schlosse bekam er von der Speise, welche dem Prinzen aufgetragen wurde, und wo dieser war, da war er auch; und des Nachts kroch er unter die Bettstelle und schlief dort, bis der Königssohn erwachte.

Eines Tages sagte der Königssohn: »Hans Wunderlich, ich habe eine große Reise vor, da darfst du nicht mitkommen!« – »Wo du bist, bleibe ich auch«, versetzte der bunte Junge. »Wenn ich dich nun aber nicht in den Wagen nehme?« – »Dann setze ich mich zu dem Kutscher auf den Bock.« – »Und wenn ich dich dort nicht sitzen lasse?« – »So lauf' ich nebenher.« – »Und wenn ich dich zurücktreiben lasse?« – »So bin ich doch bei dir, denn wo du bist, bleibe ich auch.« Sprach der Prinz: »Wenn es so steht, will ich dich halt doch mitnehmen.« – »Ist auch besser«, sagte Hans Wunderlich, und er durfte in den Wagen hinein, als der Königssohn von seines Vaters Schloß fuhr. Der Prinz wollte aber einen König besuchen, dessen eine Tochter für ihn zur Gemahlin bestimmt war. Die Sache war schon längst abgemacht, nur wußte der König nicht, welche Tochter er weggeben sollte. Da mußte nun der Prinz selber kommen und die Prinzessin aussuchen, die ihm am meisten gefiel.

Auf der Reise kamen sie durch einen großen Wald, und als es Abend wurde, sahen sie ein Wirtshaus vor sich, das war hell erleuchtet und schien voller Menschen. Dort mußte der Kutscher halten, und nachdem sie gegessen und getrunken hatten, ließ sich der Prinz ein Zimmer geben und ging mit Hans Wunderlich hinauf. »Prinz«, sagte der bunte Junge, als der Königssohn sich entkleidet hatte, »heute kannst du einmal unter dem Bette schlafen, ich habe es lange genug getan.« – »Nicht doch, Hans Wunderlich«, antwortete der Prinz, »so haben wir nicht gewettet: der Herr gehört ins Bett und der Diener darunter.« Hans Wunderlich blieb aber dabei, und endlich kroch der Prinz um des lieben Friedens willen unter die Bettstelle und lag auf der Diele, während sich der bunte Junge in dem weichen Bett streckte. Als Mitternacht vorüber war, tat sich mit einem Male die Tür auf, und zwölf Kerle kamen mit langen scharfen Messern hereingeschlichen, fielen über das Bett her und stachen hinein. In dem Augenblick war aber auch Hans Wunderlich schon aufgesprungen, hatte den ersten bei den Beinen gepackt und schlug auf die elf andern ein, bis er sie samt und sonders getötet hatte. Dann warf er die Leichen zum Fenster hinaus und sagte zum Prinzen: »Jetzt leg du dich wieder in das Bett und laß mich unter die Bettstelle kriechen.« Der Prinz bedankte sich bei dem bunten Jungen, denn nun merkte er, warum er durchaus mit auf die Reise gewollt hatte. Darauf legte er sich in das Bett und schlief bis an den lichten Morgen. Dann stiegen sie wieder in den Wagen und fuhren in des Königs Stadt, mit dessen Tochter der Prinz Hochzeit halten sollte.

Ehe der Prinz aber auf das Schloß ging, nahm ihn Hans Wunderlich beiseite und sprach zu ihm: »Höre, Prinz, vergiß mein nicht, sonst werde ich dein auch vergessen. Bring mir jeden Mittag Speise und Trank in den Garten und stell es mir unter einen Baum, daß ich davon leben kann.« Der Prinz versprach dem bunten Jungen, daß er ihn nicht vergessen würde, und ging auf das Schloß. Der König freute sich sehr, daß sein Schwiegersohn gekommen sei, und befahl seinen beiden Töchtern, daß sie vor ihn treten sollten, damit er sich diejenige auswählen sollte, welche ihm am besten gefiel. Die Prinzessinnen waren beide von schöner Gestalt, aber die jüngste gefiel ihm doch besser als die älteste, und er erbat sich dieselbe vom König zur Frau. Der war damit einverstanden, und es wurde Verlobung und Hochzeit gefeiert, und der Prinz vergaß über dem Festesjubel ganz und gar seinen Hans Wunderlich und brachte ihm kein Essen in den Garten hinab. Als nun am Abend das junge Paar zu Bette ging, litt es die älteste Prinzessin nicht länger vor Wut und Neid, daß ihre jüngere Schwester vor ihr einen Mann bekommen hatte. Sie ergriff ein langes scharfes Messer, schlich sich damit in die Schlafkammer hinein und stach es ihrer Schwester durchs Herz, daß sie lautlos und ohne daß der Prinz darüber erwachte ihren Geist aufgab. Das blutige Messer aber legte sie zur Seite des Prinzen nieder. Doch einer war dabei, der die Mordtat mit angesehen hatte, das war Hans Wunderlich. Und als die älteste Prinzessin in ihre Schlafkammer zurückgekehrt und eingeschlafen war, schrieb er ihr mit Kohle auf die bloße Brust: »Ich bin schuld am Tode meiner Schwester.« Dann lief er wieder in den Garten zurück.

Am andern Morgen wollte der König wissen, wie den jungen Leuten die Hochzeit bekommen sei. Als er aber die Tür auftat, schwamm sein jüngstes Töchterlein in ihrem Blute, und der Prinz lag ruhig neben ihr und hatte das Dolchmesser noch an seiner Seite. »Mörder! Mörder!« schrie der alte König und rang die Hände; und als der Prinz von dem Schreien erwachte, hatten ihn schon des Königs Diener gepackt und warfen ihn in den tiefsten Kerker, und am vierten Tage sollte er gerichtet werden. Da saß er nun im äußersten Keller und rang die Hände und wußte nicht wo aus und ein. Nur ein ganz kleines Guckfensterchen war hoch oben in der Mauer, damit etwas frische Luft hineinkäme und er nicht in dem Gefängnis ersticke. Wie er nun seine Blicke zu dem Guckloch erhob, sah er den bunten Jungen vor dem Fenster lustig auf und ab springen, als ginge es zur Hochzeit. »Hans Wunderlich, Hans Wunderlich«, rief der Prinz, »hilf mir, oder ich sterbe!« – »Du hast mein vergessen, so werde ich dein vergessen«, antwortete der bunte Junge und sprang davon. Den zweiten Tag sprang er wieder vor dem Kerkerfenster herum, bis der Prinz seiner gewahr wurde und rief: »Hans Wunderlich, Hans Wunderlich, rette mich aus der Not!« Der bunte Junge gab ihm jedoch dieselbe Antwort wie tags zuvor und war verschwunden. Am dritten Tag war der Prinz schon ganz am Leben verzagt, und als er diesmal den bunten Jungen erblickte, flehte und bat er so kläglich, daß Hans Wunderlich mitleidig wurde und zu ihm sprach: »Nun gut, ich werde dir helfen, wenn du dafür meine Mutter heiraten willst.« – »Das will ich gern tun«, antwortete der Prinz, »rette mir nur das Leben!« – »Ich habe dein Wort, daß du meine Mutter heiratest, und du hast meins, daß sie dir kein Haar krümmen. Warte nur ab, wie alles geschehen wird!«

Am andern Tage stand der Prinz schon auf der Leiter, und der König und die älteste Prinzessin und die Herren vom Hofe und viele Leute standen um den Galgen herum, daß die sähen, wie der Mann sein Leben verliert, der seine Frau in der ersten Nacht erstach. Als nun der Henker dem Prinzen eben die Schlinge um den Nacken legen wollte, kam der bunte Junge herbeigelaufen und rief: »Herr König, vergießt nicht unschuldig Blut und schaut nach, was Eurer Tochter auf der bloßen Brust geschrieben steht!« Da schrie auch der Prinz von der Leiter herab: »Ich wünsche mir als letzte Gnade, daß es so geschieht, wie Hans Wunderlich gesagt hat.« Die letzte Bitte durfte der König dem Prinzen nicht abschlagen; er nahm darum die Prinzessin beiseite, öffnete ihr Kleid, und da las er denn auf der bloßen Brust: »Ich bin schuld am Tode meiner Schwester!« – »Wer hat das geschrieben?« fragte er zornig. »Das habe ich getan«, versetzte Hans Wunderlich und erzählte genau, wie alles gekommen sei. Da konnte auch die Prinzessin nicht mehr leugnen, und sie gestand, sie habe es nicht ertragen können, daß ihre jüngere Schwester vor ihr einen Mann bekomme. Sobald der König das vernahm, mußte der Prinz von der Leiter herab, und an seiner Statt stieg die Prinzessin hinauf, und der Henker legte ihr die Schlinge um den Hals; dann zog er die Leiter fort, und da hing sie am hellichten Galgen, den Krähen und den Raben zur Speise.

Der Prinz aber stieg mit Hans Wunderlich in den Wagen, und sie fuhren in ihr Königreich zurück. Als sie im Walde waren, sprang der bunte Junge aus dem Wagen heraus und kam bald darauf mit einem großen Wolfe an. »Prinz«, rief er, »hier ist meine Mutter!« – »Wenn es deine Mutter ist«, antwortete der Königssohn, »so will ich den Wolf heiraten, und er soll meine Frau werden.« – »Nein, es ist meine Mutter nicht«, lachte Hans Wunderlich, »meine Mutter schaut anders aus, ich wollte dich nur versuchen.« Es dauerte gar nicht lange, so schleppte er einen alten Zottelbär herbei. »Prinz, hier ist meine Mutter.« – »Wenn der Zottelbär deine Mutter ist, so will ich ihn heiraten, und er soll meine liebe Frau werden.« – »Nein, auch der Zottelbär ist meine Mutter nicht«, lachte der bunte Junge, »meine Mutter schaut anders aus.« Und wieder nach einer kleinen Weile kam er mit einem wilden Löwen angesprungen. Dem Prinzen stiegen die Haare zu Berge vor Furcht, aber als Hans Wunderlich sprach: »Hier, dies ist meine Mutter«, antwortete er dennoch wie zuvor: »Wenn der Löwe deine Mutter ist, so soll er meine Frau werden.« – »Auch der Löwe ist meine Mutter nicht«, lachte der bunte Junge, »wie sollte ich wohl solch eine Mutter haben?« Dann ließ er den Löwen laufen, sprang wieder zu dem Prinzen in den Wagen hinein, und sie fuhren zusammen auf das königliche Schloß. Dort stand gerade die Prinzessin am Brunnen, um Wasser für den Koch in die Küche zu tragen. »Das ist meine Mutter«, rief Hans Wunderlich, sprang aus dem Wagen, ergriff die Prinzessin am Arme und führte sie dem Königssohne zu. »Ach, die hat mir schon längst gefallen!« rief der Prinz, und als Hans Wunderlich ihm die Hand darauf gegeben hatte, daß er diesmal die Wahrheit sage, gab der Prinz der Mutter des bunten Jungen einen Kuß, und sie verlobten sich miteinander. Den Abend wurde die Hochzeit gefeiert, und so war die Prinzessin wieder zu königlichen Ehren gelangt, wie sie es auch nicht anders verdient hatte.

Als sie am andern Morgen aufgestanden waren, sprach der Prinz: »Ist denn Hans Wunderlich wirklich dein Sohn?« – »Er sagt es ja«, antwortete die Prinzessin, »es muß aber durch Zauberei geschehen sein, mit rechten Dingen ist es nicht zugegangen.« Wie sie noch so miteinander sprachen, tat sich die Tür des Schlafkämmerleins auf, und der bunte Junge kam hereingesprungen. »Vater«, rief er und zupfte den Prinzen am Rocke, »komm mit mir in den Garten hinab; aber vergiß nicht, dein Schwert umzugürten.« Der Prinz tat so, wie ihm Hans Wunderlich gesagt hatte; und als sie unten im Garten waren, sprach der bunte Junge zu ihm: »Jetzt zücke dein Schwert und schlage mir das Haupt ab.« – »Das werde ich nicht tun«, versetzte der Prinz, »wie werde ich dem das Haupt abschlagen, der mir zweimal mein Leben gerettet hat!« – »Gehorche mir, oder es geht dir schlecht!« rief der bunte Junge. Da bekam der Prinz Furcht, denn er wußte, was Hans Wunderlich vermochte, wenn er böse war. Er zog darum das Schwert aus der Scheide, holte weit aus, und ratsch! hatte das scharfe Eisen den Kopf abgeschnitten, daß er zu Boden fiel. Kaum hatte das Haupt jedoch den Erdboden berührt, so sprang es wieder in die Höhe, und ehe der Prinz es sich versah, saß es wieder zwischen den Schultern, und aus Hans Wunderlich war ein stattlicher Königssohn geworden, wie man ihn sich nicht schöner denken konnte. »Nun bin ich erlöst«, rief er freudig; und nachdem er dem Prinzen alles erzählt hatte, wie es mit seiner Mutter gekommen sei, kehrten sie beide auf das Schloß zurück. Da war die Freude einmal groß, als die Prinzessin sah, was aus ihrem bunten Jungen für ein stolzer Prinz geworden war. Sie lebten darauf alle drei noch viele Jahre lang in Glück und Frieden, und wenn sie nicht gestorben sind, so leben sie heute noch.

5. Die beiden Fleischhauer in der Hölle

Es waren einmal zwei Brüder, beide Fleischhauer, der eine reich, der andere arm, der reiche bösen Sinnes, der arme gutmütig. Weil aber der arme nicht selbst schlachten konnte, so half er seinem Bruder und empfing dafür immer einen kleinen Lohn. Einmal hatte der reiche wieder geschlachtet, und zwar sehr viel, und der arme Bruder hatte sich müde gearbeitet; doch der reiche gab ihm wieder nur eine kleine Wurst. »Gib mir noch ein Würstchen, ich habe es wohl verdient!« sprach der Arme. »Nu, so nimm«, rief der Reiche unwillig und warf ihm eins hin, »und geh damit zum Teufel!« Der Arme ging ruhig nach Hause und schlief bis zum andern Morgen, dann briet er eine Wurst, um sie auf den Weg zu nehmen, hing die andere an einen Stab, so wie es die Zigeuner machen, wenn sie sich vom Markte Fleisch holen, nahm diesen auf den Rücken und ging geradenwegs zum Teufel. Aber weil die Hölle, wie ihr euch denken könnt, sehr weit ist, so langte er erst am andern Morgen an; die Teufel waren gerade zur Arbeit ins Holz gefahren, nur die Teufelsgroßmutter war zu Hause geblieben, und diese schaute eben zum Fenster heraus. Da grüßte der Fleischhauer freundlich: »Guten Morgen, alte Großmutter, na, wie geht es Euch noch?« – »Gut, mein Sohn, aber was hat denn dich hergeführt? Sonst kommt kein Menschenkind aus freien Stücken hierher!« – »Auch ich wäre nicht gekommen«, sprach der Fleischhauer, »allein mein Bruder schickte mich mit dieser Wurst!« Damit langte er mit seinem Stabe hin, und die Teufelsgroßmutter nahm die Wurst zum Fenster hinein und dankte dafür und rief ihn hinein in die Hölle. »O wie gerne«, sprach der Arme, »will ich das tun; bei Eurem großen Feuer kann ich mich und meine Wurst erwärmen, denn hier draußen ist es verteufelt kalt!«

Die Teufelsgroßmutter tat ihm alles mögliche zu Gefallen, und gegen Abend verbarg sie ihn unters Bett, damit die hungrigen Teufel, wenn sie heimkämen, ihn nicht finden sollten. Bald kamen diese und schrien: »Essen her, Essen her! O weh, welch eine Pein ist doch der Hunger! – Ha, hier riecht es nach Menschenfleisch, nicht?« Dabei schnupperten alle im Zimmer herum. Die alte Großmutter beschwichtigte sie aber gleich, denn sie stellte die dampfende Schüssel auf den Tisch und sagte, es sei wohl ein Mensch dagewesen, allein der sei entwischt, davon rieche es noch. Damit waren sie zufrieden. Sie aßen sich nun satt, torkelten darauf nach ihren Betten und schliefen bis an den Morgen und fuhren dann wieder ins Holz. Jetzt rief die alte Großmutter den Fleischhauer unterm Bett hervor und sprach: »Nun kannst du unbesorgt nach Hause gehen!« Dann nahm sie ein Haar, das in der Nacht von einem Teufel auf das Polster gefallen war, schenkte es ihrem Gast und sprach: »Wenn du zu Hause bist, wirst du erst sehen, was für einen Schatz du daran hast!« Der Fleischhauer dankte für die freundliche Aufnahme und das Geschenk, sagte in seiner Gutmütigkeit noch zur guten Letzt: »Gott segne dich, alte Großmutter!« und zog dann heim. Als er zu Hause anlangte, wurde das Haar plötzlich so groß wie ein Heubaum und war von purem Golde. Dadurch wurde er ein reicher Mann, viel, viel reicher als sein Bruder, schlachtete von nun an für sich und hielt noch viele Gesellen.

Da wurde sein Bruder neidisch und konnte es nicht länger verwinden, daß er ärmer sein sollte. Er hatte aber erfahren, wie sein Bruder reich geworden; und eines Tages nahm er eine große, große Wurst und zog damit in die Hölle; er langte auch erst am andern Morgen an und sah die Teufelsgroßmutter im Fenster. »Was machst du denn hier, du alte Hexe?« rief er spöttisch, ohne ihr einen guten Morgen zu bieten. »Ich warte auf deine Wurst, her damit!« – »Daran wirst du deine grünen Wackelzähne nicht wetzen, die bringe ich für die Teufel, und ich will dafür einen goldnen Heubaum.« – »Gut denn, so komm herein und warte hier; auf den Abend kommen die Teufel aus dem Holz nach Hause.« Der Fleischhauer ging hinein und setzte sich auf einen Stuhl hinter die Tür. Als am Abend die Teufel wieder hungrig nach Hause kamen, schrien sie: »Essen her, Essen her! O weh, welch eine Pein ist doch der Hunger!« Bald aber witterten sie den Fremden und riefen: »Es riecht nach Menschenfleisch!« – »Hinter der Tür ist der Braten!« sprach die Teufelsgroßmutter. Da fielen die hungrigen Teufel über den Fleischhauer her und zerrissen ihn auf einmal in tausend Stücke.

Der früher so arme, jetzt aber reiche Fleischhauer erbte nun auch das Vermögen seines geizigen und habsüchtigen Bruders. So geht es oft in der Welt; wenn es nur immer so ginge!

6. Der eiserne Kasten

Es war einmal ein armer Bauer, der fuhr eines Morgens früh, ehe die Sonne aufging, in den Wald, um Holz zu schlagen. Da traf er unter einer Eiche ein steinaltes Mütterchen, das stand vor einem großen eisernen Kasten und sprach zu ihm: »Du kannst mich erlösen und dich glücklich machen! Hier dieser eiserne Kasten ist bis obenan mit harten Talern gefüllt. Nimm ihn mit dir nach Hause; sag aber keinem Menschen ein Sterbenswörtchen davon, es würde dein Unglück sein.« Die Worte gefielen dem Bauern von Herzen wohl, und das alte Mütterchen war noch so freundlich, mit anzufassen, daß er die Kiste auf den Wagen bekam. Dann bedankte er sich schön und fuhr wieder nach Hause zurück. »Mutter«, sagte er, als der Wagen vor der Tür hielt, »ich soll's zwar niemand sagen, aber du bist meine liebe Frau; für dich gilt das Versprechen nicht.« – »Da hast du auch recht, Vater«, erwiderte die Bäuerin neugierig, »ich bin verschwiegen wie das Grab. Was ist's denn? Warum kommst du so früh aus dem Walde zurück?« – »Ja, das ist's eben!« antwortete der Bauer. »Ich habe unter einer Eiche einen großen Kasten voll Geld gefunden. Nun hat all unsere Not ein Ende. – Aber halt reinen Mund. Und jetzt besorg uns etwas Gutes zu essen, ich habe seit acht Tagen kein Fleisch mehr gesehen.« Sie hoben darauf den Kasten vom Wagen und trugen ihn in den Keller; dann nahm die Bäuerin einen Taler aus der eisernen Kiste, kaufte Fleisch ein und briet am Herde, daß es eine Freude war. Die Nachbarin roch jedoch kaum den lieblichen Geruch, als sie herbeigelaufen kam und schnüffelte und sagte: »Guten Tag, Gevatterin, was hat Sie denn in der Pfanne?« – »Ach, Nawersch (Nachbarin)«, erwiderte die Frau, »ich darf es zwar keinem sagen, aber Sie ist ja verschwiegen. Mein Mann hat im Walde, als er Holzhauen fuhr, unter einer Eiche einen großen eisernen Kasten voll Geld gefunden.« – »Ei, das ist ja schön«, antwortete die Gevatterin, »und du bist an die Rechte gekommen, ich sag's niemand nach!« Dann lief sie wieder in ihr Haus zurück. Es dauerte gar nicht lange, so kam ihres Bruders Frau vom Hofe nebenan zu Besuch. »Schwägerin, weißt du schon, was geschehen ist?« rief sie ihr entgegen. »Du mußt aber auch reinen Mund halten!« – »Als ob ich ein Plappermaul wäre!« – »Na, das weiß ich ja, und darum sag' ich dir's eben. Der Nachbarin Mann von drüben, der kleine Bauer, hat im Walde beim Holzhacken unter einer Eiche eine große Kiste mit Geld gefunden.« Die Schwägerin hielt auch reinen Mund und trug die Sache zu des Küsters Frau; und ehe die Sonne untergegangen war, kam die Sache vor den Amtmann. Der ließ den Bauern vor sich rufen und sprach: »Ich weiß alles! Du hast einen Kasten Geld gestohlen, der steht unten in deinem Keller. Heraus mit dem Gelde!« – »Nein, gnädiger Herr«, antwortete der Bauer, »das ist die Wahrheit nicht. Ich bin so arm wie eine Kirchenmaus, aber ein ehrlicher Kerl, und habe nichts gestohlen.« – »Das wird sich finden, alter Freund«, versetzte der Amtmann, »deine Frau hat es selbst gesagt.« – »Ach, gnädiger Herr, meine Frau ist verrückt.« – »Geh Er nur! Über vierzehn Tage ist Gerichtssitzung, da wollen wir sehen, ob Seine Frau verrückt ist.«

Dem Bauer war gar nicht wohl, als er vom Edelgut ging, und er dachte an die Worte, welche das steinalte Mütterchen unter der Eiche zu ihm gesprochen hatte. Aber er verlor den Mut nicht, machte, daß er nach Hause kam, und nahm aus der Kiste eine gute Handvoll Taler heraus; dann spannte er an, stieg auf den Wagen und fuhr in die Stadt. Dort kaufte er von den Bäckern alle Kringeln auf, die sie vorrätig hatten, so daß er wohl einen halben Wispel davon auf den Wagen zu laden hatte. Damit fuhr er nach Hause zurück und streute die Kringeln auf dem Hofe aus, derweil seine Frau in der Küche stand und etwas Gutes in der Pfanne hatte. Ein paar Metzen warf er auf das Dach, und auch vor das Tor legte er einige Stücke. Dann lief er in die Küche und rief: »Frau, du bist doch wie die andern alle! Kaum haben wir ein bißchen Geld in der Tasche, so wirtschaftest du ins Blaue hinein und läßt unsern Herrgott draußen Kringeln regnen und bückst dich nicht einmal danach, sie aufzuheben!« – »Mann, bist du nicht klug?« gab ihm die Bäuerin zurück. »Kringeln hat's geregnet?« – »Gewiß doch, sieh selbst nach«, erwiderte der Mann. Da schaute die Bauersfrau zum Fenster hinaus, und als sie die vielen tausend Kringeln auf dem Hof erblickte, war sie aller Freuden voll, lief hinaus und sammelte ein paar Stunden lang und füllte drei große Fleischtonnen voll. Den andern Tag sagte der Bauer: »Höre, Frau, als ich neulich in der Stadt war, hab' ich erfahren, unser König habe sich neue Soldaten verschrieben mit langen, spitzen, eisernen Schnäbeln. Damit picken sie vornehmlich auf die Frauensleute und stechen sie tot. Heute sollen sie durch unser Dorf kommen. Ich werde das große Waschfaß über dich stülpen, dann finden sie dich nicht. Mich sollen sie auch nicht bekommen, ich verstecke mich auf dem Boden.« Da setzte sich die Bäuerin in großer Angst nieder, und der Bauer stülpte das Waschfaß über sie. Dann ging er in den Hühnerstall, fing alle Hühner und trug sie auf den Flur, streute Gerste aus, um das Waschfaß herum und oben darauf, und: Pick, pick, pick! fraßen die Hühner die Gerste auf, bis kein Körnchen mehr zu finden war. Danach liefen sie auf den Hof zurück, der Bauer aber deckte das Faß wieder auf und sprach zu seiner Frau: »Mutter, jetzt sind sie aus dem Dorfe heraus!« – »Ach, Vater, was habe ich Angst ausgestanden!« sprach die Bäuerin. »Hu! wie sie pochten: Pick, pick, pick! mit ihren langen, eisernen Schnäbeln! Aber ich habe mich nicht gemuckst, und sie haben mich nicht gefunden.« – »Gott sei Dank, auch mich haben sie nicht entdeckt!« sagte der Bauer, und damit war die Sache abgemacht. Als nun die vierzehn Tage vergangen waren, wurde der Bauer mit seiner Frau vor Gericht geladen. Der Bauer leugnete alles rund ab. Als die Herren aber seiner Frau hart zusetzten, verschwur sie sich hoch und teuer, es sei so gewesen, wie sie ihrer Nachbarin erzählt habe.« – »Glaubt dem Weibe nicht, ihr Herren«, rief der Bauer, »sie hat's im Kopfe! – Wann ist's denn gewesen, Mutter, daß ich die Kiste nach Hause brachte?« – »Besinn dich doch, Vater«, antwortete die Frau, »den Tag vorher, als unser Herrgott Kringeln regnen ließ!« Die Gerichtsherren schüttelten mit den Köpfen, und der Bauer sagte: »Hab' ich nicht recht? Sie ist verrückt!« – »Ich soll verrückt sein?« fuhr die Bäuerin eifrig fort. »Besinn dich doch, Vater, es war zwei Tage vorher, als unseres Königs neue Soldaten mit den langen, spitzen, eisernen Schnäbeln durch das Dorf zogen und in unsern Hof kamen und: Pick, pick, pick! an das Waschfaß schlugen, das du über mich gestürzt hattest!« – »Bauer, Er hat recht«, sagten die Herren, »Seine Frau ist nicht bei Sinnen. Geh Er mit ihr nach Hause und trage Er gut Sorge, daß sie kein Unheil anrichtet.« Da war der Bauer aus allen Nöten und zog mit seinem Weibe in das Dorf zurück. Dort gab er ihr den Kreuzdornstock zu schmecken, und das bekam ihr so gut, daß sie niemals wieder etwas ausgeplaudert hat.

Sie kauften nach und nach von dem Gelde im eisernen Kasten ein Stück Land nach dem andern zu dem Hof hinzu und wurden endlich steinreiche Leute; und wenn sie nicht gestorben sind, so leben sie heute noch.

7. Von dem Breikessel

Sieben Meilen hinter Eulenpfingsten lebten vor alter Zeit ein Mann und eine Frau, aßen und tranken und waren allezeit guter Dinge. Der Mann aber war ein Müller; nun rate, was die Frau war. Und sie hatten eine einzige Tochter, wenn die im Sommer am Bache saß und ihre Füßchen spülte, kamen alle Fische herbei und sprangen vor Freuden aus dem Wasser, so schön war sie. Einst wurde eine teure Zeit, und es kam nur wenig Korn zur Mühle; deshalb hatten sie nichts mehr zu essen. Da ging die Frau eines Tages hin, schüttelte alle Kisten und Kasten und klopfte alle Säcke aus, tat das letzte Salz daran, kochte einen Roggenbrei und sagte: »Dies wird die letzte Mahlzeit sein; wir können uns dann hinlegen und sterben.« Als der Brei bald fertig war, kam der Mann in die Küche, nahm den hölzernen Löffel und wollte einmal schmecken. Die Frau verwehrte es ihm, und als er Gewalt brauchen wollte, nahm sie den Kessel auf den Kopf und lief davon, daß ihr die Haare um den Nacken flogen; der Mann mit dem Löffel in der Hand setzte hinter ihr her, und als die Tochter das sah, nahm sie ihre Schuhe in die Hand und lief hinter dem Vater her. Und sie kamen in einen Wald, da verlor das Mädchen den einen Schuh, und während sie den suchte, ohne ihn finden zu können, verschwanden Vater und Mutter hinter den Bäumen; da setzte sie sich hinter einen Busch und konnte nicht mehr weiter, so müde war sie, und weinte und wimmerte; und als sie daran dachte, daß sie ihren einen Schuh verloren hatte, weinte sie noch viel mehr. Den Schuh aber hatte der Zaunkönig gefunden, und die Frau

Zaunkönigin wiegte ihre Jungen darin. Als sie nun so dasaß und klagte, daß es einen Stein hätte erbarmen sollen, da stand auf einmal eine alte Frau bei ihr, die sagte: »Was fehlt dir, mein Kind?« Das Mädchen antwortete: »Ja, die Mutter nahm das letzte Mehl und kochte einen Brei davon, da wollte der Vater schmecken, die Mutter wollte es aber nicht haben; nun ist sie davongelaufen mit dem Kessel auf dem Kopf, und der Vater läuft hinter ihr her, mit dem Löffel in der Hand; und als ich ihnen nachlief, da verlor ich den einen Schuh, und wie ich den suchte, verschwanden Vater und Mutter hinter den Bäumen. Was soll ich nun anfangen? Hätte ich nur den Schuh!« – »Hier hast du einen andern«, sagte die Frau, griff in die Tasche, holte einen funkelnagelneuen heraus und setzte hinzu: »Nun sei ruhig und tu, was ich dir sage, so wird alles gut! Geh noch ein wenig tiefer in den Wald, da kommst du an ein großes Haus, das ist ein Königsschloß, da geh hinein; und wenn sie dir dann viele Kleider vorlegen, seidene, baumwollene und leinene, und dir sagen, du sollst dir davon eins wählen, so suche dir das schönste seidene aus, und wenn sie dich fragen, warum du dir das wählst, so antworte: ›Ich bin in Seide erzogen.‹« Das Mädchen bedankte sich und ging und kam bald an das Schloß, und als sie hineinkam und ihr die vielen Kleider vorgelegt wurden, seidene, baumwollene und leinene, suchte sie sich das schönste seidene aus. Da fragte sie der König: »Warum wählst du dir denn gleich ein seidenes?« Sie antwortete: »Ich bin in Seide erzogen.« Eigentlich war sie aber in Leinen erzogen. Nun hatte der König einen Prinzen, der war zwölf Jahre alt und sollte heiraten, und als die Müllerstochter in dem seidenen Kleide hereinkam, lief es ihm heiß durchs Herz, und er sagte: »Lieber Vater, wenn ich doch nun einmal mit Gewalt heiraten soll, so gebt mir die; eine andere nehme ich nun und nimmermehr!« Des waren alle froh, und die Hochzeit wurde angesetzt. Eines Tages stand die Braut oben im Saale am Fenster und besah sich die Gegend, und als sie eben noch hinuntersah, siehe, da lief ihre Mutter vorbei mit dem Kessel auf dem Kopf, daß ihr die Haare um den Nacken flogen, und hinter ihr her lief der Vater mit dem großen hölzernen Löffel in der Hand; da konnte sie es nicht lassen, sie mußte laut auflachen. Das hörte der Prinz im Nebenzimmer und kam herein und sagte: »Schätzchen, was lachst du?« Sie wollte die Geschichte von ihren Eltern nicht gerne erzählen und antwortete: »Ich lache darüber, daß wir in diesem kleinen Schlosse Hochzeit halten sollen; denn wo wollen hier die vielen Gäste unterkommen?« Da versetzte der Prinz: »Hast du denn ein größeres?« Sie antwortete: »Ja, viel größer«; sie hatte aber eigentlich gar kein Schloß. »Ei«, sagte der Prinz, »so laß uns die Hochzeit noch acht Tage aufschieben! Wir bestellen dann alle auf dein Schloß, fahren auch dahin und feiern dort die Hochzeit.« Damit ging er weg, um es dem Vater zu sagen; sie aber stieg in den Hof hinab und war traurig, denn wo sollte das große Schloß herkommen? Und als sie dasaß und weinte, da war auf einmal die alte Frau bei ihr und sagte: »Was fehlt dir?« – »Ich stand gerade oben im Saale am Fenster und besah mir die Gegend, und siehe, da liefen meine Eltern unten vorbei, und da mußte ich laut auflachen. Das hörte mein Bräutigam im Nebenzimmer, und als er kam und fragte, warum ich gelacht habe, wandte ich vor, es sei wegen dieses kleinen Schlosses geschehen; ich hätte ein viel größeres. Nun soll dort die Hochzeit gefeiert werden, und ich habe doch gar kein Schloß.« – »Das hast du doch!« erwiderte die Alte. »Sei nur ruhig und fahre getrost mit ihm hin, und wenn ihr ein bißchen gefahren seid, springt ein weißer Pudel aus dem Gebüsch, den du allein sehen kannst; wo er hinläuft, da laß hinfahren.« Damit verschwand die alte Frau, und das Mädchen ging wieder in den Saal. Als die acht Tage um waren und die Gäste zur Hochzeit kamen, fuhren sie über die Brücke in den Wald, und bald sprang ein weißer Pudel aus dem Gebüsch, den das Mädchen allein sehen konnte, und wo der hinlief, ließ sie ihren Wagen fahren, und die anderen Wagen kamen alle hinterdrein. Als sie eine Zeitlang unterwegs waren und es den Gästen allgemach zu lange dauerte, fragten sie: »Sind wir noch nicht da?« Sie antwortete: »Sogleich«, und in demselben Augenblick stand der Pudel still und verschwand in dem Gebüsch, und wo er verschwunden war, stand plötzlich ein großes Schloß mit hohen Türmen und hellen Fenstern, und lustig drängte sich der Rauch aus allen Schornsteinen. »Das ist mein Schloß«, sagte die Braut, und alle stiegen aus und gingen hinein. Und siehe, die Tische waren gedeckt, die Betten gemacht, und die Bedienten liefen ein und aus. Da hielten sie ein halbes Jahr Hochzeit. Und am letzten Tag, als sie schon eingepackt hatten, um wieder nach dem alten Schloß zu fahren, und eben zum letztenmal bei Tische saßen, da plötzlich rannte etwas gegen die Tür, daß sie krachend aufsprang. »Frau Königin! Frau Königin«, rief eine Frau, die mit einem Kessel auf dem Kopfe hereinstürzte, »Frau Königin, schütze mich; mein Mann will mich schlagen!« Und der Mann kam hereingestürzt mit einem hölzernen Löffel und war ganz wütend und wollte die Frau schlagen; als er aber die hohen Gäste sah, ließ er es bleiben. »Das sind meine lieben Eltern!« sagte die junge Königin, und der junge König freute sich und der alte auch, denn sie hatten die schöne Frau über die Maßen lieb; und als diese ihre ganze Geschichte erzählt hatte, mußten die Bedienten den größeren hölzernen Löffel nehmen und jedem der Gäste einen Löffel voll von dem Brei, dem alle ihr Glück verdankten, auf den Teller geben, und alle aßen davon und lobten ihn; der Müller und die Müllerin aber bekamen so viel Wein und Braten, wie sie nur essen konnten, und das war sehr viel, denn sie hatten sich ungemein hungrig gelaufen.

8. Das Kind mit dem goldenen Apfel

Da war einmal eine Bäuerin, die hatte einen Sohn namens Michel; der war nie weiter als vom Tisch bis an den Kachelofen gekommen. Und da dachte sie endlich: ›Du mußt ihn doch einmal in die Welt schicken‹, sprach daher zu ihm: »Geh, Michel, hinaus an den Teich und hol Wasser.« – »Jawohl«, sagt Michel, »aber wo ist denn der Teich?« – »Wenn du aus der Haustür trittst, dann mußt du den Steig im Garten gerade hinuntergehen, dann wirst du ihn zur Linken finden.« Michel machte sich auf den Weg, fand auch wirklich Haustür, Garten und Steig und kam an den Teich; wie er da den Eimer herauszieht, springt ein großer Hecht heraus, der bittet ihn, er möge ihn doch wieder ins Wasser werfen, er wolle es ihm wohl vergelten. »Hab' ich dich denn heißen herausspringen?« sagt Michel. »So springe du auch wieder hinein!« Aber der Hecht bat gar zu sehr und versprach Micheln endlich, alles, was er wünsche, solle geschehen, nur solle er ihn wieder ins Wasser werfen. Da tat er's denn, nahm seinen Eimer und ging wieder nach Hause.

Nun hatte er aber, als er draußen am Teich war, drüben in der Ferne ein Haus gesehen, das glänzte prächtig wie lauter Gold und Silber; darum fragte er seine Mutter: »Mutter, was ist das drüben für ein Haus, das man am Teich sieht?« Sprach die Mutter: »Das ist des Königs Haus, da wohnt er mit der schönen Prinzessin drin.« Wie Michel das hört, denkt er: ›Ich will doch mal versuchen, ob der Hecht wahr gesprochen hat; ich möchte, daß die Prinzessin noch vor Abend einen kleinen Jungen kriegt.‹ Als nun der Abend kam, so hatte die Königstochter einen kleinen Jungen, mit einem goldenen Apfel in der Hand, und wußte selber nicht, warum und woher. Da kam ihr Vater, der König, in einen großen Zorn, ließ alle weisen Männer aus dem ganzen Land zusammenkommen und befahl ihnen, herauszubringen, wer des Kindes Vater wäre. Sie rieten lange hin und her, und keiner wußte was. Da ließ eine alte Zigeunermutter, die auf den Tod gefangensaß, dem Königе sagen, wenn er ihr das Leben schenken wolle und so viel Geld, daß sie von nun an sich ehrlich ernähren könne, so wolle sie die Sache zu einem guten Ende bringen. Da ward sie alsbald losgelassen und bekam das Geld. Ob sie hernach nicht mehr gestohlen hat, weiß ich nicht zu sagen, aber ihr Rat war der: man solle das Kind mitten im Saal auf einen Tisch setzen und alle ledige Mannschaft aus dem ganzen Lande aufs Schloß kommen und im Kreis herum an dem Kinde vorbeigehen lassen; dann würde es mit dem Apfel nach seinem Vater werfen.

Der König tat, wie ihm die Alte geraten hatte, er ließ überall in seinem Reiche ein Gebot ausgehen, daß alle unbeweibten Mannsleute sich an seinem Hofe versammelten. Und als nun der bestimmte Tag kam und das Kind mit dem Apfel in der Hand inmitten des Saales auf dem Tische saß, da traten zuerst all die Fürsten, Herzöge und Grafen herein, aber das Büblein blieb unbeweglich und warf nach keinem den Apfel. Darauf kamen die Minister und alle Beamten und Diener des Königs von den höchsten bis auf den Nachtwächter, aber das Büblein rührte sich nicht. Darauf mußten auch die geistlichen Herren und die Kaufleute und die Bauern und Handwerker und die Tagelöhner, die Dienstknechte und alle bis auf den Schinder herein in den Saal und gingen an dem Jungen vorüber; aber der rührte sich nicht. Als sie alle vorübergegangen waren und der König nicht anders glaubte, als daß alle ledigen Männer aus seinem Lande dagewesen wären, kam noch einer in den Saal gestolpert, in einem alten schmutzigen Teerrock und mit einem alten dreitütigen Hut; das war Michel, den hatte seine Mutter mit Gewalt hinaustreiben müssen und hatte ihn zurechtgestutzt, so gut es ging. Kaum hatte ihn das Büblein erblickt, so warf es den goldenen Apfel nach ihm.

Nun hatte das Kind einen Vater und die Prinzessin einen Mann, aber der König geriet ganz außer sich vor Zorn darüber, daß Michel sein Schwiegersohn sein sollte, und sagte, er wollte nun weder Vater noch Mutter, noch Kind bei sich behalten. Er ließ sogleich eine große gläserne Kugel mit einer Schraube gießen, daß man sie öffnen und schließen konnte, ließ den Michel, seine Tochter und den Kleinen hineinbringen und die Kugel auf das Wasser setzen, und nun schwamm sie auf die weite See hinaus. Wie sie nun so dahintrieben und die Königstochter traurig dasaß, daß sie einen solchen Vater zu ihrem Kinde gefunden habe und nun hier elend würde umkommen müssen, da wünschte Michel, daß sie doch an eine Insel kommen möchten, und augenblicklich geschah es; die Kugel saß auf dem Strande fest, sprang auseinander, und alle drei traten wohlbehalten heraus. Da wünschte sich Michel ein prächtiges Schloß mit der reichsten Bedienung und allen dazugehörigen Häusern, und gleich war alles da. Nun wurde die Prinzessin auch zufriedener; Michel wünschte sich prächtige Kleider und sah jetzt ganz stattlich aus, und so lebte er hier lange Zeit mit seiner Frau und seinem Kinde in großer Herrlichkeit. Aber endlich verlangte doch die Königstochter mehr und mehr nach ihrem Vater und ihrer Heimat, und sie sagte das ihrem Mann; da wünschte er sich eine Brücke nach ihres Vaters Reich. Sogleich stand eine da, und zwar immer ein Balken von Gold, der andere von Silber; nun stiegen sie in eine prächtige goldene Kutsche und fuhren übers Wasser zum Schloß des alten Königs. Dessen Zorn legte sich sogleich, als er erfuhr, wie gut seine Tochter noch angekommen sei, und nun lebten sie glücklich und zufrieden miteinander bis an ihr Ende.

9. Wie der Bauer ein Doktor ward

Es war einmal ein Bauer, der ritt auf seinem Braunen zur Mühle, und damit er es dem guten Tier nicht zu schwer machte, nahm er selbst den Roggensack auf den Buckel. Kam ein Handwerksbursch des Wegs daher und sagte: »He, Bauer, der Sack ist ohnehin schwer genug. Er könnte hübsch nebenher laufen, dann hätte der Gaul es leichter.«

»Du sprichst, wie du es verstehst«, antwortete der Bauer. »Das Korn trägt nicht mein Brauner, das trage ich.«

Da merkte der Handwerksbursch, wieviel die Glocke geschlagen habe; und nachdem er sich erkundigt hatte, wo des Bauern Hof läge, machte er, daß er in das Dorf kam. Als er auf den Hof trat, stand die Bäuerin gerade vor der Tür und fütterte die Hühner.

»Mutter«, sagte der Handwerksbursch, »dein Mann läßt dich schön grüßen, und ihm wäre es über, noch länger den Bauern zu spielen und mit Knechten und Mägden sich herumzuärgern. Er will in die weite Welt hinaus und sein Glück versuchen. Damit du aber nicht ledig bleibst und der Hof einen Herrn hat, soll ich dein Mann werden.«

Die Frau sah den Handwerksburschen an, der jung an Jahren und schön von Gestalt war; dann dachte sie an den alten, griesgrämigen Bauern, und sie besann sich nicht lange, reichte dem Burschen die Hand und führte ihn in die Stube.

»Mutter«, sagte der schlaue Fuchs, als sie drinnen waren, »ich will dich nehmen, da ich's dem Bauer nun einmal versprochen habe; aber so, wie er jetzt ist, heirate ich nicht auf den Hof hinein. Die beiden großen Lindenbäume zur Rechten und zur Linken des Tores müssen umgehauen werden, und das noch heute.«

»Das habe ich längst gerne gewollt«, antwortete die Bäuerin; denn sie fürchtete, dem Handwerksburschen möchte am Ende die Sache wieder leid werden, wenn sie nein sagte. Da schickte der Handwerksbursch die Knechte hinaus, daß sie die Bäume umschlügen; und es dauerte gar nicht lange, so war die Arbeit getan.

Inzwischen hatte der Müller das Korn gemahlen, und der Bauer nahm den Sack wieder auf den Nacken, setzte sich auf seinen Braunen und ritt nach Hause. Es war schon dunkel geworden, als er das Dorf erreichte; aber soviel sah er doch, daß der Gaul in einen falschen Hof einbog, denn vor seinem Tore standen zwei große Lindenbäume. Er warf also das Pferd herum und sprach zu ihm: »Heda, Brauner, aufgepaßt! Du kennst wohl deinen eigenen Stall nicht mehr?«

Der Braune sah noch einmal sehnsüchtig nach dem Stall hinüber, dann mußte er dem Zügel folgen und seinen Herrn die Dorfstraße hinuntertragen. Der schaute rechts und links, da waren Bauernhöfe genug, aber einer mit zwei Lindenbäumen vor dem Tore war nirgends zu erblicken. Er wandte um, ritt die Dorfstraße noch einmal entlang, und endlich gar ein drittes Mal; als er aber auch da seinen Hof nicht entdecken konnte, sprach er bei sich: »Es ist ein Dorf wie unsers, und doch ist's nicht unsers. Ich bin in die Irre gegangen, ich weiß nicht wie.« Und dann machte er, daß er das Dorf hinter sich bekam.

Er ritt und ritt die ganze Nacht hindurch; und als der Morgen anbrach, langte er in einem Dorfe an, das er noch gar nicht kannte. Dort kehrte er in dem Kruge ein, brachte den Braunen in den Stall und ließ sich von dem Wirt Speise und Trank vorsetzen. Und nachdem er sich satt gegessen und getrunken hatte, hing er seinen Gedanken nach, wie es gekommen sei, daß er seinen Hof nicht habe wiederfinden können.

Indem er so vor sich hinsah und grübelte, trat ein Mann in den Krug und sprach zu dem Krüger: »Gevatter, weißt du mir nicht Rat und Hilfe? Mein junger Fuchswallach liegt im Stalle und hat alle viere von sich gestreckt.«

»Was versteh' ich denn von Pferden?« antwortete der Krüger. »Ich habe das Doktern nicht gelernt; aber der alte Mann da am Tische, der sieht aus, als wenn er es könnte.«

»Vater«, sprach darauf der Mann und wandte sich zu ihm, »kommt mit mir in den Stall und helft meinem Pferde!«

Der Bauer ließ sich das nicht zweimal sagen und folgte ihm nach. Als sie in dem Stalle waren, ergriff er den Wallach beim Ohre und raunte hinein: »Wenn du nicht Lust hast, zu leben, so sind Hunde genug, dich zu fressen; hast du aber Lust, zu leben, so wächst auch wohl Gras für dich, daß du satt wirst.« Das Fohlen war aber nur faulkrank; und als es vernahm, daß es geschlachtet und sein Fleisch den Hunden gegeben werden solle, sprang es geschwind auf und war gesund und munter wie zuvor. Sein Herr jedoch sperrte Mund und Nase auf und rief: »Was ist das für ein Mann, daß er die Pferde allein durch Reden heilen kann!« Und weil ihm das Fohlen so lieb und wert war, gab er dem Bauern zwanzig harte, blanke Taler zur Belohnung. Damit ging dieser in den Krug zurück und ließ dort etwas draufgehen.

Es dauerte gar nicht lange, so wurde dem Edelmann von dem Doktor erzählt, der allein durch Reden einen halbtoten Fuchswallach wieder gesund gemacht habe. Nun waren ihm ein paar Tage vorher zwei schöne Kutschpferde gestohlen worden, und niemand wußte, wer der Dieb war. Als der Herr von dem Wundermanne vernahm, schickte er darum gleich zu ihm herab und ließ ihn zu sich holen.

»Würdet Ihr mir wohl meine Pferde wieder schaffen können?« fragte er höflich, als der Bauer vor ihm stand.

»Warum nicht?« antwortete der Bauer.

Da war der Edelmann sehr froh und ließ ihn auf das beste bewirten mit Speise und Trank. Der Bauer aber war das gute Leben nicht gewöhnt. So kam's, daß er in der Nacht oft herausmußte. Und als er vor Tagesanbruch noch einmal den Gang machte, da standen die beiden Pferde vor der Tür; denn sie waren den Dieben entlaufen und hatten den Weg nach Hause allein gefunden. Als der Bauer sie sah, schlug er einen gewaltigen Lärm, daß der Edelmann aus dem Bette sprang, das Fenster aufriß und in der Schlafmütze heraussah.

»Was ist Euch denn?« rief er verwundert.

»Hier sind die Pferde!« erwiderte der Bauer. »Ich bin so oft vergeblich draußen gewesen, aber kommen mußten sie, das stand fest. Sie sind spät gekommen, denn der Weg war weit.«

Der Edelmann fiel vor Erstaunen fast auf den Rücken und hielt den Bauern hoch in Ehren als einen Wunderdoktor und gab ihm hundert Taler aus der Kiste, weil er seine Sache so gut gemacht hatte.

Das Gerücht von dem Bauern erscholl nun im ganzen Lande, und auch der König hörte davon. Der konnte aber gerade einen Wunderdoktor brauchen, denn seine Frau lag schwer krank darnieder. Sie sollte ihm einen Leibeserben schenken, der nach seinem Tode im Lande die Krone trüge; aber ihre Stunde wollte und wollte nicht kommen, und die Ärzte verzweifelten an ihrem Leben. Er sandte darum einen Boten aus, der mußte den Bauern zu ihm bringen.

Als derselbe vor ihm stand, fragte er ihn: »Wer bist du?«

»Ich bin der Doktor Allwissend«, antwortete der Bauer, »ich kann alle Krankheiten heilen, und nichts ist mir verborgen.«

Das freute den König, daß er so zuversichtlich sprach, und er sagte zu ihm: »Herr Doktor, wenn Ihr alle Krankheiten heilen könnt, so könnt Ihr auch meine Frau wieder gesund machen; und wenn Ihr es nicht tun wollt, so habt Ihr zum letzten Male gedoktert, und ich lasse Euch das Haupt abschlagen.«

Als der Bauer diese Worte vernahm, war ihm nicht wohl zumute; aber was half's, er hatte sich die Suppe eingebrockt und mußte sie jetzt ausessen. Der König führte ihn an das Bett der Königin und ließ ihn allein, daß er die Kur beginne. Da saß er nun in seiner Angst und brummte immer vor sich hin: »Kommst du nicht, dann komm' ich; kommst du nicht, dann komm' ich!«

Der kranken Königin kam die Sache lächerlich vor, und sie lachte und lachte und schenkte unter Lachen einem kleinen Prinzen das Leben. Da war einmal große Freude im ganzen Land, und der Wunderdoktor wurde geehrt, als ob er ein reicher Fürst wäre, und wohnte im Schlosse und aß an der Königstafel.

Einmal ging er in dem Garten vor dem Schloß auf und ab, und da es ein heißer, schwüler Tag war und ein Gewitter am Himmel stand, so summten die kleinen Mücken und Stechfliegen in Massen herum und setzten sich ihm auf Nase und Stirn, und er hatte zu tun, daß er sie mit der Hand abwehrte. Das sah der König, der nicht weit davon in der Laube saß; und da er glaubte, der Doktor Allwissend wolle ihm einen guten Rat geben und winke ihn zu sich heran, so stand er auf und ging aus der Laube heraus.

Indem fuhr ein Blitz vom Himmel herab gerade auf den Stuhl nieder, auf dem der König soeben gesessen hatte, und zerschmetterte ihn in tausend Stücke.

»Habt Ihr mir darum gewinkt, Ihr guter Herr?« rief der König erfreut und erschrocken zugleich.

»Warum denn sonst?« antwortete der Bauer. »Ich konnte Euch doch unmöglich vom Wetter erschlagen lassen!«

Da wurde der Ruhm des Wunderdoktors erst recht groß, und der König hielt ihn wie seinen Vater und räumte ihm das halbe Schloß ein, daß er darin wohnen könne. Da hat er noch viele Jahre in Glück und Frieden gelebt; und wenn er noch nicht gestorben ist, so lebt er heute noch.

10. Der Däumling und der Menschenfresser

Es war einmal ein armer Korbmacher, der hatte mit seiner Frau sieben Jungen, da war immer einer kleiner als der andere, und der jüngste war bei seiner Geburt nicht größer als ein Daumen, daher nannte man ihn Däumling. Doch war es ein kluger und pfiffiger Knirps, der an Gewandtheit und Schlauheit seine Brüder in den Sack steckte.

Den Eltern ging es gar übel, denn Korbmachen und Strohflechten ist keine so nahrhafte Profession wie Semmelbacken und Kälberschlachten, und als vollends eine teure Zeit kam, wußten sie nicht mehr, wie sie ihre sieben Würmer satt machen sollten. Da beratschlagten sie eines Abends, als die Kinder zu Bette waren, miteinander, was sie anfangen wollten, und wurden einig, die Kinder mit in den Wald zu nehmen, wo die Weiden wachsen, aus denen man Körbe flicht, und sie heimlich zu verlassen. Das alles hörte aber der Däumling an, der nicht schlief wie seine Brüder, und simulierte die ganze Nacht, wie er sich und seinen Brüdern helfen könnte.

Frühmorgens lief er an den Bach, suchte die Taschen voll kleiner weißer Kiesel und ging wieder heim. Seinen Brüdern sagte er von dem, was er erhorcht hatte, kein Sterbenswörtchen. Nun machten sich die Eltern auf in den Wald, hießen die Kinder folgen, und der Däumling ließ ein Kieselsteinchen nach dem andern auf den Weg fallen; das sah niemand, weil er als der Jüngste und Kleinste stets hintennach trottete.

Im Walde machten sich die Eltern unvermerkt von den Kindern fort, und auf einmal waren sie weg. Als das die Kinder merkten, erhoben sie allzumal, Däumling ausgenommen, ein Zetergeschrei. Däumling lachte und sprach zu seinen Brüdern: »Heult und schreit nicht so jämmerlich! Wollen den Weg schon allein finden.« Und nun ging Däumling voran und nicht hinterdrein und richtete sich genau nach den weißen Kieselsteinchen, fand auch den Weg ohne alle Mühe.

Als die Eltern heimkamen, bescherte ihnen Gott Geld ins Haus; eine alte Schuld, auf die sie nicht mehr gehofft hatten, wurde von einem Nachbar an sie abbezahlt, und nun wurden Eßwaren gekauft, daß sich der Tisch bog. Aber nun kam die Reue, daß die Kinder verstoßen worden waren, und die Frau begann erbärmlich zu lamentieren: »Ach du lieber, allerliebster Gott! Wenn wir doch die Kinder nicht im Wald gelassen hätten! Ach, jetzt könnten sie sich dicksatt essen, und so haben die Wölfe sie vielleicht schon im Magen! Ach, wären nur unsere liebsten Kinder da!« – »Mutter, da sind wir ja!« sprach da ein Stimmchen, die Tür ging auf, und herein trippelten die kleinen Korbmacher – eins, zwei, drei, vier, fünf, sechs, sieben. Ihren guten Appetit hatten sie wieder mitgebracht, und sie konnten sich gleich an den reichlich gedeckten Tisch setzen und satt essen nach Herzenslust. Die Herrlichkeit war groß, daß die Kinder wieder da waren, und es wurde, solange das Geld reichte, in Freuden gelebt. Nicht gar lange aber währte es, so war in des Korbmachers Hütte Schmalhans wieder Küchenmeister, und die Eltern nahmen sich wieder vor, die Kinder im Walde ihrem Schicksal zu überlassen. Der kleine Däumling hatte auch diesmal das ganze Gespräch gehört und wollte am andern Morgen aus dem Häuschen schlüpfen, Kieselsteine aufzulesen, aber o weh, da war's verriegelt, und Däumling war viel zu klein, als daß er den Riegel hätte erreichen können; doch er blieb guten Mutes und gedachte sich schon anders zu helfen. Wie es fortging zum Walde, formte er den ganzen Weg lang kleine Sandhäufchen und meinte, ihn dadurch wieder zu finden. Alles begab sich wie das erste Mal, nur hatte der Wind die Sandhäufchen verweht, so daß sie bald den Weg verloren. Eine Zeitlang tappten sie im Wald herum, bis es ganz finster wurde, und fürchteten sich über die Maßen; nur der Däumling schrie nicht und hatte keine Angst. Unter dem schirmenden Laubdach eines Baumes, auf weichem Moos, schliefen die sieben Brüder, und als es Tag war, stieg Däumling auf einen Baum, die Gegend zu erkunden. Erst erblickte er nichts als eitel Waldbäume, dann aber sah er nicht gar weit Rauch aufsteigen, der aus einer Hütte kam; er merkte sich die Richtung, rutschte vom Baume herab und ging seinen Brüdern voran tapfer auf das Häuschen zu, klopfte auch ganz bescheidentlich an der Tür an. Da trat eine Frau heraus, und Däumling bat gar schön, sie doch einzulassen, sie hätten sich verirrt und wüßten nicht wohin und hätten gar so großen Hunger. Die Frau ließ den Däumling mit seinen Brüdern eintreten und gab jedem ein Stückchen Brot, sagte ihnen aber auch gleich, daß sie im Hause des Menschenfressers wären, der besonders gern die kleinen Kinder fräße. Dann verbarg sie eilig die zitternden Kinder unter dem Ofen, und bald darauf hörte man Tritte, und es klopfte stark an der Tür, das war der Menschenfresser, der von seinem Raubzug heimkam. Sowie er in die Stube getreten war, rief er: »Ich wittre Menschenfleisch!« Die Frau wollte es ihm ausreden und briet ihm ein Lamm; als er aber damit fertig war, schnoberte er wieder in der Stube herum, er ging seinem Geruch nach und fand die Kinder. Die waren ganz hin vor Entsetzen. Schon wetzte er sein langes Messer, die Kinder zu schlachten, gab aber schließlich seiner Frau nach, die meinte, man müsse sie noch ein wenig am Leben lassen und auffüttern, weil sie doch gar zu dürr seien, besonders der kleine Däumling. Die Kinder wurden zu Bette gebracht, und zwar in derselben Kammer, wo ebenfalls in einem großen Bette Menschenfressers sieben Töchterlein schliefen, die so alt waren wie die sieben Brüder. Sie waren von Angesicht sehr häßlich, jedes hatte aber ein goldenes Krönlein auf dem Haupte. Das alles war der Däumling gewahr worden, machte sich ganz still aus dem Bette, nahm seine und seiner Brüder Zipfelmützen, setzte diese den Töchtern des Menschenfressers auf und deren Krönlein sich und seinen Brüdern. Dem Menschenfresser aber fiel es mitten in der Nacht ein, die Kinder könnten bis morgen weggelaufen sein, drum nahm er sein Messer und schlich sich in die Kammer, um ihnen die Hälse abzuschneiden. Es war aber stockdunkel in der Kammer, und Menschenfresser tappte blind umher, bis er an ein Bett stieß, und tastete nach den Köpfen der darin Schlafenden. Da fühlte er die Krönchen und sprach: »Halt! Das sind deine Töchter. Bald hättest du einen Eselsstreich gemacht!«

Nun tappelte er nach dem andern Bette, fühlte da die Nachtmützen und schnitt seinen sieben Töchtern die Hälse ab, einer nach der andern. Dann legte er sich nieder und schlief bald wieder ganz fest. Wie der Däumling ihn schnarchen hörte, weckte er seine Brüder, schlich sich mit ihnen aus dem Hause und suchte das Weite. Aber wie sehr sie auch eilten, so wußten sie doch weder Weg noch Steg und irrten wieder voll Angst und Sorge umher. Als der Morgen kam, erwachte der Menschenfresser und sprach zu seiner Frau: »Geh und richte die Krabben zu, die gestrigen!« Sie meinte, sie sollte die Kinder nun wecken, und ging voll Angst um sie hinauf in die Kammer. Wie erschrak sie, als sie die sieben Mädchen in ihrem Blute daliegen sah; sie kam von Sinnen darüber und stürzte zu Boden. Als sie nun dem Menschenfresser zu lange blieb, ging er selbst hinauf, und da sah er, was er angerichtet hatte. Ganz rasend vor Wut zog er seine Siebenmeilenstiefel an, und nicht lange, so sahen die sieben Brüder ihn von weitem über Berg und Täler schreiten und waren sehr in Angst, doch Däumling versteckte sich mit ihnen in die Höhlung eines großen Felsens. Als der Menschenfresser an diesen Felsen kam, setzte er sich darauf, um ein wenig zu ruhen, weil er müde geworden war, und bald schlief er ein und schnarchte, daß es war, als brause ein Sturmwind. Da schlich sich Däumling hervor wie ein Mäuschen aus seinem Loch, zog ihm die Siebenmeilenstiefel aus und zog sie selber an. Zum Glück hatten diese Stiefel die Eigenschaft, an jeden Fuß zu passen wie angemessen und angegossen. Nun nahm er an jede Hand einen seiner Brüder, diese faßten wieder einander an den Händen, und so ging es, hast du nicht gesehen, mit Siebenmeilenschritten nach Hause. Da hatten die Eltern große Freude und konnten sich nicht genug verwundern über die goldenen Krönlein und die Siebenmeilenstiefel; aus den Krönlein lösten sie viel Geld, und der Däumling hat mit seinen Stiefeln sein Glück gemacht und viele große und weite Reisen getan, hat vielen Herren gedient, und wenn es ihm wo nicht gefallen hat, ist er spornstreichs weitergegangen. Kein Verfolger zu Fuß noch zu Pferd konnte ihn einholen, und seine Abenteuer, die er mit Hilfe seiner Stiefel bestand, sind nicht zu beschreiben.

11. Der Jäger und die Schwanenjungfrau

Es hatte einmal ein junger Jäger seinem König einen großen Dienst erwiesen, und zum Dank dafür wollte der König ihm eine Gnade gewähren und fragte ihn, was er sich wünsche. »König Majestät«, sagte der Jäger, »hier am See liegt so'n nettes Gut mit einem Stück Wald, das möchte ich haben.« – »Das paßt schön«, sagte der König, »das Gut gehört ins Königliche; du sollst es haben!« So konnte der Jäger mit seiner alten Mutter in das schöne Gutshaus ziehen. Die Mutter führte ihm die Wirtschaft, und er ging fleißig auf die Jagd. Eines Tages aber sollte der Jäger ein Wunder erleben.

Er stand nicht weit vom See, da kamen drei schneeweiße Schwäne angeflogen und ließen sich am Ufer nieder. Dann sah der Jäger plötzlich statt ihrer drei Jungfrauen in den See gehen und darin baden, und die waren so wunderschön, daß er schier erschrak vor dem Anblick. Nach einer Weile kamen sie wieder aus dem Wasser und flogen als Schwäne auf und fort. Voller Verwunderung ging der junge Jäger heim und merkte sich den Weg genau. Am nächsten Tage kam er um dieselbe Stunde wieder zu dem See, und da geschah das nämliche. Die drei Schwanenjungfrauen kamen ihm nicht mehr aus dem Sinn, und weil er eben ans Heiraten dachte, so setzte er sich in den Kopf, niemand anders als die Jüngste und Schönste von den dreien sollte seine Frau werden. Als er sie am dritten Tage wieder zu derselben Zeit im See baden sah, schlich er sich sacht heran, nahm der Jüngsten ihr Schwanengewand weg und machte sich damit fort. Wie sich nun die beiden andern zur Rückkehr anschickten, kam die Jüngste ihm nachgelaufen und bat und jammerte um ihr Überkleid. Der Jäger aber tat, als ob er gar nichts hörte, blickte nicht ein einziges Mal zurück und ließ die bittende und weinende Schwanenjungfrau hinter sich herlaufen, bis er zu Hause war. Dort gab er ihr ein Kleid von seiner Mutter und hieß sie damit zufrieden sein. Das Schwanengewand aber legte er heimlich in ein Kästchen und versteckte es. Nun mußte das Mädchen bei den Jägersleuten bleiben, und die taten ihr zuliebe, was sie ihr an den Augen absehen konnten. Und weil ihr der junge Jäger auch wohl gefiel, so besann sie sich nicht lange, als er sie fragte, ob sie ihn heiraten möge, und sagte »Ja«. Da schmückte der Jäger sein feines Häuschen mit allen Hirschgeweihen, die er erjagt hatte, ging in die Stadt und kaufte seiner Frau das schönste Gewand, das er nur aufbringen konnte, und bald wurde die Hochzeit gefeiert, und es war ein Singen und Jubeln, als wäre der Himmel voll Baßgeigen.

Friedsam und fröhlich lebte nun der Jäger mit seiner Frau und seiner alten Mutter im Haus am Wald, Jahr auf Jahr verging. Jetzt hatten die Jägersleute schon ein paar Kinder. Da ging eines Tages der Jäger wieder auf die Jagd, während seine Frau und seine Mutter im Hause herumschäfferten (wirtschafteten). Mit eins fand die Mutter jenes Kästchen und öffnete es; da sah sie das Schwanengefieder liegen. »Ach«, sagte sie, »sieh doch nur! Hier liegt dein Schwanenkleid – so schön rein und unberührt!« Die junge Frau sah hin und griff danach. Dann streifte sie sich rasch das Kleid ab und warf sich das Schwanengewand über. »Mutter«, sagte sie, »wer mich wiedersehen will, muß in den gläsernen Berg kommen, der auf einem blanken Felde steht. Ich bin eine verwünschte Prinzessin und muß dorthin zurück. Grüßt mir meinen lieben Mann und meine lieben Kinderchen und lebt wohl!« Damit schwang sie sich auf – und fort war sie. Die alte Mutter wußte kaum, wie alles so rasch geschehen sei.

Als die Prinzessin überm Wald dahinflog, suchte sie, ob sie nicht zwischen all den vielen Bäumen noch einmal ihren Mann sehen könnte, und fand ihn auch. »Leb wohl, mein lieber Mann«, rief sie, während sie über ihm wegzog, »leb wohl und grüß mir meine lieben Kinderchen!« Der Jäger erschrak. ›Soll ich schießen?‹ dachte er. ›Mein Gott, was würd's mir helfen! Schieß' ich sie tot, dann hab' ich ebensolches Leid, als wenn ich sie nimmer wiederseh'. Mein Gott, warum hat sie mir das doch angetan!‹

Als er traurig nach Hause kam, erzählte die Mutter ihm vom gläsernen Berg auf blankem Felde. »Mutter«, sagte er, »nun hab' ich keine Ruhe mehr; ich will meine Frau suchen. Ich hab' sie ja so liebgehabt, wie ich gar nicht sagen kann; ich muß sehen, ob ich sie nicht ausspüre.« Und damit ging er fort.

Bald kam er auf eine Heide, die zog sich weit ins Land hinein; und in der wohnten ganz verstreut drei alte Brüder, die Einsiedler waren und mit keiner Menschenseele verkehrten.

Als der Jäger 'ne Zeitlang gewandert war, kam er zu dem ersten Einsiedler. »Gott sei mir gnädig!« sagte der alte Mann. »Ich wohn' hier schon seit Urgedenken und hab' all lang', lang' keinen Menschen gesehn; wie kommst du hierher?« Der Jäger erzählte ihm alles und fragte, ob er nicht den gläsernen Berg auf einem blanken Felde kenne. »Höre«, sagte der Einsiedler, »ich bin in meiner Jugend viel herumgekommen und hab' so manches gesehn; aber von einem gläsernen Berg und von einem blanken Feld hab' ich nie gehört. Wandre ruhig weiter! Du triffst vielleicht noch einen Bruder von mir am Leben; es kann sein, daß der Bescheid weiß. Als wir Brüder uns vor langer Zeit trennten, behielt jeder ein Stückchen Geld bei sich zum Erkennungszeichen, wenn wir uns mal wiedersehen sollten. Hier hast du mein Stückchen! Gib es meinem Bruder!«

Darauf wanderte der Jäger weiter und war sehr traurig in seinem Herzen. ›Aber‹, dachte er, ›soll sie so in der Welt herumirren, dann ist es mir auch schon recht, wenn ich's gerade so hab'.‹ Nachdem er eine lange Strecke durch die Heide gegangen war, kam er zu dem zweiten Einsiedler. »Gott sei mir gnädig!« sagte der. »Ich kann die Zeit nicht denken, daß ich zuletzt einen Menschen gesehn hab'; wie kommst du hierher?« Der Jäger erzählte ihm alles und gab ihm das Stückchen Geld von dem ersten Einsiedler. »Also mein lieber Bruder lebt noch!« sagte der Alte. »Hör mal, ich bin in meiner Jugend viel herumgekommen und hab' viel erlebt; aber von einem gläsernen Berg und von einem blanken Feld hab' ich nie gehört. Wandre ruhig weiter! Du triffst vielleicht noch unsern jüngsten Bruder am Leben; es kann sein, daß der Bescheid weiß. Hier hast du mein Stückchen Geld! Gib ihm das!«

Darauf wanderte der Jäger weiter. Wie er so in seinen Gedanken dahinging, kam er an einen Busch, da lag ein toter Ochse, an dem saßen ein Löwe, ein Windhund, ein Adler und eine Homsk (Ameise). Er wollte vorbeigehen, da hielten ihn die vier an und baten ihn, er möchte ihnen doch den toten Ochsen zerteilen. Das tat denn der Jäger auch. Zum Löwen sprach er: »Du hast ein großes Maul und mußt es immer voll haben; du kriegst das Fleisch!« Und er warf ihm alles Fleisch hin. Zum Windhund sprach er: »Du schleppst dich gern mit Knochen herum und knabberst dran; du sollst dein gutes Teil haben.« Und er warf ihm alle Knochen hin. Zum Adler sprach er: »Du dadderst gern in deinem Fressen herum«; und er warf ihm alle Eingeweide hin. Zur Homsk sprach er: »Du wohnst am liebsten gleich in deinem Fressen; du kannst hier in den Kopf kriechen!« Danach ging er weiter. Als er schon eine Strecke weit weg war, kam ihm der Windhund nachgesetzt und bat ihn, er möchte doch umkehren, sie wollten sich ihm dankbar erweisen. Der Jäger glaubte nicht recht daran, aber ging doch mit dem Windhund zu den andern. »Ja, ja«, sagte er, »ich kann's mir denken; ich hab' euch den Ochsen nicht zu Dank geteilt.« Da riß sich der Löwe ein Haar aus, gab es ihm und sagte: »Wenn du einmal in Not kommst, so bieg das Haar krumm, dann bist du ein Löwe und hast dreimal mehr Kraft als ich.« Der Hund riß sich auch ein Haar aus und sagte: »Wenn du einmal in Not kommst, so bieg das Haar krumm, dann wirst du zum Windhund und kannst dreimal so geschwind laufen wie ich.« Und der Adler riß sich eine Feder aus, die gab er ihm und sagte: »Wenn du einmal in Not kommst, so bieg die Feder krumm, dann wirst du ein Adler und fliegst dreimal so schnell wie ich.« Und die Homsk riß sich einen Fuß aus, gab ihn dem Jäger und sagte: »Wenn du mal in Not kommst, so bieg den Fuß krumm, dann bist du dreimal so klein wie ich.« Der Jäger bedankte sich und ging weiter. Und es dauerte nicht mehr lange, so kam er zu dem dritten Einsiedler. »Gott sei mir gnädig!« sagte der. »Es ist schon nicht mehr zu denken, wann ich den letzten Menschen gesehen habe; wie kommst du hierher?« Der Jäger erzählte und übergab ihm das Stückchen Geld von dem zweiten Einsiedler. »Also meine lieben Brüder sind noch am Leben!« sagte der Greis. »Hör mal, mein Sohn, ich möchte dir gern helfen. Es ist zwar schon lang' her, daß ich vom gläsernen Berg auf einem blanken Felde etwas gehört habe; aber dazumal war er verwünscht, und nur einer, der ungeheure Kräfte hatte, so hieß es, hätte ihn erlösen können. Es soll schwer sein, da heraufzukommen, und oben ist nur ein Ritzchen, durch das 'ne Homsk kriechen kann.« – »Schön«, sagte der Jäger, dankte dem Alten und machte sich wieder auf den Weg.

Nun kam er aus der Heide heraus und geriet auf ein weites, blankes Feld; und wie er da so immer zuging, sah er von ferne den gläsernen Berg. Rasch holte er die Feder hervor, bog sie und flog als Adler hinauf. Richtig! Da oben war ein einziges kleines Ritzchen zu finden. Mein Jäger verwandelte sich rasch in 'ne Homsk und kroch hinunter und bis an das Haus, das da unten stand. Hier saß ein Greis am Fenster und guckte hinaus; das war ein verwunschener König. Und sein ganzes Königreich, die Residenzstadt, seine drei Töchter, seine Soldaten und seine Dienerschaft und alles, was sonst noch da war – alles war verwünscht.

Der Jäger kroch als Homskchen an dem Greis vorbei, durch die erste Stube, wo die älteste Prinzessin saß, durch die zweite Stube, wo die zweite Prinzessin saß, bis in die dritte Stube, wo er seine Frau fand. Die Prinzessin merkte nicht, wie das Homskchen auf ihrem Kleid herumkroch; sie saß recht traurig da. Aber als jetzt zu Mittag gerufen wurde, stand sie auf und trat vor den Spiegel, da verwandelte sich der Jäger in seine richtige Gestalt und sah auch in den Spiegel. Als die Prinzessin das Gesicht dort erblickte, erschrak sie und drehte sich rasch um. Aber da war nichts zu sehen, denn der Jäger hatte sich wieder in eine Homsk verwandelt. Sie schaute abermals in den Spiegel, und der Jäger machte es wieder so. »Mein lieber Mann«, sprach da die Prinzessin, »bist du hier, so zeig dich doch!« Da trat der Jäger in seiner rechten Gestalt vor, und sie fiel ihm um den Hals und ließ sich alles von ihm erzählen. »Ach«, sagte sie dann, »wenn ich nur wüßte, wie wir erlöst werden können! Hier ist alles verwunschen. Ich muß doch mal meinen Vater fragen. Verwandle dich wieder in ein Homskchen! Ich will dich an meinem Kragen hintragen.«

Der Jäger tat, wie sie ihm geheißen hatte, und als alle beim Essen saßen, sagte die Prinzessin: »Mein Gott, wann werden wir doch endlich erlöst werden!« – »Oh«, riefen die Schwestern, »wer weiß, ob wir nicht schon längst erlöst wären, wenn du dich nicht hättest greifen lassen. Damals wurden wir noch viel ärger verwünscht.«

»Mein Kind«, sagte der alte König, »wir könnten wohl erlöst werden, aber es ist schwer. Vor allen Dingen müßte der Drache mit den zwölf Köpfen, dem der Edelmann hier in der Nähe täglich zwanzig Schweine liefern muß, umgebracht werden. Aber wenn ihn auch einer bezwungen und ihm den letzten Kopf abgeschlagen hat, dann wird aus diesem Kopf ein Hase springen, den muß er greifen; und wenn er den Hasen getötet hat, wird dem aus dem Kopfe eine Taube fliegen. Da muß er hurtig sein und die Taube haschen und umbringen; in ihrem Kopf wird ein Steinchen sein, das muß hier über uns durch das kleine Ritzchen in den Berg geworfen werden. Wie soll aber einer, der uns erlösen will, das alles wissen? Es müßte schon ein Homskchen sein und zuhören, wie ich das so spreche.«

Die Prinzessin sagte nichts. Sie nahm etwas Essen vom Mittagstisch mit in ihre Stube, um es ihrem Mann zu geben. Und der hielt sich einige Tage lang dort versteckt. Dann aber sagte er, er wolle sich zu dem Edelmann begeben und sich bei ihm als Schweinehirt vermieten. Es war aber nicht leicht, aus dem gläsernen Berg herauszukommen. Der Jäger verwandelte sich wohl in ein Homskchen und kroch an der Wand hinauf, aber die war so glatt und hoch; nein, wahrhaftig, das war nicht leicht. Endlich war er draußen und suchte den Edelmann auf, dem er sich als Schweinehirt anbot. »Gut«, sagte der Edelmann, »ich will dich nehmen; aber es ist eigentlich schad' um einen so netten jungen Menschen. Wenn du nicht verstehst, die Schweine auf einen Hümpel zusammenzujagen, dann geht's dir schlecht; gewöhnlich ist der Schweinehirt das erste Frühstück vom Drachen.« Der Jäger ließ sich aber nicht abschrecken, sondern ging am andern Morgen mit zwanzig Schweinen auf das Feld, wo der Drache immer die Mahlzeiten hielt. Anstatt aber die Schweine zusammenzuhalten, um den Drachen nicht zu ärgern, schucherte er sie in die Runde: hier eins und da eins. Nun kam der Drache wütend auf ihn losgefahren. Da nahm der Jäger das Löwenhaar und bog es krumm und fiel als Löwe den Drachen an. Nach langem Kampfe hatte er ihm zwei Köpfe abgerissen; da sagte der Drache: »Hätt' ich nur ein paar Tröpfchen Blut von meinen Schweinen, dann hätte ich mehr Kraft.« – »Ja, und hätt' ich nur 'n Krüstchen Brot«, sprach der Jäger. Nun ließen sie voneinander ab, und der Jäger trieb die Schweine zusammen und ging mit ihnen nach Hause. Der Edelmann stand am Fenster und wollte seinen Augen nicht trauen, als er ihn mit allen zwanzig Schweinen ankommen sah.

Am andern Morgen trieb der Jäger wieder aus, und alles

geschah wie gestern; doch riß der Löwe heute dem Drachen vier Köpfe ab. »Hätt' ich nur ein paar Tröpfchen Blut von meinen Schweinen«, sagte der Drache, »dann hätt' ich mehr Kraft.« – »Ja, und hätt' ich nur 'n Krüstchen Brot!« sagte der Jäger. Darnach ging er nach Hause mitsamt den zwanzig Schweinen. »Hör mal«, sagte der Edelmann zu seinem Diener, »ich möchte gern wissen, wie's morgen sein wird. Schleich du hinter dem Schweinehirten her und sieh zu, was er angibt. Nimm aber Wein und Brot mit für den Fall, daß ihn die Kraft verläßt!«

So nahm der Diener denn eine Flasche Wein und hausbackenes Brot und folgte dem Jäger, als der am andern Morgen austrieb. Es waren dem Drachen beinahe schon alle Köpfe abgerissen, da sagte der wieder: »Hätt' ich jetzt nur ein paar Tröpfchen Blut von meinen Schweinen, dann hätt' ich mehr Kraft.« – »Ja, und hätt' ich nur 'n Krüstchen Brot«, sagte der Jäger. Sofort sprang der Diener vor, schlug der Flasche den Hals ab und reichte sie samt dem Brot dem Jäger. Der trank den Wein so quantsweise aus und aß sich am Brot satt. Und dann warf er sich wieder dem Drachen entgegen und riß ihm die letzten Köpfe ab. Aus dem allerletzten Kopf wischte ein Hase. Aber da war der Jäger schon ein Windhund, sprang dazu und biß den Hasen tot. Da kam aus dem Hasen eine Taube; sofort war der Jäger ein Adler und erwürgte sie. Und nun nahm er aus dem Taubenkopf den Stein und ging vergnügt zum Edelmann.

Der war von Herzen froh und behielt den Jäger einige Tage bei sich, um ihn recht zu pflegen. Danach marschierte mein Jäger ab, um den gläsernen Berg, das verwunschene Königreich, zu erlösen. Er flog auf die Spitze des Berges und warf das Steinchen hinein; dann eilte er, was er konnte, fort. Aber er war noch nicht weit gekommen, so gab es einen fürchterlichen Knall. Nun war alles rundum erlöst.

Wie es wieder still geworden war, wanderte der Jäger nach dem erlösten Schlosse. Seine Frau stand am Fenster und erkannte ihn sofort. Als sie hinauslief, um ihn zu begrüßen, riefen die Schwestern: »Was fällt dir ein? Was willst du jetzt schon wieder tun? Wir sind knapp erlöst, und nun willst du uns wohl aufs neue verderben?« Aber die Prinzessin hörte nicht darauf, sondern rief ihrem Vater und ihren Schwestern zu: »Das ist ja unser Erlöser!« – lief ihrem Mann entgegen und fiel ihm um den Hals.

Nun kann man sich denken, wie glückselig alle waren! Die alte Mutter und die Kinder wurden geholt; der König gab die Regierung an seinen Schwiegersohn ab, und alle lebten miteinander glücklich und in Freuden bis an ihr Ende.

12. Die beiden Goldkinder

Vor vielen, vielen Jahren geschah es einmal, daß zwei Mägde im Feld nicht weit von der Landstraße arbeiteten; die eine rupfte Hanf, die andere schnitt Korn; sie sprachen aber miteinander von mancherlei und waren lustig und guter Dinge. Auf einmal kam auf einem stattlichen Roß der junge König herangeritten. Die Mägde ließen von ihrer Arbeit, standen und staunten. Als der König ganz nahe war, grüßte er die Jungfern freundlich, und da rief die jüngere gleich der älteren zu: »Wenn mich der König zum Weibe nähme, würde ich ihn und seinen ganzen Hof mit meinem Hanf bekleiden!« – »Und ich«, sagte die ältere, »würde, wenn er mich zu seiner Köchin machte, ihn und sein ganzes Haus mit meinem Korn ernähren!«

Diese Reden hatte der König gehört, und da sie ihm wohlgefielen, schickte er am folgenden Tage nach den beiden Mägden und wählte sich die jüngere zu seiner Gemahlin, die ältere aber machte er zu seiner Oberköchin und gab ihr die Aufsicht über alle Bäcker und Köche des Reiches. Anfangs fühlten sich beide Mägde sehr glücklich, bald aber erwachte in der älteren der gelbe Neid: sie wäre selbst gerne in der

Stelle ihrer jüngeren Freundin gewesen. Darum erdachte sie bei sich einen Plan, wie sie dieselbe verderben sollte. Sie stellte sich gegen die junge Königin sehr untertänig und treu, und diese in ihrem arglosen Herzen liebte sie wie zuvor, als sie noch Gespielinnen waren. Nun kam aber die Zeit, daß die junge Königin gebären sollte; die Köchin hatte unter gutem Vorwande alle Leute aus der Nähe entfernt; die Königin gebar zwei wunderliebliche Kinder, einen Knaben und ein Mädchen mit goldenen Haaren. Die arge Köchin nahm nun diese schnell, ohne daß es die kranke Königin merken konnte, eilte mit ihnen in den Hof und begrub sie in den Mist, lief dann wieder hinein und legte ein Hündchen und ein Kätzchen an die Stelle der Kinder und setzte sich neben das Bett.

Bald darauf bat die Königin ihre Freundin, sie möchte ihr die Kinder zeigen. Da fing diese an zu jammern und zu klagen: »O Gott, wünsche dir das nicht; es ist ein großes Unglück geschehen.« Damit stand sie auf und lief wehklagend hinaus und erzählte es den Hofleuten, und diese erzählten es weiter, und bald kam es an den König. Als dieser hörte, daß sein Weib einen Hund und eine Katze geboren hätte, ward er sehr zornig und ließ gleich die beiden Tiere ersäufen und sein Weib lebendig begraben. Nicht lange danach heiratete er die Köchin. Aus dem Mist aber, worin die beiden Kinder begraben worden, wuchsen zwei goldene Tannenbäumchen hervor, so schön, daß es eine Lust war, sie anzuschauen, und der König besonders hatte große Freude daran. Doch der Königin pochte immer das Herz, wenn sie die Bäumchen sah, und am Ende konnte sie ihren Anblick nicht mehr ertragen; sie stellte sich daher krank und sprach zum König, sie könne nicht eher genesen, bis sie nicht auf Brettern ruhe, die aus den beiden Tannenbäumchen gemacht worden wären. So leid es dem König um die Bäumchen tat, so ließ er es doch geschehen, daß man sie fällte und daraus zwei Bretter für das königliche Ehebett machte. In der Nacht aber, als der König und die Königin zuerst darauf ruhten, fingen beide Bretter auf einmal an zu reden. »Brüderchen«, sprach das eine, »wie drückt es mich so schwer, auf mir liegt die böse Stiefmutter!« – »Schwesterchen«, sagte das andere, »wie ist mir so leicht, auf mir liegt der gute Vater!« Der König schlief fest und hörte nichts; die Königin jedoch hatte alles wohl vernommen und war voller Unruhe die ganze Nacht.

Als es Tag wurde und der König erwachte, sprach sie: »Ach, lieber Mann, die Bretter taugen gar nichts, mein Übel ist nur ärger geworden, laß uns sie verbrennen!« Der König widerredete nicht, denn er wünschte ja, sein Weib solle gesund werden. Alsbald wurde der Ofen geheizt, und als die Glut groß genug war, ließ die Königin die zwei Bretter hineinwerfen und sah zu, wie sie verbrannten. Zwei kleine Funken aber waren herausgesprungen und in die Gerste gefallen, das hatte die Königin nicht bemerkt. Bald darauf gab die Magd die Gerste den Schafen, und ein Mutterschaf aß die beiden Funken mit, und nach einiger Zeit brachte es zwei Lämmlein mit goldener Wolle zur Welt. Der König hatte große Freude darüber, aber als die Königin sie sah, gab's ihr einen Stich ins Herz, daß sie gleich krank wurde. Man verordnete ihr allerlei, allein sie konnte nicht gesund werden; da sagte sie endlich, wenn sie die Herzen der beiden Lämmlein äße, müßte ihr das wohl helfen. Was sollte nun der König tun; er mußte zulassen, daß sie geschlachtet wurden. Die Herzen briet man und brachte sie der Königin; die Gedärme aber wurden in den Fluß geworfen; zwei Stücke nun wurden weithin vom Wasser fortgeführt und endlich ans Ufer ausgeworfen. Hier wurden daraus wieder die zwei Kinder mit den goldnen Haaren und waren gleich so groß, als wären sie seit ihrer Geburt immer gewachsen; nur blieben sie nackt, denn noch keine Mutter hatte ihnen ja ein Hemdchen angelegt. Sie waren aber so lieblich und schön, daß die Sonne auf ihrem Tagesgange stehenblieb, sich nicht satt sehen konnte und sieben Tage nicht unterging.

Da es nun so lange nicht Nacht werden wollte, so wunderte sich des unser Herrgott und dachte: ›Das hast du doch nicht also geordnet!‹ Er kam daher zur Sonne und fragte sie, warum sie so lange am Himmel verweile und nicht untergehe? Da zeigte sie ihm unten auf der Erde die beiden schönen Kinder, wie sie an dem Flusse spielten. Unser Herrgott war entzückt und gerührt bei dem Anblick der Kleinen, welche so mutterseelenallein und nackt waren, und sprach: »Ich will mich ihrer annehmen.« Da stieg er auf die Erde als ein alter guter Mann, und die Kinder liefen, sobald sie ihn sahen, gleich zu ihm und waren froh. Da gab er jedem ein Hemdchen und ein goldenes Hämmerchen und sprach: »Gehet nur immer auf der Straße fort, da werdet ihr in die große Stadt kommen; klopfet an die Türen an, und wo man euch aufmacht, da tretet ein. Wenn nun ein freundlicher Mann euch fragt, wer ihr seid, so erzählt ihm dieses Märchen.« Nun erzählte ihnen unser Herrgott ihre ganze Lebensgeschichte, ging dann fort und stieg wieder in seinen Himmel hinauf. Die Kleinen aber wandelten weiter und kamen endlich in die große Stadt; sie klopften an viele Türen, aber keine wurde ihnen aufgetan; zuletzt kamen sie auch an den Palast des Königs. Sowie sie hier anklopften, öffneten sich gleich von selbst die großen Flügeltüren. Sie traten ein, und es saß der König gerade in tiefem Nachdenken und härmte sich, daß er keine Kinder hatte; indem fiel sein Blick auf die kleinen himmlisch schönen Kinder mit den goldnen Haaren. »Kommt her«, rief er, »was für ein Engel hat euch zu mir gesendet? erzählt mir's!« Die Kleinen gingen hin, setzten sich ihm vertraulich auf die beiden Knie und liebkosten ihn; der Knabe fing darauf an zu erzählen, wie ihn unser Herrgott gelehrt hatte, und wenn er etwas ausließ oder nicht gut erzählte, verbesserte ihn sein Schwesterchen.

»Gott, o Gott!« seufzte der König, als die Erzählung zu Ende war, und in dem Augenblicke trat auch die Königin ein. Als sie die Kinder erblickte, erfaßte sie ein grausiges

Entsetzen; sie kehrte um, schlug die Tür hinter sich zu und lief wie wahnsinnig fort. Die Kinder aber saßen dem König auf dem Schoße ruhig und voller Unschuld und wußten nicht, warum er so schwer geseufzt und die Frau sie so entsetzlich angesehen hatte.

Endlich sagte er: »O ihr meine lieben Kinder, das ist kein Märchen, was euch der alte Mann erzählt hat, sondern euere und meine wahrhaftige Geschichte. Der alte gute Mann aber ist der liebe Gott, der alles so wunderbarlich geleitet und nun offenbart hat. Wehe, wehe der bösen Königin!« Damit ging er hinaus und gab Befehl, daß man sein Weib sogleich lebendig begraben solle. Aber man konnte sie lange nicht finden; endlich traf man sie am Ufer des Flusses, wie sie sich die Haare zerraufte. Sie hatte sich erhängen wollen, allein der Strick war zerrissen, darauf hatte sie sich ins Wasser gestürzt; allein der Fluß hatte sie wieder herausgeworfen; nun wurde sie ergriffen und lebendig verscharrt; die Erde behielt sie nun und bedeckte ihre große Sünde mit. Der König aber schickte nun sogleich in das Land der sieben Zwerge um Wasser des Lebens, ließ seine rechte Gemahlin ausgraben und machte sie lebendig. Beide lebten nun froh und vergnügt und hatten große Freude an ihren Kindern. Der Knabe wurde ein stattlicher Jüngling und Nachfolger im Reiche seines Vaters, das Mädchen eine wunderschöne Prinzessin. Ach, die war so schön, so schön, daß es nicht zu beschreiben ist; ich will nur dieses sagen: wenn sie ausging, neigten sich alle Blumen vor ihr demütig, und alle jungen Kaiser und Könige warben um ihre Hand. Da sie aber gelobt hatte, nur den zu heiraten, der das beste Herz habe, so nahm sie zuletzt einen armen Kohlenbrenner, denn damals hatte der das beste Herz in der Christenheit.

Auch du hättest sie wahrlich gerne bekommen;
Allein dich hätte sie nicht genommen!

13. Siebenschön

In einem Dorfe wohnten ein paar arme Leute in einem kleinen Häuschen, die hatten eine einzige Tochter. Das Mädchen besorgte ihnen den Hausstand, sie wusch, fegte, kochte und schaffte alles, was zu tun war; das Gärtchen vor dem Hause war immer wohlbestellt, im Hause war alles so blank und reinlich, daß es eine Lust anzusehen war. Es gab auch kein Mädchen in der ganzen Gegend, die geschickter im Nähen und Sticken gewesen wäre, und damit verdiente sie ihren armen Eltern das Brot; denn feine Arbeit wird immer gut bezahlt. Weil das Mädchen aber schöner war als sieben andere zusammen, so nannten die Leute sie Siebenschön. Sie war dabei so sittsam, daß, wenn sie sonntags zur Kirche ging, was sie fleißig tat, sie immer einen Schleier vor dem Gesichte trug, damit die Leute sie nicht angaffen sollten. Da sah sie nun einmal des Königs Sohn, und sie war so schlank wie eine Esche, da verliebte er sich in sie und hätte herzlich gerne auch einmal ihr Gesicht gesehen, aber das konnte er nicht vor dem Schleier. Er sprach zu seinen Dienern: »Warum trägt Siebenschön immer einen Schleier, daß man ihr Gesicht nicht sehen kann?« Die Diener antworteten: »Das tut sie, weil sie so sittsam ist.« Da sandte der Königssohn einen Diener mit einem goldenen Fingerreif zu Siebenschön und ließ sie gar sehr bitten, heute abend bei der großen Eiche zu sein, er hätte was mit ihr zu sprechen. Siebenschön ging hin, denn sie dachte: ›Gewiß will der Prinz bei dir ein Stück feine Arbeit bestellen.‹ Als aber der Prinz sie nun sah, da verliebte er sich noch viel mehr und verlangte sie zur Frau. Doch Siebenschön sprach: »Du bist so reich und ich nur so arm; dein Vater wird sehr böse werden, wenn er hört, daß du mich zur Frau genommen.« Aber der Prinz bat so viel und sagte, wie lieb er sie hätte; da sagte Siebenschön endlich: »Wenn du noch ein paar Tage warten willst, so will ich mich darauf bedenken.« Aber schon am andern Tage schickte der

Königssohn seinen Diener zu Siebenschön, der brachte ihr ein paar silberne Schuhe und bat sie, sich heut abend wieder bei der Eiche einzufinden, denn der Prinz wollte mit ihr sprechen. Siebenschön ging hin, und als der Prinz sie sah, so fragte er, ob sie sich schon besonnen hätte.

Da antwortete Siebenschön: »Ich habe mich noch nicht bedenken können, denn meine Tauben und Hühner wollten gefüttert, der Kohl mußte geschnitten und die Hemden sollten genäht werden; aber was ich dir sagte, ich bin so arm und du so reich, dein Vater wird böse werden, darum kann ich nicht deine Frau werden.« Da bat sie aber der Prinz wieder so viel, daß sie endlich sagte, sie wollte sich ganz gewiß bedenken und mit ihren Eltern sprechen. Am anderen Tage schickte er durch seinen Diener ein prächtiges goldenes Kleid und ließ sie bitten, heute abend wieder zu der Eiche zu kommen. Siebenschön ging abends auch wieder hin, und der Prinz fragte, wie sie sich denn nun besonnen hätte. »Ach«, sagte Siebenschön, »ich habe mich nicht bedenken können, und meine Eltern habe ich auch noch nicht gefragt, es gab den ganzen Tag wieder so viel zu schaffen in und außer dem Hause, daß ich nicht dazukommen konnte; aber was ich immer gesagt habe, dabei muß ich bleiben, ich bin viel zu arm und du zu reich, und dein Vater wird sehr böse werden.« Nun ließ der Prinz gar nicht mit Bitten nach und stellte ihr vor, daß sie endlich Königin werden sollte, er würde ihr auch ganz gewiß treu bleiben und keine andere heiraten, was da auch kommen möchte. Da Siebenschön nun sah, wie lieb er sie hatte, so sagte sie endlich ja.

Von nun an trafen sie sich jeden Abend bei der Eiche und waren ganz glücklich, denn sie liebten einander recht von Herzen. Der König sollte es nicht wissen; aber es war da eine alte garstige Dirne, die sagte es ihm endlich doch, daß sein Sohn mit Siebenschön jeden Abend spät zusammenkäme. Da ward der König ganz grimmig und schickte seine Leute hin, Siebenschöns Haus in Brand zu stecken, damit sie darin verbrenne. Siebenschön saß am Fenster und stickte; als sie aber merkte, daß das Haus brenne, sprang sie geschwind hinaus und gerade hinein in einen leeren Brunnen; ihre armen Eltern aber verbrannten beide mit dem Hause.

Da war es ihr erst gewaltig gram und so traurig ums Herz, daß sie tagelang im Brunnen saß und weinte. Nachdem sie aber ausgeweint, arbeitete sie sich allmählich hinauf und grub sich dann mit ihren feinen Händen etwas Geld aus dem Schutt ihres verbrannten Hauses.

Dafür kaufte sie sich Mannskleider. Dann ging sie zum Könige an den Hof und bat, er möge sie doch als Bedienten annehmen, sie heiße Unglück. Dem König gefiel der hübsche junge Mensch, und er nahm ihn zum Bedienten an. Er war nun immer treu und fleißig, und bald mochte der alte König Unglück von allen seinen Bedienten am liebsten leiden und ließ sich von keinem andern bedienen.

Der Königssohn aber, als er hörte, Siebenschöns Haus sei niedergebrannt, trauerte sehr, denn er meinte nicht anders, als daß Siebenschön auch mit verbrannt sei. Nachher aber wollte sein Vater, daß er sich eine Frau nehmen sollte; der alte König wollte seinem Sohn das Reich übergeben, aber dann mußte dieser auch eine Königin haben. Also freite der Prinz um eines andern Königs Tochter und ward mit ihr verlobt. Als nun die Hochzeit sein sollte, ward das ganze Land dazu eingeladen, und als der König mit seinem Sohn hinreiste, die Braut zu holen, mußten alle Bedienten mit. Das war eine traurige Reise für Unglück, und es lag ihm so hart auf dem Herzen wie ein Stein. Er hielt sich immer hinten im Zuge, damit die Leute nicht seine Traurigkeit sähen; als sie aber in die Nähe des Schlosses der Braut kamen, hub er an zu singen mit klarer Stimme:

Siebenschön bin ich genannt,
Unglück ist mir wohl bekannt.

Da sagte der Prinz zu seinem Vater, neben dem er vorne an

im Zuge ritt: »Wer singt doch da so schön?« – »Wer sollte es wohl anders sein«, antwortete der Alte, »als Unglück, mein Bedienter?« Darauf sang er zum zweiten Male:

Siebenschön bin ich genannt,
Unglück ist mir wohl bekannt.

Da fragte der Königssohn wieder: »Wer singt doch da? Sollte es wirklich Unglück, dein Bedienter, sein, lieber Vater?« – »Ja, gewiß«, sagte der alte König, »wer anders sollte wohl so schön singen als Unglück, mein Bedienter?« Nun waren sie ganz nahe vor dem Tor des Schlosses der Braut angekommen, da sang Unglück zum dritten Male:

Siebenschön bin ich genannt,
Unglück ist mir wohl bekannt.

Als der Prinz das nun wieder hörte, wandte er schnell sein Pferd um und ritt hintenhin zu Unglück und sah ihm einmal scharf ins Gesicht; da erkannte er Siebenschön und nickte ihr ganz freundlich zu, dann aber ritt er wieder weg.

Als sie nun alle beisammen waren auf dem Schlosse der Braut und ward eine große Gesellschaft da, so sagte der König, der Vater der Braut: »Wir wollen Rätsel spielen, und der Bräutigam soll anfangen.« Da fing der Königssohn an: »Ich habe einen Schrank, und vor einiger Zeit verlor ich den Schlüssel dazu; da ging ich gleich hin und kaufte mir einen neuen; als ich aber nach Hause kam, fand ich meinen alten wieder; nun frage ich dich, Herr König, welchen Schlüssel soll ich zuerst gebrauchen, den alten oder den neuen?« Der König antwortete sogleich: »Natürlich den alten!« Da sagte der Königssohn: »So behalte du nur deine Tochter, hier ist mein alter Schlüssel.« Da griff er Siebenschön bei der Hand und führte sie mitten unter sie; der alte König aber, sein Vater, rief: »Nein, das ist ja Unglück, mein Diener!« Doch der Königssohn antwortete: »Lieber Vater, es ist Siebenschön, meine Frau!« Da gingen allen die Augen auf, und sie sahen nun erst, wie schön sie war.

14. Wie der Teufel das Geigenspiel lernte

Ein Soldat, der seine Zeit abgedient hatte und von seinem Regimente entlassen war, kehrte auf seiner Heimreise spätabends ganz ermüdet in einem Wirtshause ein und bat um Herberge. Der Wirt entgegnete, daß er ihm diese Bitte bei dem besten Willen nicht gewähren könnte, weil alle Zimmer dergestalt besetzt seien, daß er auch nicht eine einzige Person mehr unterzubringen vermöge. Der Soldat überzeugte sich alsbald davon, daß der Wirt die Wahrheit gesprochen habe, sagte aber auch: »Weiter kann ich nun heute einmal nicht; ist denn gar kein Rat zu schaffen, Herr Wirt?« – »Ja«, sagte der Wirt, »wenn du den Mut hast, da unten in dem schönen Schlosse zu schlafen. Essen und Trinken kannst du bei mir so viel bekommen, als du willst, aber ich muß dir nur sagen, es ist mehr als einer hinuntergegangen, jedoch keiner wiedergekommen. Dies Schloß mit einem herrlichen Rittergute gehörte einem meiner Verwandten, der es aus Bosheit dem Teufel verschrieben hat; dieser treibt nun da unten, hauptsächlich des Nachts zwischen elf und zwölf Uhr, sein Wesen, und weder ich noch andre, die es versucht haben, können sich dort aufhalten. Hast du aber Mut, dazubleiben, und gelingt es dir, den Bösewicht zu vertreiben, so sollst die Wahl unter meinen drei Töchtern haben und das Schloß und Rittergut dazu.« – »Will's versuchen«, sagte der Soldat, aß und trank sich erst satt, nahm dann zwei geladene Pistolen, schnallte sich einen großen Säbel um und wanderte mit zwei Wachskerzen hinab ins Schloß. Hier suchte er sich das beste Zimmer aus, in dem ein prächtiges Bett, Sofa, Tische und Stühle vom feinsten Holze und blankpoliert standen, und da ließ er sich nieder. Darauf sah er sich auch noch anderweitig im Schlosse um und fand eine vollständig eingerichtete Schreinerwerkstatt mit einer Hobelbank und allem dazugehörigen Gerät; auch waren viele Schlosserwerkzeuge darin, wie Feilen, Schraubstöcke und anderes derart. Als er sich alles im Schlosse angeguckt hatte, kehrte er wieder auf sein Zimmer zurück, und da ihm die Zeit lange wurde, nahm er eine Geige, die neben der Wanduhr hing, herunter und fing drauf an zu spielen, nachdem er den blanken Säbel und die geladenen Pistolen auf den Tisch neben die Wachskerzen gelegt hatte. Kaum aber hatte die Glocke elf geschlagen, als über ihm auf dem Boden ein solches Getöse entstand, daß das ganze Schloß erbebte; er horchte einen Augenblick auf, ließ sich aber nicht weiter stören und spielte wacker seine Violine. Das Getöse aber kam immer näher und näher, und mit einem Male wurde die Tür sperrangelweit aufgerissen, und der Teufel mit Pferdefuß und Bockshörnern stand vor ihm und schnauzte ihn an, was er hier mache. »Ich logiere hier«, sagte lachend der Soldat, »das siehst du ja wohl!« – »Aber das ist ja mein Eigentum«, schnaubte der Böse weiter, »und ich werde dir den Hals brechen.« – »Nun, nun, nun, so rasch ist das nicht getan«, sagte der Soldat, »und wenn es dein Eigentum ist, so ist's mir auch gleichgültig; mein Schlafgeld bezahle ich dem Wirt, der hat mich hier hingewiesen, und willst du's dir von dem holen, so ist dir das unbenommen.« Diese Unerschrockenheit gefiel dem Teufel so sehr, daß sich sein Zorn nicht nur ganz legte, sondern daß er den Soldaten sogar bat, er möge doch noch einige seiner lustigen Stücke spielen, die er vorher schon gehört. »Das kann wohl geschehen«, sagte der Soldat; »hast du aber solch Vergnügen am Spiel, so gib genau acht, wie ich's mache, dann lernst du's auch und kannst dir nachher selber was vorspielen.« Nachdem er ihm darauf eins seiner besten Stücke vorgespielt hatte, gab er ihm die Geige in die Hand und sagte: »Nun mach's nach!« Der Teufel nahm die Geige, war aber so ungeschickt, daß er bei jedem Griffe eine Saite zerdrückte. Da rief der Soldat: »Halt, so grausam darfst du nicht drükken, da lernst du's im Leben nicht.« Der Teufel aber sagte: »Ich drücke ja gar nicht, sieh doch nur her, ich fühle ja kaum etwas unter den Fingern.« – »Das ist's eben«, sagte der Soldat, »du hast Schwielen unter deinen Krallen, so dick wie ein Brett, damit sollst du etwas fühlen! Doch weil ich sehe, daß du wirklich Lust hast, das Geigenspiel zu lernen, so will ich mir die Mühe nicht verdrießen lassen und dich tüchtig dazu vorbereiten. Komm mit in die Schreinerei, da sind Raspeln und Feilen, mit denen ich dir die Schwielen etwas von den Fingern nehmen kann, dann fühlst du die Saiten und sollst wohl noch ein tüchtiger Spielmann werden.« Darüber war der Teufel ungemein erfreut, und sogleich gingen sie in die Schreinerei, wo der Soldat eine kleine Feile nahm und an den Schwielen etwas zu feilen begann, dann aber zum Teufel sagte: »So geht's nicht recht, so haben die Finger keinen rechten Halt, und wenn ich mit der Feile draufdrücke, geben sie immer nach, du mußt sie hier in den Schraubstock stecken, zunächst die beiden Zeigefinger, auf die kommt es beim Spielen am meisten an.« Auch das tat der Teufel gern, und der Soldat schraubte nun zu, und wie er erst merkte, daß sie fest saßen, da drehte er aus Leibeskräften, daß der Teufel laut aufbrüllte vor Schmerz und rief: »Schraub los, schraub los, ich habe mich anders besonnen, das Geigenspiel ist mir leid, will's gar nicht lernen.« Aber je mehr er schrie, je fester schraubte der Soldat zu und sagte endlich: »Du Bösewicht! Nun und nimmer sollst du hier wieder loskommen; dies Schloß mit allem Zubehör besitzt du mit Unrecht, und ehe du es nicht gutwillig wiedergibst, lasse ich dich nicht frei!« Da schrie und heulte der Teufel ganz jämmerlich, versprach Besserung und schenkte dem Soldaten das Schloß samt Zubehör und gelobte, sich auch in Zukunft so wenig als möglich auf der Erde sehen zu lassen, und auch nur dann, wenn er gerufen werde. Da erbarmte sich der Soldat endlich seiner und schraubte los; fort war er und hat sich nie im Schloß wieder sehen lassen. Der Soldat aber heiratete des Wirts jüngste Tochter, und sie lebten noch lange vergnügt in dem Schlosse.

15. Der Königssohn und die Teufelstochter

Es war einmal ein König, der hatte in einem großen Krieg alle Schlachten nacheinander verloren; seine Heere waren alle vernichtet, und jetzt war er in der Verzweiflung daran, sich ein Leid anzutun. Da, in dem Augenblicke erschien vor ihm ein Mann, der sprach zum König: »Ich weiß, was dir fehlt; fasse Mut, ich will dir helfen, wenn du mir ›en noa Sîl‹ aus deinem Hause versprichst. Nach dreimal sieben Jahren will ich dann kommen und mir das Versprochene abholen.« Der König wußte nicht, wie ihm geschah; er dachte, der fremde Mann meine ein neues Seil (en noa Sîl = eine neue Seele, und e noa Sîl = ein neues Seil, klingt im Siebenbürgischen gleich), und einen so geringfügigen Preis versprach er ohne weiteres. ›Du hast ja‹, dachte er, ›solche Sachen in deiner Gerätekammer in Menge!‹ Der König aber hatte lange keine Kinder gehabt, und in der Zeit, da er im Kriege war, ward ihm ein Sohn geboren, davon wußte er nichts; der fremde Mann aber wußte es, denn es war der Oberste der Teufel. Sowie der König das Versprechen gegeben hatte, entfernte sich der Fremde ein wenig aus seinen Augen, nahm eine eiserne Geißel mit vier Schwänzen und knallte damit nach den vier Winden. Siehe, da strömte auf einmal von allen Seiten zahlreiches Kriegsvolk herbei. Mit dessen Hilfe gewann der König bald eine Schlacht nach der andern, so daß in kurzem sein Feind um Frieden bitten mußte.

Darauf zog er heim in sein Reich, und seine Freude über den Sieg ward noch größer, als er hörte, daß ihm ein Sohn und Nachfolger geboren sei. Jetzt hielt er sich für den glücklichsten Menschen der Welt, denn er war erstens ein starker und gefürchteter König und wurde auch von seinen Untertanen geliebt; und dann hatte er einen Sohn, der war an Leib und Seele ohne Fehl und nahm immer mehr zu an Kraft und Schönheit. Dreimal sieben Jahre waren bald zu Ende seit dem großen Kriege, und der König hatte seines Versprechens schon ganz vergessen; da erschien plötzlich eines Tages der fremde Mann in der nämlichen Gestalt wie ehemals und forderte nach dem Vertrage »en noa Sîl«. Der König wollte sich recht dankbar bezeigen und ließ aus seiner Gerätekammer das längste neue Seil holen. Der Fremde aber wies es hohnlächelnd zurück und rief: »Eine neue Seele habe ich gemeint, und das ist dein Sohn, der damals geboren war; der ist nun mir verfallen und muß mir sogleich mitfolgen in mein Reich!« Da entsetzte sich der König, zerraufte sein Haar, zerriß seine Kleider, rang die Hände und wollte vor Schmerz fast vergehen. Das half aber alles nichts. Der Königssohn mit seinem unschuldigen, kindlichen Herzen tröstete den Vater und sprach: »Laßt es gut sein, Vater, dieser abscheuliche Höllenfürst wird mir doch nichts tun können!« Der Teufel fuhr zornig auf: »Warte, du junger Tugendspiegel, das sollst du mir schwer büßen!« Damit faßte er ihn und führte ihn durch die Luft auf einmal in die Hölle.

Da war große Trauer im ganzen Königreich: alle Häuser wurden mit schwarzem Flor behangen, und der König verschloß sich in seinem Gram in den Palast und war wie ein Toter unter Lebendigen.

Als der Höllenfürst mit dem Königssohn in seinem Reiche angelangt war, so zeigte er ihm das höllische Feuer und sagte, man werde jetzt noch siebenmal ärger heizen, und in dieses Feuer solle er morgen früh geworfen werden, wenn er in der kommenden Nacht nicht tun könne, was er ihm auftrage. Es war aber in der Nähe ein ungeheurer Teich. Diesen sollte er, so verlangte der Teufel, in der Nacht trockenlegen, in Wiese verwandeln, die Wiese mähen, Heu machen, das Heu in Schober bringen, daß man's am Morgen nur gleich einfahren könne. Darauf schloß der Teufel den Königssohn in ein einsames Gemach ein. Da ward dieser sehr traurig und verzagt und nahm Abschied vom Leben; denn daß er seinen Auftrag ausführen könnte, daran durfte er nicht einmal denken. Auf einmal öffnete sich die Tür, und herein trat die Teufelstochter und brachte zu essen. Als sie den schönen Königssohn sah mit den verweinten Augen, da regte sich etwas in ihrem Herzen, und sie erbarmte sich seiner und sprach: »Iß und trink und sei guten Mutes, ich will schon dafür sorgen, daß alles geschieht, was mein Vater dir aufgetragen hat; zeige nur morgen früh ein heiteres Antlitz!« Damit ging sie fort. Der Königssohn aber blieb traurig. In der Nacht, als alles schlief, stand die Teufelstochter leise auf, ging an ihres Vaters Bett, verstopfte ihm die Ohren, nahm dann dessen eiserne Geißel mit den vier Schwänzen und ging hinaus vor den Palast und peitschte nach allen vier Weltecken, daß es tausendfach widerhallte und das ganze Höllenreich erzitterte. Da sauste und brauste es in der Luft, und es kamen von allen Seiten die Höllengeister herbei und fragten: »Was steht zu Befehl?« Die Teufelstochter gab ihnen den Auftrag: den Teich geschwind auszutrocknen, in Wiese zu verwandeln, Heu zu machen und dasselbe in Schober zu legen. Man hörte einige Zeit ein heftiges Sausen, wie wenn der Sturmwind einherfährt und einige heftige Schläge, dann aber wurde es still.

Als am frühen Morgen der Königssohn zum Fenster hinausblickte, so sah er zu seiner Verwunderung und Freude an der Stelle des Sees eine Menge Heuschober; er faßte nun Mut, und sein Gesicht wurde heiter. Die Teufelstochter hatte, sobald alles vollendet war, ihrem Vater die Stopfen wieder aus den Ohren genommen und die Geißel neben ihn gelegt. Als der am Morgen erwachte, so freute er sich in seiner Bosheit, wie er den Königssohn nun bald im höllischen Feuer sehen solle. Wie erstaunte er aber, als er hinauskam und sah, daß sein Auftrag vollzogen war! Da wurde er noch grimmiger und ging zum Königssohn und sprach: »Diesmal ist es dir gelungen, aber morgen wirst du mir dennoch die heiße Glut schmecken! Sieh den großen Wald da oben an dem Gebirge; den sollst du in der Nacht hauen, das Holz in Klaftern legen, daß man es morgen früh einführen kann. An die

Stelle, wo der Wald war, sollst du einen Weingarten hinsetzen, und die Trauben sollen gleich so reif sein, daß man morgen früh Weinlese halten kann!« Die Tür wurde darauf wieder geschlossen, und der Königssohn überließ sich abermals dem Kummer, denn das, glaubte er, könne unmöglich geschehen. Da kam die Teufelstochter mit dem Essen, erkundigte sich um den neuen Auftrag und tröstete ihn wieder; er faßte Mut und ward ruhig. Die Teufelstochter aber tat in der Nacht ebenso wie in der vorigen; sie verstopfte ihrem Vater die Ohren, knallte mit der Peitsche viermal in alle Weltecken, gab den Teufeln den Auftrag, und man hörte nur einigemal knallen und knarren, und alles war fertig.

Am Morgen war der Teufelsfürst neugierig, ob das einfältige Menschenkind auch den zweiten Auftrag wohl ausgeführt habe, und er sah zu seinem Erstaunen, daß alles so war, wie er befohlen hatte. Sein Zorn stieg jetzt aufs höchste. »Auch diesmal ist es dir gelungen: allein ich will nun sehen, ob dein Menschenwitz zum drittenmal dich retten wird! Aus purem Sande sollst du in der kommenden Nacht eine Kirche bauen mit Kuppel und Kreuz, die feststeht und zusammenhält.« Der Teufelsfürst schloß hierauf die Tür und ging fort, der Königssohn aber ward betrübt und fing an zu verzagen. Als die Teufelstochter ihm wieder zu essen brachte, so fragte sie ihn gleich wieder, warum er so traurig sei, und er klagte ihr sein Leid und erzählte ihr von dem neuen Auftrag. »Das ist«, sprach sie, »eine schwere Sache, und ich fürchte, das werde ich nicht zustande bringen; indes, ich will es versuchen; allein schließe du kein Auge zu in der Nacht, damit du mich hörst, wenn ich dich rufe.« Kaum war es Mitternacht, so nahm die Teufelstochter, nachdem sie ihrem Vater die Ohren verstopft hatte, wieder die mächtige Geißel und knallte nach allen vier Ecken der Welt. Da kamen die Diener gleich geschäftig herbei und fragten, was zu Befehl stehe. Als aber die Teufelstochter den Auftrag ihnen mitteilte, schraken alle zusammen und riefen: »Eine Kirche bauen! Das können wir nie und nimmer, selbst nicht aus Steinen oder Eisen, geschweige denn aus purem Sand!« Allein die Teufelstochter befahl ihnen strenge, gleich ans Werk zu gehen. Da eilten sie fort und fingen an zu arbeiten, daß ihnen der Schweiß rann und der Sand sich in Klumpen ballte, aber das Werk wollte nicht fortschreiten; mehrmals brachten sie die Kirche bis zur Hälfte, da stürzte sie wieder zusammen; einmal war sie fast ganz fertig, die Kuppel gewölbt, es fehlte nur das Kreuz an der Spitze, allein, als die Teufel dieses aufsetzen wollten, sank die ganze Kirche wieder zusammen. Wie die Teufelstochter sah, daß alles vergeblich und die Zeit bald vorüber sei, da entließ sie die Teufel und ging ungesäumt zum Königssohn ans Fenster und rief: »Auf, auf! Noch kann ich dich retten, wenn du gerettet sein willst! Ich verwandle mich in ein weißes Pferd, sitze du schnell auf, und ich trage dich heim!« Kaum hatte sie's gesagt, so stand da ein weißes Pferd, und der Königssohn schwang sich auf, und fort ging es im ärgsten Galopp.

Als am Morgen der alte Teufel erwachte, schien ihm alles so still; er griff nach der Peitsche, um sein Volk aufzuwecken, allein sie lag nicht an ihrer Stelle. Da tat er seinen Mund auf und schrie, daß die ganze Hölle erzitterte; dadurch fielen ihm auch die Stöpsel aus den Ohren, und nun hörte er, daß draußen alles Hausgesinde schon an der Arbeit war. Er dachte jetzt an den Königssohn und ging zu dessen Zimmer; allein, als er hinkam, sah er die Tür offen, und der Königssohn war nicht da; er suchte nun schnell seine Geißel, endlich fand er sie in einer Ecke liegen. Er knallte damit nach den vier Winden, und alle Teufel aus seinem Reich kamen herbei und fragten: »Herr, was befiehlst du wieder? Wir haben uns die ganze Nacht müde gearbeitet, gönnst du uns denn gar keine Ruhe?« – »Wer hat's euch denn geheißen?« – »Deine Tochter tat es auf deinen Befehl!« – »Meine Tochter!« schrie der Höllenfürst wütend. »Ha, die Menschengefühlige! Jetzt ist mir alles klar; sie hat mir die Ohren verstopft, sie hat die aufgetragenen Geschäfte mittels meiner Macht verrichtet um des Elenden willen und ist jetzt mit ihm fort! Ha, wartet, ich will euch noch beide gleich zurückholen!« Damit erhob er sich geradeauf in die Luft und sah den Fliehenden nach und erblickte sogleich das weiße Pferd und den Reiter. Er schoß sogleich wieder hinab und rief seinen Teufeln zu: »Auf, eilet fort dort hinaus, das weiße Pferd, das ihr antrefft, und seinen Reiter bringt mir tot oder lebendig hierher!« Alsbald wurde der Himmel schwarz von den Scharen, die dahinflogen. Als man das Sausen von ferne vernahm, rief das weiße Pferd seinem Reiter zu: »Schaue zurück, was siehst du?« – »Eine schwarze Wolke.« – »Das ist das Heer meines Vaters, das uns verfolgt. Wir sind verloren, wenn du nicht genau erfüllst, was ich dir sage. Ich verwandle mich in eine große Kirche und dich in einen Pfarrer; stelle dich an den Altar und singe immerfort und gib keine Antwort, wenn man dich fragt.« Der Königssohn versprach, alles so zu machen. Das Heer nahte heran und wunderte sich über die große Kirche; die Türen standen alle offen, es konnte jedoch niemand über die Schwelle, so viele es auch versuchten.

Der Königssohn stand als Pfarrer am Altar und sang immerfort: »Herr, sei mit uns! Herr, schirme uns!« Die Teufel hörten lange den wundersamen Gesang, und als der Pfarrer nicht aufhörte, so riefen sie, er solle ihnen Auskunft geben, ob er nicht ein weißes Pferd und einen Reiter darauf gesehen? Doch der Prinz hörte nichts, und da gingen sie weiter und zogen bis an das Ende des Höllenreiches, ohne etwas von einem weißen Pferd und dem Reiter zu sehen. Als sie unverrichteter Sache am Abend heimkehrten, da sprühte der alte Teufel Zornesflammen. Am andern Morgen erhob er sich wieder gerade aufwärts in die Luft und sah den Fliehenden nach; er erblickte in weiter Ferne die Kirche und hörte leise den Gesang, daß es ihm durch die Seele schnitt. »Das sind sie!« sprach er bei sich. »Nun wartet, ihr werdet mich nicht überlisten!« Er schoß eiligst hinunter, versammelte noch eine größere Schar als die frühere und rief: »Flugs auf, eilet hin zur Kirche, zerstört sie von Grund auf und bringt mir einen Stein mit und den Pfarrer tot oder lebendig.« Im Hui flogen die fort; allein, unterdessen hatte die Teufelstochter sich wieder in das weiße Pferd verwandelt und den Pfarrer in den reitenden Königssohn und eilte auch weiter; bald aber hörten sie hinter sich wieder ein Brausen und Zischen. Das Pferd rief dem Reiter: »Schaue zurück; was siehst du?« – »Eine schwarze Wolke wie die vorige, nur noch größer und schrecklicher!« – »Das ist ein neues Heer meines Vaters. Tue wieder genau, was ich dir sage, sonst sind wir verloren. Ich verwandle mich in einen großen Erlenbaum und dich in ein goldnes Vöglein; singe nur immerfort und lasse dich durch nichts beirren und schrecken!« Der Königssohn versprach, alles genau so zu tun. Das Teufelsheer war bald angelangt, siebenhundert Meilen weiter als da, wo die Kirche gestanden, aber es fand keine Spur, weder von der Kirche und dem Pfarrer noch von dem weißen Roß und dem Königssohn. Als sie an den hohen Erlenbaum kamen, verwunderten sie sich sehr und standen still und sahen auf den Baum und das goldne Vöglein; das sang in einemfort: »Fürcht' mich nicht!« – »Fürcht' mich nicht!« – »Wenn doch nur das Vöglein einmal aufhörte«, sprachen sie, »daß wir es fragen könnten nach der Kirche und dem Pfarrer, dem weißen Roß und dem Königssohn«; aber das Vöglein sang in einem fort. Da zogen sie weiter bis ans Ende des Höllenreichs und kehrten dann abends wieder unverrichteter Sache zurück.

Der alte Teufel sprühte abermals Zornesflammen; am andern Morgen erhob er sich wieder geradeauf in die Luft und sah nach den Fliehenden. Da erblickte er zweimal siebenhundert Meilen weit nur halb deutlich den hohen Erlenbaum und das goldne Vöglein, und der Gesang tönte leise zu ihm, daß es ihm durch die Seele schnitt. »Ha, ihr sollt mir doch nicht entkommen!« Sogleich schoß er nieder, versammelte eine noch viel größere Schar als früher und rief: »Auf, eilt fort und haut den Erlenbaum, den ihr gesehen habt, um und bringt mir einen Span davon, das goldne Vöglein aber fangt nur immerfort durch das Feld und singe, aber in einem fort, der Erlenbaum und das goldne Vöglein darauf waren indes wieder zu Roß und Reiter geworden und waren bald abermals siebenhundert Meilen von der Stelle fort, wo der Erlenbaum gestanden; da vernahmen sie ein Brausen und Zischen. »Schaue zurück«, sprach das weiße Roß, »was siehst du?« – »Eine schwarze Wolke, aber noch größer und schrecklicher als die frühere.« – »Das ist das Heer meines Vaters; tue wieder genau, was ich dir sage, sonst sind wir verloren. Ich verwandle mich in ein Reisfeld und dich in eine Wachtel; laufe nur immerfort durch das Feld und singe, aber in einem fort, und laß dich durch keine Fragen beirren!« Der Königssohn versprach, es genau so zu machen. Das teuflische Heer kam mit Brausen näher und war schon dreimal siebenhundert Meilen weit gezogen und sah und spähte nach allen Seiten, fand aber weder Kirche und Pfarrer noch Erlenbaum und Goldvöglein, noch Roß und Reiter. Als sie das große Reisfeld erblickten, standen sie staunend still und sahen die Wachtel im Korn hin- und herlaufen und hörten ihren wundersamen Ruf: »Gott mit uns!« – »Gott mit uns!« – »Wenn doch der Vogel nur einmal stillstände und aufhörte zu rufen, daß wir ihn fragten!« Allein das tat er nicht, und so zogen sie bis an das Ende des Höllenreiches und kehrten am Abend unverrichteter Sache zurück.

Da kochte in dem alten Teufel die Wut: er fuhr am andern Morgen wieder geradeauf in die Luft, sah das große Reisfeld wie einen grauen Streifen und vernahm leise den Ruf der Wachtel, und es ging ihm durch Mark und Bein. »Ha, noch seid ihr in meiner Gewalt; ihr, meine Diener, alle auf, eilt hin und mäht das Reisfeld und bringt mir eine Garbe mit und fangt die Wachtel! – Doch halt! Bleibt! Jetzt muß ich selbst ihnen nach; denn kommen sie über die viermal siebenhundert Meilen hinaus, so können sie meiner spotten; da hat meine Macht ein Ende!« Damit erhob er sich in die Luft und fuhr ihnen nach. Die Teufelstochter und der Königssohn waren als Roß und Reiter schon wieder ein gutes Stück fortgeflohen, noch fehlten ihnen nur sieben Meilen bis zu dem irdischen Königreich; da hörten sie hinter sich ein so heftiges Stürmen und Brausen wie noch nie bisher. Das weiße Roß sprach zu seinem Reiter: »Schaue zurück; was siehst du?« – »Einen schwarzen Punkt am Himmel, noch schwärzer als die Nacht, daraus zucken feurige Blitze!« – »Wehe, wehe! Das ist mein Vater; wenn du jetzt nicht getreu befolgst, was ich dir sage, so sind wir verloren. Ich verwandle mich in einen großen Milchweiher und dich in eine Ente. Schwimme immer nur in der Mitte herum und halte das Haupt versteckt; laß dich nur ja durch keine Lockungen verleiten, das Haupt aus der Milch herauszuziehen oder ans Ufer zu schwimmen!« Der Königssohn versprach, es genau so zu machen. Bald stand der alte Teufel am Ufer; aber den Verwandelten konnte er nichts anhaben, wenn er nicht zuvor die Ente in seine Gewalt bekam; allein die schwamm in der Mitte des Weihers; erreichen konnte er sie nicht; das war zu weit; hinzuschwimmen getraute er sich nicht; denn in der reinen Milch müssen die Teufel ertrinken. So blieb ihm denn nichts übrig, als durch Schmeichelworte die Ente an sich zu locken: »Liebes Entlein, warum irrst du immer in der Mitte herum, schaue um dich; hier, wo ich bin, wie wunderschön ist es!« Das Entlein sah und hörte lange nicht; aber in seinem Innern regte sich allmählich die Lust, wenigstens einmal hinauszublicken.

Als der Versucher fortfuhr zu locken, blickte es denn einmal rasch auf; da hatte ihm der Böse sogleich das Gesicht geraubt, daß es stockblind war. Der Milchweiher wurde gleich etwas trüb und fing an zu gären, und eine klagende Stimme drang zu der Ente: »Wehe, wehe! Was hast du getan!« Sie gelobte, sich jetzt durch nichts verführen zu lassen. Der Teufel aber tanzte am Ufer vor boshafter Freude und rief: »Aha, bald habe ich euch!« und versuchte nun auch, in der getrübten

Milch zur Ente zu schwimmen, um sie zu packen; allein, da er noch untersank, kehrte er gleich um. Lange lockte und reizte er wieder die Ente, sie möchte doch ans Ufer kommen; sie aber blieb ruhig und hielt das Haupt immer in der Milchflut und spottete zuletzt des Bösen. Da wurde der Teufel zornig und ungeduldig; er verwandelte sich auf einmal in eine große Kropfgans und schlürfte den ganzen Milchweiher samt der Ente ein; dann wackelte er langsam heimwärts. »Jetzt ist alles gut!« sprach eine Stimme aus der Milch zur Ente, und die Milch fing an zu gären und zu sieden. Dem Teufel wurde immer schwüler und bänger; nur mit Mühe konnte er sich fortbewegen. »Wäre ich nur daheim!« seufzte er; aber das war umsonst; schon hatte ihn die siedende Milch ganz aufgeblasen. Noch einige Schritte wankte er fort; plötzlich gab es ein lautes Krachen; er war zerplatzt und zerstoben, und es standen da in jugendlicher Schönheit und Herrlichkeit der Königssohn und die Teufelstochter.

Nun zog der Königssohn mit der Teufelstochter in seines Vaters Reich; es war gerade der siebente Tag, seitdem der Teufel den Königssohn entführt hatte, als sie anlangten. Da war großer Jubel im ganzen Land; die schwarzen Florgehänge wurden abgenommen, Grünreis und Blumen auf den Weg gestreut, und der alte König kam unter Pauken- und Trompetenschall den Einziehenden entgegen. Es wurde eine glänzende Hochzeit gefeiert, und der alte König übertrug seinem Sohne die Regierung, und er herrschte weise und gerecht wie sein Vater und herrscht heute noch, wenn er nicht gestorben ist.

16. Die Schlange

Vor alter Zeit, als noch das Schloß auf dem Hügel da droben stand, lebte darin ein Graf mit seiner Hausfrau. Sie hatten Güter in Hülle und Fülle und hätten das glücklichste Paar sein können, wenn ihnen nicht ein Kind und der häusliche Friede gefehlt hätten. Vom frühesten Morgen bis spätabends zankten und haderten Graf und Gräfin, und er hieß seine Frau nie anders als die hale (glatte) Schlange.

So war es viele Jahre gegangen, und der Graf war schlimmer als je, als seine Frau endlich wider Erwarten in die Hoffnung kam. Da ward der schlimme Herr freundlicher und freute sich über den künftigen Erben. So blieb es viele Wochen lang, und man meinte, es sei der Friede für immer in das Schloß eingekehrt, da wurde es ärger als je; denn die Gräfin wurde, als ihre Zeit um war, von einer Schlange entbunden. Als der Graf sich in seiner Hoffnung so bitter getäuscht sah, war er noch erboster als früher in seiner schlimmsten Zeit, tobte wie ein wildes Tier, schalt seine Frau eine böse Hexe, die mit dem Teufel im Bunde stehe, und wollte die Schlange ohne weiteres töten. Aber die Gräfin bat so innig, daß er ihr Kind am Leben lasse, damit sie wenigstens sehe, was daraus werde; da gab er endlich nach. Doch blieb er seitdem immer böse und kümmerte sich weder um Weib noch um Kind und ging seiner Wege. Die Gräfin hatte aber die Schlange so lieb, als ob es der schönste Knabe wäre, und stand Tag und Nacht an der Wiege. Und der Wurm wuchs und wuchs, und die Gräfin hatte ihn immer lieber und pflegte ihn als ihr eigen Kind. So ging es viele Jahre hindurch, und die Schlange war noch nie aus ihrer Kammer gekommen. Als sie zwanzig Jahr alt geworden war und die Gräfin eines Abends bei ihr saß, öffnete die Schlange plötzlich ihr Maul und fing an zu sprechen.

»Liebe Frau Mutter«, sprach sie, »ich bin nun zwanzig Jahre alt und möchte heiraten; deshalb bitte ich Euch, seht Euch nach einer Braut für mich um.« Die Gräfin war nicht wenig erstaunt, als sie ihr Kind sprechen hörte, und noch mehr über das, was es gesprochen hatte. Sie versprach ihm, seinen Wunsch zu erfüllen, und suchte für ihre Schlange eine Braut. Allein das war ein schweres Kuppeln, denn es mochte eine Dirne noch so heiratslustig sein, so wollte sie von einer solchen Versorgung doch nichts wissen. Die Schlange wiederholte tagtäglich ihre Bitte, und die Gräfin sah sich immer ängstlicher nach einer Braut für ihr Kind um, konnte aber keine auftreiben. Da kam ihr das Hennenmädel, das ein gar liebes, folgsames Kind war, in den Sinn, und sie dachte, dieses werde gewiß darauf eingehen und es für ein Glück schätzen, wenn es Frau Gräfin werden könne. Darin hatte sich aber die Mutter verrechnet, denn das Hennenmädel wollte, als ihm die Heirat mit der Schlange angetragen wurde, ganz und gar nichts davon wissen. Das Mädchen meinte, es werde, wenn es brav sei, wohl auch sonst durch die Welt kommen, und es könne die Schlange doch nicht gern haben. Lieber wolle es ein armes Hennenmädel bleiben und schwarzes Brot essen, als an der Seite eines so unheimlichen Tieres das reichste Leben führen. Wie die Gräfin dies hörte, ward sie böse auf das arme Mädchen und sprach: »Wenn du dein Glück verschmähst, werde ich schon eine andere finden.« – Das hatte aber seine Zeit, und die Gräfin mußte überall, wo sie für ihr Kind warb, mit langer Nase abziehen. Da wandte sie sich wieder an das liebe, fromme Hennenmädel und gab ihm viele schöne, süße Worte. »Sei doch nicht so dumm und steh nicht selbst deinem Glück im Wege«, redete sie ihr zu. »Wenn du mein Kind heiratest, wirst du Gräfin und bist für dein Lebtag gut aufgehoben. So aber mußt du immer die Hennen füttern und bleibst die geringste Dirne, während dir, wenn du meinem Rate folgst, Ehre und Reichtum lachen.« So lag ihr die Gräfin an und sprach ihr zu, daß es dem armen Kinde im Kopf wie ein Mühlrad herumging und es nicht wußte, was es tun sollte. Die Gräfin drang, wie sie die Ratlosigkeit des Mädchens sah, noch heftiger in sie, bis das Kind endlich, um die Gräfin loszuwerden und sich sammeln zu können, drei Tage Zeit verlangte, um sich darüber zu bedenken. Die Gräfin war damit zufrieden und verließ das Kind. Am folgenden Tage kam sie aber schon wieder und fragte nach dem Entschluß und redete dem Mädchen wieder zu. So machte sie es auch am zweiten. Da wußte sich das Kind nicht zu helfen und dachte: ›Wenn mir der Himmel nicht guten Rat gibt, weiß ich nicht, was zu tun ist. Wenn ich die Schlange nicht heirate, dann habe ich keine Ruhe mehr, denn die Frau ist gar so mühelich; und sie zu heiraten habe ich auch keine Lust.‹ In diesen Zweifeln ging es hinauf in den Gang des Schlosses, wo in einer Ecke ein gar schönes Muttergottesbild stand. Das Mädchen hatte dazu eine besondere Andacht und hatte in verschiedenen Anliegen schon oft Erleichterung dabei gefunden.

Sooft es daran vorbeiging, sprach es deshalb ein Ave Maria, und dann fühlte es sich besser und wohler; es kniete auch diesmal vor der Muttergottes nieder und betete recht andächtig um Rat, was es tun solle. Als das Mädchen schon lange gebetet hatte und es meinte, die Muttergottes müsse »Ja« winken oder »Nein« schütteln, fing das wunderbare Bild auf einmal an zu sprechen: »Dein Gebet ist erhört; heirate der Gräfin Kind; denn du bist berufen, es zu erlösen. Es ist wegen des sündhaften Lebens seiner Eltern zwar eine Schlange, du kannst ihm aber die menschliche Gestalt wiedergeben. So höre denn: Wenn du in der Hochzeitsnacht bei der Schlange allein in der Brautkammer sein wirst, wird sie sagen: ›Zieh dich aus!‹ Da mußt du erwidern: ›Zieh du dich zuerst aus‹, und die Schlange wird sich einmal häuten. Dann wird sie wieder sagen: ›Zieh dich aus‹, und dann mußt du wieder entgegnen: ›Zieh du dich zuerst aus.‹ Die Schlange wird sich dann wieder häuten. So muß es sieben Male geschehen, und wenn du zum siebenten Male gesagt haben wirst: ›Zieh dich zuerst aus‹, wird die Schlange die siebente Haut abstreifen, und der Grafensohn wird erlöst sein und als schöner Jüngling vor dir stehen.« – Nachdem das Bild so gesprochen, wurde es wieder stumm. Ein Stein war vom Herzen des bedrängten Mädchens genommen, und es fühlte sich nun leicht und beruhigt. Es dankte der Jungfrau für ihre Hilfe und ging dann zur Gräfin und sagte ihr, daß es die Schlange heiraten wolle. Da war diese hocherfreut und nannte das Hennenmädel ihre liebe Tochter und koste es; dann ging sie mit ihm zu ihrem Kinde und sagte ihm, hier sei die Braut. Weil aber die Gräfin fürchtete, das Mädchen könnte seinen Sinn wieder ändern, wollte sie am nämlichen Tage noch das Paar getraut sehen. Sie hieß deshalb die Braut sich festlich putzen und gab ihr Schmuck und Kleider. Als diese sich gewaschen, gekleidet und geschmückt hatte und wieder in das Zimmer getreten war, ließ die Gräfin den Kaplan holen, der das Paar traute. Da war die Gräfin guter Dinge und wünschte dem Brautpaar Glück. Die Schlange zeigte sich auch munter, und die Braut liebkoste sie, daß man sich darüber wundern mußte. Indessen war es Abend geworden, und am Himmel zogen die Sterne herauf. Da nahm die Gräfin Abschied von ihren Kindern und ging hinaus. – Als die Schlange mit ihrer Braut nun allein im Zimmer war, sprach sie: »Zieh dich aus.« Da erwiderte die Braut: »Zieh du dich zuerst aus.« Die Schlange schien über diese Antwort froh zu sein und schälte sich alsogleich eine Haut ab. Dann sprach sie wieder: »Zieh dich aus.« Die Braut entgegnete: »Zieh du dich zuerst aus«, und die Schlange streifte wieder eine Haut ab. Darauf sprach sie zum dritten Male: »Zieh dich aus«, und wieder antwortete die Braut wie vorher. So geschah es siebenmal, und als die Braut zum siebenten Male gesprochen hatte: »Zieh du dich zuerst aus«, da zog die Schlange die letzte Haut ab, und siehe – anstatt des Tieres stand ein Jüngling vor ihr, so schön, wie sie noch keinen gesehen hatte. Er flog auf sie zu, herzte sie und nannte sie seine liebe, liebe Braut und seine Erlöserin. Dann bestiegen sie das hohe Brautbett und schliefen gar selig, bis der Morgen graute und es im Schloßhof laut wurde. –

Als der Tag angebrochen war und das schöne Paar aus der Kammer trat, stand die Gräfin schon an der Tür; denn es wunderte sie sehr, wie die Brautnacht vorübergegangen sei. Wie groß war da ihr Staunen, als sie anstatt der häßlichen Schlange den schönsten Mann sah! – Sie konnte anfangs fast ihren Augen nicht trauen. Als der schöne Ritter sie aber Mutter nannte und ihre Hand küßte, da sah sie ein, daß er wirklich ihr entzauberter Sohn sei, und kannte keine Grenzen der Freude.

Es wurde nun die Hochzeit gefeiert, bei der es so laut und lustig zuging wie im ewigen Leben. Doch dauerte das Glück nicht immer. Wenn die alte Gräfin ihren Sohn betrachtete und sah, wie schön er war, so schien ihr, er sei für das Hennenmädel zu schade, und sie gönnte ihrer Schwiegertochter ihren Mann nicht. Sie wurde immer verdrossener und neidischer, so daß sie ihrem Sohne zuredete, er solle seine Gemahlin verstoßen. Der junge Graf aber hatte keine Ohren für die Ratschläge seiner Mutter und blieb seiner Frau treu. Als die alte Gräfin ihm wieder anlag und ihn durchaus bewegen wollte, sich von seiner Frau zu trennen, sprach er: »Sie hat mich erlöst, ihr bleibe ich immer dankbar und treu.« – Seit dieser Zeit sah die Gräfin ein, daß all ihre Reden umsonst seien, und fand sich darein. Das junge Ehepaar aber lebte noch lange, lange Zeit recht glücklich.

17. Die alte Kittelkittelkarre

Brüderchen und Schwesterchen gingen in den Wald, Beeren zu suchen. Da kam aber ein schlimmes Wetter, es fing an zu donnern und zu blitzen, der Regen floß in Strömen, und bald ward es Nacht; die Kinder verirrten sich und kamen immer weiter in den Wald hinein. Als das Wetter sich endlich gelegt hatte und es schon ganz dunkel war, stieg das Brüderchen auf einen Baum und schaute um sich, ob nicht ein Lichtlein zu erspähen wäre. Und wirklich, es fand eins, stieg schnell vom Baume herunter und ging mit dem Schwesterchen darauf zu. Das Licht kam von einem kleinen Häuschen, das noch mitten im Walde lag. Da klopften sie leise an, und eine Stimme rief von innen: »Wer ist da?« Die Kinder antworteten: »Ach, wir sind es, Brüderchen und Schwesterchen, und sind beide durchnäßt von dem schlimmen Wetter und bitten um ein Unterkommen für die Nacht.« Da kam ein altes Mütterchen an die Tür und sprach: »Kinderchen, macht nur, daß ihr fortkommt, ich kann euch nicht behalten, denn mein Mann ist ein Menschenfresser, und wenn er nach Hause kommt und euch findet, seid ihr gleich des Todes.« Aber die Kinder baten so viel, daß das Mütterchen sie doch endlich hereinließ und ein wenig beim Feuer Platz nehmen hieß, um ihre Kleider zu trocknen; gab ihnen auch ein bißchen Brot und Salz und einen Trunk Wasser. »Aber behalten kann ich euch nicht«, sagte sie, »in einer Stunde muß mein Mann kommen, und der wird euch fressen.« Als nun die Stunde beinahe um war und die Kinder sich erquickt und gewärmt hatten, sprach die Frau: »Nun macht, daß ihr fortkommt.« Da fingen die Kinder an zu weinen und sprachen: »Wo sollen wir denn die Nacht bleiben? Draußen ist es dunkel, und wir können nicht mehr den Weg nach Hause finden«; und sie ließen gar nicht nach mit Bitten. Da sprach die Alte: »Wenn ihr's denn wagen wollt, hierzubleiben, so will ich euch in den hohlen Baum hinter unserm Hause verstecken und euch morgen auch den rechten Weg zeigen; aber wenn er euch findet, will ich keine Schuld haben.« Nun führte sie die beiden in den hohlen Baum, und bald darauf kam der Menschenfresser nach Hause und fing gleich an zu schnubbern und zu brummen: »Norr, norr, hier ist Menschenfleisch!« – »Ach was«, sagte die Alte, ich habe eben ein Kalb geschlachtet, komm her und iß dich satt.« Der Menschenfresser gab sich erst zufrieden und aß das Kalb auf, das die Frau ihm vorsetzte; aber als er damit fertig war, fing er gleich wieder an zu schnubbern und zu brummen: »Norr, norr, hier ist Menschenfleisch!« und suchte die ganze Stube durch, unter der Bettstelle, im Uhrgehäuse, ohne etwas zu finden, aber immer rief er: »Norr, norr, hier ist Menschenfleisch!« Die Frau sprach: »Was willst du suchen, hier ist nichts, du solltest dich schlafen legen.« Der Menschenfresser aber hörte nicht darauf und suchte noch das ganze Haus durch, und als er das getan hatte, öffnete er auch die Hintertür und wollte in den Garten; da sagte die Frau: »Bleib doch hier, ich habe draußen nur den Kalbskopf hängen und die Kalbsfüße und das frische Fell; da ist nichts für dich.« Aber der Menschenfresser ging in den Garten und »norr, norr, hier ist Menschenfleisch«, rief er, da fand er Brüderchen und Schwesterchen im hohlen Baume. Nun waren sie in großer Not, und der Riese sprach: »Ich wußte wohl, daß es für mich noch einen Braten gäbe; nun will ich euch in den Keller sperren, und morgen will ich euch aufhängen, ohne daß das Blut fließt, und dann will ich euch auffressen.« Die Kinderchen weinten sehr, aber der Riese sperrte sie in den Keller, da mußten sie die Nacht sitzen und taten kein Auge zu vor lauter Angst und Trübsal.

Am Morgen kam der Riese und holte sie heraus. Da hatte er schon zwei Schlingen unter dem Hahnholz gemacht, darin sollten sie aufgehängt werden, ohne daß Blut floß. Das Schwesterchen stieg zuerst auf die Bodenleiter hinauf; wie es aber an die Schlinge kam, tat es, als wenn es den Kopf nicht hineinkriegen könnte, und zog immer mit den Händen die Schlinge zu und sprach: »Ich weiß es nicht zu machen, lieber Menschenfresser; steig doch einmal herauf und zeig es uns.« Da stieg der Menschenfresser hinauf, hielt die Schlinge auseinander und legte den Kopf hinein und sprach: »So müßt ihr's machen!« Als nun der Menschenfresser den Kopf in der Schlinge hatte, da zog das Brüderchen unten die Leiter weg, und der Menschenfresser hing unter dem Hahnenbalken. »So, Menschenfresser, da kannst du hängenbleiben«, sagten die Kinder und wollten fortgehen. Aber da fing er an zu bitten und zu betteln, sie sollten ihn da doch nicht hängen lassen und ihn wieder losmachen, er wollte ihnen auch nichts zuleide tun und beschwor sie hoch und teuer; da sprachen die Kinder: »Und was gibst du uns denn, wenn wir dich losmachen?« Sprach der Menschenfresser:

»Min ole Kittelkittelkaer
Mit twe Bück daerfœr
Und sœben Sack Geld achterhäer.«

Da machten die Kinder ihn los, und der Menschenfresser gab ihnen die Kittelkittelkarre mit zwei Böcken davor und sieben Sack Geld hinterher. Die Kinder setzten sich nun darauf und fuhren davon, und die Böcke liefen so schnell, daß sie bald eine weite Strecke zurückgelegt hatten. Nun trafen sie einen Mann, der war auf seinem Lande beim Kartoffelauskriegen. Da gaben sie ihm eine große Handvoll Geld und sprachen: »Wenn daer een kummt unn di fraegt na sin ol' Kittelkittelkaer mit twe Bück daerfœr und sœben Sack Geld achterhäer, so hestu niks seen.« – »Nä«, sagte der Mann, »ik wull ju nich verraden.« Nun kamen sie weiter, und da trafen sie einen Mann, der war auf seinem Lande beim Wurzelaufkriegen; dem gaben sie zwei große Hände voll Geld und sprachen: »Wenn daer een kummt, unn di fraegt na sin ol' Kittelkittelkaer mit twe Bück daerfœr unn sœben Sack Geld achterhäer, so hetsu niks seen.« – »Nä«, sagte der Mann, »ik wull ju nich verraden.« Nun kamen sie weiter, und da fanden sie einen Mann, der war in seinem Garten beim Apfelabkriegen; dem gaben sie drei große Hände voll Geld und sagten zu ihm: »Wenn daer een kummt unn di fraegt na sin ol' Kittelkittelkaer, mit twe Bück daerfœr unn sœben Sack Geld achterhäer, so hestu niks seen.« Auch dieser Mann versprach ihnen, daß er nichts sagen wollte, wohin sie gefahren wären.

Nun hatte es dem Riesen aber gleich leid getan, als die Kinder fort waren, daß er ihnen seine Karre mit den Böcken und sieben Sack Geld gegeben hatte. Da kam er ihnen nachgelaufen und wollte seine Karre wieder holen. Wie er nun zu dem Manne kam, der die Kartoffeln auskriegte, so fragte er ihn: »Hest du oek seen min ol' Kittelkittelkaer mit twe Bück daerfœr unn sœben Sack Geld achterhäer?« Antwortete ihm der Mann: »Düt Jaer staet de Kartuffeln noch billig noeg.« Da war der Riese schrecklich böse und lief eilig weiter. Als er nun zu dem Wurzelaufkrieger kam, so fragte er auch den: »Hest du oek seen min ol' Kittelkittelkaer mit twe Bück daerfœr unn sœben Sack Geld achterhäer?« Da antwortete ihm auch der Mann: »De Worteln staet düt Jaer noch billig noeg.« Nun ward der Riese noch viel zorniger und stürmte fort, so schnell er laufen konnte; und so kam er bei dem Manne an, der die Äpfel in seinem Garten abkriegte, und fragte ihn: »Hest du oek seen min ol' Kittelkittelkaer mit twe Bück daerfœr unn sœben Sack Geld achterhäer?« Da erschrak der Mann so vor dem Riesen, daß er gestand, wo die Kinder hingefahren waren. Nun eilte der Riese ihnen nach, und bald hörten sie es hinter sich prusten und schnauben. Da sprach Brüderchen zu Schwesterchen: »Sieh dich mal um, gewiß ist der Riese hinter uns.« Das Schwesterchen sah sich um und rief: »Ja, der Riese ist hinter uns, schon ganz nahe.« Eben waren sie auf einen Berg hinaufgefahren, und es war schon Abend. Da fuhren sie noch den Berg hinunter und schnell in eine Höhle hinein. »So«, sagte Brüderchen, »hier wollen wir die Nacht bleiben und morgen weiterfahren, und der Riese soll uns nicht finden.«

Nun kam der Riese auch auf den Berg und sah sich allerwärts noch einmal um und konnte nirgends die Kinder mit der Karre und den Böcken finden. Da stieg er noch den Berg hinunter, legte sich nieder und dachte: ›Morgen wirst du sie schon einholen, du hast heute einen weiten Weg gemacht‹, und darauf schlief er ein. Aber nun hatte er sich gerade auf die Höhle gelegt, worin die Kinder mit den Böcken waren, so daß sein Leib ganz den Eingang verdeckte. Da wußten sie's nicht anders anzufangen, als daß sie den Riesen, indem er schlief, heimlich und ohne daß er's merkte, totmachten. Aber nun konnten sie den toten Riesen nicht von der Stelle wälzen und kamen in große Not und litten Hunger und Durst, und die Böcke auch, und sie wußten gar nicht, wie sie wieder aus der Höhle kommen sollten. Da aber entstand in der Nacht ein groß Geschrei und Flügelschlagen wie von einem Raubvogel, und sie merkten, daß der Vogel von dem Riesen fresse. Nun wurden sie ruhig und warteten bis zu der nächsten Nacht. Und der Vogel kam wieder, machte ein großes Geschrei und schlug mit den Flügeln und fraß von dem Riesen, daß am andern Morgen schon der Tag durchschimmerte. In der dritten Nacht kam der Vogel noch einmal wieder und hackte das Loch noch größer, und hätte er das nicht getan, so wären Brüderchen und Schwesterchen nimmer herausgekommen und wären vor Hunger in der Höhle gestorben, und die Böcke auch. Nun aber ward das Loch so groß, daß sie hindurchkonnten, und so fuhren sie denn nach Hause mit der alten Karre mit den zwei Böcken davor und den sieben Sack Geld hinterher, und ihr könnt euch denken, was Vater und Mutter sich gefreut haben, als sie endlich ihre lieben Kinderchen wieder hatten.

18. Vom dicken fetten Pfannekuchen

Es waren einmal drei alte Weiber, welche gern Pfannekuchen essen wollten; da gab die erste ein Ei dazu her, die zweite Milch und die dritte Fett und Mehl. Als der dicke fette Pfannekuchen fertig war, richtete er sich in der Pfanne in die Höhe und lief den drei alten Weibern weg und lief immerzu und lief kantapper, kantapper in den Wald hinein. Da begegnete ihm ein Häschen, das rief: »Dicke, fette Pannekauken, blief stahn, eck will di fräten!« Der Pfannekuchen antwortete: »Eck bin dree olen Wiewern entlopen, un schölle di Häschen Wippsteert nich entlopen?« und lief kantapper, kantapper in den Wald hinein. Da kam ein Wolf herangelaufen und rief: »Dicke, fette Pannekauken, blief stahn, eck will di fräten!« Der Pfannekuchen antwortete: »Eck bin dree olen Wiewern entlopen un Häschen Wippsteert, un schölle di Wulf Dicksteert nich entlopen?« und lief kantapper, kantapper in den Wald hinein. Da kam ein Reh herzugesprungen und rief: »Dicke, fette Pannekauken, blief stahn, eck will di fräten!« Der Pfannekuchen antwortete: »Eck bin dree olen Wiewern entlopen, Häschen Wippsteert, Wulf Dicksteert, un schölle di Rick Blixsteert nich entlopen?« und lief kantapper, kantapper in den Wald hinein. Da kam eine Kuh herbeigerannt und rief: »Dicke, fette Pannekauken, blief stahn, eck will di fräten!« Der Pfannekuchen antwortete: »Eck bin dree olen Wiewern entlopen, Häschen Wippsteert, Wulf Dicksteert, Rick Blixsteert, un schölle di, Ko Swippsteert nich entlopen?« und lief kantapper, kantapper in den Wald hinein. Da kam eine Sau dahergefegt und rief: »Dicke, fette Pannekauken, blief stahn, eck will di fräten!« Der Pfannekuchen antwortete: »Eck bin dree olen Wiewern entlopen, Häschen Wippsteert, Wulf Dicksteert, Rick Blixsteert, Ko Swippsteert, und schölle di, Su Haff, nich entlopen?« und lief kantapper, kantapper in den Wald hinein. Da kamen drei Kinder daher, die hatten keinen Vater und keine Mutter mehr und sprachen: »Lieber Pfannekuchen, bleib stehen! Wir haben noch nichts gegessen den ganzen Tag!« Da sprang der dicke, fette Pfannekuchen den Kindern in den Korb und ließ sich von ihnen essen.

19. Rinroth

Ein Mann hatte einen Sohn, der sprach zu seinem Vater, er wollte in die Welt gehen und sich irgendwo einen Dienst suchen, um sein Glück zu machen. Der Vater gab ihm Erlaubnis, und der Junge ging fort. Nun kam er bald in einen großen Wald, und nachdem er lange darin gewandert war, setzte er sich einmal nieder unter einen großen Baum, um sich auszuruhen und sein Frühstück zu verzehren. Wie er nun so dasaß, kamen da drei Leute auf ihn zu, die hatten zusammen nur ein Auge, und wer von ihnen das eine Auge trug, der mußte für die beiden anderen sehen und sie führen. Da erschrak der Junge so vor ihnen, daß er schnell auf den Baum kletterte. Aber die drei kamen heran und setzten sich unter den Baum, wo der Junge gesessen hatte. Da sprach einer zu dem andern: »Was raschelt da immer so im Baum?« Der zweite sprach: »Ich höre da auch immer was, wir sollten einmal zusehen, was da oben im Baume ist.« Da stieg der, der das Auge hatte, zuerst in den Baum, sah sich um und sprach: »Ich sehe nichts.« Da stieg auch der zweite hinauf, und der erste reichte ihm das Auge hin, und er sah sich um und sagte: »Ich sehe auch nichts.« Nun kam auch noch der dritte herauf; wie aber der eine ihm das Auge hinlangen wollte, griff es ihm der Junge aus der Hand weg, da konnten sie nicht mehr sehen. Nun fingen sie an, ihn zu bitten, und der eine sprach: »Wenn du uns unser Auge wiedergibst, so will ich dich ein Gebet lehren; wenn du das hersagst, so kann dir niemand eine Bitte abschlagen.« Und der andere sagte: »Ich will dir ein Schiff geben, das segelt zu Wasser und zu Lande, und wenn du es aus der Tasche nimmst und dich hineinsetzt, kannst du dich allerwärts damit hinwünschen.« Und der dritte sprach: »Ich will dir einen Stock geben, wen du damit anrührst, der muß sogleich sterben. Und das sollst du alles sogleich haben, wenn du uns unser Auge wiedergeben willst.« Da sagte der Junge mit Freuden ja, gab ihnen das Auge wieder, und die drei Leute gaben ihm die drei Kunststücke; der eine lehrte ihn das Gebet, daß niemand ihm eine Bitte weigern konnte, der andere gab ihm das Schiff, das zu Wasser und zu Lande segelte, und der dritte gab ihm den Stock, der jeden tötete, den er nur damit anrührte.

Nun ging der Junge weiter und kam an des Königs Hof. Da ging er zu dem Koch in die Küche und bat ihn, er möchte ihn als Küchenjungen annehmen.

Der Koch sagte nein, sie hätten schon einen; da sagte er sein Gebet her, und sie nahmen ihn gleich in Dienst.

Nun war da ein alter Riese, der hatte zwei große Söhne. Eines Tages kam der älteste Riesensohn zum Könige und sprach, er solle ihm seine Tochter zur Frau geben, sonst werde er ihm sein ganzes Königreich spoliieren. Der König versammelte alle seine Minister und fragte sie, was nun zu tun wäre und ob nicht einer da wäre, der es mit dem Riesen aufnehmen wollte. Da war da einer, der hieß Rinroth, der sagte, er wollte wohl mit dem Riesen kämpfen, wenn der König ihm seine Tochter zur Frau gäbe. Das sagte ihm der König zu, und Rinroth machte sich zum Kampfe fertig. Als aber der Küchenjunge davon hörte, bat er seinen Koch, ob er nicht einmal dahin dürfte, er wollte sich gerne alles mit ansehen. Da sagte der Koch: »Du darfst wohl hin, du hast uns aber Bescheid zu bringen, wie es abläuft.« Da sagte der Küchenjunge ja, nahm sein Schiff aus der Tasche und segelte zu Wasser und zu Lande geradezu, bis er zu dem Riesen kam. Da fragte ihn der Riese: »Bist du es, der die Königstochter erlösen will?« – »Ja«, sagte der Junge. Da lief der Riese auf ihn zu und wollte ihn totschlagen; aber der Junge sprang beiseite und schlug mit seinem Stock nach dem Riesen; da fiel der sogleich nieder und war tot. Nun ging er hin, nahm sein Messer aus der Tasche und schnitt dem Riesen die Zunge aus und setzte sich dann wieder in sein Schiff und fuhr nach Hause und sagte, daß er nichts gesehen hätte. Als nun aber Rinroth bei dem Riesen ankam und ihn tot daliegen sah, schlug er ihm den Kopf ab und nahm den mit in seiner Kutsche zum König und sagte, er hätte den Riesen totgeschlagen, und der König sollte ihm nun seine Tochter geben. Da kam aber gleich der andere Riesensohn an und sagte zum König, sie hätten ihm seinen Bruder erschlagen, nun sollte er ihm seine Tochter geben und das halbe Königreich dazu, sonst würde er es ganz spoliieren. Da dachte Rinroth, er hätte den einen Kopf ja schon, er würde den andern auch wohl kriegen, sagte darum zum König, er solle nur ganz ruhig sein, er wollte auch schon mit diesem Riesen fertig werden, wenn er ihm nur seine Tochter und das halbe Königreich versprechen wolle. Das sagte der König ihm mit Freuden zu. Da fragte der Küchenjunge seinen Koch, ob er wieder dahin dürfte, um sich alles anzusehen. Der Koch sagte: »Nein, du hast ja vom erstenmal keinen Bescheid gebracht.« Da sprach der Küchenjunge sein Gebet, und gleich gab ihm der Koch Erlaubnis. Draußen vorm Schloß langte er dann sein Schiff aus der Tasche, setzte sich hinein und fuhr über Wasser und Land zu dem Riesen hinüber. Da sagte der Riese zu ihm: »Bist du es, der die Königstochter und das halbe Königreich erlösen will?« – »Ja«, antwortete der Küchenjunge. »Nun, so sollst du hier auf der Stelle sterben«, rief der Riese und schlug zu mit seiner Stange; aber der Junge sprang beiseite und berührte ihn mit seinem Stock, da fiel er nieder und war tot. Der Junge nahm nun sein Messer aus der Tasche und schnitt ihm die Zunge aus dem Halse, und als er nach Hause kam, sagte er wieder zu dem Koch, er hätte nichts davon gesehen noch gehört, das sei schon alles vorbei gewesen. Da wollte Rinroth auch hin und mit dem Riesen kämpfen, aber er fand ihn wieder tot daliegen; da hieb er ihm den Kopf ab und nahm den in seiner Kutsche mit nach Hause und sagte, er hätte den zweiten Riesen auch totgeschlagen und der König sollte ihm nun seine Tochter geben und das halbe Königreich dazu. Da aber kam der alte Riese und sprach, seine beiden Söhne wären tot, der König müsse ihm seine Tochter geben und das ganze Königreich dazu, sonst würde er es ihm ganz spoliieren. Rinroth dachte und sagte zum König: »Ich bin schon mit zwei Riesen fertig geworden; Herr König, laßt mich nur hin, ich will den wohl auch noch bestehen, wenn Ihr mir nachher Eure Tochter und das Königreich geben wollt.« Das versprach ihm der König auch in seiner Not. Da bat der Küchenjunge seinen Koch wieder, er möchte ihn doch auch hinlassen; aber der sagte: »Nein, du sollst nicht hin, du hast uns von beiden Malen keinen Bescheid gebracht.« Da sagte der Küchenjunge sein Gebet, und der Koch sprach:

»Ja, dann kannst du diesmal noch gehen, aber bringst du keinen Bescheid, kommst du nicht wieder weg.« Als der Junge nun hinauskam, setzte er sich in sein Schiff und fuhr zu Lande und zu Wasser geradenwegs nach dem Riesenlande. Da sprach der Riese zu ihm: »Bist du das, der meine beiden Söhne totgeschlagen hat und die Prinzessin und das ganze Königreich erlösen will?« – »Ja«, sagte der Junge. »Dann sollst du nun auch keinen mehr totmachen«, sprach der Riese. Da antwortete der Junge: »Das wollen wir sehen, wir wollen uns erst noch darum streiten.« Der Riese wollte nun zuschlagen, aber der Junge sprang beiseite und schlug den Riesen mit dem Stock tot, und darauf nahm er sein Messer heraus und schnitt ihm die Zunge aus dem Hals; zu Hause aber sagte er wieder, er hätte nichts gesehen und nichts gehört. Als Rinroth aber dahinkam, schlug er wieder dem Riesen den Kopf ab und brachte ihn vor den König und sprach, nun hätte er alle drei Riesen totgeschlagen, darum sollte ihm der König gleich seine Tochter geben und das ganze Königreich dazu.

Da ward der alte König ganz traurig und nachdenklich und sprach: »Laß uns doch erst einmal die Köpfe ein wenig genauer besehen«; und als der König und seine Minister die Köpfe nun genauer besahen, da fanden sie, daß in allen die Zungen fehlten. Sprach der König: »Das ist doch sonderbar, daß die Zungen fehlen, ein jeder Mensch hat doch wohl eine Zunge, wo sind denn die geblieben?«

Rinroth antwortete: »Die Riesen hatten keine Zungen.« Da sagten die Minister zu dem König, sie hätten gehört, daß da ein Junge bei seinem Koch wäre, der sei jedesmal dort gewesen, um zuzusehen; er solle den Jungen doch einmal rufen lassen. Da schickte der König in die Küche hinunter, und der Koch sprach zu dem Jungen: »Wir müssen dich doch erst ein bißchen anders anziehen, du sollst vor den König kommen.« Nun zog der Koch ihn ein bißchen anders an; aber die drei Riesenzungen steckte der Junge in die Tasche und ging nun vor den König. Da fragte ihn der König: »Hast du nichts davon gesehen, daß die drei Riesen totgemacht wurden?« – »Ja«, antwortete er, »das sah ich mit meinen eigenen Augen.« – »Hat Rinroth ihnen denn die Köpfe abgeschlagen?« – »Ja, das hat er getan, aber totgeschlagen hat er die Riesen nicht.« – »Wer hat das denn getan?« – »Das habe ich und kein anderer getan«, sagte der Junge. Da wollte Rinroth auf ihn los und ihm das Leben nehmen, aber der Junge warf die Zungen auf den Tisch und sprach: »Das ist der Beweis; seht zu, ob die Zungen nicht passen«, und die Zungen paßten alle. Da sagten alle Minister, daß er die Riesen müßte erschlagen haben, und der König sprach, daß er sein Tochtermann werden und sein ganzes Königreich haben sollte, den Rinroth aber sollten sie an den Galgen hängen. Und so geschah es auch, und darauf gab's eine fröhliche Hochzeit, und der Küchenjunge heiratete die Königstochter und ward König, und

sœben Jaer unn enen Dag
Fyern se dat Bruetgelag:
Da kreeg ik een paar glasern Scho,
Da danz ik op na Hues hento;
Da stött ik an en Steen:
Kling! säen myn Scho unn güngen van een.

20. *Vater Strohwisch*

Es war einmal eine alte Frau, die hatte keinen Mann, hätte aber gerne einen gehabt. Da sagte sie: »Das erste Bund Stroh, das vom Boden fällt, soll mein Mann sein«; alsbald fiel ein Bund Stroh vom Boden, nun hatte sie einen Mann. Die Frau hatte viele Wolle, drum sagte sie zu ihrem Mann: »Mann, du sollst mit Wolle zu Markt.« Sprach der Mann: »Was soll ich denn dafür nehmen?« – »Was der Markt gibt«, sagte die Frau. Vater Strohwisch ging auf den Markt mit der

Wolle in seinem Sack. Kamen da drei Brüder zu ihm und fragten: »Vater, was hat Er da in seinem Sack?« – »Wolle hab' ich da drin.« – »Was will Er dafür haben?« – »Was der Markt gibt.« – »Der Markt gibt drei Tracht Prügel.« Vater Strohwisch sagte: »Wenn ich denn nicht mehr für meine Wolle bekommen kann, so muß ich ja zufrieden sein«, da gab ihm jeder der drei Brüder eine Tracht Prügel. Vater Strohwisch kam nach Hause; sprach seine Frau: »Was hast du für die Wolle bekommen?« – »Drei Tracht Prügel habe ich dafür bekommen.« – »Mann, da haben sie dich angeführt!« – »Tut nichts, kann sie wieder anführen.« Vater Strohwisch ging zu Holze, griff sich einen Wolf und ging mit dem Wolf zu Markt. Kamen die drei Brüder wieder und fragten: »Vater, was hat Er da?« – »Hab' da einen schönen großen Bock, er hat sich nur die Hörner abgestoßen.« – »Was will Er dafür haben?« – »Für meinen Bock muß ich zehn Taler haben.« Gaben ihm die Brüder zehn Taler, denn sie fanden es gar nicht unbillig, nur stritten sie sich, wer ihn zuerst zu seinen Schafen setzen sollte. Vater Strohwisch sagte: »Der älteste muß ihn zuerst haben.« Also nahm ihn zuerst der älteste und brachte ihn in seinen Stall, aber am Morgen waren alle seine Schafe tot. Da setzte ihn der zweite abends zu den seinen, aber dem ging's ebenso, und dem dritten ging's auch nicht anders.

Da wurden die Brüder schrecklich böse und beschlossen, Vater Strohwisch totzuschlagen, weil er sie so betrogen hatte. Vater Strohwisch bekam aber früh genug Wind davon, was sie im Sinne hatten. Da zog er sein bestes Pferd aus dem Stalle, band es auf der Diele an, steckte ein Zwölfschillingstück hinten ein und breitete schöne Bettücher darunter aus. Morgens kamen die drei Brüder, sahen das Pferd auf den Bettüchern stehen und Vater Strohwisch im Mist scharren; da fragten sie: »Vater, was sucht Er da?« – »Ich suche mir mein Zwölfschillingstück heraus, jeden Morgen hat mein Pferd eins hinter sich.« Sprachen die Brüder: »Das Pferd steht uns an; wieviel soll's kosten?« – »Unter hundert Talern kann ich es euch nicht lassen«, sagte Vater Strohwisch. Da kauften ihm die Brüder das Pferd sogleich ab. Und der älteste nahm es zuerst mit nach Hause und deckte ihm schöne Bettücher unter, und morgens lief er voller Freuden hin, um das Geld zu holen, aber er fand nichts als Mist, und sein Bettzeug war verdorben. Da sprach er zu seinen Brüdern: »Vater Strohwisch hat uns wieder betrogen.« Aber die Brüder antworteten: »Du hast kein Glück, laß uns es nur versuchen«, nahmen also das Pferd, erst der zweite, dann auch der dritte, und jeder breitete das Bettzeug unter und dachte, das Pferd solle ihm Geld bringen; aber das Pferd brachte kein Geld, sondern beschmutzte nur das Bettzeug. Da wurden die Brüder noch grimmiger und sagten: »Nun wollen wir ihn ganz gewiß totschlagen«, nahmen Dreschflegel und Heugabeln in die Hand und gingen nach dem Hause, wo Vater Strohwisch wohnte. Der hatte aber ein Schwein geschlachtet und war beim Wurststopfen. Als er nun die Brüder kommen sah, hing er seiner Frau eine frische Blutwurst um den Hals und verabredete alles schnell mit ihr; und als die Brüder eintraten, rief er ihr zu: »Flink, setze Stühle her und bringe Pfeifen herein, meine Kaufleute sind da.« Das wollte die Frau nicht. Aber Vater Strohwisch sprang mit seinem Messer hinzu und sagte: »Ich schneide dir den Hals ab, wenn du nicht gehorsam bist!« und schnitt ihr die Wurst entzwei, daß das Blut herausströmte. Da fiel die Frau um, als wenn sie tot wäre, aber Vater Strohwisch nahm eine kleine Pfeife aus der Tasche und pfiff darauf dreimal ganz stark, da stand die Frau wieder auf, setzte Stühle hin und holte Pfeifen. Fragten die Brüder: »Vater, wie machst du das?« Vater Strohwisch antwortete: »Ich habe da eine kleine Pfeife; wenn meine Frau nicht hören will, reiße ich ihr die Kehle aus; pfeife ich aber auf meiner Flöte, so wird sie wieder lebendig und tut alles, was ich will.« – »Die Pfeife mußt du uns verkaufen«, sagten die Brüder, »unsere Frauen tun selten, was wir ihnen sagen; was soll die Pfeife kosten?« – »Hundert Taler müßt ihr mir geben«, und die gaben ihm die Brüder gern. Als der älteste nun nach Hause kam, wollte er es gleich damit versuchen. »Hole mir den Stiefelknecht«, sagte er zu seiner Frau. »Du hast ihn dir alle deine Tage selbst geholt, warum soll ich es jetzt tun?« sagte die Frau. Da sprang er sogleich auf und riß ihr die Kehle aus, und darauf fing er an zu pfeifen und pfiff die ganze Nacht hindurch, aber da war kein Leben wieder in die Frau hineinzubringen. Darauf versuchten es auch der zweite und der dritte und schnitten ihren Frauen die Kehlen durch, aber ins Leben pfeifen konnten beide sie nicht. Da gingen die Brüder zum dritten Male zu Vater Strohwisch und wollten ihn nun ganz gewiß totschlagen. Als sie ins Haus kamen, sagten sie zu der Frau: »Wo hast du deinen Mann?« – »Der hat sich aufgehängt.« – »Wo denn?« – »Draußen im Garten.« Die Brüder liefen in den Garten hinaus und dachten, Vater Strohwisch wollte sie wieder anführen; aber da sahen sie da ein Bund Stroh in einem Baum hangen, mit Zeug angetan, und schrecklich zappeln. Da erschraken sie und liefen, daß sie fortkamen, und sollen seit der Zeit nicht wieder kommen.

21. Der Soldat und die schwarze Prinzessin

Es ist niemand so glücklich, daß er das Wünschen verlernte. Das erfuhren auch ein König und eine Königin. Sie lebten in aller Freude und Herrlichkeit der Welt und saßen doch oft traurig beieinander, denn sie hatten keine Kinder. Eines Tages, als der König ganz verzagt und verzweifelt im Walde herumlief, begegnete ihm ein altes Mütterchen, das fragte ihn, was ihm fehle. »Laß mich zufrieden«, entgegnete der König, »du kannst mir doch nicht helfen.« – »Wer weiß«, antwortete das Mütterchen, »von alten runzligen Weibern sind oft die schiersten Ratschläge gekommen!« Da dachte der König:

›Hilft es nicht, so schadet es auch nicht‹, und offenbarte der Alten seinen Kummer. Sagte das Mütterchen: »Wenn's weiter nichts ist, Euch soll bald geholfen werden. Wartet ein Weilchen, ich komme bald zurück!« Damit humpelte es in den Wald hinein und pflückte Kräuter und Blumen, die ganze Schürze voll, brachte sie dem Könige und sagte, davon solle seine Frau einen Tee kochen. »Den müßt ihr in Gottes Namen beide trinken, ehe ihr zu Bette geht, und euer Wunsch wird erfüllt werden.« – Der König glaubte zwar nicht an die Reden der Alten, aber er trug die Kräuter doch heim zur Königin, und sie kochte auch wirklich Tee davon. Wie sie nun beide vor dem Schlafengehen davon tranken, überkam es den König wieder wie Wahn und Verzweiflung, und er rief: »Trink, Frau, in Gottes Namen mit dem Teufel immerzu!«

Das alte Weib hatte den König nicht betrogen. Über neun Monate genas die Königin eines Mädchens, das war gesund an allen Gliedern; aber es war kohlschwarz von Farbe. Da dachte der alte König an seinen lästerlichen Fluch und glaubte, Gott habe dem Kinde zur Strafe für die schwere Sünde seines Vaters die schwarze Haut gegeben. Aber es sollte noch schlimmer kommen. Das Mädchen aß nicht und trank nicht, es lachte nicht und weinte nicht, es schrie nicht und sprach nicht, und dabei wuchs es so schnell, daß es mit einem Jahre schon so groß wie ein fünfjähriges Kind war.

Als nun sein erster Geburtstag kam, tat es um die zwölfte Stunde der Nacht, zu welcher Zeit es geboren war, plötzlich den Mund auf und rief: »Vater!« – »Was willst du, mein Kind?« antwortete erschrocken der König. – »Jetzt spreche ich zum ersten Male«, versetzte die schwarze Prinzessin, dann tat sie den Mund zu und war wieder so stumm wie zuvor. Im zweiten Jahre wuchs das Mädchen so groß, daß es aussah wie eine Zehnjährige. Um die Mitternachtsstunde des zweiten Geburtstages rief sie wieder: »Vater!« – »Was willst du, mein Kind?« fragte der König noch ängstlicher als das erste Mal. – »Jetzt spreche ich zum zweiten Male«, erwiderte seine

Tochter, »aber wundern wirst du dich, wenn ich zum dritten Male den Mund auftue.« Damit schloß sie die Lippen und verlebte das dritte Jahr, wie sie die beiden ersten verbracht hatte; nur daß sie am Ende des dritten Jahres so groß und stark geworden war wie eine mannbare Jungfrau. Vor dem dritten Geburtstag überkam den König ein Grauen, und er hätte sich lieber hundert Klafter unter die Erde gewünscht als zu seinem Kinde. Doch es ließ ihn nicht fort, er mußte aushalten. Als die Glocke zwölf schlug, öffnete das Mädchen, wie es vorhergesagt hatte, seinen Mund und sprach: »Vater!« – »Was willst du, mein Kind?« entgegnete zitternd der König. »Laßt mir einen eisernen Sarg machen«, sagte die Prinzessin, »legt mich hinein und stellt dann den Sarg vor den Altar in die große Domkirche. Jede Nacht muß ein Soldat an meinem Sarge Leichenwacht halten; geschieht das nicht, so bringe ich Unglück auf Unglück über Euer Reich.« Dann verstummte sie wieder, und der König gehorchte voll Angst dem Befehle.

Ein eiserner Sarg wurde geschmiedet; in den legte man die schwarze Prinzessin wie eine Leiche hinein und trug sie auf einer Bahre in die Kirche. Dort wurde der Sarg vor dem Altar aufgestellt, und ein Soldat wurde dazu kommandiert, die Nacht über bei der Prinzessin Schildwache zu stehen. Als er aber am andern Morgen abgelöst werden sollte, war er verschwunden. Man stellte einen zweiten auf den Nachtposten, doch auch von diesem war am folgenden Tage keine Spur zu finden. Und so ging es Tag für Tag.

Da kam einmal die Reihe an einen Soldaten, der war ein schlauer Gesell und dachte: ›Du kannst wohl etwas Gescheiteres tun, als dich von der schwarzen Teufelsprinzessin verschlingen lassen. Wie wäre es, wenn du dich auf und davon machtest?‹ Und als es Abend wurde, stahl er sich fort, lief über Berge und Felder und kam auf eine schöne Wiese. Da stand plötzlich ein kleines Männchen mit langem grauem Bart vor ihm, das war aber unser lieber Herrgott, der wollte den

Jammer, welchen der Teufel allnächtlich anrichtete, nicht länger mit ansehen. »Wohin des Wegs?« sprach das Graumännchen. »Darf man nicht mit?« Und weil das Alterchen so treuherzig aussah, erzählte ihm der Soldat, daß er fortgelaufen sei und warum er das getan habe. Das graue Männchen aber sprach: »Wenn's weiter nichts ist, so kehre getrost wieder um und geh auf deinen Posten. Ehe es elf schlägt, verstecke dich in der Orgel. Sprich aber ja kein Sterbenswörtchen, wenn die schwarze Prinzessin dich rufen wird.« Der Soldat tat, wie ihm geheißen war; und kaum saß er in seinem Versteck, so erhob sich die Königstochter und schaute nach dem Posten; und als sie ihn nicht erblickte, fing sie an, ihn zu suchen und mit kläglicher Stimme zu rufen: »Schildwach! Schildwach! Wo bist du? Ach, Schildwach, erbarme dich doch!« Aber der Soldat rückte und rührte sich nicht. Endlich kletterte die schwarze Prinzessin in die Orgel, ward ihn gewahr und wollte sich gerade auf ihn stürzen, als die Glocke zwölf schlug und die Prinzessin wieder in den Sarg zurückkehren mußte.

Als am Morgen die Tür geöffnet wurde und die neue Wache kam, um den Posten abzulösen, da wollte sie ihren Augen nicht trauen, als sie den Soldaten lebendig dastehen sah. Der alte König aber war außer sich vor Freude, wie es ihm gemeldet wurde, und er bot dem Soldaten sogleich dreihundert Taler zur Belohnung, wenn er auch die nächste Nacht wieder den Posten in der Kirche bezöge.

Der Bursch willigte ein; als er aber abends allein in der Kirche war, da überkam ihn ein Grauen beim Anblick der schwarzen Prinzessin, und er floh zur Tür. Auch jetzt aber erschien wieder das Graumännchen und redete ihm Mut ein und gab ihm guten Rat. Diesmal mußte er sich unter dem Altar verstecken. Um elf Uhr stand die Königstochter wieder auf und verließ den Sarg und rief, wie den Tag zuvor, mit herzzerreißender Stimme: »Schildwach! Schildwach! Wo bist du? Ach, Schildwach, erbarme dich doch!« Und als niemand ihr antwortete, rief sie: »Pfui, ich bin wieder betrogen und habe doch solchen Hunger. Schildwach! Schildwach! Kriege ich dich, so fresse ich dich!« Dann suchte sie zuerst die Orgel und darauf die ganze übrige Kirche ab, bis sie auch an den Altar kam. Als sie aber den Burschen erblickte, schlug die Uhr in demselben Augenblicke zwölf, und sie mochte wollen oder nicht, sie mußte wieder in den Sarg zurück; denn mit dem Schlage zwölf war alle ihre Macht gebrochen.

Am folgenden Morgen lobte der König den Soldaten über die Maßen und setzte ihm so lange zu, bis er auch noch die dritte Nacht Wache zu halten versprach, wieder um den Lohn von dreihundert Talern. Das Graumännchen hatte ihm aber in der Nacht vorher den Rat gegeben, wenn er auch noch die dritte Nacht wachen würde, so solle er sich Brot und Wein und Braten mit in die Kirche nehmen. Das tat der Soldat auch und stellte die Speisen und Getränke auf eine Bank bei dem Altare.

Es dauerte gar nicht lange, so trat das graue Männlein auf ihn zu und sprach: »Diesmal krieche unter den Sarg, und wenn die Prinzessin herausgestiegen ist und dich in der Kirche sucht, so lege dich statt ihrer in den Sarg hinein; und wenn sie dann auch noch so sehr jammert und dich zu erwürgen droht, so rühre dich nicht und sprich kein Wort, bis sie dich um der drei Wunden Christi willen bittet, aufzustehen; dann steh auf, dann ist sie erlöst.« – Der Soldat dankte dem Männlein für den guten Rat und tat, wie es ihm geheißen. Kaum hatte die Prinzessin den Sarg verlassen, so kroch er hervor und legte sich statt ihrer hinein, und es kümmerte ihn wenig, daß sie laut klagend durch die Kirche rief: »Schildwach! Schildwach! Wo bist du? Ach, Schildwach, erbarme dich doch! Ich bin unglücklich! Krieg' ich dich, ich freß dich lebendig!«

Weil die schwarze Jungfer den Soldaten aber nirgends finden konnte, trat sie an den Sarg, um sich mit dem Schlage zwölf wieder hineinzulegen. Da sah sie, daß der Platz schon besetzt war. Jetzt tobte und schrie sie fürchterlich und drohte, den Soldaten in Stücke zu zerreißen, wenn er nicht mache, daß er aus dem Sarge käme; aber er dachte an die Worte des Männleins und rührte kein Glied. Je mehr sie aber schalt und drohte, desto weißer wurde ihr Gesicht; und als all ihr Wüten nichts half, fing sie zuletzt an zu bitten und sagte: »Steh auf, steh auf! Ich bitte dich um der drei Wunden Christi willen.« Und wie sie das gesprochen hatte, wurde sie weiß vom Kopf bis zur Sohle und wunderschön. Dann reichte sie dem Soldaten freundlich die Hand und sagte: »Du hast mich erlöst; ich bin jetzt aus des Teufels Klauen befreit und nicht anders als die übrigen Menschenkinder. Steh auf, wir wollen essen, denn ich habe Hunger.« Da stand der Soldat auf, und sie aßen von dem Brot und Braten und tranken von dem Wein, den er auf des Graumännleins Befehl mit in die Kirche genommen hatte.

Als mit Sonnenaufgang die Wache kam, um den Posten abzulösen, stutzte sie, machte kehrt, lief zum König und meldete, der Soldat habe seinen Schatz bei sich in der Kirche, und sie säßen am Altare und herzten und küßten sich. Doch der König merkte, was geschehen war; er ließ sogleich seine beste Staatskarosse vorfahren und holte die beiden aus der Kirche ab. Drei Tage darauf wurde Hochzeit gefeiert. Und da der König schon alt war, so übergab er die Regierung seinem Schwiegersohn, und dieser herrschte nun mit seiner jungen Frau über das ganze Land.

22. Der dumme Wolf

Der Wolf und der Fuchs wohnten einmal in einer Höhle zusammen, und da wachte eines Morgens der Wolf auf und fühlte sich gar nicht recht wohl und rief so vor sich hin, indem er die Pfoten reckte: »Heut muß ich noch etwas Junges haben, dann wird mir wohl besser werden!« Das hörte der Fuchs und hätte auch gern eine Mahlzeit gehabt, aber er mochte sich nicht viel rühren, darum sagte er: »Mir geht's auch so, doch ich bin leider lahm und kann nicht von der Stelle.« Sprach der Wolf: »Nun, darum sorge nicht, setz dich nur auf meinen Rücken, dann will ich dich tragen!« Des war der Fuchs gleich zufrieden, kroch ihm auf den Nacken, und nun ging's auf und davon. Wie sie so eine kleine Weile im Walde gegangen waren, sprach der Fuchs leise vor sich hin: »Da trägt der Kranke den Gesunden!« Das hörte aber der Wolf und fragte schnell: »Was sagst du?« Doch der Fuchs antwortete traurig: »Ach, an meine Rede mußt du dich nicht kehren, ich rase nur so!« Wieder gingen sie darauf eine Weile fort, und das wiederholte sich so zum zweiten und zum dritten Male, aber der Wolf ließ sich jedesmal wieder vom Fuchs betören, daß er wirklich meinte, der sei im Fieber und rase nur so. Da kamen sie an einen Weg, auf dem sah der Fuchs eine Speckseite liegen, und flugs sprang er herunter vom Rücken des Wolfs und darauf zu und fragte ihn, ob er mit ihm teilen wolle; allein der Wolf begehrte nichts davon und ging ruhig seiner Wege. Nachdem er so eine Weile weitergetrottet war, kam er an eine Wiese, auf der eine Stute mit ihrem Fohlen weidete; die ersah ihn erst, als er gar nicht mehr weit von ihr war, und ging ihm darum entgegen und sprach: »Guten Tag, Wolf! Ich habe da ein Fohlen, mit dem geht's mir gar schlecht, ich kann es nicht mehr ernähren; darum säh' ich's wohl gern, wenn du es schlachtetest!« – »Ih, das will ich wohl tun«, sagte der Wolf und ging gleich mit ihr. Unterwegs hinkte aber die Stute gar sehr, so daß es dem Wolf nicht schnell genug ging und er sie fragte: »Wie kommt's, daß du hinkst?« – »Ach«, sagte sie, »ich muß mir etwas in den Fuß getreten haben, möchtest du nicht einmal nachsehen, was es wohl sei, und es herausziehen?« – »Eine Liebe ist der andern wert«, sprach der Wolf, sie hob den Huf empor, und er bückte sich, den Schaden recht genau zu besehen; aber da schlug sie ihm plötzlich an den Kopf, daß ihm Hören und Sehen verging und er für tot niederstürzte. Darauf eilte sie schnell mit ihrem Fohlen davon, und als der Wolf aus seiner

Betäubung erwachte, waren beide längst über alle Berge. Da ging er denn traurig weiter und kam nach einiger Zeit an den Rand eines Waldes, wo er zwei Ziegenböcke erblickte, die sich gewaltig mit den Hörnern stießen. Er trat heran und fragte nach der Ursache ihres Streites, und da erzählten sie ihm, sie seien von ihren Herren hier angebunden, um zu grasen, und nun wisse keiner von beiden, wo die Grenze sei, und jeder glaube, einer tue dem andern zuviel. Da sprach der Wolf: »Das kann ich leicht schlichten; ich werde mich hierherstellen, und ihr geht beide bis zu dem Ende der Grasung, dann lauft ihr um die Wette auf mich zu, und wer zuerst bei mir ist, der kriegt das größere Stück der Weide!« So dachte er erst den einen und dann den andern zu fangen und zu fressen. Die Ziegenböcke taten auch, wie er ihnen gesagt hatte; aber als er nun so in der Mitte stand, liefen beide mit so großer Hast und Eile auf ihn zu, daß sie zu gleicher Zeit bei ihm eintrafen und ihm mit solcher Gewalt in die Seiten stießen, daß er halbtot niederstürzte; darauf liefen sie eilig davon, und es dauerte lange, ehe er wieder zu sich kam. Aber er gab doch seinen Vorsatz noch nicht auf, und da er immer noch kränker wurde, sprach er zu sich: »Ich muß heute noch etwas Junges haben, dann wird mir wohl besser werden.« Darauf ging er wieder weiter und kam in ein schönes grünes Tal, wo ein rasches Bächlein eine Mühle trieb; nicht weit davon ging eine Sau mit neun Ferkeln. »Ha!« jauchzte der Wolf. »Zwölf Ferkel sind keine magere Kost; da kannst du dich einmal für alle Not entschädigen.« Er lief im Sturm auf die Sau los und schrie: »Aha! Habe ich Euch einmal! Ihr seid es mit Eurer Sippschaft, Ihr habt mein Kartoffelfeld zerwühlt; Euere Kinder als Pfand her!« Die Sau stutzte; anfangs dachte sie, den Wolf gleich zu packen; als sie aber seine grimmigen Hungerzähne sah, fürchtete sie, es könne beim Kampf eins ihrer Kinder in Gefahr kommen; drum sprach sie: »So? Ich entsinne mich nicht, daß ich mit meinen Kindern je auf Eurem Kartoffelfeld gewesen bin; doch nehmt sie hin, wenn Ihr uns durchaus für strafbar haltet; um eins nur bitte ich Euch: die armen sind doch Heiden; ich fand bis jetzt noch keinen Priester, um sie taufen zu lassen; doch sehe ich an Eurem Rock, daß Ihr ein würdiger Herr sein müßt; drum tauft sie mir, damit sie in den Himmel kommen.« Dem Wolf schmeichelte es, daß man ihn für einen Pfarrer hielt, und er sprach: »Ja, ja, gleich will ich sie taufen.« – »So setz dich auf den Steg, der über den Bach führt, dann will ich sie dir hineinbringen, eins nach dem andern, daß du die Taufe verrichtest.« Des war denn auch der Wolf gern zufrieden und ging mit ihr hinab zum Bach; nun war freilich der Steg, der oberhalb der Mühle über das Wasser führte, gar schmal, und es kostete ihn große Mühe, einen festen Sitz zu fassen, allein er dachte: ›Wer nicht wagt, der nicht gewinnt!‹ Und so gelang's ihm endlich. Als die Sau sah, daß alles in Ordnung war, nahm sie ein Ferkel ins Maul, um es ihm hinabzubringen; allein plötzlich änderte sie ihren Lauf, stürzte auf den Steg und gerade gegen den Wolf mit einer solchen Wucht los, daß er kopfüber in den Bach fiel und sich in dem reißenden Wasser nicht halten konnte, sondern unter das Mühlrad kam und jämmerlich zerschunden und zerquetscht auf der anderen Seite wieder hervortauchte. Nur mit Mühe arbeitete er sich heraus, kroch ganz traurig ans Land und schlich matt auf einen Birnbaum zu, der einsam im Felde stand. Unter dem saß aber gerade ein Bauer, der hatte sich Holz gehauen, um Eggenpflöcke zu schneiden, und wie er den Wolf erblickte, kletterte er eilig auf den Baum und verbarg sich in den Zweigen. Der Wolf aber setzte sich unten nieder und sann nun nach über all das Unglück, das ihn heute betroffen hatte. Da sprach er zu sich selber: »Wer hat dich nun wohl zum Doktor gemacht, daß du die Stute kurieren wolltest? Oder wer hat dich zum Landmesser gemacht, oder wer hat dich gar zum Priester gemacht, um Ferkel zu taufen? Es wäre dir doch wahrlich das allerbeste, daß unser Herrgott ein Beil vom Himmel auf dich herunterwürfe, dann wäre all deinem Leiden ein Ende gemacht!« Und kaum hatte er das ausgesprochen, so warf der Bauer sein Beil aus dem Baum herunter und traf ihn gerade in die Weichen, daß er sogleich zusammenstürzte; da rief er noch: »Nun, nun, so ernstlich war's ja nicht gemeint!« Aber jetzt war's zu spät, und er hat weder mehr kuriert noch Landmessung gehalten, noch Priester gespielt, sondern ist da unter dem Birnbaum gestorben, und der Bauer hat sich einen Pelz aus seinem Balg gemacht.

23. Die Geschichte von der Metzelsuppe

In einem Dorfe hatten die Bauern ihren Pfarrer so gern, daß sie ihm beinah alle, sooft sie ein Schwein schlachteten, etwas von der Metzelsuppe schickten. Da geschah es, daß der Pfarrer selbst einmal ein Schwein gemästet hatte; als es aber geschlachtet werden sollte, fiel ihm mit Schrecken ein, daß er allen Bauern, die ihm sonst etwas geschickt, nun ebenfalls ein Stück Fleisch und ein paar Würste schicken müsse. ›Dazu wird das eine Schwein kaum hinreichen, und für mich behalte ich gar nichts‹, dachte er und begab sich zu seinem Mesner und fragte den um Rat, wie er es doch machen solle, daß er den Bauern keine Metzelsuppe zu geben brauche. Da riet ihm der Mesner: wenn er das Schwein geschlachtet habe, so solle er es nur vor dem Hause hängen lassen, bis es Nacht sei, es dann still beiseite schaffen und am andern Tage den Bauern sagen, das Schwein sei ihm gestohlen worden, so werde niemand eine Metzelsuppe von ihm erwarten. Dieser Rat gefiel dem Pfarrer so gut, daß er ihn sogleich in Ausführung brachte und das Schwein schlachten und vor dem Hause aufhängen ließ.

Als es nun dunkle Nacht war, kam der Mesner ganz heimlich, nahm das Schwein herunter und ging damit fort in seine Wohnung. Darauf begab sich der Pfarrer am andern Morgen zu dem Mesner und sprach: »Da ist mir doch gestern abend

Die Märchen der Weltliteratur

In Nachfolge von Friedrich von der Leyen
herausgegeben von
Kurt Schier und Felix Karlinger

Märchen sind eine hochproduktive Literaturgattung. Alle Völker besitzen eine Märchentradition, nicht nur die sogenannten Kulturvölker. Märchen reichen in die Tiefen der Menschheit und wollen nicht unbedingt eine wunderbare, tröstlichere, verheißungsvollere Welt darstellen.

Emil Belzner

Märchen sind rebellierende und wache Geschichten, die ältesten utopischen Erzählungen. Märchen predigen keine Moral, sondern weisen nach vorn, bilden ein Inventar nicht gemachter Erfindungen.

Ernst Bloch

Diederichs

Neuerscheinungen 1975

- **Portugiesische Märchen**
  Hrsg. Harri Meier und Dieter Woll
  Harri Meier, dem wir auch die Neuausgabe der Spanischen Märchen verdanken, hat jetzt mit seinem Romanisten-Kollegen Dieter Woll die Märchen Portugals gesammelt und übersetzt. Portugiesisch ist auch die Sprache der Azoren, Madeiras und des spanischen Galicien. Sie alle steuern ihre schönsten und sehr abwechslungsreichen Geschichten bei.

- **Märchen aus Korea**
  Hrsg. Hans-Jürgen Zaborowski
  Die erste Märchensammlung direkt aus den koreanischen Quellen. Dem Herausgeber ist es in Seoul gelungen, die interessantesten und seltensten Märchen des Landes (Nord- und Südkorea) aufzuspüren. Sie legen Zeugnis ab von der Erzählkunst dieses alten Kulturvolkes.

- **Kroatische Volksmärchen**
  Hrsg. Maja Bošković-Stulli
  Die Sammlung der bedeutenden Zagreber Volkskundlerin umfaßt eine der interessantesten Märchenregionen des Balkan. Hier berühren sich Mittelmeer und Bergwelt, sind römischer, griechisch-orthodoxer Glaube und Islam miteinander verflochten – auch in ihren prachtvollen Geschichten.

- **Westafrikanische Märchen**
  Hrsg. Ulla Schild
  Märchen von dreißig Stämmen aus zwölf Ländern, vom Senegal bis Nigeria. »Zum Teil erst vor einigen Jahren schriftlich fixiert, werden sie auch heute noch erzählt. Zauber-, Tier- und aitiologische Märchen, in denen Verstand und Witz über rohe Kraft, Unmoral – oder Moral! – und das Dämonenreich triumphieren« (Buchanzeiger für öffentliche Büchereien).

Alle lieferbaren Bände

Albanische Märchen
Hrsg. Martin Camaj und Uta Schier-Oberdorffer

Altägyptische Märchen
Hrsg. Emma Brunner-Traut

Arabische Märchen I und II
Hrsg. Max Weisweiler

★ **Märchen der Azteken und Inkaperuaner, Maya und Muisca**
Hrsg. Walter Krickeberg

Brasilianische Märchen
Hrsg. Felix Karlinger und Geraldo de Freitas

Bretonische Märchen
Hrsg. Ré Soupault

★ **Buddhistische Märchen**
Hrsg. Else Lüders

Chinesische Märchen
Hrsg. Richard Wilhelm

ein arger Streich gespielt worden, man hat mir mein Schwein gestohlen!« – »Ja, ja«, sprach der Mesner, »so muß man sagen, dann glauben's die Leute!« – »Nein, in der Tat, es ist kein Spaß, man hat mir ganz eigentlich mein Schwein gestohlen!« sagte der Pfarrer. »So ist's recht, so muß man sagen«, sprach der Mesner, »und ich will schon helfen, daß es unter die Leute kommt.« Als aber der Pfarrer gar nicht nachgab, sagte endlich der Mesner: »Ach, Herr Pfarrer, ich weiß ja alles, ich habe Ihnen ja selbst diesen Rat gegeben, bei mir bedarf's keiner Verstellung!« Da wurde der Pfarrer nur immer ungeduldiger, und weil das Betragen des Mesners ihm verdächtig vorkam, so bat er ihn zuletzt, ob er nicht eine Kiste, die er im Augenblick nicht gut unterbringen könne, ihm einige Tage lang in seiner Stube aufbewahren wolle. Ja, das wolle er recht gern tun. In die Kiste aber steckte der Pfarrer seine Schwiegermutter, die sollte horchen und ausspüren, ob nicht der Mesner das Schwein weggenommen habe; denn der Pfarrer meinte gewiß, daß er sich mit seiner Frau davon unterhalten würde. Dem Mesner aber sagte er noch, daß er die Kiste ja nicht öffnen solle.

Am nächsten Sonntag nun kochte die Frau des Mesners Sauerkraut und dazu ein Stück von dem frischen Schweinefleisch; und als sie bei Tisch saßen und aßen, sagte die Tochter des Mesners: »Ach, wie schmeckt des Herrn Pfarrers Fleisch gut!« Das hörte nun die alte Schwiegermutter in der Kiste und konnte das Lachen nicht verhalten, so daß es der Mesner merkte. Da dachte er: ›Wart, ich will dir doch für deine Horcherei ein Andenken geben‹, und nahm eine Schwefelschnitte, zündete sie an und steckte sie durch eine Ritze in die Kiste hinein.

Die Frau aber verhielt sich ganz ruhig in der Kiste und rief nicht um Hilfe, wie er erwartet hatte. Deshalb brach er nach einer Weile selbst die Kiste auf. Allein wie erschrak er da, als die Frau, von dem Schwefeldampfe erstickt, tot dalag. Neben ihr lagen Fleisch und Brot, davon sie gegessen hatte. Da nahm der Mesner schnell ein Messer, schnitt ein Stück von dem Fleische ab und steckte ihr das in den Hals und machte dann die Kiste wieder zu.

Als nun am folgenden Tage der Pfarrer die Kiste zurückholen ließ und sie aufmachte, da schlug er die Hände über sich zusammen und rief: »Ach du lieber Gott, meine Schwiegermutter ist erstickt, was soll ich armer Mann nun anfangen!« Dann ließ er den Mesner kommen und sagte ihm, die Schwiegermutter sei so plötzlich gestorben, daß er fürchte, man werde ihm Vorwürfe machen, weil er keinen Arzt zur Hilfe gerufen habe. Deshalb möge er sie doch heimlich begraben, er wolle ihm auch gern dafür einen Scheffel Dinkel geben, er dürfe sich ihn selbst einmessen. Der Mesner war es zufrieden, nahm die Tote und trug sie mit auf den Kornboden, wo er sich den Scheffel Frucht einmaß; und als er damit fertig war, stellte er die Frau mitten in den Kornhaufen und ging heim. Auf der Treppe aber verzettelte er eine ganze Handvoll von dem Korn. Und als nun am andern Morgen die Magd die Treppe abkehren wollte und das Korn sah, strich sie es zusammen und trug es wieder in die Fruchtkammer. Kaum aber hatte sie die Tür aufgemacht, so sah sie die alte tote Frau in dem Kornhaufen stehen und entsetzte sich darüber so sehr, daß sie kaum die Treppe hinabsteigen und zu dem Pfarrer gehen und ihm sagen konnte, was sie auf dem Fruchtboden erblickt hatte. Der Pfarrer aber eilte zum Mesner und fragte ihn, ob er denn seine Schwiegermutter nicht begraben habe. »Ei, freilich hab' ich sie begraben!« – »Nicht möglich«, sprach der Pfarrer, »sie steht ja auf meinem Fruchtboden!« – »Die wird eine Hexe sein«, sagte der Mesner, »sonst wäre sie wohl nicht wiedergekommen!«

Da bat der Pfarrer den Mesner so dringend und bot ihm hundert Gulden als Belohnung an, wenn er sie noch einmal begraben wolle, so daß er sich endlich dazu verstand und die Leiche mitnahm und sie in den Wald trug. In dem Walde aber traf er unter einem Baume einen Krämer, der war eingeschlafen und hatte eine große Kiste neben sich stehen. Da rief ihn der Mesner an und schüttelte ihn; allein der Mann schlief so fest, daß er davon nicht aufwachte.

Darauf öffnete der Mesner die Kiste und nahm alle Waren, die sich darin befanden, heraus, versteckte sie in einem hohlen Baume und legte dafür die tote Frau hinein und schloß die Kiste wieder zu. Dann hielt er sich in der Nähe bis gegen Abend auf, wo der Krämer endlich wach wurde, und ging zu ihm und fragte, was er da zu verkaufen habe. Da sprach der Krämer: »Ich habe allerlei Waren, besonders sehr schönes schwarzes Zeug; wißt Ihr mir niemand, der etwas kauft?« – »O ja«, sagte der Mesner, »geht nur da ins nächste Dorf zum Pfarrer, der hat Trauerkleider nötig, weil ihm seine Schwiegermutter gestorben ist.«

Da begab sich der Krämer ins Pfarrhaus, bot seine Ware an, und als er sie sehen lassen wollte und die Kiste aufmachte, da rollte eine tote Frau heraus. »Um Gottes willen«, rief der Pfarrer, »da ist ja meine Schwiegermutter wieder!« Der Krämer aber fiel vor Schrecken in Ohnmacht.

Nun ließ der Pfarrer sogleich wieder den Mesner holen und sagte, ob er denn seine Schwiegermutter nicht begraben habe. »Ei freilich«, sagte er, »schon zweimal: ich habe sie diesmal noch dazu in den Wald hinausgetragen; aber daran, daß sie immer wiederkommt, kann man recht deutlich sehen, daß sie eine Hexe gewesen sein muß.«

Der Pfarrer bat ihn, doch noch einmal die Schwiegermutter zu begraben, und der Mesner versprach es denn auch endlich für zweihundert Gulden und führte es diesmal wirklich aus.

»Was bekomme ich denn für meine Ware?« sprach der Krämer, der sich allmählich wieder erholte.

»Ich kann Euch nichts geben«, sagte der Pfarrer, »ich habe von Euch ja nichts bekommen!«

»Dann verklage ich Euch«, sagte der Krämer, »und Eure

Schwiegermutter dazu; denn die hat mir meine Sachen gestohlen, die wenigstens zweihundert Gulden wert waren.« – »Nun, so haltet nur reinen Mund und bringt meine Schwiegermutter nicht in das Gerede der Leute«, sprach der Pfarrer, »ich will Euch die zweihundert Gulden geben!«

Das ist die wahrhafte Geschichte von der Metzelsuppe, die der Pfarrer für sich allein zu verzehren gedachte.

24. Die Seidenspinnerin

Es war einmal ein Bauer, der fuhr ins Holz und nahm seine älteste Tochter mit, daß sie ihm hülfe bei der Arbeit; da es nun aber sehr heiß war, hatte er seinen Rock ausgezogen und ihn aufs Gras gelegt; als er nun fertig war, sagte er seiner Tochter, sie solle ihn holen. Wie sie hinkommt, liegt auf dem Rock ein Würmchen, und das mag sie nicht aufheben, sondern läuft zurück zum Vater und fragt ihn, was sie tun solle; aber der Vater sagt, was sie sich doch vor einem kleinen Würmchen fürchte, sie solle es nur herunterwerfen und den Rock bringen. So tut sie denn auch, und sie fahren darauf heim. Anderntags fährt der Bauer wieder ins Holz und nimmt seine zweite Tochter mit, da geht alles ebenso, sie wirft zuletzt das Würmchen von dem Rock herunter, und dann fahren sie heim.

Am dritten Tag sollte die erste wieder mitfahren, da bat die dritte, der Vater möge sie doch mitnehmen, sie wolle ja alles ebenso gut machen wie die andern; die aber lachten sie aus und sagten, was sie doch wohl helfen wolle; denn sie achteten sie immer sehr gering und hielten sie im Haus als Aschenbrödel; aber sie bat den Vater doch so sehr, daß er endlich sagte, sie solle mitfahren. Als sie nun wieder heimwollten, sagte ihr Vater, sie solle ihm den Rock holen; da geht sie hin und findet das Würmchen wieder da; sie aber sagt zu ihm: »Liebes Würmchen, du möchtest wohl ein weiches Lager haben?« Und das Würmchen sieht sie mit so hellen und freundlichen Augen an, als wollte es »ja!« sagen. Drum trägt sie Moos zusammen und bereitet ihm ein schönes weiches Nest, und als sie es darauflegt, fängt das Würmchen an zu sprechen und fragt sie: »Möchtest du mir wohl dienen? Du brauchst mich nur alle Tage ein paar Stunden herumzutragen und hast weiter nichts zu tun, aber du bekommst dafür guten Lohn und Essen und Trinken vollauf, und wenn du es drei Jahre hintereinander getan hast, dann bin ich erlöst, denn ich bin ein verwünschter Prinz, und dann will ich dich heiraten!« Da sagte das Mädchen, das wolle sie tun, und darauf sprach das Würmchen: »So komm morgen wieder um dieselbe Zeit hierher.« Darauf fuhr das Mädchen mit ihrem Vater nach Hause, und als sie dort ankam, sagte sie: »Ich bin nun lange genug daheim gewesen, nun will ich mich auch einmal in der Welt versuchen.« Da lachten sie die andern aus und sagten: »Du Aschenbrödel, wer kann dich wohl brauchen?« Aber das Mädchen sagte: »Ich habe schon einen Dienst« und bat ihren Vater, daß er sie möge ziehen lassen; der wollte zwar seine Einwilligung nicht geben, denn wenn sie auch nicht viel verstand, so konnte sie doch gut arbeiten; aber endlich gab er ihren Bitten doch nach, und sie machte sich am andern Tage auf.

Als sie nun in den Wald kam, fand sie auch bald das Würmchen wieder, und das freute sich gar zu sehr, daß sie gekommen war, und sagte ihr, nun solle sie es nur noch etwas herumtragen. Das tut sie denn auch, und wie die Zeit um ist, da steht auf einmal ein prächtiges Schloß da, und in dem Schlosse ist ein großer Saal, darin steht eine große Tafel und Essen und Trinken darauf, so schön, wie sie es in ihrem ganzen Leben noch nicht gehabt hat, und da ißt und trinkt sie sich recht satt und geht dann zu Bette. Und so ging es nun alle Tage, sie trug das Würmchen ein paar Stunden herum, und nachher ging sie ins Schloß, wo ihr alles aufwartete und sie prächtig bewirtet wurde. Als nun ein Jahr um war, bat sie das Würmchen, ihren Vater besuchen zu dürfen, und da erlaubte es ihr das Würmchen, sagte aber, sie solle ja zur rechten Zeit wieder da sein. Da nahm sie denn viel Gold und andere kostbare Dinge für ihren Vater und ihre Geschwister mit und ging nach Hause; als sie aber da mit ihren Schätzen ankam, wollten die Schwestern wissen, wo sie das alles her habe und bei wem sie diene; aber sie sagte es ihnen nicht, denn das hatte ihr das Würmchen verboten, und soviel sie auch Schelte und Schläge bekam, sie verriet es nicht. Am andern Tage ging sie darauf wieder zurück in den Wald zum Würmchen und trug es wieder alltäglich ein paar Stunden herum; als aber das zweite Jahr verstrichen war, besuchte sie wieder ihren Vater und ihre Schwestern, und ebenso im dritten Jahre; als sie da aber vom Würmchen schied, befahl es ihr, nur ja auch dieses letzte Mal zur rechten Zeit wiederzukommen, und das versprach sie ihm auch. Der Vater und die Schwestern aber verlangten wieder zu wissen, wo sie diene, und wollten sie gar nicht fortlassen, so daß sie sich endlich mit Gewalt losmachte; und als sie nun in den Wald kommt, da ist es doch etwas zu spät geworden und kein Würmchen mehr da. Traurig sieht sie sich nach allen Seiten um, aber das Schloß ist verschwunden und das Würmchen auch, denn das war unterdes erlöst und wieder König geworden und war schon wieder daheim in seinem Königreich.

Da beschloß das Mädchen, in die weite Welt zu gehen und es zu suchen; und wie sie so fortging, kam sie im Walde zu einer Hütte, in der wohnte eine alte Frau, die bat sie um ein Nachtlager. Die Alte nahm sie freundlich auf, und als sie des andern Morgens wieder aufbrach, schenkte sie ihr noch drei Äpfel und sagte ihr, in dem einen wäre eine goldene Spindel, in dem zweiten ein goldener Haspel, in dem dritten ein goldenes Spinnrad und verkündete ihr, was ihr begegnen würde und was sie dann tun solle. Da bedankte sich das Mädchen schön bei der freundlichen Alten und zog weiter; und als sie nun schon viele Tage und eine weite, weite Strecke gegangen war, kam sie an den Glasberg. Nun wußte sie gar nicht, wie sie hinüberkommen solle, denn er war so glatt, daß sie immer wieder hinabrutschte; aber endlich sah sie nicht weit davon eine Schmiede, dahinein ging sie, ließ sich an beiden Händen und Knien beschlagen und kam nun glücklich über den Berg. Darauf gelangte sie in eine große Stadt, da wohnte der König, der das Würmchen gewesen war, welches sie alle Tage herumgetragen hatte, aber er war schon verheiratet und hatte eine sehr schöne Gemahlin und hatte das Mädchen lange vergessen.

Da machte sie sich unkenntlich und ging ins Schloß und vermietete sich dort als Seidenspinnerin. Am ersten Tage öffnete sie nun den ersten Apfel, welchen ihr die Alte im Walde geschenkt hatte, und nahm die goldene Spindel heraus; als die Königin die sah, gefiel sie ihr über die Maßen, und sie wollte sie dem Mädchen abkaufen. »Nein«, sagte das Mädchen, »zu verkaufen ist sie nicht, aber zu verdienen: laß mich eine Nacht bei dem König schlafen, so ist sie dein.« – ›Das wird schon gehen‹, dachte die Königin und versprach es ihr. Als nun der Abend herankam, gab sie dem Könige einen Schlaftrunk ein, und als er nun ganz fest schlief, holte sie die Seidenspinnerin und führte sie in des Königs Kammer. Diese aber setzte sich an sein Bett und jammerte und klagte: »Nun sehe ich doch, daß Undank der Welt Lohn ist; drei Jahre lang habe ich dich als Würmchen herumgetragen, habe deinethalb vom Vater und von den Schwestern böse Scheltworte und Schläge ausgehalten, habe mich an Händen und Knien beschlagen lassen, um über den Glasberg zu kommen, und nun ist doch alles vergessen, und du hast eine andere Gemahlin.« Aber der König schlief so fest, daß er kein Wort von alledem vernahm, und als es Morgen wurde, kam die Königin und führte die Seidenspinnerin wieder hinaus. Da war sie gar betrübt und nahm den zweiten Apfel, brach ihn auf und holte den goldenen Haspel hervor; als den die Königin sah, gefiel er ihr wieder so über alle Maßen, daß sie das Mädchen fragte, ob sie ihn verkaufen wollte; aber sie sagte wieder, zu verkaufen sei er nicht, aber wohl zu verdienen: wenn sie noch eine Nacht bei dem Könige schlafen dürfe, sollte sie den Haspel haben. Da versprach's ihr die Königin, und es ging alles wie in der ersten Nacht: der König lag in knietiefem Schlaf und war durch kein Jammern und Klagen aufzuwecken; aber einer von des Königs Dienern hatte gesehen, wie die Königin die Spinnerin in des Königs Schlafkammer gebracht hatte, und da war er neugierig geworden und hatte gehorcht und alles gehört, was die Seidenspinnerin gesprochen, und das erzählte er am andern Tage dem Könige.

Die Königin hatte die Seidenspinnerin aber am andern Morgen wieder aus des Königs Schlafkammer geführt, und das Mädchen hatte ganz verzagt ihren letzten Apfel mit dem goldenen Spinnrade geöffnet, und als die Königin das gesehen, hatte sie ihr erlaubt, noch eine Nacht bei dem Könige zu schlafen, wenn sie ihr das goldene Spinnrad schenken wolle. Das tat sie gern, und als es Abend wurde, ging die Königin wieder hin und brachte ihrem Gemahl den Schlaftrunk, der tat aber nur, als tränke er davon, und goß ihn heimlich aus, legte sich darauf nieder und stellte sich, als schliefe er. Darauf ging die Königin hin, holte die Seidenspinnerin und führte sie in des Königs Schlafkammer; da setzte sich das Mädchen traurig an des Königs Bett und jammerte und klagte: »Nun sehe ich doch, daß Undank der Welt Lohn ist; ich habe dich als Würmchen drei Jahre lang herumgetragen, habe deinethalb vom Vater und von den Schwestern böse Scheltworte und Schläge ausgehalten, habe mich an Händen und Knien beschlagen lassen, um über den Glasberg zu kommen, und nun ist doch alles vergessen, und du hast eine andere Gemahlin.« Das hörte der König alles still mit an und tat, als wenn er weiterschliefe; am andern Tage aber ließ er ein großes Gastmahl anrichten, und die Seidenspinnerin mußte auch herbeikommen und sich ihm zur

Rechten setzen. Als nun alles bei Tafel saß, sagte er: »Ich will euch eine Frage vorlegen, darauf gebt mir frei und offen Antwort. Vor Jahren habe ich den Schlüssel zu meinem Spinde verloren und ließ mir deshalb einen neuen machen; jetzt aber habe ich den alten wiedergefunden, welchen soll ich nun gebrauchen?« – »Den alten«, sagten alle wie aus einem Munde, »denn der paßt doch immer besser.« – »Nun«, sagte der König, »die Seidenspinnerin, welche hier zu meiner Rechten sitzt, die hat mich, als ich verwünscht und ein Würmchen war, drei Jahre lang täglich gewartet und gepflegt und viel Leid und Elend um mich erduldet, drum will ich mich von meiner Gemahlin so lange scheiden, als jene lebt, und sie heiraten.« Und das tat er denn auch, und so ward die Seidenspinnerin Königin.

25. Die russische Finetee und die russische Galethee

Es war einmal in Pommern ein Herzog, der war gut Freund mit dem russischen Kaiser, und sie kamen oft zusammen und tranken sich zu, bis sie schwer betrunken waren. Eines Tages machten sie miteinander ab, daß des Herzogs beide Söhne des Russen zwei Töchter heiraten sollten, und zwar sollte Prinz Friedrich die Finetee, Prinz Karl aber die Galethee zur Frau bekommen. Der Herzog von Pommern schrieb das alsbald im Testamente nieder; weil er aber betrunken war, verschrieb er sich und setzte statt der Worte »Prinz Karl soll die russische Galethee kriegen«, »Er soll sich den russischen Galgen verdienen«. Als er nun starb, ward das Testament eröffnet und den Prinzen verlesen. »Was unser Vater bestimmt hat, das müssen wir tun«, sagten sie, und Prinz Friedrich zog mit großem Gepränge nach Rußland, wo er mit der russischen Finetee verheiratet wurde; Prinz Karl dagegen zäumte sein Pferd und vernähte ein gut Teil Goldstücke in den Sattel, dann schwang er sich auf das Tier und ritt ebenfalls über die Grenze, um sich den russischen Galgen zu verdienen.

Er zog von einer Stadt zur andern und von einem Dorf zum andern, er ritt über Berg und Tal, über Stock und Stein, bis er endlich in einen großen, dunklen Wald gelangte, der kein Ende nehmen wollte. Auf den Abend kam er obendrein von der Straße ab, und es dauerte gar nicht lange, so hielt er vor einem großen tiefen Bruch, und Weg und Steg hatten ein Ende. Wie er so dastand und wußte nicht aus noch ein, trat aus der Dickung ein schwarzer Mann auf ihn zu und sprach: »Was tust du hier?« Antwortete Prinz Karl: »Ich habe mich verirrt.« Sagte der Mann: »Wenn du mir die Hälfte von dem Gelde gibst, das du in den Sattel genäht hast, so will ich dich wieder auf den richtigen Weg leiten.« Die Rede gefiel dem Prinzen Karl so übel nicht, denn was nützte ihm das Geld, wenn er in dem Sumpfe ertrank; er trennte darum den Sattel auf und gab dem Mann die Hälfte von den Goldstücken. Der ergriff darauf das Pferd beim Zügel und führte es durch Gestrüpp und Buschwerk, bis sie wieder auf dem Wege waren. Dann verabschiedete er sich von dem Prinzen; doch ehe er ging, schenkte er ihm noch eine Kugel und sagte dabei: »Wenn du die in den Mund nimmst, so bist du unsichtbar.« Prinz Karl steckte die Kugel zu sich und zog seiner Straße.

Den andern Tag kam er wieder vom Wege ab, und nachdem er eine Zeitlang umhergeirrt war, stand er vor demselben Bruche wie gestern. »Du hältst ja noch immer hier«, rief eine Stimme, und der schwarze Mann trat aus der Dickung heraus. »Ja, es ist schlimm mit diesem Walde«, sagte Prinz Karl, »wer darin nicht Bescheid weiß, verirrt sich und ertrinkt am Ende im Sumpfe. Kannst du mich nicht noch einmal auf den rechten Weg bringen?« – »Mit dem größten Vergnügen«, antwortete der schwarze Mann, »wenn du mir wiederum die Hälfte von dem Gelde gibst, das du noch hast.« Dann behielt Prinz Karl zwar nur noch ein Viertel von dem ganzen Schatze; aber wozu brauchte er auch das rote Gold, um den russischen Galgen zu verdienen? Er gab darum dem schwarzen Manne den geforderten Preis, und dieser führte ihn durch das Dickicht auf die rechte Straße zurück und schenkte ihm zum Abschied eine kleine Rute. »Was du damit schlägst, sei es Mauer oder Fels, das öffnet sich, und woran du mit der Rute pochst, das gibt dir Antwort«, sagte er und verschwand. Prinz Karl aber setzte seine Reise fort und kam noch vor Abend in eine große Stadt und stieg daselbst in einem guten Gasthause ab.

Dem Wirte gefiel der schmucke Reitersmann, und als er gegessen und getrunken hatte, nahm er ihn beiseite und sagte: »Ich habe drei schöne Töchter. Wie wäre es, wenn du mein Schwiegersohn würdest?« – »Das wäre so schlecht noch nicht«, antwortete Prinz Karl, »laß mich heute nacht mit der Ältesten den Versuch machen.« Darauf wurde die älteste Tochter des Gastwirts in eine besondere Kammer gebettet und danach Prinz Karl zu ihr geführt. Der wartete, bis sie eingeschlafen war, dann zog er die kleine Rute hervor, klopfte damit auf ihr rotes Mäulchen und fragte: »Bei wem schon genascht?« – »Beim Bürgermeister, Amtmann, Pastor und Richter«, antwortete das kleine rote Mäulchen. Da ward dem Prinzen angst und bange, er steckte die Rute wieder zu sich, drehte dem Mädchen den Rücken zu und blieb liegen wie ein Stück Holz, bis der Tag anbrach. Dann ging er zum Wirte und sprach zu ihm: »Deine Tochter mag ich nicht, sie hat andere lieber als mich!« – »So wollen wir es heute abend mit der Zweiten versuchen«, sagte der Wirt; und das geschah auch. – In der nächsten Nacht ging Prinz Karl mit der zweiten Tochter in die Kammer; aber hatten bei der vorigen vier genascht, so zählte bei dieser das Mäulchen ein ganze Mandel auf, daß Prinz Karl nur schnell die Rute wegstecken mußte, um nicht einen zu großen Schrecken zu bekommen. Er drehte ihr ebenfalls den Rücken zu, und mit Sonnenaufgang weckte er den Wirt und sagte zu ihm: »Deine zweite Tochter gefällt mir erst recht nicht, die hält's mit der halben

Stadt; ich mag dein Schwiegersohn nicht sein.« Sprach der Wirt: »Nicht so hitzig! Versuch's doch noch einmal mit der Jüngsten, die ist erst sechzehn Jahre alt und wird dir gewiß wohlgefallen.« Die Bitte mochte Prinz Karl dem Wirt nicht abschlagen, und in der dritten Nacht ging er zu der jüngsten Tochter. Als sie eingeschlafen war und er mit der Rute klopfte und fragte, siehe, da zählte das kleine rote Mäulchen so viel Näscher auf, wie die beiden andern zusammen gehabt hatten. Nun hatte er's mit den drei Töchtern versucht, und als der dritte Morgen kam, sagte er zum Wirt: »Deine dritte Tochter ist erst recht nichts wert, die ist so schlimm wie die beiden andern zusammengenommen.« Damit wollte er Abschied nehmen; dem Vater lief aber bei diesen Worten die Galle über. »Du hast sie unehrlich gemacht!« rief er voll Zorn. »Will solch hergelaufener Landstreicher anständige Mädchen ins Gerede bringen?« Sprach's und schleppte ihn vor den Richter.

Dazumal waren die Gerichte noch Schnellgerichte; des Vormittags wurde das Recht gesprochen, und nachmittags hing der Sünder schon am Galgen. Als der Wirt nun mit Prinz Karl vor dem Richter stand und dieser den ganzen Handel gehört hatte, sollte Prinz Karl sich verteidigen. »Ich will nicht sprechen«, sagte er, »die Mädchen sollen es selber sagen«, und auf des Richters Befehl wurden die Jungfern herbeigeholt. Alsobald nahm Prinz Karl die kleine Rute und klopfte und fragte: »Mäulchen, wie oft schon genascht?« Antwortete das Mäulchen: »Beim Herrn Bürgermeister, beim Herrn Amtmann, beim Herrn Pastor, beim Herrn Rich–!« – »Halt«, schrie der Richter, »die erste ist überführt, man schaffe die zweite herbei!« Bei der dauerte es auch nicht lange, so stand sie neben der ersten und durfte die Augen nicht mehr herumgehen lassen. Nun blieb nur noch die Jüngste übrig; die hatte geschwind ihr Schnupftuch zwischen die Zähne gesteckt, und als Prinz Karl anklopfte und fragte, antwortete sie: »Wu, wu, wu, wu, wu!« – »Was ist denn das?« rief der Richter; aber Prinz Karl wußte sich Rat, schlug ihr auf das Näschen und fragte: »Näschen, sag einmal, was ist dem Mäulchen?« – »Hat sich ein Taschentuch zwischen die Zähne gesteckt«, antwortete das Näschen, und das Mädchen mußte das Tuch herausziehen. Da schnatterte das Mäulchen aber los, daß der Richter nur schnell das Gericht aufheben mußte, es hätte sonst keiner von den Herren der Stadt seine Ehre behalten. Damit waren des Wirtes Töchter abgetan, Prinz Karl aber sattelte sein Pferd und ritt seiner Straße.

Als er eine Zeitlang geritten war, kam er wieder in einen großen Wald und verirrte sich darin. Vor einer Ellerei machte er halt, und da er mit dem Pferd nicht durch den Busch kommen konnte, trennte er mit dem Schwerte den Sattel auf und nahm das letzte Gold heraus und steckte es zu sich in die Tasche; dann ließ er das Roß laufen und ging zu Fuß weiter und sprang von einem Bülten zum andern, bis die Sonne unterging und es finster wurde am Himmel. Da stieg er auf einen hohen Ellernbusch und hielt Ausschau, und sieh, nicht weit von ihm schimmerte ein Licht durch die Bäume. Eilends stieg er wieder herab und setzte seine Wanderung fort, bis er vor dem Hause stand. Er öffnete die Tür und ging hinein; da saß ein alter grauer Mann auf der Ofenbank, der fragte ihn, was er wolle. Prinz Karl merkte wohl, daß er in eine Räuberhöhle geraten war; darum sprach er geschwind: »Guten Abend! Kennst du mich nicht? Ich gehöre zum schwarzen Karl und habe mich allein gerettet und will jetzt bei Euch wohnen und Euch helfen.« Über diese Rede verfärbte sich der Alte, denn der schwarze Karl hatte eine Brust wie Eisen, und die Kugeln prallten ab von seinem Leibe und konnten ihn nicht durchbohren; seine Bande aber war als die schlimmste verschrien weit und breit. Darum hieß er den Gast freundlich willkommen und trug ihm Speise und Trank auf und bat ihn zu warten, bis die andern nach Hause kämen.

Um Mitternacht traten elf große, starke Kerle herein; aber

Prinz Karl fürchtete sich nicht, ging auf sie zu und drückte einem jeden die Hand, daß es krachte. »Wer ist das?« fragten die elf verwundert den Alten; der aber sagte: »Es ist einer von den Leuten des schwarzen Karl. Er ist bei der großen Schlacht davongekommen und hat das Leben geborgen. Jetzt will er bei euch bleiben und euch helfen.« Sprachen die elf: »Sei uns willkommen! Aber das sagen wir dir von vornherein: gemordet wird nicht, wir vollbringen alles mit List; nur wenn es sich nicht anders tun läßt, gehen wir den Leuten ans Leben.« – »So hab' ich's beim schwarzen Karl auch gehalten«, gab er zur Antwort, und dann setzten sie sich allesamt zu Tische nieder, und nachdem sie satt gegessen und getrunken hatten, legten sie sich zu Bette und schliefen, bis der Tag anbrach.

Am andern Morgen sprach der alte graue Mann, welcher der Hauptmann der Bande war, zu Prinz Karl: »Wir haben eine Sitte: wer bei uns eintreten will, muß ein Probestück machen.« – »Die Sitte lobe ich mir«, sagte Prinz Karl und ging zum Hause hinaus. Über ein Weilchen erblickte er einen Schlächter, der zwei Ochsen vor sich hertrieb. ›Die will ich stehlen, ohne Blut zu vergießen‹, dachte er bei sich; dann lief er durch das Gebüsch dem Schlächter voraus und warf seine Säbelscheide auf die Straße. Als der Schlächter vorbeikam, sagte er: »Sieh da, eine schöne Scheide! Was nützt sie dir aber ohne Säbel?« Damit ließ er die Scheide liegen und zog seiner Straße weiter. Das hatte Prinz Karl nur gewollt, und schnell hob er die Scheide auf und lief, was er konnte, quer durch den Wald und über den Berg herüber, um den sich die Straße zog. Dort warf er den Säbel in den Sand und wartete hinter dem Busche, bis der Schlächter kam. Als dieser den blanken Säbel erblickte, sprach er bei sich: »Hättest du doch vorhin die Scheide mitgenommen, hier liegt der Säbel dazu!« Und geschwind band er die Ochsen an einen Baumstamm und lief die Straße zurück, um die Scheide zu suchen. Aber er fand sie nicht, und als er zurückkam, war auch der Säbel verschwunden und die Ochsen mit ihm, die hatte Prinz Karl über den Rasen in die Räuberhöhle geführt, so daß man die Spuren nicht sehen konnte.

»Das hast du gut gemacht«, sprach der Hauptmann, »und wenn du uns morgen noch einen Ballen Tuch aus der Stadt ohne Geld kaufen kannst, so wollen wir dich halten wie der unsern einen, und du sollst unser Spießgesell werden.« Das ließ sich Prinz Karl nicht zweimal sagen. Den andern Tag nahm er Pferd und Wagen, einer von den elfen mußte als Kutscher auf den Bock, während er wie ein vornehmer Herr, auf jedem Finger einen Ring, in dem Rücksitz saß. Außerdem hatte er bei sich eine Truhe, die klipperte und klapperte, sobald man daranstieß, wie wenn eitel Gold und Silber darinnen wäre. Als er nun mit seinem Gefährt in der Stadt angelangt war, hieß er den Kutscher vor dem besten Laden halten. Dort stieg er aus und ließ sich das feinste Tuch und das teuerste Seidenzeug vorlegen. Der Kaufmann sah nur auf die großen Ringe mit den glänzenden Steinen und freute sich, einen so reichen Kunden bekommen zu haben, und konnte nicht genug Ballen herbeischleppen. »Ich nehme es, wie es da ist, ungesehen«, sagte Prinz Karl, »und über die Bezahlung werden wir nachher einig werden. Schafft nur das Zeug auf den Wagen herauf und nehmt derweile die Truhe an Euch.« – ›Das ist sein Geldkasten‹, dachte der Kaufmann bei sich und stieß den Ladendiener heimlich in die Rippen, und dann rechneten sie beide im voraus zusammen, wieviel sie bei dem Handel verdienen würden. Prinz Karl aber ging aus dem Laden, als ob er sich in der Stadt erlustigen wollte; das tat er jedoch nur so, in Wahrheit lief er vors Tor, und als der Räuber mit dem Wagen an ihm vorbeifuhr, sprang er geschwind zu ihm auf den Bock, und nun brachten sie die Ladung in den Wald hinaus in die Räuberhöhle. Da war es Zeug genug, daß sich die ganze Bande neu damit kleiden konnte, und Prinz Karl wurde in alle Ehren eines Räubers von dem Hauptmanne eingesetzt. Der Kaufmann wartete inzwischen zwei kurz und drei lang, daß der vornehme Herr zurückkommen sollte. Als er immer noch nicht bei ihm vorsprach, wollte er sich an der Geldkiste schadlos halten; doch wie er den Deckel der Lade erbrach, war nichts drin als Kieselsteine und Glasscherben, das hatte geklungen wie Geld, wenn man mit dem Fuße daranstieß.

Der Kaufmann fluchte über den argen Dieb, die Räuber aber lobten ihn; doch Prinz Karl wollte von alledem nichts wissen und noch eine dritte Probe bestehen, obwohl er sie gar nicht mehr nötig hatte. »Kinder«, sagte er, »aller guten Dinge sind drei; heut nacht will ich mit euch des Kaisers Schatzkammer bestehlen.« – »Au!« riefen die Räuber. »Das tun wir nicht, das bringt uns an Rad und Galgen.« – »Ich gehe voran«, sagte Prinz Karl, »und wer ein Herz hat, der folge mir.« Da mochten sich die Räuber nicht lumpen lassen und taten, wie er ihnen befahl. Er hieß sie aber den Wagen voll Stroh laden, und als sie mit Einbruch der Nacht vor der Stadt angelangt waren, mußten sie die Räder und die Hufe der Pferde mit Stroh bewickeln, daß niemand das Klappen der Eisen und das Knarren der Räder gewahr würde. Als sie nun vor dem kaiserlichen Schloß hielten, zog Prinz Karl die kleine Rute aus dem Busen hervor und schlug damit an die Mauern. Sogleich taten sie sich auseinander. Die Wächter auf dem Hofe schliefen, wie Wächter gemeiniglich zu tun pflegen, und so gelangten sie ungestört bis an die Schatzkammer. Ein Schlag mit der Rute, und die schwere Eisentür sprang auf, und jeder Räuber steckte so viel Gold und Silber zu sich, als er in seinem Sacke nur irgend davonschleppen konnte. Endlich waren sie fertig, und nachdem sie alles auf den Wagen geladen hatten, fuhren sie ebenso lautlos wieder zur Stadt hinaus und in den Wald zurück, wie sie gekommen waren.

Am anderen Tage war ein großes Jammern und Wehklagen auf dem Schlosse, denn der Kaiser ließ alle Wächter durchprügeln und jagte sie mit Schimpf und Schande aus dem Schlosse, weil sie die Schatzkammer nicht besser gehütet hatten; in der Räuberhöhle jedoch wurde gesungen und gesprungen, getanzt und gelacht, denn so viel Gold und Silber hatten sie noch niemals zusammengebracht, als sie auf dem letzten Zuge geraubt hatten. Nun sollte Prinz Karl auch der Hauptmann werden, und der alte Räubervater bot es ihm selbst an, aber er wollte nicht. »Ich bin noch zu jung«, sagte er, »und dem Ältesten gebührt diese Ehre.« Da gaben sich die anderen endlich zufrieden, und sie lebten einige Zeit lustig in Saus und Braus. Aber die vielen Schätze, welche sie gewonnen hatten, machten sie lüstern auf noch größeren Reichtum, und sie baten den neuen Bruder, daß er sie noch einmal zum Schloß führen möge. »Ich will es tun, aber es ist euer Unglück«, sagte Prinz Karl; denn er ahnte wohl, daß der Kaiser so kurz nach der Tat doppelte Wachen ausstellen würde. Doch die Räuber ließen sich nicht davon abbringen. Da befahl er, den Wagen zum zweiten Male mit Stroh zu beladen, und dann fuhren sie zur Stadt, und der Räubervater blieb allein in der Höhle zurück.

Am Tore wurden wiederum die Räder und die Eisen der Pferde mit Strohbändern bewickelt, und als sie auf diese Weise lautlos bis an die Schloßmauern angelangt waren, schlug Prinz Karl mit der Rute gegen das Gemäuer, und siehe da, es klaffte auseinander. Gierig schlich einer nach dem andern durch die Öffnung hinein; aber sobald sie drinnen waren, wurden sie von den Schildwachen warm beim Wickel genommen, in Fesseln gelegt und in den Kerker geworfen. Nur Prinz Karl ging frei aus, denn er hatte seine Kugel in den Mund genommen, und er hörte, wie die anderen sagten: »Wer fehlt denn? Wir waren doch zwölf und sind hier nur elf? Richtig, der Jüngste ist nicht da; der ist doch klüger wie wir anderen zusammengenommen!«

Am andern Morgen wurden die Räuber vor den Kaiser gebracht, und nachdem jeder fünfzig aufgezählt erhalten hatte, fragte er sie, wo sie ihre Höhle hätten und wie groß ihre Bande wäre. Erst wollten sie nicht mit der Sprache heraus; als sie aber noch fünfzig erhalten hatten, sagten sie einmütig, sie seien ein Hauptmann und zwölf Mann, und ihre Höhle hätten sie draußen im Walde bei dem großen Ellernbruch. Da schickte der Kaiser seine Soldaten hin, die nahmen den Räubervater gefangen und luden das Gold und Silber, das sie in der Höhle fanden, in große Karren und führten es in die Stadt zurück, wo es der Kaiser wieder in die Schatzkammer schütten ließ. Nun war alles da, nur der Dreizehnte fehlte. »Ihr sollt nicht leben und nicht sterben«, rief der Kaiser, »ehe ihr ihn nicht verraten habt.« – »Wir wissen ja selbst nicht, wie er heißt«, jammerte der Hauptmann, »er sagte, er sei vom schwarzen Karl, und vierzehn Tage war er nur bei uns, da hat er all das Unglück angerichtet.« Der Kaiser glaubte aber den Reden nicht, und jeden Tag bekamen die Räuber Prügel, daß sie gestehen sollten, wo der Dreizehnte sei.

Indessen schlenderte Prinz Karl in den Straßen umher. Und wie er einmal stillestand und besah seine Stiefel, merkte er, daß es mit den Sohlen nicht zum besten bestellt war. Nun hatte unweit davon ein Flickschuster seinen Laden. ›Der soll den Schaden wieder gutmachen‹, dachte er bei sich und trat zu ihm in die Werkstatt herein. »Meister Schuster«, sagte er, »hier ist ein Goldstück; geh hin und kauf gutes Leder ein und besohl mir die Stiefel.« Der Altflicker nahm das Goldstück und lief, was er laufen mochte, denn solch vornehmen Herrn hatte er noch niemals zum Kunden gehabt. Während er fort war, zog Prinz Karl ein zweites Goldstück aus der Tasche und gab es der Frau, daß sie ein gutes Mittagessen besorge für drei Mann mit Braten und Wein. Da ging nun ein schönes Leben bei den Altflickersleuten an, der Meister besohlte mit neuem Leder, und die Frau briet und schmorte, und dann setzten sie sich alle drei zu Tische und aßen und tranken, bis sie nicht mehr wußten, wo sie waren, und trunken zu Bette gingen. Die Stiefel wurden auf diese Weise den ersten Tag nicht fertig, das nimmt kein Wunder; und am zweiten auch nicht, denn da trieben sie es nicht anders; als sie aber endlich doch fertig waren, zog sie Prinz Karl auf seine Füße, lobte den Meister wegen der guten Arbeit und sprach: »Warum geht's Ihm bei der guten Arbeit so schlecht?« Antwortete der Altflicker: »Ach, lieber Herr, ich bin ein armer Mann und kann kein gutes Leder kaufen. Wer bei mir einmal besohlen ließ, der kam das zweite Mal nicht wieder. Und mit Goldstücken bezahlt sonst niemand, da seid Ihr der erste.« – »Wenn's Ihm an Geld fehlt, so geh Er doch in des Kaisers Schatzkammer«, sagte Prinz Karl, »da ist Gold und Silber wie Heu.« – »Ja, wer das dürfte!« sagte der Meister. »Das ist nicht so schlimm«, sprach Prinz Karl; und als es dunkel wurde, hieß er den Altflicker einen Sack auf den Buckel nehmen und ging mit ihm zum Schlosse.

Sobald Prinz Karl das Gemäuer mit der Rute berührte, wich es auseinander, und sie hatten freien Gang, denn die Wachen waren schon wieder sorglos geworden und schnarchten um die Wette. Noch ein Schlag an die Eisentür, und sie standen in der Schatzkammer, und der Schuster füllte seinen Sack mit Gold an, so schwer er nur irgend tragen konnte, und dann kehrten beide durch den Mauerriß in die Werkstätte zurück. Dem Schuster erging es aber nicht anders wie den Räubern. Als er viel Geld hatte, war es ihm nicht Geld genug, und er sprach zu seinem Gaste: »Wie Ihr es macht, kann einer leicht zu Gelde kommen. Aber die Zeiten sind schlecht, und die Preise sind hoch, was meint Ihr, wir gehen heut abend noch einmal in die Schatzkammer.« – »Zum zweitenmal ist's gefährlich«, warnte Prinz Karl; aber da sich der Flickschuster nicht raten ließ, ging er mit ihm, und als sie an das alte Loch gekommen waren, kletterte der Schuster geschwind hinein. Doch er kam nicht weit, denn kaum hatte er die Beine auf der anderen Seite der Mauer, so griffen die Schildwachen, welche diesmal besser aufpaßten, zu und zogen und zogen, damit sie ihn ganz hineinbekämen. Prinz Karl hatte das wohl bemerkt, und da er den Meister nicht zu den Soldaten lassen wollte, zog er am Kopfende. Doch drinnen waren vier und draußen nur einer. »Verloren ist er doch«, sprach Prinz Karl bei sich, und ratz! schnitt er ihm mit seinem langen Messer den Kopf ab, damit er wenigstens nicht noch sagen könnte, wo der dreizehnte Räuber geblieben sei.

Den anderen Morgen war die Freude groß im Schlosse, denn sie glaubten allesamt, jetzt habe man den Dreizehnten erwischt. Als die Leiche aber dem Räubervater gezeigt wurde, schüttelte derselbe den Kopf und sagte: »Das ist der Dreizehnte nicht. Dies ist ein kleiner, schmächtiger Kerl, aber unser Bruder war groß und stark; er ist's gewesen, der diesem Mann den Kopf abschnitt.« Um sein Leben zu retten, gab er dem Kaiser den Rat, er solle die Leiche, die Füße nach vorn, auf einen Karren legen und zum Schindanger fahren lassen, aber im Umwege durch alle Straßen der Stadt. Wer dann schreie bei dem Anblick der Leiche, der sei ein Verwandter des Geköpften und könne wohl angeben, wo der Dreizehnte sei. Und so tat der Kaiser auch. Während nun Prinz Karl bei der Altflickerin in der Werkstatt saß und ihr erzählte, wie ihrem Manne die Geldgier das Leben gekostet habe, und dabei fleißig zu seinem Zeitvertreib mit Pechdraht und Nadel hantierte, führte der Scharfrichter den Schinderkarren mit der Leiche des Meisters an dem Fenster vorbei. »Du meines Lebens!« schrie die Frau auf und fiel von einer Ohnmacht in die andere. Prinz Karl aber war nicht faul und hieb sich das Schustereisen in das Knie, daß das Blut zur Erde floß. Als nun die Henkersknechte herbeikamen und Nachfrage hielten, weshalb die Frau so geschrien habe, wies er auf das strömende Blut. Da waren die Männer zufriedengestellt und zogen mit ihrem Karren weiter, aber den Dreizehnten fanden sie nicht.

Prinz Karl ärgerte sich jedoch, daß der Kaiser so scharf hinter ihm her war, und er beschloß, ihm einen rechten Streich zu spielen. Und das stellte er so an: Er nahm die Kugel in den Mund und ging unsichtbar in das Schloß hinein, die Treppen hinauf, bis er in des Kaisers Zimmer gelangte. Dort lagen auf dem Tisch die Tagesbefehle, welche der Kaiser an den Feldmarschall und an den Bürgermeister zu schicken pflegte. Eins fix drei hatte Prinz Karl den ersten Brief erbrochen, und statt des Befehls, der darin stand, schrieb er hinein: »Weil die Soldaten gestern so gut exerziert und geschossen haben, sollen sie heute mittag ein jeder zwei Pfund Fleisch zu essen bekommen«, denn bei den Russen lagen dazumal alle Soldaten in Bürgerquartieren. In den andern Brief aber schrieb er: »Weil die Soldaten so schlechtes Gesindel sind und allesamt nichts taugen, sollen ihnen die Bürger heute mittag nur trockene Kartoffeln vorsetzen.« Dann versah er die falschen Briefe mit des Kaisers eigenem Siegel und ging wieder seine Wege zu der Schustersfrau.

Am Vormittag verlas der Feldmarschall den Soldaten und der Bürgermeister den Bürgern den Tagesbefehl; und die Soldaten freuten sich, daß sie soviel Fleisch bekommen sollten, und die Bürger freuten sich, daß sie heute kein Fleisch zu geben brauchten. Als nun aber die Soldaten müde vom Dienst heimkamen und es nicht fanden, wie ihnen durch Tagesbefehl verheißen war, wurden sie sehr zornig und schalten die Bürger Diebesgesindel und schlugen auf sie ein, und es war ein Heulen und Wehklagen in der Stadt, wie noch niemals gehört worden war. Endlich ließ der Feldmarschall Generalmarsch schlagen, und als die Trommeln gingen: Kam-me-rad–kumm! Kam-me-rad–kumm!, da mußten die Soldaten freilich vom Schlagen abstehen und zur Fahne eilen. Der Kaiser war sehr böse, als er von der Sache hörte, und konnte nicht begreifen, wie die falschen Befehle aus seinem Zimmer gekommen waren; der Räubervater aber sagte zu ihm: »Das ist niemand anders gewesen wie der Dreizehnte; und wenn Ihr seiner nicht habhaft werdet, so bringt er noch Euch und das ganze Land in Unglück!« Das sagte er aber nur, damit er alle Schuld auf den Prinzen Karl schieben möchte und mit dem Leben davonkäme. »Wie soll ich ihn aber fangen?« fragte der Kaiser. Da gab ihm der Räubervater folgenden Rat: »Der Dreizehnte ist ein großer, starker Mann und dabei noch jung an Jahren. Laßt alle jungen Leute zu Euch auf das Schloß kommen, daß sie mit der Prinzessin Galethee und mit den Hofdamen tanzen; und die Nacht über müssen sie in dem Saale bleiben und auf einer Streu schlafen. Wie ich den Dreizehnten kenne, wird er bei dem Feste nicht fehlen und in der Nacht Eurer Tochter nicht schonen. Dann muß ihm die Prinzessin mit schwarzer Farbe einen Strich auf die Wange malen, und am andern Morgen könnt Ihr sehen, wer Euch all das Unheil angerichtet hat.«

›Das ist ein guter Rat‹, dachte der Kaiser und tat, wie der Räubervater gesagt hatte. Alle jungen Leute wurden zu einem großen Feste aufs Schloß geladen und durften mit der Kaiserstochter und mit den Hofdamen tanzen, und Prinz Karl war wirklich mitten unter ihnen und tanzte fleißig mit. Um Mitternacht war der Tanz zu Ende, und den Tänzern wurde auf einer Streu gebettet; die Prinzessin aber bekam von dem Kaiser ein Töpfchen mit Farbe in die Hand gedrückt, damit sollte sie demjenigen, der sie bei Nacht stören würde, einen Strich auf die Backe malen. – Und der Räubervater hatte sich nicht verrechnet. Als alles schlief, konnte Prinz Karl allein keinen Schlaf in die Augen bekommen; die Kaiserstochter hatte es ihm angetan, und er stand auf und schlich in ihre Kammer und küßte sie. Der Prinzessin tat das sanft; doch als er fertig war, gedachte sie des Gebotes, das ihr der Kaiser gegeben, und sie malte dem Manne einen schwarzen Strich auf die Backe; dann drehte sie sich um und schlief ein. Prinz Karl aber war auf seiner Hut und hatte die List wohl gemerkt. Sobald die Prinzessin schlief, stahl er ihr das Töpfchen und malte mit der Farbe jedem Schläfer einen schwarzen Strich auf die Backe, vom Kaiser herab bis zum jüngsten Küchenjungen.

Am andern Morgen stand der Kaiser früh auf und ging in

seiner Tochter Kammer. »Aber pfui, Papa«, sagte die Prinzessin, als sie die Augen aufschlug; und als der Kaiser nicht wußte, warum sie das sage, wies sie ihm den schwarzen Strich auf der Backe. Da lief der Kaiser in den Saal, und siehe da, alle jungen Männer waren in derselben Weise gezeichnet. Jetzt wurde der Kaiser gar zornig und drohte, den Räubervater lebendig braten zu lassen, wenn er ihm nicht den Dreizehnten schaffe. »Ich kann es nicht, und wenn ich sterben muß«, rief der Hauptmann, »nur ein Mittel gibt's noch. Geh in den Saal und versprich dem, der Eure Tochter im Schlafe geküßt und die falschen Tagesbefehle geschrieben hat, die Prinzessin Galethee zur Frau, dann wird er sich wohl melden.« Anfangs wollte dieser Rat dem Kaiser gar nicht in den Kopf, endlich aber bedachte er sich, daß er dem Reich keinen Besseren hinterlassen könne als solch klugem Schwiegersohn, und er ging in den Saal zurück und sprach mit lauter Stimme: »Wer gestern nacht meine Tochter geküßt und den Spaß gemacht hat mit den Tagesbefehlen, der melde sich, er soll mein Schwiegersohn werden.« Aber siehe da, niemand meldete sich. Der Kaiser sprach es zum zweiten Male, es half wiederum nichts. Da setzte er die goldene Kaiserkrone auf und warf den Purpurmantel um und schwur bei Krone und Zepter, er wolle halten, was er gesagt habe. Jetzt trat Prinz Karl vor und sagte: »Ich bin der Dreizehnte, ich bin es gewesen.« – »Wie heißt du denn?« fragte der Kaiser verwundert. »Prinz Karl von Pommern«, gab er zur Antwort. »Du bist Prinz Karl?« rief der alte Kaiser voll Freuden. »Da solltest du ja schon längst meine Galethee zur Frau bekommen.« – »Davon stand nichts im Testament«, antwortete Prinz Karl, »den russischen Galgen sollte ich mir verdienen.« – »Ach, Schnack«, sagte der Kaiser, »das kam damals so, da hat sich dein Vater verschrieben! Das sollte heißen: Prinz Karl soll die russische Galethee kriegen.« Nun war die Freude groß, und es wurde sogleich Hochzeit gefeiert, und all die jungen Männer im Saale nahmen daran teil. Und wenn die Prinzessin dem Prinzen bei jedem Kuß, den er ihr an diesem Abend gab, einen Strich ins Gesicht gemacht hätte, so wäre er zuletzt so schwarz im Gesicht gewesen wie ein Schornsteinfeger. Die elf Räuber aber und der alte Hauptmann wurden in Freiheit gesetzt, denn eigentlich war's ja nur Prinz Karl gewesen, der sie zu den schlimmen Dingen angestiftet hatte.

Und was das beste an der ganzen Geschichte ist, es ging hübsch alles ohne Blutvergießen ab. Nur der Altflicker! Du mein Gott, ein Flickschuster, das spricht doch nicht mit, und dabei war er selbst ins Unglück gerannt. Wäre er hübsch zufrieden gewesen, so säße er noch in seinem Laden und machte den Leuten die Stiefel. So aber führte seine Frau ohne ihn das Geschäft fort und heiratete sich einen hübschen jungen Mann, und wenn sie nicht gestorben sind, leben sie heute noch.

26. Die verwünschte Prinzessin

Es war einmal ein Vater, der hatte einen Sohn, Peter hieß er, dem gefiel es nicht zu Haus, er forderte deshalb sein Erbteil, das waren zwanzig Taler, und ging damit in die weite Welt. Der Bursche hatte aber ein mitleidiges Herz und fühlte, was recht und unrecht war, und half, wo er helfen konnte. Einmal kam er vor einem Dorfe an, da fand er einen toten Menschen, und nicht weit davon pflügte ein Bauer. Peter ging zu dem Bauern und fragte, warum der Mensch nicht begraben würde. Der Bauer antwortete, der Tote sei arm, und das Dorf habe ihn nicht begraben lassen, weil das was koste; deshalb wäre er dahin gebracht, und die Vögel und Füchse hätten ihn über kurz oder lang doch gefressen, daß er wegkäme. Das dauerte Peter in der Seele, und er fragte sogleich, was die Beerdigung wohl koste. Der Bauer antwortete: »So gegen zwanzig Taler.« Da ging Peter zum Schulzen, gab ihm zwanzig Taler und befahl, man solle den Toten davon begraben, der vor dem Dorfe läge; und das geschah auch. Er selbst blieb so lange im Dorfe, begleitete die Leiche, und dann reiste er weiter. Wie er zum Dorfe hinaus und eine kurze Strecke fortgegangen war, kam ein Mann hinter ihm her, fing ein Gespräch mit ihm an und sagte, er wolle mit ihm wandern. Das ließ sich Peter wohl gefallen, denn der Mann sah so gut und brav aus, daß er ihn gleich liebgewann und sich freute, daß er einen so wackeren Reisegefährten gefunden hatte. Schon waren sie mehrere Wochen miteinander gereist und hatten sich alles erzählt, was sie auf dem Herzen hatten, da kamen sie in eine Stadt, darin waren alle Häuser schwarz behängt, und oben im Schlosse wehte eine schwarze Fahne zum Zeichen der Trauer. Peter fragte, warum das wäre. Die Leute antworteten, die liebe gute Prinzessin wäre von einem Berggeiste verzaubert, wäre den Tag über still und in sich gekehrt, bisweilen aber so böse, daß sie alles zerschlüge und umbrächte, was ihr ins Gehege käme; und zumal wäre der ein Kind des Todes, der es wage, sie zu erlösen, wenn er das Rätsel, das sie ihm aufgebe, nicht erraten könne. Viele hübsche Prinzen hätten durch sie schon ihren Tod gefunden, und auch mancher andere brave Junge wäre durch sie ums Leben gekommen, so daß sich seit einem Jahr keiner gefunden hätte, der sie hätte erlösen wollen, und doch wäre es so ein schönes und gutes Mädchen gewesen und sei es auch noch. Da sagte Peter zu seinem Kameraden: »Soll ich einmal mein Heil versuchen, was meinst du, soll ich's wagen? Sterbe ich, so sterbe ich für eine gute Sache; gelingt's, so könnte ihr und mir kein größeres Glück widerfahren.« Sein Kamerad sagte: »Tu's nur, ich will dir beistehen; und damit du glaubst, daß ich es vermag, so will ich dir sagen, daß ich nicht ein Mensch bin, sondern der Geist von dem, den du dort im Dorfe hast beerdigen lassen; ich weiß Mittel genug, daß du dein Vorhaben glücklich ausführen kannst. Geh also zum König und sage, du wollest die Prinzessin erlösen. Er wird es recht gerne sehen und dich reich beschenken, wenn du es vollbringst.« Peter ging also zum König, ließ sich anmelden und wurde vorgelassen. Als er nun sagte, was er wolle, sprach der König: »Mein lieber junger Mann, da hast du dir etwas Schweres vorgenommen. Bedenke, es kostet dein Leben, wenn es dir nicht gelingt, meine Tochter zu retten. Sie bringt dich auf der Stelle um, wenn du nicht das Rätsel errätst, das sie dir aufgibt.« – »Das tut nichts«, sagte Peter, »ich will's versuchen, es mag mir gehen, wie's will.« – »So komm morgen wieder«, sprach der König, »ich will's meiner Tochter sagen.« Drauf ging Peter wieder zurück nach seinem Wirtshause, wo sein Kamerad auf ihn wartete. Als er ihm die Antwort des Königs erzählte, sprach sein Kamerad: »Laß es nur Abend und zehn Uhr werden, dann will ich's schon machen. Bis dahin sag keinem, was du vorhast, und sei nur guten Mutes. Du erlöst die Prinzessin, dafür laß mich sorgen.« Sie ließen sich's nun wohl sein, gingen miteinander aus und besahen sich die Stadt und alles Merkwürdige darin, erkundigten sich auch, wo sich die Prinzessin aufhielt und welches die Fenster von ihrem Schlafzimmer wären, gingen dann wieder nach ihrem Wirtshaus, aßen zu Abend und besprachen sich, bis es zehn schlug. Da holte Peters Reisegefährte eine Kruke und ein paar große Fittiche aus seinem Felleisen und eine recht schlanke eiserne Rute. Peter mußte sich nun ausziehen, der Geist bestrich ihm seine Schultern mit der Salbe, die in der Kruke war, und setzte ihm die Fittiche an. Dann sagte er: »Nun flieg hin nach der Prinzessin ihrem Kammerfenster und paß auf, wenn sie herauskommt; dann haue sie mit der Rute immerzu, flieg dahin, wohin sie fliegt, und schleich da mit hinein, wo sie hineingeht. Dann verkriech dich und höre zu, was der Berggeist sagt. Sie wird ihm alles sagen und ihn dann auch fragen, was sie dir zu raten aufgeben soll. Dann gib genau acht und sei still.« Als dem Peter die Flügel angewachsen waren, machte der Geist das Fenster auf und sagte: »Rückwärts mußt du der Prinzessin ebenso folgen, bis sie wieder in ihr Fenster hineingeflogen ist.« Nun kriegte Peter die eiserne Rute in die Hand, flog zum Fenster hinaus, über die Stadt weg nach dem Fenster der Prinzessin. Da sah er sie, wie sie auch Flügel anhatte und im Zimmer hin und her rannte, als wenn sie nicht recht klug wäre. Er ließ sich aufs Gesimse nieder und wartete, bis sie herauskam. Sowie es elf schlug, machte sie das Fenster auf und flog fort. Peter hinterher und holte sie auch bald ein und fing an, sie ganz erbärmlich zu prügeln, daß es ihn selbst dauerte. Doch ging's nicht anders, er mußte gehorchen, wenn ihm auch sein Herz blutete. Endlich kamen sie an einen hohen, großen Berg, der tat sich auf, und beide flogen hinein. ›Nun muß ich aber vorsichtig sein‹, dachte Peter und schlich sich mit in den großen Saal, wo an der Tür ein großer Altar war. Hinter dem Altar versteckte er sich, damit er alles hören und auch gleich Reißaus nehmen konnte, wenn's schlimm wurde oder wenn's Zeit war. Die Prinzessin lief auf den Berggeist zu, und er nahm sie in den Arm. Es war ein alter Mann mit schneeweißem Bart, hatte Augen im Kopf, die glühten wie Feuerkohlen, dabei war sein ganzes Wesen so grimmig und gefährlich, daß Peter ordentlich Furcht bekam und es ihn anfing zu gereuen. Doch durfte er sich nicht rühren, er konnte so nicht wieder hinaus. Die Tür war wieder weg, und ein großer Felsen lag da, wo sie gewesen war. Endlich sagte der Berggeist zu der Prinzessin: »Bist lange nicht dagewesen, hast lange keinen umgebracht, hast dich lange nicht können am Blute deiner Erlöser freuen. Ist also wieder ein Vogel ins Garn gegangen?« – »Ja«, antwortete sie, »es ist wieder einer da, aber nur ein gewöhnlicher Mensch, kein Prinz, Graf oder Adliger. Draußen ist aber ein gewaltig starkes Hagelwetter, sieh her, mein hoher Geist, wie ich zerrissen und zerschlagen bin von den Hagelstücken«, und das Blut floß an ihr nieder. »Tut nichts«, sagte der Berggeist, »desto mehr mußt du deinen Menschen peinigen, desto mehr Freude mußt du an seinem Blute haben, desto mehr mußt du davon trinken, desto eher wirst du für mich rein und mein eigen.« – »Was soll ich ihm aber für ein Rätsel aufgeben, woran soll ich denken?« sagte die Prinzessin. »Denke an deines Vaters weißes Roß«, antwortete der Berggeist. »Ist gut«, sagte die Prinzessin und bat: »Laß mich hinaus, denn es ist dreiviertel auf zwölf, ich habe noch weit zu fliegen, du weißt, die zwölf kommt bald heran.« Der Berggeist öffnete, die Prinzessin machte sich wieder fort, und Peter hinterdrein, und draußen in der Luft ging das Schlagen wieder los bis zum Kammerfenster. Die Prinzessin flog hinein, Peter nach Haus und legte seine Fittiche ab und ging zu Bett. Sein Kamerad schlief schon, hatte ihm aber vorher gesagt, er solle die Fittiche vorsichtig abnehmen und sie wieder in das Felleisen legen, aber zusehen, daß er keine Feder knicke. Das tat Peter auch, und danach schlief er bis zum Morgen. Am Morgen stand er auf, zog sich hübsch an, frühstückte dann auch gehörig mit seinem Kameraden und ging darauf nach dem Schlosse. Dort wurde er zu der Prinzessin geführt; sie saß in einem schönen Zimmer auf einem kleinen Sofa und sah recht betrübt aus, war aber ein allerliebstes Mädchen. Ihr Auge war so sanft und gut, sie selbst war nicht groß und stark, sondern fein und zierlich gebaut; man traute ihr gar nicht zu, daß sie schon jemanden umgebracht hätte, und doch waren schon neun Mannsleute durch sie ums Leben gekommen. Als Peter hereintrat in ihre Stube, stand sie gleich auf und kam auf ihn zu und sagte in einem freundlichen Tone: »Also du willst mich erlösen. Aber weißt du auch, daß es dein Leben kostet, wenn du mein Rätsel nicht errätst?« – »Ja«, sagte er, »ich will es versuchen, muß ich dann sterben, so will ich gerne für dich sterben. Denn du bist so schön und gut und so lieb, daß ich gerne für dich den Tod leide. Sag mir also dein Rätsel.« – »Also soll's sein«, antwortete sie ganz traurig, und die Tränen traten ihr in die Augen. Sie kam näher und sagte: »Du dauerst mich. Doch da du es nicht anders willst, so höre: Sag mir, woran ich jetzt denke.« – »Das ist nicht schwer zu sagen«, antwortete Peter; »Prinzessin, Ihr denkt jetzt an Eures Vaters weißes Pferd.« Die Prinzessin wurde leichenblaß und sagte: »Du hast es erraten. Das Glück möge dir ferner günstig sein. Komm morgen wieder. Wenn du mich erlösest, sollst du königlich belohnt werden.« Peter verbeugte sich und ging. Den Tag verbrachte er wieder mit seinem Reisegefährten und war guter Dinge, und abends ging es ebenso wie das erste Mal, nur daß Peter diesmal zwei eiserne Ruten, in jede Hand eine, bekam, womit er die arme Prinzessin prügeln mußte. Doch als sie zu dem Berge kamen und in den Saal hineintraten, da war der Raum heller erleuchtet als am Abend zuvor, und in der Mitte war der Mond, der alles mit seinem Licht übergoß, und auf dem Altar lag ein großer, stachliger Fisch. Am Abend vorher standen bloß einige Sterne an der Decke, und der Altar war leer. Als die Prinzessin wieder hineintrat und hinter ihr Peter sich hineingeschlichen hatte, schloß sich die Tür; die Prinzessin ging auf dem Berggeist zu, der auf einer Art Thron saß, und sagte: »Hoher Geist, unser erstes Rätsel hat der Mann erraten. Was sagst du dazu?« – »Das geht nicht mit rechten Dingen zu. Eine geheime Macht waltet hier, die mir und dir zuwider ist. Diesmal soll er's aber nicht erraten. Diesmal sollst du an deines Vaters Schlachtschwert denken.« – »Gut«, sagte die Prinzessin; »der Flug hat wieder viel Blut gekostet, es hagelte diese Nacht schlimmer noch als die vorige, sieh, wie ich blute. Aber wenn er das Rätsel nicht errät, so soll er durch meines Vaters Schlachtschwert sterben, darauf verlaß dich.« – »Tue also, meine Tochter; nun geh und mach deine Sache gut, sag aber keinem das Rätsel«, und damit ging sie fort und Peter hinterher; auf dem Wege bekam sie wieder ihre regelrechten Schläge, bis sie zum Fenster hinein war, und unser Peter flog nach Haus, tat seine Fittiche ab und legte sich ins Bett. Am andern Morgen ging er wieder zu der Prinzessin, und sie empfing ihn ebenso wie am vorigen Tage. Diesmal aber lag schon das Schlachtschwert ihres Vaters auf dem Tische und hatte noch Blutflecken. Als er hereintrat, fragte sie gleich: »An was denke ich?« – »An das Schlachtschwert Eures Vaters, gnädige Prinzessin.« Da sank sie zurück auf das Sofa und stammelte: »Erraten! Morgen komm wieder. Das Glück möge dir noch einmal beistehen, dann wird alles gut.« Damit ging Peter wieder weg und brachte seinem Kameraden die Nachricht, daß er das zweite Rätsel auch erraten hätte. Beide machten sich einen vergnügten Tag, bis es dunkel wurde, aßen dann zusammen, und Peters Kamerad sagte, wie es gegen zehn hinkam: »Diese Nacht hast du noch ein schweres Stück vor dir. Diesmal bekommst du zwei eiserne Ruten, womit du die Prinzessin prügeln mußt, und ein zweischneidiges Schwert, mit dem mußt du dem Berggeist den Kopf abhauen. Nimm dich aber in acht, wenn du in seinen Saal kommst, daß er dich nicht sieht, denn es wird diesmal so hell darin sein wie am Tage, und du wirst Mühe haben, dich vor ihm zu verbergen. Ich werde dich aber begleiten, und, wenn du in Not bist, schützen. Hab nur guten Mut. Zuletzt wird er mit herausgehen, sowie er aber Abschied von der Prinzessin genommen hat und in den Berg zurückgehen will, so haue ihm den Kopf ab und nimm den mit.« Alles geschah so. Peter hin nach der Prinzessin ihrem Kammerfenster; um elf Uhr kam sie heraus; er dahinter her und peitschte sie ganz erbärmlich bis in den Berg hinein. Als sie miteinander in den großen Saal hineintraten, da stand die Sonne an der Decke, und alles war so hell wie am Tage; auf dem Altare lag der stachlige Fisch und stand ein feuriges Rad, doch hinter dem Altar war alles dunkel, dort versteckte sich Peter gleich. Die Prinzessin ging eilig zu dem Berggeist, warf sich ihm an den Hals und sagte wie in Verzweiflung: »Wieder erraten!« – »Das ist schlimm«, sagte der; »so denke diesmal an mein Haupt. Daran kann kein Sterblicher denken, am wenigsten ein Mensch.« – »Oh«, sagte sie, »wie bin ich diesmal zerfleischt von dem fürchterlichen Hagelwetter. Sieh meinen Rücken, meine Arme, mein Haupt, ich triefe von Blut.« – »Du dauerst mich, armes Kind«, sagte der Berggeist. »Dies ist eine harte Probe. Jetzt geh und bade dich in dem Blute des Schändlichen. Ich werde mit dir sein, rechne auf mich; morgen bin ich unsichtbar bei dir. Diesmal soll's ihm nicht gelingen, daß er das Rätsel errät«, und so begleitete er sie hinaus. Als er zurückwollte, schlug ihm Peter mit einem Hiebe das Haupt ab, faßte es an den Haaren und flog der Prinzessin nach und walkte auch die noch einmal gefährlich durch bis vor ihr Fenster. Dann machte er sich nach Haus und legte sich in die Federn und freute sich im voraus, daß er seinen Willen kriegte. Er schlief wieder prächtig, und am andern Morgen machte er sich wieder zurecht, nahm den Kopf des Berggeistes, wickelte ihn in sein Schnupftuch und ging aufs Schloß. Als er diesmal zu der Prinzessin in das Zimmer trat, war die Prinzessin ganz blaß vor Schrecken und wußte nicht, ob sie ihm das Rätsel sagen sollte oder nicht. Da sprach Peter: »Gnädige Prinzessin, heute komm' ich zum letzten Male, sagt mir Euer Rätsel, damit ich es errate oder sterbe.« Und die Prinzessin fragte mit zitternder Stimme, als wenn ihr Tod oder Leben davon abhing: »Woran denke ich?« Ohne zu antworten knüpfte er das Taschentuch auf und setzte das Haupt des Berggeistes auf ihren Tisch. Da rief die Prinzessin: »Mein Erlöser!« und stürzte ihm ohnmächtig in die Arme. Er legte sie aufs Sofa und klingelte. Alsbald kamen Bediente, und der König wurde geholt und die Ärzte, und als die Prinzessin wieder zu sich kam, gab der König seine Tochter dem Peter zur Frau. Darauf sagte Peter, er müsse aber erst einmal nach seinem Wirtshause. Es wurde nun gleich ein großer Wagen mit sechs prächtigen Pferden angespannt, und der Peter wurde hingefahren. Da kam ihm sein Kamerad in der Tür schon entgegen, half ihm aus dem Wagen, und sie gingen miteinander oben auf ihre Stube, und dort sagte der Reisegefährte zu Peter: »Wenn du nun mit deiner Frau zu Bette gehen willst, so laß, ohne daß sie etwas davon weiß, eine große Wanne mit Wasser vor euer Bett setzen, und wenn sie diese Nacht aufspringt und fortwill, so springt sie in die Wanne mit Wasser, dann tauche sie gleich unter, dann wird ein Rabe daraus kommen und fortfliegen, dann tauche sie nochmals unter, so wird eine Taube herauskommen und sich auf deine Schulter setzen, dann tauche sie nochmals unter das Wasser, dann wird die Prinzessin in ihrer vorigen Engelsschönheit und Frömmigkeit daraus heraufsteigen, dann küsse sie dreimal und sei glücklich mit ihr, du wirst dann nach dem Tode des alten Königs König werden. Nun leb wohl, jetzt hast du mich nicht mehr nötig; ich verlasse dich jetzt und die Welt. Meine Schuld, glaube ich, hab' ich dir bezahlt. Leb wohl und sei glücklich!« Danach war er verschwunden. Peter setzte sich in seinen Wagen und war sehr traurig über den Abschied von seinem Kameraden und fuhr dann zurück nach dem königlichen Palast. Hier befolgte er alles getreulich, was ihm sein Gefährte gesagt hatte, und es kam auch alles so; er wurde so glücklich mit seiner Frau wie ein König, und später ist er auch König geworden und hat sein Land gut regiert bis an sein seliges Ende.

27. *Das blaue Band*

Es war einmal ein Mann, der war sehr arm und krank dazu. Als er nun fühlte, daß er sterben sollte, rief er seine Frau an sein Bett und sprach zu ihr: »Liebe Frau, ich fühle, daß es mit mir zu Ende geht; nun würde ich ruhig und ohne Sorge sterben, wenn ich nur wüßte, daß es dir und unserm Hans nach meinem Tode gut ginge. Ich kann euch nichts hinterlassen, was euch vor Not schützen könnte, aber wenn ich gestorben bin, so geh du mit unserm Sohn zu meinem Bruder, der jenseits des großen Waldes in einem Dorfe wohnt. Das ist ein wohlhabender Mann, und er ist immer brüderlich gegen mich gesinnt gewesen; der wird für euch sorgen.« Darauf starb der Mann; und als er begraben war, begab die Frau sich mit ihrem Sohn auf den Weg zu dem Bruder, wie ihr verstorbener Mann ihr befohlen hatte. Aber die Mutter haßte den Sohn und war ihm feind auf alle Weise. Als sie nun eine gute Strecke gegangen waren, lag da ein blaues Band am Wege. Hans bückte sich und wollte es aufnehmen, aber die Mutter sprach: »Laß doch das alte Band liegen, was willst du damit?« Doch Hans dachte: ›Wer weiß, wozu es gut ist. Es wäre doch wirklich schade, wenn das schmucke Band hier liegenbliebe‹, nahm es also mit und band es heimlich, damit seine Mutter es nicht gewahr wurde, unter seiner Jacke um den Arm. Da wurde er so stark, daß niemand, solange er das Band trug, ihm etwas anhaben konnte, und alle ihn fürchten mußten.

Nun gingen sie weiter und kamen in den großen Wald, und nachdem sie lange darin herumgewandert waren, gelangten sie an eine Höhle. Da stand ein gedeckter Tisch, besetzt mit herrlichen Speisen in silbernen Schüsseln. Hans sprach: »Da kommen wir just zur rechten Zeit, mich hungerte schon lange; ich will mich erst einmal hier satt essen, das Essen scheint gut zu sein.« Nun setzten sie sich nieder und aßen und tranken nach Herzenslust. Als sie eben fertig waren, kam der große Riese, dem die Höhle gehörte, nach Hause; er war ganz freundlich und sprach: »Das ist recht, daß ihr schon zugelangt und nicht erst auf mich gewartet habt; wenn's euch hier gefällt, so könnt ihr gerne für immer bei mir in der Höhle bleiben; und du«, sagte er zu Hansens Mutter, »kannst meine Frau werden.« Die Frau sah dem Riesen ins Gesicht, und da er ein großer, hübscher Mann war, so gewann sie ihn lieb und sagte ja dazu, und sie blieben bei dem Riesen in der Höhle und hatten's gut bei ihm.

Der Riese gewann Hans von Tag zu Tag lieber, aber seine Mutter haßte ihn noch immer, und als sie merkte, wie stark er geworden war, wurde sie noch grimmiger und sprach eines Tages zu dem Riesen: »Siehst du wohl, wie stark Hans ist? Er kann doch für uns gefährlich werden, je älter er wird und je mehr er an Kräften zunimmt. Dann kann es leicht so weit kommen, daß er uns tot schlägt, damit er die Höhle allein hat, oder er jagt uns hinaus. Es wäre besser, wenn du dich beizeiten vorsähest und ihn bei Gelegenheit auf die Seite schafftest.« Der Riese aber antwortete: »Sprich mir doch nicht so! Hans ist ein guter Junge und wird uns nichts zuleide tun; ich werde ihm kein Haar krümmen, es würde mir übel anstehn!«

Als die Frau nun sah, daß der Riese nicht zu bewegen war, legte sie sich den andern Tag aufs Bett und stellte sich krank. Dann rief sie ihren Sohn und sprach: »Lieber Hans, ich bin so krank, daß ich gewiß sterben werde. Aber ein Mittel gibt es noch, das mich retten kann. Mir hat geträumt, wenn ich von der Milch der Löwin, die dort drüben an dem Berg ihre Höhle hat, einen Trunk bekäme, so würde ich wieder gesund werden. Wenn du mich liebhast, so hilf mir, du bist ja so stark und fürchtest dich nicht.« – »Ja, liebe Mutter«, antwortete Hans, »ich will dir gern von der Milch holen, wenn ich dir damit helfen kann.« Er nahm also einen Napf und ging in die Höhle der Löwin. Die lag da mit ihren Jungen und säugte sie. Hans legte die Jungen beiseite und fing an zu melken, das litt die Löwin ganz ruhig. Da aber kam der alte Löwe mit Gebrüll und fiel Hans von hinten an. Doch schnell wandte Hans sich um, nahm den Hals des Löwen unter den Arm und drückte ihn so fest an sich, daß er jämmerlich zu winseln anfing und ganz zahm wurde. Da ließ Hans ihn los. Der Löwe legte sich in die Ecke, und Hans molk weiter, bis die Schale voll war. Als er nun die Höhle verließ, sprang die Löwin hinter ihm her mit ihren Jungen, und bald folgte ihnen auch der alte Löwe. So kam er zu seiner Mutter und brachte ihr die Milch; sie erschrak aber so vor den Löwen, daß sie rief: »Hans, bringe doch die wilden Tiere hinaus, sonst sterbe ich vor Angst.« Da gingen die Tiere von selbst hinaus, aber sie legten sich vor die Tür, und wenn Hans hinauskam, so sprangen sie auf ihn zu und freuten sich.

Da nun dieser Anschlag der bösen Mutter mißlungen war, sprach sie wieder zu dem Riesen: »Wärest du gleich meinem Rat gefolgt, so hätten wir nun nichts mehr zu fürchten; jetzt aber ist's noch schlimmer als vorher, und da er nun die Tiere hat, werden wir ihm so leicht nichts anhaben können.« Der Riese antwortete: »Ich weiß auch nicht, warum wir ihm etwas tun sollten. Hans ist ja gut und die Tiere sind zahm; ich möchte nicht Hand an ihn legen.« Aber die Mutter sagte: »Es könnte ihm doch leicht in den Sinn kommen, uns zur Höhle hinauszujagen oder gar tot zu schlagen. Ich kann nicht glücklich sein, so lange ich das fürchten muß!«

Gesagt, getan, die Frau legte sich aufs Bett und gab wieder vor, sie sei krank, rief ihren Sohn zu sich und sprach: »Mir hat geträumt: wenn ich ein paar von den Äpfeln essen könnte, die in dem Garten der drei Riesen wachsen, so würde ich wieder gesund werden; sonst fühle ich, muß ich sterben.« Hans sagte: »Liebe Mutter, weil dir so große Not drum ist, so will ich wohl zu den Riesen gehen und dir ein paar Äpfel holen.« Er nahm einen Sack und machte sich sogleich auf den Weg, und die Löwen sprangen alle hinter ihm drein. Er ging geradenwegs in den Garten und pflückte seinen Sack voll Äpfel; und als er das getan hatte, aß er selber auch einige, aber danach verfiel er sogleich in einen tiefen Schlaf und sank unter dem Baume nieder. Das kam allein von den Äpfeln, die diese Kraft hatten. Wären nun nicht die treuen Löwen bei ihm gewesen, so wär es wohl um ihn geschehen, denn sogleich stürmte ein großer Riese durch den Garten daher und rief: »Wer hat hier unsere Äpfel gestohlen?« Hans schlief noch und antwortete nicht. Als ihn der Riese sah, lief er zornig auf ihn zu und wollte ihm den Rest geben; aber da sprangen die Löwen auf, fielen den Riesen an, und in kurzer Zeit hatten sie ihn zerrissen. Nun kam gleich der zweite Riese und rief auch: »Wer hat hier unsere Äpfel gestohlen?« Und da er auf Hans loswollte, stürzten sich die Löwen auf ihn und zerrissen ihn. Danach kam der dritte Riese und rief: »Wer stiehlt hier unsere Äpfel?« Hans schlief noch immer; aber die Löwen packten auch diesen Riesen und machten ihn tot. Nun schlug Hans die Augen auf und ging im Garten umher. Da kam er bald in die Nähe des Schlosses, wo die Riesen gewohnt hatten, und dort hörte er aus einer tiefen Kellerkammer eine klägliche Stimme. Hans stieg hinab; da fand er da eine wunderschöne Prinzessin, die hatten die Riesen ihrem Vater geraubt und hier eingesperrt und mit dicken eisernen Ketten angeschlossen. Hans aber faßte kaum die Ketten an, so sprangen sie entzwei, und er führte die schöne Prinzessin hinauf in die prächtigsten Zimmer des Schlosses. Da sollte sie sich erquicken und so lange warten, bis er wiederkäme. Sie aber bat ihn, sie zu begleiten an ihres Vaters Hof. Doch Hans sagte: »Wir können es hier erst noch aushalten, jetzt muß ich hin und meiner Mutter die Äpfel bringen, denn die ist sterbenskrank.« Er ließ die Prinzessin auf dem Schlosse, nahm seinen Sack mit den Äpfeln und ging nach der Höhle zurück zu seiner Mutter und dem Riesen. Als die ihn kommen sahen, wollten sie sich fast tot wundern, daß ihm nichts geschehen war und er die Äpfel brächte; die Frau fragte gleich, wie er doch alles habe durchmachen können. »Ja, liebe Mutter«, sagte er, »seit ich das blaue Band trage, das ich nicht mitnehmen sollte, seit der Zeit bin ich so stark, daß niemand mir was anhaben kann; diesmal haben meine Löwen alle die Riesen totgemacht. Nun aber sollt ihr mit mir kommen und diese alte Höhle verlassen. Wir wollen jetzt auf dem Schlosse in Herrlichkeit und Freuden leben, ich habe da auch eine wunderschöne Prinzessin gefunden, die soll noch bei uns bleiben.« Die Mutter und der Riese zogen nun mit Hans auf das Schloß; aber als sie alle die Herrlichkeit gewahr wurden und sahen, wie schön die Prinzessin war, da platzten sie fast vor Neid und lauerten beständig auf eine Gelegenheit, Hans beizukommen. Denn nun wußten sie ja, woher er seine Kraft hatte. Als daher Hans eines Tages in seinem Zimmer auf dem Bette lag, sich zu ruhen, und sein Band hing auf einem Nagel an der Wand über ihm, so schlich sich die Mutter sachte herein und stach ihm, ehe er erwachte, mit einem Doppelspieß beide Augen aus; dann nahm sie ihm das Band, und da Hans nun blind und hilflos war, stieß sie ihn zum Schlosse hinaus und sagte, von nun an wolle sie allein darin Herr sein. Der arme Hans wäre bald verschmachtet, wenn nicht die treuen Löwen die Prinzessin zu ihm geführt hätten. Wie erschrak sie, als sie sein blutiges und entstelltes Antlitz sah. »Ach, wärst du doch gleich mit mir gekommen an meines Vaters Hof, ich hatte von vornherein ein Grauen davor, noch länger auf dem unheimlichen Riesenschloß zu bleiben«, jammerte sie; »doch nun komm, ich führe dich auf meines Vaters Schloß, und dort machen wir Hochzeit; denn wenn du auch blind bist, so will ich doch keinen andern zum Manne haben als dich allein.« Und sie nahm ihn bei der Hand und leitete ihn durch den Wald. Aber der Weg war weit, und lange irrten sie umher. Endlich waren sie müde und matt vom vielen Wandern, und die Prinzessin setzte Hansen auf das grüne Moos nieder, daß er seinen Rücken gegen einen Baumstamm lehnen konnte, sie selbst aber blieb ihm gegenüber stehen und starrte ihm traurig ins Gesicht. Mit einemmal kam ein Hase dahergelaufen, der stieß mit dem Kopfe bald an diesen, bald an jenen Stamm und hatte sich im Gestrüpp schon ganz wundgerissen. Er war starblind, das sah sie wohl. Plötzlich plumpste das Häschen jedoch in den Bach hinab, der hart an ihren Füßen vorüberfloß, tauchte dreimal unter und lief sehend wieder fort. Da führte sie voller Freude Hans an das Wasser, und wie er sich dreimal untergetaucht hatte, konnte er wieder sehen wie vorher. Nun wanderten sie fröhlichen Herzens weiter und kamen in die Stadt, in welcher der alte König sein Schloß hatte, und als der erfuhr, daß Hans seine Tochter befreit hätte, da konnte er ihm nicht genug danken und war es gern zufrieden, daß seine Tochter sich ihn zum Mann erwählt hatte.

So wurde fröhlich Hochzeit gefeiert. Als aber die Mutter hörte, daß Hans sein Augenlicht wieder gewonnen und die Prinzessin geheiratet hatte, wurde sie vor Ärger krank, und diesmal war es ernst und sie mußte daran glauben. Bald darauf starb auch der Riese. Als man unter seinem Kopfkissen nachsah, fand man da das blaue Band, und Hans trug es von nun an sein Leben lang. Und als er später selbst zur Regierung kam, da war er seinem Land ein guter König, den alle Feinde ob seiner Kraft fürchteten.

28. Der schnelle Soldat

Ein Handwerksbursch, der in der Fremde war, bekam Nachricht, seine Eltern wären gestorben, er solle nach Haus kommen und sein Erbteil hinnehmen. Als er zurückkehrte, hatten seine Geschwister die Hinterlassenschaft schon geteilt, und er bekam im ganzen einen Pfennig als Erbteil. Zwar war er nicht recht zufrieden damit, daß ihn seine Geschwister so beschuppt hatten, doch er mochte nicht zanken und klagen; und so nahm er den Kurzen auf den Langen und ging wieder fort; der Abschied wurde ihm nicht schwer. Kaum war er aus seinem Ort heraus, so hinkte ein armer Greis auf dem Wege daher, der sah aus wie die teure Zeit. Schon von weitem nahm der alte Mann seinen Hut ab und bat um eine kleine Gabe. Der Handwerksbursch griff in die Tasche, faßte den geerbten Pfennig und reichte ihn dem Bettler mit den Worten hin: »Hier, Alter, Ihr sollt mein ganzes Erbteil haben.« Der Greis bedankte sich recht herzlich und sprach: »Du hast mir viel gegeben, du sollst viel dafür wiederhaben. Von jetzt an kannst du dich jederzeit, wenn du willst, in einen Hasen, Fisch oder in eine Taube verwandeln. Leb wohl und werde glücklich, wir sehen uns noch einmal. Deinen Geschwistern wird der Betrug, den sie an dir begangen haben, wenig nützen.« Dann war er verschwunden, und der Beschenkte konnte ihm nicht einmal danken. Als er eine halbe Stunde gegangen war, hörte er stürmen, blickte sich um und erschrak nicht wenig: sein Dorf, das er eben erst verlassen hatte, brannte an allen vier Ecken, und ehe er wieder zurückkam, stand der ganze Ort in lichten Flammen. Seine Geschwister waren alle abgebrannt und hatten all ihr Hab und Gut eingebüßt. Da er selbst arm war und nicht helfen konnte, so ging er wieder fort, hörte aber noch, wie die Leute sagten: wenn sie nur den alten Spitzbuben erwischen könnten. Da wurde ihm erst klar, was der Alte mit den Worten hatte sagen wollen: es würde seinen Geschwistern nichts nützen; jetzt waren sie ärmer als vorher.

In tiefen Gedanken zog er seine Straße und stand plötzlich, er wußte nicht wie, vor einem breiten Fluß, über den die Brücke abgebrochen war. ›Ih‹, denkt er, ›der Alte hat ja gesagt, du könntest dich in einen Fisch verwandeln, wie wäre es, wenn du einen Versuch machtest?‹ Er tritt mit den Füßen ins Wasser und wünscht sich, ein Fisch zu sein. Gleich ist er einer und schwimmt durch den Fluß und kommt an das andere Ufer. Da wünscht er sich, wieder ein Mensch zu sein. Gleich steht er mit den Füßen im Wasser und ist ganz der vorige.

Nicht weit von dem Flusse stand ein Wirtshaus, da ging er hinein, trocknete seine Füße und blieb gleich da. Des Abends kam ein Werber zugereist; da er des Handwerksburschen ansichtig wurde, fragte er ihn gleich, ob er nicht Lust hätte, Soldat zu werden, an gutem Handgeld sollt's nicht fehlen. Der Handwerksbursche war's zufrieden, sie tranken miteinander eine Flasche Wein, und er nahm sein Handgeld und war den Abend noch Soldat. Als er nun zum Regiment kam, da war er der größte und hübscheste Rekrut, und der König selbst und alle Offiziere freuten sich über den neuen Soldaten. Es dauerte nicht lange, da gab's Krieg. Natürlich, unser Soldat mußte erst recht mit; denn er ist ein Flügelmann gewesen. Bald standen sie dem Feind gegenüber, und da hieß es denn: morgen geht's in die Schlacht! Da klopfte wohl manchem das Herz wie ein Hammer, wenn er daran dachte, daß er vielleicht morgen abend nicht mehr lebte oder ein Krüppel war. Selbst der König kam in Not, weil er zu seinem großen Schrecken seinen Zauberring mitzunehmen vergessen hatte, mit dem er jede Schlacht gewann. In seiner Angst wandte er sich an seine Soldaten und sprach: »Wer mir meinen Ring bis morgen herbeischaffen kann, der soll meine Tochter zur Frau haben.« Es trat aber keiner vor; denn von da bis zum Schloß des Königs wäre zu weit gewesen, dahin und zurück hätte keiner in so kurzer Zeit reiten, laufen oder gehen können. Da trat der neue Flügelmann vor und sagte, er wolle es tun. Der König sprach zu ihm: »Sage meiner Tochter, daß sie dir den Ring gibt. Eile, daß du wiederkommst, sonst sind wir verloren. Bist du früh genug zur Stelle, so weißt du, was ich versprochen habe.« Der Soldat lief fort. Ein anderer aber von seinem Regiment, der ihm den Preis nicht gönnte, eilte ihm nach. Mit einem Male verwandelte sich der Flügelmann in einen Hasen, und nun mußte der Neidische zurückbleiben; er hatte jedoch gesehen, was mit dem Flügelmann vorgegangen war, und blieb an der Stelle, um seinen Kameraden da zu überfallen, wenn er zurückkam. Der Bote aber verwandelte sich bald darauf in eine Taube und flog zu dem Schlosse des Königs und gleich in die Stube hinein, in welcher die Prinzessin wohnte. Das liebe Mädchen freute sich über die hineingekommene Taube und lockte sie zu sich. Da flog das Täubchen auf die Hand der Königstochter und sprach:

»Liebe Prinzessin mein,
Rupf mir aus drei Federlein.«

Das tat die Prinzessin und freute sich noch mehr darüber, daß die Taube sprechen konnte. Kaum hatte aber die Königstochter die drei Federn in der Hand, so war die Taube in einen Fisch verwandelt. Dieser sprang auf der Erde hin und her und sprach:

»Liebes Prinzesselein,
Rupf aus mir drei Schüppelein.«

Auch das tat die Prinzessin, da war der Fisch in einen Hasen verwandelt und sprach:

»Holde Prinzessin fein,
Schneid mir ab mein Schwänzelein.«

Da er so gutmütig und still sitzen blieb, so nahm die Prinzessin die Schere und schnitt dem Hasen ein kleines Stück von seinem Schwänzlein ab. Als sie sich in die Höhe richtet, so steht vor ihr ein hübscher junger Soldat und bringt ihr einen freundlichen Gruß von ihrem Vater, der ihr sagen lasse, sie möge so gut sein und ihm den Zauberring geben, mit dem der König jede Schlacht gewönne, er habe ihn vergessen, sie aber wisse, wo er sei. Die Prinzessin gab dem Soldaten den Ring, der Soldat verwandelte sich wieder in die Taube, die den Ring im Schnabel trug, und flog nach dem Lager zurück; da, wo sich der Soldat vorher in einen Hasen verwandelt hatte, nahm die Taube die Gestalt des Hasen wieder an. Kaum war dieser aber ein paar hundert Schritte gelaufen, so wurde er von dem auflauernden Soldaten erschlagen. Der nahm dem Hasen den Ring aus dem Maul und brachte ihn dem König, der sich über alle Maßen freute, daß er sein Kleinod hatte. Dabei wiederholte er sein Versprechen und sagte, der Soldat solle dafür sein Schwiegersohn werden.

Noch an demselben Tage, an dem der König seinen Ring erhalten hatte, kam's zu einer furchtbaren Schlacht, in der die Menschen umherlagen wie hingemäht. Obgleich der König viele von seinen braven Soldaten verlor, so blieb er doch Sieger, und die Feinde mußten das Feld räumen. Danach wurde wieder Friede im Lande; der König zog mit seinen Soldaten nach Haus und wollte nun seine Tochter dem Soldaten geben, der ihm den Ring geholt hatte. Als er das seiner Tochter sagte, so war sie zufrieden damit, ja sogar voller Freude darüber; denn der Soldat, der den Ring geholt hatte, war ein sehr hübscher Mann und dabei so freundlich und lieb gewesen, daß sie ihm gleich von Herzen gut geworden war. Sie konnte deshalb kaum die Zeit abwarten, bis er gerufen wurde und ankam. Als sie aber den falschen Soldaten sah, der den Hasen erschlagen hatte, da wendete sie sich gleich von ihm, ging zum Vater und sprach, das wäre der nicht, der den Ring geholt hätte, der wäre viel hübscher, freundlicher und feiner gewesen als dieser grobe Mensch. Mit dem möge sie ihr Vater verschonen, den nähme sie nimmermehr. Vorerst möge der König bestimmen, daß sie noch ein Jahr warten solle, bis sie sich verheirate, dann fände sich's weiter. Damit war der König einverstanden. Während der Zeit durfte aber der falsche Soldat ihr nicht unter die Augen kommen.

Was ist aber aus dem erschlagenen Hasen geworden? Der lag da auf dem Felde, und kein Mensch kümmerte sich um ihn; denn ein jeder war in der Gegend bei dem Kriegsspektakel um sein bißchen Leben selbst bange.

Da kam aber an dem Abend, wie die Schlacht geschlagen war, ein alter Bettelmann zu der Stelle, wo der Hase lag, und sprach zu ihm:

»Ich sage dir, Häslein, stehe auf,
Beginne wieder deinen Lauf.«

Da wurde der Hase wieder lebendig und verwandelte sich in den Soldaten, der herzte und drückte den Greis vor lauter Dankbarkeit, und dieser sprach ganz freundlich: »Genug, genug des Dankes, jetzt mach dich auf und flieg als Taube zu deiner Braut. Fliege neun Tage vor ihr Fenster, damit du erst gewahr wirst, wie es dort steht, und daß sie dich sieht; dann geh durch das geöffnete Fenster in ihre Stube und mache die Verwandlungen durch. Sie wird alles noch haben, was sie dir ausgerupft oder abgeschnitten hat, und daran wird sie dich wieder erkennen, ebenso an deiner jetzigen Gestalt. Nun leb wohl!« Damit war der Alte verschwunden.

Der Soldat verwandelte sich sogleich in die Taube und war bald vor dem Fenster der Prinzessin und verging vor Ungeduld, bis er sie zu sehen bekam, so schön und so gut ist sie gewesen. Neun Tage flog er zu ihrem Fenster und dann wieder fort. Dabei tat's ihm in der Seele weh, daß er sich nicht früher zu erkennen geben sollte. Denn jedesmal sah und rief die Prinzessin das Täubchen. Aber er blieb seinem Freunde gehorsam und wich kein Haarbreit von dessen Weisung ab. Am neunten Tage kam er wieder zum Fenster, die Königstochter erblickte das Täubchen und fing alsbald wieder zu locken an, da ging es ins Fenster hinein, setzte sich der Prinzessin auf den Arm und sprach:

»Liebe Prinzessin mein,
Setz ein mir meine Federlein.«

Voll Freude holte die Königstochter ein seidnes Beutelchen herbei, nahm die ausgerupften Federn heraus und setzte sie der Taube ein. Als sie ihr die letzte einsetzte, verwandelte sich die Taube schon in einen Fisch, der sprach:

»Liebes Prinzesselein,
Setz ein mir meine Schüppelein.«

Auch das tat sie. Da wurde aus dem Fisch ein Hase, der sagte so recht bittend und zutraulich:

»Holde Prinzessin fein,
Setz mir ein mein Schwänzelein.«

Als die Prinzessin auch das getan hatte, da stand wieder der frühere Soldat vor ihr, der sah sie freundlich und lieb an und bat, daß er ihr seine Schicksale erzählen dürfe, damit sie erfahre, wie es ihm ergangen und wie er beinahe ums Leben gekommen wäre. Da hörte sie ihn recht gnädig an, und als er mit der Erzählung dahin kam, daß ihm ihre Hand von ihrem Vater versprochen wäre, da reichte sie ihm beide Hände und sprach: »Du wirst mein Mann und ich deine Frau«, und so ist's auch gekommen. Der falsche Soldat aber wurde aufgehängt.

29. Warum das Meerwasser salzig ist

Es war einmal ein lieber, wackrer Knabe, der hatte weiter nichts auf Erden als eine blinde Großmutter und ein helles Gewissen. Als er nun aus der Schule war, wurde er Schiffsjunge und sollte seine erste Reise antreten. Da sah er, wie alle seine neuen Kameraden mit blankem Gelde spielten, und er hatte nichts, auch nicht den geringsten Mutterpfennig. Darüber war er traurig und klagte es der Großmutter. Sie besann sich erst ein Weilchen, dann humpelte sie in ihre Kammer, holte eine kleine alte Mühle heraus, schenkte sie dem Knaben und sprach: »Wenn du zu dieser Mühle sagst:

›Mühle, Mühle, mahle mir
Rote Dukaten gleich allhier!‹,

so mahlt sie dir lauter Dukaten, soviel du begehrst; und wenn du sprichst:

›Mühle, Mühle, stehe still,
Weil ich nichts mehr haben will‹,

so hört sie auf zu mahlen; und so kannst du dir alle Dinge, die du nur wünschest, von der Mühle mahlen lassen. Sag aber nichts davon, sonst ist es dein Unglück!« Der Junge bedankte sich, nahm Abschied und ging aufs Schiff. Als nun die Kameraden wieder mit ihrem blanken Gelde spielten, stellte er sich mit seiner Mühle in einen düstern Winkel und sprach:

»Mühle, Mühle, mahle mir
Rote Dukaten gleich allhier!«

Da mahlte die Mühle lauter rote Dukaten, die fielen klingend in seine lederne Mütze. Und als die Mütze voll war, sprach er nur:

»Mühle, Mühle, stehe still,
Weil ich nichts mehr haben will!«

Da hörte sie auf zu mahlen. Nun war er von allen Kameraden der reichste; und wenn es ihnen an Speise fehlte, wie es wohl manchmal geschah, da der Schiffshauptmann sehr geizig war, sprach er nur:

»Mühle, Mühle, mahle mir
Frische Semmeln gleich allhier!«,

so mahlte sie so lange, bis er das andere Sprüchlein aufsagte; und was er auch sonst noch begehrte, alles mahlte die kleine Mühle. Nun fragten ihn die Kameraden wohl oft, woher er die schönen Sachen bekomme; doch er meinte, er dürfe es nicht sagen, drangen sie nicht weiter in ihn, zumal er alles ehrlich mit ihnen teilte.

Es dauerte aber nicht lange, da bekam der böse Schiffshauptmann Wind davon, und eines Abends rief er den Schiffsjungen in die Kajüte und sprach: »Hole deine Mühle und mahle mir frische Hühner!« Der Knabe ging und brachte einen Korb frischer Hühner. Damit jedoch war der gottlose Mensch nicht zufrieden: er schlug den armen Jungen so lange, bis dieser ihm die Mühle holte und ihm sagte, was er sprechen müsse, wenn sie mahlen solle; den andern Spruch aber, den man sagen mußte, wenn sie aufhören sollte, lehrte er ihn nicht, und der Schiffshauptmann dachte auch nicht daran, ihn danach zu fragen. Als der Junge nachher allein auf dem Verdeck stand, ging der Hauptmann zu ihm und stieß ihn ins Meer und dachte nicht daran, wieviel Sorge und Mühe er Vater und Mutter gemacht hatte und wie die blinde Großmutter auf seine Rückkehr hoffte. An all dies dachte er nicht, sondern stieß ihn ins Meer und sagte, er sei verunglückt, und meinte, damit sei alles abgetan. Hierauf ging er in seine Kajüte, und da es eben an Salz fehlte, sagte er zu der kleinen Mühle:

»Mühle, Mühle, mahle mir
Weiße Salzkörner gleich allhier!«

Da mahlte sie lauter weiße Salzkörner. Als aber der Napf voll war, sprach der Schiffshauptmann: »Nun ist's genug!« Doch sie mahlte immerzu, und er mochte sagen, was er wollte, sie mahlte immerzu, bis die ganze Kajüte voll war. Da faßte er die Mühle an, um sie über Bord zu werfen, erhielt aber einen solchen Schlag, daß er betäubt zu Boden fiel. Und nun mahlte sie immerzu, bis das ganze Schiff voll war und zu sinken begann, und nie ist größere Not auf einem Schiff gewesen. Zuletzt faßte der Schiffshauptmann sein gutes Schwert und hieb die Mühle in lauter kleine Stücke; aber siehe! Aus jedem kleinen Stück wurde eine kleine Mühle, gerade wie die alte gewesen war, und alle Mühlen mahlten lauter weiße Salzkörner. Da war's bald um das Schiff geschehen: es sank unter mit Mann und Maus und allen Mühlen. Die aber mahlten unten am Grunde noch immerzu lauter weiße Salzkörner, und wenn du ihnen nun auch den rechten Spruch zuriefest, sie stehen so tief, daß sie es nicht hören würden. Sieh, davon ist das Meerwasser so salzig.

30. Der Ritt auf den Glasberg

Ein Bauer hatte drei Söhne, der älteste hieß Fritz, der zweite Johann und der jüngste Krischan; der galt bei seinem Vater und seinen Brüdern für ein bißchen dämlich und hieß deshalb nur der Dumme. Als nun der Bauer zu sterben kam, rief er seine Söhne an sein Bett und sagte: »Liebe Kinder, wenn ich tot bin, dann soll mein Sarg offen in der Kirche hingestellt werden, und jede Nacht soll einer von euch bei mir wachen, zuerst Fritz, dann Johann, dann Krischan.« Wie er nun gestorben war und der erste Abend herankam, sagte Fritz zu Krischan: »Krischan, mir graut davor, bei Vatern zu wachen, geh du hin und wach für mich.« Das tat denn Krischan auch. Als die Glocke zwölf schlug, da richtete sich der Tote auf und sagte: »Fritz, mein Sohn, bist du hier?«

– »Nein, Vater«, antwortete Krischan, »Fritzen graute vor dir, ich bin Krischan.« – »Hier, Krischan«, sagte der Tote, »hast du 'ne schwarze Flöte. Wenn du des Morgens hier weggehst, dann flöt auf beiden Enden und wart ab, was kommt.« Das tat Krischan und blies am Morgen erst auf dem rechten Ende, da stand ein schöner Rappe mit reichem Sattelzeug und prächtigen Kleidern auf dem Rücken vor ihm. Die Kleider zog er an, setzte sich auf das Pferd und ritt eine Weile herum. Dann stieg er ab, zog seine alten Kleider wieder an und blies auf dem andern Ende, da war der Rappe mitsamt dem prächtigen Staat weg. Krischan aber steckte die Flöte in die Kirchhofsmauer und ging nach Hause.

Am zweiten Abend kam die Reihe an Johann; der sagte zu Krischan: »Mir graut davor, in der Nacht bei Vatern zu wachen; geh du hin und wach für mich.« Und Krischan tat so, und es ging die Nacht wie die erste, nur bekam er diesmal eine braune Flöte. Und wie er am Morgen darauf blies, stand da ein schöner Brauner, auf dem ritt er ein wenig herum, dann blies er am andern Ende, und der Braune war verschwunden. Er steckte auch diese Flöte in die Mauer und ging nach Hause.

Am dritten Abend kam an ihn die Reihe, und diesmal gab ihm der Vater eine weiße Flöte und sagte, nun brauche keiner mehr bei ihm zu wachen. Am Morgen pfiff er sich einen Schimmel her, der war noch schöner als die beiden andern Pferde; und nachdem er auch darauf geritten hatte, ließ er ihn wieder verschwinden, legte die weiße Flöte zu den andern und ging heim.

Seit seine Brüder die beiden ersten Nächte hinter sich hatten, war er wieder bei ihnen das fünfte Rad am Wagen. Sie wollten in der Wirtschaft allein die Herren sein und gingen ganz niederträchtig mit ihm um, gaben ihm schlechtes Essen und dabei so wenig, daß er nie satt wurde; aber mit Prügeln knauserten sie nicht. In der Stube durfte er sich kaum sehen lassen, die meiste Zeit mußte er im Stalle leben. Und der dumme Krischan ließ alles über sich ergehen, sagte aber seinen Brüdern kein Wort von dem, was in den drei Nächten geschehen war.

Nicht lange danach wurde von einer schönen Prinzessin erzählt, die auf einem hohen steilen Glasberge wohne. Der König, ihr Vater, ließ bekanntmachen, wer den Berg zu Pferde hinaufreiten und seiner Tochter den Ring vom Finger ziehen und ihr Taschentuch nehmen könne, der solle sie zur Frau haben. Daran versuchten viele ihr Glück, aber keinem gelang es. Auch Fritz und Johann wollten es wagen; als Krischan das hörte, sagte er, sie möchten ihn doch mitnehmen. »Ach«, sprachen die Brüder, »dazu bist du viel zu dumm; du bleibst zu Hause«, und buken ihm die Pantoffeln an die Strümpfe fest, damit er ihnen nicht nachkommen könnte. Wie sie weg waren, zog Krischan die Strümpfe samt den Pantoffeln aus, wusch sich geschwind am Brunnen, ging barfuß nach dem Kirchhof, nahm die schwarze Flöte und flötete, und als der Rappe vor ihm stand, zog er die schönen Kleider an und ritt stracks nach dem Glasberg. Als er dorthin kam, war er schon von weitem zu hören, es klingelte und klirrte alles an ihm von Gold und Silber; und ein Leuchten war, daß alle Leute nach ihm hinsahen. Der Rappe kam bis an die Mitte des Berges, so weit war noch keiner gekommen; aber da konnte er auch nicht weiter. Krischan machte kehrt und jagte im Galopp davon, und alle, die zusahen, zerbrachen sich den Kopf, wer wohl der feine Prinz gewesen sein möchte. Abends, wie die beiden älteren Brüder nach Hause kamen, war Krischan all da und hatte seine hölzernen Pantoffeln an. Die Brüder sprachen ein langes und breites von dem schönen Herrn, der bis zur Hälfte heraufgeritten war, und Krischan hörte ihnen stumm zu; zuletzt aber konnte er sich nicht mehr halten und platzte heraus: »Ihr gesehen, ich gewesen.« Da wurden sie fuchtig, fielen über ihn her und verprügelten ihn, daß er grün und blau wurde.

Am andern Tage ritten die Brüder wieder hin und Krischan hinter ihnen, diesmal auf seinem Braunen, und sah noch prächtiger aus als am ersten Tage. Und als er nun gar beinahe bis an die Spitze des Glasbergs kam, da waren alle außer sich vor Verwunderung. Abends kehrten die Brüder nach Hause zurück und fanden Krischan schon vor; sie erzählten wieder von dem fremden Herrn, und Krischan saß lange dabei, ohne ein Wort zu sagen; zuletzt aber konnte er doch den Mund nicht mehr halten und sprach: »Ihr gesehen, ich gewesen.« Da wurden seine Brüder fuchswild und schlugen ihn, daß er kaum mehr gehen konnte.

Am dritten Tage ritt Krischan auf dem Schimmel in den schönsten Kleidern nach dem Glasberg und strahlte wie die Sonne am Himmel. Diesmal kam er bis auf den Gipfel, nahm der Prinzessin Ring und Taschentuch, ritt rasch wieder hinab und jagte im Galopp davon. Gar zu gern hätten nun der König und alle anderen Leute gewußt, wer es eigentlich gewesen sei; aber keiner kannte den fremden Prinzen.

Als die beiden ältesten Brüder nach Hause kamen, rieten sie ebenfalls hin und her und meinten bald dies, bald das; und der dumme Krischan, der wieder seine Holzpantoffeln anhatte, hörte ihnen zu und schwieg. Zuletzt jedoch fuhr es ihm heraus: »Ihr gesehen, ich gewesen.« Da schlugen sie ihn beinahe kurz und klein, daß er liegenblieb; und hatte er es vorher schon schlimm genug bei ihnen gehabt, so bekam er's jetzt noch alle Tage schlechter.

Der König aber ließ das ganze Land durchsuchen nach dem, der seiner Tochter Ring und Taschentuch hätte. Schließlich kamen die Boten auch zu den Brüdern. Als sie bei diesen vergeblich nachgesehen hatten und schon wieder fortgehen wollten, sagte jemand: »Im Stall ist noch einer!« – »Ih«, riefen die Brüder, »ob ihr den verrückten Kerl untersucht oder keinen! Der ist's gewiß nicht gewesen.« Doch die Boten ruhten nicht eher, bis auch der dumme Krischan sich durchsuchen ließ; da kamen Ring und Taschentuch zum Vorschein, er hatte beides unter der Weste auf der Brust verwahrt. Sie nahmen ihn nun mit zum König und führten ihn der Prinzessin vor. »Was?« rief die entsetzt. »Der schmutzige Bettler soll mein Gemahl werden?« Auch die Hofleute gerieten außer sich, und bald wäre es dem dummen Krischan schlecht ergangen. Aber er besann sich noch rechtzeitig auf seine Flöte und blies aus Leibeskräften; da kamen die drei Pferde herbei mit den prächtigen Kleidern auf dem Rücken.

Nun wurde ein Bad zurechtgemacht, und der dumme Krischan wurde ganz rein abgewaschen; dann wurden ihm die Haare zurechtgeschnitten, und zuletzt zog er sich die allerkostbarsten Kleider an. Da stand er wieder vor der Königstochter als der wunderschöne fremde Prinz, und sie nahm ihn mit Freuden zum Mann.

31. Der Zaubertopf und die Zauberkugel

In einem Dorfe lebte vorzeiten ein armer Kirchendiener, der brachte sich und seine Familie gar kümmerlich mit einem kargen Verdienst durch. Seine Frau handelte mit Eiern, die sie nach der nahe gelegenen Stadt trug; dort kaufte sie für den Erlös dann Nahrungsmittel. Aber plötzlich starben ihr fast alle Hühner, und auch das letzte mußte sie noch verkaufen. Am nächsten Morgen ging sie nach der Stadt, mit einem Korbe auf dem Rücken, darin hatte sie die Henne. Sie mußte über einen steilen Berg gehen und setzte sich unterwegs nieder, um ein wenig auszuruhen. Plötzlich sprang aus dem Gebüsche ein Männchen hervor, das hatte einen großmächtigen weißen Bart. Es trat zu der erschrockenen Frau und fragte, wohin sie gehe. Sie antwortete: »Nach der Stadt, um meine einzige Henne zu verkaufen.« Da sagte das Männchen: »Wenn du willst, so gebe ich dir einen Topf für die Henne.« Die Frau lachte über diesen Vorschlag und sprach: »Du denkst wohl, ich wüßte nicht, was ein Topf und eine Henne wert ist?« Das Männchen aber entgegnete: »Lache nicht zu früh; es wird sich erst zeigen, ob die Henne oder der Topf wertvoller ist; wenn du übrigens nicht willst, zwingen kann ich dich nicht.« Die Frau besann sich noch eine Weile und willigte endlich in den Tausch ein. Das Männchen verschwand und kam nicht lange hernach mit einem rußigen Topf zurück und sprach: »Mit diesem Topfe kannst du alles herbeischaffen, was du nur wünschest. Wenn du ihn gebrauchen willst, so stelle ihn in den Schatten, bedecke ihn und sprich: ›Fülle dich, Topf!‹, und du wirst sehen, daß der Topf gehorcht. Nur hüte dich, ihn je zu reinigen oder von der Sonne bescheinen zu lassen.« Die Frau nahm den Topf, versprach, ihn genau so, wie das Männchen ihr gesagt hatte, zu gebrauchen, und machte sich auf den Rückweg. Sobald sie nach Hause gekommen war, wollte sie sich überzeugen, ob der Topf auch wirklich diese Eigenschaft besitze. Sie ging mit ihm in den Schatten, bedeckte ihn und sprach: »Fülle dich, Topf, mit Milch.« Sie nahm den Deckel weg, und der Topf war bis an den Rand mit Milch gefüllt. – Da lief sie sogleich, ganz außer sich vor Freude, zu ihrem Mann, um ihm ihr Glück zu erzählen.

Lange Zeit hatte der Topf der Familie gute Dienste geleistet, aber jedesmal, wenn er gebraucht war, wurde er schwärzer und glänzte wie Ebenholz. Die Frau rieb ihn daher eines Tages blank und stellte ihn an die Sonne. Als er trocken war, glänzte er wie pures Gold. Die Frau freute sich sehr darüber und wollte den Topf in das Zimmer tragen, aber kaum hatte sie die Hand danach ausgestreckt, da erhielt sie auch schon einen so derben Schlag, daß sie ohnmächtig niederstürzte. Als sie wieder zu sich kam, war der Topf verschwunden. Jetzt erst erinnerte sie sich, daß sie das Gebot des Männleins übertreten habe, und wurde sehr traurig darüber, denn an die Stelle des Überflusses trat in ihren Haushalt nun wiederum die Not. Deshalb sagte die Frau zu ihrem Manne, er solle einmal in die Stadt gehen, vielleicht begegne er auch dem Männchen.

Der Kirchendiener ging zu seinem Nachbarn, kaufte von ihm ein Lamm und trieb es nach der Stadt. Als er auf dem Berge ankam, setzte er sich auf derselben Stelle nieder, wo damals seine Frau ausgeruht hatte. Er blieb einige Zeit sitzen, aber es wollte sich kein Männchen zeigen. Endlich stand er auf und ging weiter. Da plötzlich rauschte es im Gebüsche, und das Männchen stand vor ihm. »Wohin willst du?« Der Kirchendiener machte schnell das Kreuz und antwortete mit zitternder Stimme: »Ich treibe dieses Lamm nach der Stadt, um es zu verkaufen.« Das Männchen sagte hierauf: »Deine Mühe ist vergebens, denn heute sind so viele Schafe auf dem Markte, daß das deinige ganz unbeachtet bleiben wird, aber wenn du willst, so gebe ich dir eine Kugel dafür.« – »Aus diesem Tausche kann nichts werden«, sagte der Kirchendiener, »denn wenn ich mein Lamm verkaufe, kann ich mir genug Kugeln kaufen.« Darauf sagte das Männchen zu dem Kirchendiener, der sich indes ein wenig gefaßt hatte: »Sprich nicht so voreilig; ich weiß nicht, ob du dir solche Kugeln kaufen kannst, wie ich sie besitze; wenn du aber nicht willst, so behalte dein Lamm, ich brauche es nicht.« Der Kirchendiener dachte an den Topf und ging den Tausch ein. Das Männchen verschwand und kam nach einer Weile zurück mit einer Kugel, die aus Holz zu sein schien. »Wenn du diese Kugel gebrauchen willst«, sprach es zum Kirchendiener, »so lege sie auf die Erde und sprich: ›Kugel, sei höflich und nimm die Mütze ab!‹, und du wirst die Wirkung dann schon sehen. Hüte dich jedoch, wenn du die Kugel gebrauchst, Fenster oder Türen offenzulassen.« Der Kirchendiener nahm die Kugel in die Hand, aber er konnte sie kaum halten, so schwer war sie. Er band sie nun in ein Tuch und eilte voller Freude nach Hause. Dort schloß er alsbald alle Fenster und Türen, legte die Kugel auf die Erde und sprach: »Kugel, sei höflich und nimm die Mütze ab!« Die Kugel fing an zu rollen, und zwar immer stärker und stärker, und endlich tat sie sich auseinander in zwei Teile, und eine Menge kleiner Männchen hüpften heraus und bedeckten den Tisch mit goldenem Geschirr und köstlichen Speisen; sodann verschwanden sie wieder in die Kugel. Nun setzte sich die Familie zum Mahle und ließ es sich recht wohl schmecken. Kaum hatten sie abgegessen, so teilte sich die Kugel, und dieselben Männchen, die den Tisch gedeckt hatten, räumten ab und verschwanden mit dem goldenen Geschirr in die Kugel, und als alle darin waren, schloß sie sich wieder.

Lange besaß die Familie die Kugel und ging vorsichtiger mit ihr um als mit dem Topfe. Allein nach und nach wurde es im Orte bekannt, daß der Kirchendiener eine Zauberkugel besitze, und es kam auch zu den Ohren des Klostervorstehers. Dieser ließ den Kirchendiener vor sich kommen und fragte ihn, ob das wahr sei, was man von ihm spreche. Anfangs wollte der Kirchendiener nicht Farbe bekennen, als ihm aber der Vorsteher mit Entlassung drohte, gestand er ihm die volle Wahrheit. Da befahl der Vorsteher dem Kirchendiener, die Kugel zu bringen. Er gehorchte, und nachdem er erklärt hatte, wie man mit der Kugel zu Werke gehen müsse, entließ ihn der Vorsteher mit dem Versprechen, ihm eine einträglichere Stelle zu verschaffen. Allein diese ließ sehr lange auf sich warten, und der Kirchendiener, den das karge Leben jetzt noch härter ankam als früher, entschloß sich, noch einmal auf den Berg zu gehen und das Männchen um eine andere Kugel zu bitten. Er kaufte deshalb zwei Ochsen und trieb sie nach der Stadt. Wie er auf dem Berge ankam, ruhte er aus. Aber kaum hatte er sich niedergesetzt, so war auch schon das Männchen da. Es fragte ihn: »Kommst du wieder eine Kugel holen?« – »Ja«, war die Antwort des Kirchendieners. »Ich möchte aber gern eine noch bessere Kugel haben, deshalb habe ich zwei Ochsen mitgenommen.« – »Du sollst sie haben«, antwortete das Männchen, verschwand und brachte eine etwas größere Kugel als das vorige Mal. Diese gab es dem Kirchendiener mit den Worten: »Was du zu tun hast, weißt du.« Der Kirchendiener bejahte es und ging fort. Als er zu Hause ankam, schloß er alle Türen und Fenster, legte die Kugel auf den Boden und sagte: »Kugel, sei höflich und nimm die Mütze ab!« Sie fing an zu rollen, und zwar immer schneller und schneller, und teilte sich endlich, aber welcher Schreck! – statt der kleinen Männchen mit goldenen Schüsseln kamen zwei Riesen mit ungeheuren Knütteln aus der Kugel und schlugen so unbarmherzig auf die ganze Familie los, daß bald alle ohnmächtig auf dem Boden umherlagen. Dann kehrten sie wieder in die Kugel zurück. Der erste, der sich von der Ohnmacht erholt hatte, war der Kirchendiener, und dieser beschloß, sich an seinem Vorgesetzten furchtbar zu rächen. Er nahm die Kugel und ging zu ihm, allein er erhielt keinen Einlaß, weil Gäste da wären. Das war dem Kirchendiener noch erwünschter; er ließ dem Vorsteher des Klosters melden, daß er nun eine weit bessere Kugel besitze. Dieser ließ ihn sogleich rufen und forderte ihn auf, das Kunststück vor der ganzen Gesellschaft zu zeigen. Der Kirchendiener legte die Kugel auf den Boden und sprach: »Kugel, sei höflich und nimm die Mütze ab!« Die Kugel teilte sich in zwei Teile, und die zwei Riesen fielen mit ihren Knütteln über die wehrlosen Gäste her und schlugen sie so derb, daß sie wie Mücken am Boden herumlagen. Nur der Vorsteher hatte die Besinnung nicht ganz verloren und schrie dem Kirchendiener fortwährend zu, er solle die zwei Teufel zur Ruhe bringen. Allein der Kirchendiener entgegnete: »Nicht eher, als bis ich meine alte Kugel habe.« – »Da ist der Schlüssel zu jenem Kasten, darin ist die Kugel«, sprach der Vorsteher, und die beiden Riesen zogen sich in die Kugel zurück. Der Kirchendiener ging zu dem Kasten, sperrte ihn auf, nahm die Kugel und ging mit beiden nach Hause.

Noch lange Zeit benutzte er die kleinere Kugel. Eines Tages hatte er seine Freunde zu sich geladen, und als alle beisammen waren, nahm er die Kugel, legte sie auf den Boden hin und sprach: »Kugel, sei höflich und nimm die Mütze ab!« Die Kugel fing an zu rollen. Aber während sie rollte, trat jemand in die Stube, und die Kugel flog durch die offene Tür ins Freie. Alle stürzten hinaus und liefen der Kugel nach, die aber rollte immer schneller und schneller und teilte sich endlich, worauf eine Unzahl kleiner Männchen herauskamen und mit allerlei Goldsachen davoneilten. Und zwar liefen diese Männchen auf die Berge, wo sie jetzt noch das Gold hüten. Auch die andere Kugel war durch die offene Tür hinausgeflogen und hatte sich ebenfalls geteilt. Allein aus dieser kamen keine Männchen, sondern eine Schar Riesen, welche ebenfalls in die Gebirge flüchteten. Und dort halten sie sich noch alleweil auf.

32. Das Borstenkind

Eine Königin saß vor ihrem Palaste unter einer großen Linde und schälte sich Äpfel; ihr dreijähriger Sohn spielte um sie herum und hätte auch gerne ein Stückchen gehabt. Weil ihm aber seine Mutter nichts geben wollte, hob er die Schalen auf und aß sie. Als die Königin das sah, vergaß sie sich und rief im Ärger: »Ei, daß du ein Schweinchen wärest!« Siehe, da war der Königsknabe plötzlich ein Schweinchen und quiekte und lief hinaus zur Herde.

Nun lebten an dem Saume des Waldes zwei arme Leutchen, die hatten keine Kinder, und das schmerzte sie sehr; sie saßen aber gerade vor dem Hause, als am Abend die Schweine heimkehrten. Da sprach die Frau zu ihrem Manne: »Wenn uns Gott doch ein Kind bescherte, und wäre es auch so rauh und borstig wie ein Schwein!« Und sieh, da kam gleich aus der Herde ein junges Schweinchen herangelaufen und schmeichelte und streichelte sich an die Alten und wollte nicht von ihnen, so daß sie sahen, ihr Wunsch war erfüllt. Nun nahmen sie es zu sich in die Stube wie ihr Kind, pflegten es fein, gaben ihm zu fressen Semmeln und Milch und machten ihm auch ein weiches Bettchen. Frühmorgens, wenn man die

Herde trieb und das Horn ertönte, konnte es das Schweinchen daheim nicht aushalten, und man ließ es hinaus, und es lief mit; abends kehrte es immer wieder heim, und dann liebkosten es der Mann und die Frau, und es grunzte vor Freuden; aber was merkwürdig war, es konnte auch sprechen wie ein ordentlicher Mensch; es wuchs sehr langsam, und erst nach siebzehn Jahren war es endlich ein ganz großes Eberschwein. Da geschah es, daß eines Abends die beiden Eheleute untereinander sprachen, der König habe ausgeschrieben, er wolle seine einzige Tochter nur dem zum Weibe geben, der drei Aufgaben löse; aber noch habe kein Königssohn die Aufgaben lösen können. Da richtete sich auf einmal ihr Borstenkind pfeilgerade empor und sprach: »Vater, führt mich zum König und verlangt für mich seine Tochter!« Der Mann erschrak über diese Kühnheit so sehr, daß ihm der Atem eine Zeitlang stehenblieb. »Wo denkst du hin, mein Sohn, was würde mir der König tun, wenn ich es wagte, so ein Verlangen zu stellen!« Aber das Borstenkind ließ nicht ab und schrie und grunzte dem Manne tagtäglich in die Ohren: »Vater, kommt zum König, ich kann das nicht länger aushalten, kommt nur, es wird Euch nichts geschehen!«

Endlich gab der Mann nach, nahm Abschied von seiner Frau und wanderte der Königsstadt zu. Sie kamen ans Schloß; es wurde das Tor geöffnet, das Schwein aber wollte man nicht hineinlassen; doch drängte es sich durch alle Wachen hindurch bis in das Vorzimmer des Königs; hier blieb es zurück. Der Mann trat zitternd vor den König und bat für seinen Sohn um die Hand der Prinzessin. »So bringt ihn herein, daß ich ihn sehe!« Als nun der Bauer die Tür öffnete, stürzte der Eber mit einem »Roh, roh!« hinein. »Was ist das?« schrie der König wütend. »Ist das dein Sohn?« – »Ja!« stammelte der Mann. »Wie kannst du dich unterstehen, mit dem garstigen Tier zu mir zu kommen?« Da rief er schnell seine Diener und ließ den Mann samt dem Schwein in den tiefsten Kerker werfen. Nun klagte und jammerte der alte

Mann und sprach zu seinem Borstensohn: »Siehst du es jetzt, wohin du mich gebracht hast!« – »Laßt das nur gut sein, es wird schon anders werden!« Am andern Morgen sollte der Alte gehängt und das Schwein erschlagen werden. Da bedachte sich der König und sprach: »Wohlan, ich will Gnade ergehen lassen; wenn dein Sohn, ob er nun auch ein garstiges Tier ist, die drei Aufgaben lösen kann, so soll er meine Tochter zur Gemahlin bekommen, und ich will dich dazu noch mit reichen Geschenken entlassen; löst er sie aber nicht, so hat dein und sein Leben ein Ende!« – »Jetzt haben wir gewonnen!« sprach das Borstenkind zu seinem Vater und tröstete ihn. Abends ließ der König sagen, bis zum andern Tage solle das Schloß, in dem er wohne, von purem Silber sein, sonst nichts mehr. Da hörte man in der Nacht nur einige Male ein Knarren und Krachen; dann war es still.

Als am Morgen der König erwachte und die Sonne durchs Fenster schien, blendete ihn das Licht so sehr, daß er die Augen schließen mußte; er stand auf und sah, daß alles von Silber war. »Das ist gelungen«, sprach er, »aber die zweite Aufgabe wird er nicht lösen!« Abends ließ der König sagen, bis zum andern Morgen solle seinem Schlosse gegenüber sieben Meilen weit ein ebenso großes Schloß aus purem Golde gebaut sein. Man hörte in der Nacht wieder nur einigemal ein Krachen und Brausen, und es ward still. Als am Morgen der König erwachte, strahlte ein so reicher Glanz auf ihn durch die Fenster, daß er fast erblindete; er sprang aus dem Bette, und so wie sich seine Augen ein wenig gewöhnt hatten, sah er auf einmal in der Ferne das goldene Schloß. »Ha, auch das ist gelungen!« rief er und erstaunte nicht wenig; »die dritte Aufgabe kann er mir dennoch unmöglich lösen!« Abends ließ der König sagen, bis zum andern Morgen solle von dem einen Schlosse bis zum andern eine Brücke gebaut sein aus lauter Diamantkristall, so daß der König gleich darauf hinüberspazieren könne. Man hörte wieder in der Nacht einigemal klirren und klappern, dann war es still. Es war aber noch lange nicht Tag, als der König erwachte, und es schien so hell durch die Fenster, als stehe die Sonne schon lange am Himmel; er sprang aus dem Bett und sah neugierig hinaus. Da konnte er sich vor Erstaunen nicht fassen, als er sah, daß aller Glanz von der wundervollen Brücke kam, denn die Sonne war noch nicht aufgegangen.

Er ließ nun seine Tochter vor sich rufen und sprach: »Du siehst, die drei Aufgaben sind gelöst; du mußt nun das Weib dessen werden, der sie gelöst hat!« – »Ja, mein Vater«, sprach die Königstochter, »das will ich auch gerne tun, da Ihr's gelobt habt!« Aber die Königin war untröstlich, wollte nicht und sprach: »Was, soll meine Tochter einen wilden Eber zum Gemahl haben und von den spitzen Borsten zerstochen werden?« – »Das läßt sich einmal nicht ändern!« sprach der König. »Ich habe mein Wort gegeben«, und ließ alsbald den Mann aus dem Gefängnis holen mit seinem Sohne, und die Hochzeit wurde gefeiert; dann zog der Alte reichbeschenkt nach Hause. Als aber am Abend die Königstochter in das Schlafzimmer ging, zitterte und zagte sie, und ihre Mutter weinte immerfort und nahm zuletzt Abschied, als sähe sie ihre Tochter zum letztenmal lebendig. Als eben alles still war, warf das Eberschwein plötzlich sein rauhes Kleid ab, und es lag neben der Königstochter ein Jüngling von wunderschöner Gestalt und mit goldenen Haaren. Die Königstochter verlor alsbald alle Furcht aus ihrem Herzen, und etwas anderes zog darin ein. Da erzählte ihr der Jüngling, er sei ein verwünschter Königssohn, er werde aber bald ganz erlöst sein, nur solle sie Geduld haben und schweigen. Am frühen Morgen, als es kaum dämmerte, ertönte das Horn des Hirten; der Jüngling sprang auf, warf sein Borstenkleid um und lief grunzend zur Herde.

Die alte Königin hatte die Nacht nicht geschlafen; sie kam ganz früh hin, um zu sehen, ob ihre Tochter noch lebe; weil aber alle Türen offenstanden, ging sie immer näher und näher, bis sie ihre Tochter allein im Bett erblickte; sie schlief noch, allein ihr Gesicht war so verklärt, als habe sie einen lieblichen Traum. »Lebst du, mein liebes Kind?« rief endlich die Königin. Da erwachte sie und war munter und fröhlich. Die Mutter hätte nun gern gleich alles gewußt; allein sie konnte der Tochter lange nichts entlocken; zuletzt aber sagte diese doch ganz leise und im Vertrauen: »Mutter, mein Gemahl ist kein Eberschwein, sondern ein wunderschöner Königssohn mit goldenen Haaren; das Borstenkleid legt er ab, wenn er ins Bett kommt.« Da war die Mutter aber ganz neugierig und paßte in der kommenden Nacht und sah durch eine Mauerritze ins Schlafgemach. Da überzeugte sie sich, daß ihre Tochter die Wahrheit gesprochen. Als das Horn des Hirten am frühen Morgen wieder ertönte und der Gemahl der Königstochter sein Borstenkleid umwarf und zur Herde eilte, da kam die Königin auch sogleich zu ihrer Tochter mit frohem Gesicht und sprach: »Warte nur, du sollst bald immerfort, auch am Tage, deinen Mann in seiner Schönheit sehen. Wenn er heute abend heimkehrt und im Bette schläft, lasse ich den Ofen heizen und das Borstenkleid hineinwerfen; dann muß er so bleiben, wie er ist!« Der Königstochter pochte das Herz vor Freude und Angst, sie wollte und wollte auch nicht und dachte an das Verbot ihres Gemahls; allein ihre Mutter redete ihr so viel zu, daß sie sich beruhigte. Und in der Nacht, als der Gemahl der Königstochter schlief, wurde ihm das Borstenkleid heimlich fortgenommen und in dem Ofen verbrannt. Als am andern Morgen das Horn des Hirten wieder ertönte, sprang er auf, suchte sein Kleid, aber vergebens; endlich merkte er, was vorgegangen war, da wurde er auf einmal ganz traurig und klagte: »Wehe, du hast nicht geschwiegen, meine Erlösung hast du vereitelt; jetzt bin ich verwünscht weit weg ans Ende der Welt, und keine sterbliche Seele kann dahin gelangen, um mich zu erretten!« Damit ging er hinaus und war auf einmal verschwunden.

Nun fing aber die Königstochter an zu jammern und zu

klagen, daß es einen Stein hätte erbarmen müssen, und das ganze Schloß war bald auf, und ihre Mutter lief zu ihr hin und fragte: »Was fehlt dir denn, liebes Kind?« – »O Mutter, Mutter, wie habt Ihr so schlecht getan; mein Liebster ist nun verwünscht ans Ende der Welt, und keine Seele kann ihn erretten!« Nichts konnte sie trösten, was man ihr immer sagen mochte. Nach einigen Tagen sprach sie: »Vater und Mutter, lebt wohl! Ich kann nicht länger hier bleiben; ich muß hingehen ans Ende der Welt und meinen Liebsten suchen.« – »O mein Kind«, sagte der Vater, »das Ende der Welt ist gar weit, bis dahin kannst du nie und nimmer gelangen!« – »Ich muß hin, Vater, ich kanns hier so nicht aushalten!« Da gab man ihr sieben Kleider und sieben Paar Schuhe und einen Sack mit Brot auf den Weg, und als sie Abschied genommen hatte, ging sie in einem fort, ohne zu ruhen und zu rasten, denn sie wollte keinen Augenblick verlieren. Endlich sah sie keine Menschenwohnungen mehr; da ging sie noch schleuniger, denn sie dachte, das Ende der Welt müsse jetzt bald da sein; aber es zeigte sich noch lange nicht; endlich erblickte sie in weiter, weiter Ferne wieder ein einsames Häuschen; sie eilte, wie sie nur konnte, darauf los, und als sie es erreicht hatte, kehrte sie ein; es wohnte aber da der Wind. Sie fragte in bittendem Tone, ob es noch weit sei bis zum Ende der Welt. Der Wind sah gleich, daß es eine Unglückliche war, und sprach: »Oh, mein gutes Kind, das kann ich dir nicht sagen; aber sieh, schwinge dich hier auf mein Flügelroß und reite zum Mond; vielleicht kann der dir Auskunft geben. Wenn du da bist, so springe nur ab, dann kommt mein Roß schon allein zurück; aber sieh, ich schenke dir ein Mäuschen, vielleicht kannst du es einmal brauchen!« Die Königstochter dankte dafür, setzte sich auf das Roß des Windes und flog fort zum Mond.

Als dieser von weitem die traurige Gestalt kommen sah, erbarmte er sich und dachte gleich: ›Die drückt ein Unglück!‹ und kam ihr freundlich entgegen. Sie sprang ab, und sogleich lief das Roß des Windes zurück. Sie trug nun ihre Bitte vor, aber der Mond wußte leider auch keine rechte Antwort. »Besteige«, sagte er, »mein Roß und reite zur Sonne, die wird gewiß das Ende der Welt kennen, denn sie ist sehr weit gereist! Ich schenke dir aber hier eine silberne Nuß, verwahre sie wohl, sie wird dir einmal gute Dienste tun!« Sie dankte, setzte sich auf das Roß des Mondes und flog zur Sonne; es war schon Abend, als sie hingelangte, und die liebe Sonne war von ihrer Tagesarbeit eben nach Hause gekommen. Die Königstochter grüßte wie eine Unglückliche und sprach: »Liebe Sonne, kannst du mir nicht sagen, wo und wie weit noch das Ende der Welt ist?« Da sah die liebe Sonne gleich, daß die Fremde ein schwerer Kummer drücke, und sprach mitleidig: »Oh, mein armes Kind, das weiß ich wohl, aber das ist sehr weit! Wenn du bis morgen warten kannst, so will ich dich hinführen!« Aber die Königstochter bat so flehentlich und sprach, sie dürfe keinen Augenblick ruhen, bis sie hinkomme. Da sagte die Sonne: »Wenn das so ist, so will ich dir meinen Wagen und meine Rosse geben; fahre nur hier auf der Nachtbahn fort, meine Kinder, die Sterne, werden dir den rechten Weg zeigen! Wenn du beim Abendstern bist, so hast du nicht mehr weit zum Ziele, dann springe nur ab, und meine Rosse kommen mit dem Wagen schon zurück. Sieh, ich schenke dir eine goldene Nuß, vielleicht kannst du sie einmal brauchen!«

Die Königstochter dankte freundlich der milden Frau, setzte sich auf den Sonnenwagen und fuhr in einem fort den Himmel entlang. Sie kam zuerst zum Morgenstern; der kam gleich dienstfertig heran und zeigte der Königstochter den rechten Weg, und nun kam sie zu allen Sternen, die wir am Himmel sehen, und jeder war willfährig und behilflich; endlich gelangte sie zum Abendstern; der wohnte in einem einsamen Häuschen am Meer; er war eben eingeschlafen und wunderte sich nicht wenig, als er den glänzenden Sonnenwagen sah, der doch vor kurzem dagewesen war. Sogleich sprang er aus dem Bett und ging hinaus; da stieg eben die Königstochter aus dem Wagen, und alsbald flogen die Sonnenrosse auf dem Nachtwege zurück, damit die liebe Sonne am Morgen ihre Fahrt zur rechten Zeit antreten könne. Nun erzählte die Königstochter dem Abendstern ihre ganze Geschichte, und er sprach voll Mitleid: »Harre nur aus, du bist bald am Ziel! Siehst du dort in der Ferne jene Insel, da weilt dein Gemahl, und morgen gerade soll er mit der Tochter des Königs vom Weltende Hochzeit halten! Ich führe dich jetzt gleich hinüber, stelle dich dann nur als Bettlerin vor den Königspalast; das aber bist du in Wahrheit, denn von der weiten Reise sind deine Schuhe und Kleider, wie ich sehe, abgerissen. Wenn dann am Morgen der Zug in die Kirche geht, so öffne nur die Nuß, die dir der Mond gegeben hat, da findest du ein silbernes Kleid, lege es an und gehe mit zur Kirche, das übrige wird sich von selbst ergeben!« Nun schenkte der Abendstern der Königstochter auch eine sterngefleckte Nuß und führte sie auf seinem goldenen Kahne hinüber, und sie stellte sich in ihrer zerrissenen Kleidung an die Pforte der Königsburg. Als nun die junge Frau in vollem Schmuck zur Kirche ging und die Arme erblickte, rief sie zornig: »Jagt mir fort die zerlumpte Bettlerin!« Diese lief auf die Seite, nahm aber schnell ihre silberne Nuß hervor, öffnete sie, und alsbald erhob sich daraus ein wunderschönes silbernes Kleid; sie zog es eilig an und ging zur Kirche.

Als die Leute den wunderbaren Glanz sahen, so erstaunten sie, und alles blickte hin auf die Fremde im Silberkleid. Die Braut stand eben vor dem Altare neben ihrem Bräutigam und sah auch das wundervolle Kleid. Da rief sie ihrem Bräutigam zu: »Nein, bis ich nicht ein solches Kleid habe, will ich nicht dein Weib werden!« Sie ging vom Altare weg und nach Hause. Die Fremde in ihrem Silberkleid war aber zuerst aus der Kirche hinausgegangen, hatte schnell ihr Kleid abgelegt und sich wieder in ihre Lumpen gehüllt. Nun fragte man sogleich im ganzen Königreich nach, aber ein solches

Kleid war nirgends zu finden; da ließ die Bettlerin der Königstochter sagen, wenn sie ihr erlaube, eine Nacht in dem Schlafgemach ihres Bräutigams zu wachen, so wolle sie ihr das Kleid verschaffen. Die Königstochter bewilligte das gern, sie ließ aber ihrem Bräutigam die Ohren verstopfen und einen Schlaftrunk geben. In der Nacht nun kniete die Bettlerin an der Lagerstatt ihres Gemahls und erzählte ihm wehklagend ihre Mühen und Leiden: »Siehe, ich bin dir gefolgt bis ans Ende der Welt, sieben Kleider und sieben Paar Schuhe habe ich zerrissen, so höre doch und erbarme dich meiner Not um des Kindes willen, das ich unter dem Herzen trage!« Aber der Königssohn schlief einen eisernen Schlaf und hörte nichts.

Am folgenden Tag, als die Königsbraut das silberne Kleid angetan hatte, war sie fröhlich, und nun ging sie wieder zur Kirche, um sich trauen zu lassen. Da nahm die Bettlerin ihre goldene Nuß hervor, und darin lag ein Kleid aus lauter Gold; sie legte es an und ging auch zur Kirche. Eben sollte über das neue Paar der Segen gesprochen werden, da sah die Frau die Fremde im goldnen Kleide. Sogleich rief sie: »Nein, bis ich nicht ein solches Kleid habe, kann ich nicht dein Weib sein!« und ging aus der Kirche wieder stracks nach Hause. Die Fremde war wieder zuerst hinausgegangen, hatte sogleich ihr goldenes Kleid in die Nußschale gelegt und sich in ihre Lumpen gehüllt. Man fragte im ganzen Reiche umsonst nach einem solchen Kleide; da ließ die Bettlerin der Königsbraut sagen: wenn sie ihr erlaube, wieder eine Nacht im Schlafzimmer ihres Bräutigams zu wachen, so wolle sie ihr das Kleid verschaffen. Die Königstochter willigte ein, ließ jedoch abermals ihrem Bräutigam die Ohren verstopfen und einen Schlaftrunk reichen. Als nun in der Nacht die Unglückliche wieder an der Lagerstätte ihres Gemahls kniete und ihm ihre Not klagte, so war alles umsonst, er schlief fest und hörte nichts.

Den folgenden Tag ging es wieder zur Kirche; die Braut

hatte das goldene Kleid angelegt, und Schöneres konnte man sich nicht denken. Die Bettlerin nahm jetzt ihre sterngefleckte Nuß vom Abendstern hervor, und daraus zog sie ein Kleid, darauf war der ganze Sternenhimmel der Nacht zu sehen. Als sie in die Kirche trat, sprach eben der Geistliche den Segen; kaum hatte die Braut aber die Fremde im Sternenkleid erblickt, so rief sie dem Priester zu: »Halt, bis ich nicht ein solches Kleid habe, will ich nicht das Weib dieses Mannes sein!« Sie eilte stracks nach Hause, und man fragte im ganzen Reich nach einem solchen Kleid; das war aber noch weniger zu finden als das goldene und silberne. Da ließ die Bettlerin der Königstochter wieder sagen, wenn sie ihr erlaube, die Nacht im Schlafgemach des Bräutigams zuzubringen, so würde sie es ihr verschaffen. Die Braut war das zufrieden, sie ließ aber ihrem Bräutigam auch diesmal die Ohren wohl verstopfen und ihm einen Schlaftrunk reichen. Als in der Nacht die Arme zum drittenmal vor dem Bett ihres Gemahls kniete, fing sie an bitter zu weinen und zu klagen: »Ach, er wird wieder schlafen und nicht hören, und nun habe ich nichts mehr, das mich zu ihm führen kann!« Da nahm sie das Mäuschen aus ihrem Busen und sprach: »Liebes Mäuschen, kannst du mir nicht helfen?«

Das Mäuschen sprang sogleich auf das Bett, kroch dem Schlafenden in die Ohren und nagte die Stöpsel durch, aber der Junge schlief noch fest, denn der Schlaftrunk tat seine Wirkung; da biß das Mäuschen ihm in die Ohren, daß das Blut rann; endlich schlug er die Augen auf und rief: »O weh, was ist das?« Zugleich sah er die unglückliche Gestalt vor seinem Bette. »Lieber Gemahl, wachst du endlich? Sieh, das ist die dritte Nacht, daß ich bei dir war!« und erzählte ihm nun ihre ganze Geschichte: »Ich bin dir gefolgt bis ans Ende der Welt, sieben Kleider und sieben Paar Schuhe habe ich zerrissen, erbarme dich doch meiner Not um des Kindes willen, das ich unter dem Herzen trage!« Da fiel ihr Gemahl ihr um den Hals und rief: »O du mein treues Weib, so war es kein Traumbild, das mir die beiden vergangenen Nächte während des Schlafes so lieblich vorschwebte, du bist es selbst, die ich so lange vermißt habe. Nun bin ich durch deine Treue vollends erlöst. Fahre wohl, du stolze Königstochter vom Weltende, dich brauche ich nicht, ich habe mein treues Weib wieder!« Darauf machten sie sich auf der Stelle fort und flohen aus der Königsburg ans Meer. Da war eben der Abendstern mit seinem Kahn und hatte einen Weltpilger herübergeschafft. Er nahm die beiden freundlich auf und führte sie hinüber. Es wurde gerade Tag, und die Sonne trat auf der andern Seite der Welt ihre Arbeit an. Da sprach der Abendstern: »Bleibet in meiner Hütte den heißen Tag über, wenn die Sonne abends mit ihrem Wagen kommt, so wird sie euch dann mitnehmen.« Das taten sie auch, zumal die Königstochter, gern, denn sie hatte sich bisher ja keine Ruhe gegönnt.

Als aber am Morgen die Königstochter da drüben auf der Insel das prachtvolle Sternenkleid angelegt hatte und zur Kirche gehen wollte, so fand man ihren Bräutigam nicht; man sagte ihr aber, in der Nacht sei so und so ein Jüngling mit einer Bettlerin zum Meere geflohen und beide seien vom Abendstern im Kahne hinübergeschifft worden. »Ha, die verwünschte Bettlerin und der falsche Abendstern!« Sie tobte und wütete noch lange fort, allein es half das alles nichts; denn über das Meer hinaus hatte sie keine Macht. Während aber die beiden Flüchtlinge in der Hütte des Abendsternes verweilten, ging gerade das Jahr zu Ende seit ihrer Hochzeit, und die junge Frau gebar einen wunderschönen Knaben, der hatte ein Antlitz silberweiß wie der Mond und Locken von Gold wie die Sonne und Augen wie der Morgen- und Abendstern. Als die Sonne am Abend anlangte, so hatte sie große Freude über das glückliche Paar und das schöne Kind; sie nahm sie willig in ihren Wagen auf und fuhr auf dem Nachtwege schnell zu ihrer Wohnung, wo sie am späten Abend anlangte; hier war schon der Mond, der Aufträge von der

Sonne erwartete. Er freute sich auch, als er die Glücklichen sah. Die Sonne befahl ihm, er solle die guten Leute bis zu seiner Wohnung mitnehmen und dann dem Winde auftragen, sie bis zu den Menschenwohnungen zu begleiten. Der Mond nahm sie alsbald auf sein Roß und ritt heim. Da war auch schon der Wind und wartete auf den Mond, um Befehle zu empfangen. Der Wind freute sich auch über alle Maßen, als er die Königstochter wieder sah und ihren Gemahl und das schöne Kind, und besonders als er hörte, daß sein Mäuschen so gute Dienste getan. Der Mond sagte ihm, was er zu tun habe, und der Wind nahm die Glücklichen auf sein Roß und führte sie in einem fort, bis in die Nähe der Menschenwohnungen. Da setzte er sie nieder, nahm herzlichen Abschied und ritt heim. Sie aber wanderten jetzt zu Fuße fort und trugen ihr Kind abwechselnd auf den Armen und waren selig. Endlich gelangten sie in das Königreich, wo der Vater der Königstochter herrschte. Es ist nicht zu beschreiben, welch ein großer Jubel im ganzen Lande entstand und wie alle Wege mit Blumen bestreut und alle Tore festlich geschmückt waren, als sie einzogen! Der alte König gab bald die Krone seinem Schwiegersohne, und dieser lebte mit seiner Gemahlin noch lange glücklich und zufrieden.

33. Der Federkönig

Es war einmal ein Paar armer Leute auf dem Feld und hatte auch ihr kleines Kind mit, das lag in einer Schaukel, die war aus Windeln und hing an vier Stecken. Auf einmal kam eine wilde Katze aus dem Wald, nahm das Kind und trug es fort in ihre Höhle; sie tat ihm aber nichts zuleide, sondern pflegte es, brachte ihm Kräuter, Wurzeln und Erdbeeren, so daß es keine Not litt. Also wuchs es da auf in der Höhle; es war aber ein Knabe, und wie der groß war, sprach die Katze zu ihm: »Nun sollst du die Königstochter heiraten!« –

»Aber ich bin ja nackt«, sprach der Knabe, »wie soll ich vor den König gehen!« – »Mache dir keine Sorgen, ich will dir gleich ein Kleid schaffen.« Da lief die Katze in den Wald und hatte ein silbernes Pfeifchen, sie blies einmal und zischelte und raschelte dann, und alsbald kamen viele Vögel und wilde Tiere zusammen. Sie nahm von jedem Vogel eine Feder, machte daraus ein Kleid und brachte es dem Knaben; dann führte sie ihn zu den Tieren und sprach: »Jetzt gehe zum König, diese Tiere müssen dir nachfolgen, dann sage beim Eintritt: ›Herr König, der Federkönig schickt Euch dies Geschenk!‹ « Also ging der Knabe in die Burg und sagte so, wie ihn die Katze gelehrt hatte.

Als der König die vielen Tiere sah, freute er sich und sprach: »Das muß ein reicher König sein!« Den folgenden Tag schickte die Katze den Knaben wieder mit vielen Tieren hin und beschied ihn, er solle sagen: »Das ist wieder ein Geschenk vom Federkönig«, und wenn der König sich verwundere und sage: »Wie lieb wäre es mir, wenn ein so reicher König meine Tochter zur Frau nähme«, da solle er nur sprechen: »Ja, das werde der Federkönig gerne tun, und nach drei Tagen werde er kommen und Hochzeit halten.« So geschah es, wie der Knabe in die Burg kam. Der König freute sich über das neue Geschenk und verwunderte sich sehr und sagte, wie er so sehr wünsche, daß ein so reicher König seine Tochter zur Frau nähme. Da antwortete der Knabe, wie ihn die Katze gelehrt hatte, der Federkönig werde das gerne tun und nach drei Tagen kommen und Hochzeit halten. Als die Zeit um war, lief die Katze wieder in den Wald und blies auf dem silbernen Pfeifchen dreimal und zischelte und raschelte dreimal nach Katzenart. Da kamen alle Vögel und wilden Tiere zusammen, und die Katze wählte jetzt die schönsten und farbigsten Federn und machte daraus einen Mantel, der glitzerte und glänzte wie der Sternenhimmel, und gab ihn dem Knaben. Diesmal ging auch die Katze mit nach Hofe. Als sie nicht weit vom Schlosse waren, sprach sie zum Knaben: »Jetzt wirf dein altes Federkleid fort, ich bringe dir gleich schöne Kleider aus dem Schlosse; denn den Federmantel sollst du nur zum Schmuck gebrauchen.« Damit lief sie schnell ins Schloß und rief: »Nur schnell königliche Kleider her, der Federkönig kommt und ist in einen Sumpf gefallen, er braucht frische Kleider!« Da gab der König seine besten Kleider hin, und die Katze lief damit und brachte sie dem Knaben und kleidete ihn an.

Also kam er jetzt in die Burg, und ihm folgten alle Tiere nach. Wie er aber eintrat ins Schloß, legte er den Federmantel um, der glitzerte und glänzte, daß man es kaum aushalten konnte. Da freuten sich der König und die Königstochter über den reichen Bräutigam. Als aber die Hochzeit vorüber war, sprach der König: »Ich möchte doch gerne dein Land und deinen Palast sehen, ich fahre mit!« Wie nun der Federkönig mit seiner jungen Frau im Wagen saß, sah er immer auf seine schönen Kleider und nicht auf seine Frau. Das merkte die Katze, sprang ihm in den Nacken und tschack! kratzte sie ihn einmal. »Sieh doch auf deine Frau!« flüsterte sie. »Wenn du aber dich wieder vergissest und man dich fragt, warum du immer auf deine schönen Kleider schauest, so sage, du habest daheim viel schönere.« Damit lief die Katze fort und war immer voraus. Der Federkönig sah bald wieder auf seine schönen Kleider. Da fragte ihn die junge Frau: »Warum das?« Er antwortete: »Ich habe daheim viel schönere.« Nun kam die Katze zu einer großen Schafherde; sie lief zum Hirten, sprang ihm in den Nacken und tschack! kratzte sie ihn einmal, daß ihm das Blut floß. »Wenn man dich fragt, wem diese Herde gehöre, so sprich: ›Dem Federkönig!‹, sonst komme ich wieder und zerkratze dich ganz.« Als nun der König und das junge Paar hinkamen, fragte der König den Hirten: »Wem gehört denn diese schöne Herde?« Der Hirt sprach: »Die gehört dem Federkönig«, denn er wollte nicht noch einmal so gekratzt werden. »Ja, die ist mein«, sagte gleich der Knabe, denn er merkte, das hatte die Katze so angestellt.

Bald darauf kamen sie zu einer großen Büffelherde; die Katze war aber schon dagewesen und hatte den Hirten auch einmal gekratzt und ihm gesagt, wenn er nicht spreche, die Herde gehöre dem Federkönig, so werde sie ihn ganz zerkratzen. Als nun der König fragte: »Wem gehört denn die schöne Herde?«, so sprach der Hirt: »Na, die gehört dem Federkönig«, denn er wollte nicht noch einmal zerkratzt werden. »Ja, die ist mein«, sagte der Junge im Wagen, und der König wunderte sich sehr und sprach: »Ich hätte doch nie geglaubt, daß du so reich wärest!« Danach kamen sie auch zu einer Roßherde; auch da war die Katze schon gewesen und hatte den Hirten gekratzt und ihm gesagt, wie er sprechen müsse; und als der König fragte: »Wem gehört denn die große Roßherde?«, so sprach er: »Na, dem Federkönig!«, denn er wollte nicht noch einmal gekratzt werden. »Ja, die ist auch mein!« sagte der Junge im Wagen. »Jetzt glaube ich, daß du viel reicher bist und auch daheim alles viel schöner haben wirst als ich!« sprach der König.

Endlich gelangten sie in ein Schloß, das gehörte einem mächtigen Zauberer; da war alles von Gold und Silber, Kristall und Edelsteinen, auf das schönste geordnet, und der Tisch stand gedeckt; sie setzten sich gleich und aßen. Die Katze aber blieb vor der Tür und hielt Wache. Nicht lange, so kam der Zauberer und polterte und lärmte: »Räuber in meinem Schloß, an meinem Tisch! Aha! Wehe euch!« Die Katze aber stand in der Tür und ließ ihn nicht ein und sprach: »So sage mir nur erst, bist du wirklich der große Zauberer, für den man dich hält? Man erzählt, du könntest dich in was immer, in große und kleine Tiere verwandeln!« – »Ja, das ist mir eine Kleinigkeit!« sprach er und verwandelte sich gleich in einen Löwen. Da fürchtete sich die Katze und sprang aufs Dach. »Das ist wohl gegangen!« rief die Katze. »Nun aber möchte ich sehen, ob du dich in ein kleines Tier, in eine Maus, verwandeln kannst, das ist gewiß schwer und dir nicht möglich!« Sogleich verwandelte sich der Zauberer in eine

Maus, und im Nu sprang die Katze vom Dache herunter auf die Maus und zerriß sie.

Nun rief sie den Jungen aus dem Saal heraus und sprach: »Meiner Hilfe bedarfst du nicht weiter, das Schloß und alles, was darin und darum ist, und die großen Herden, die du gesehen hast, sind nun wirklich dein, denn ich habe den Zauberer, dem das alles gehörte, umgebracht! Jetzt aber verlange ich von dir einen Dienst; nimm dein Schwert und schlage mir das Haupt ab.« Aber der Junge wollte nicht und sprach: »Wie könnte ich so undankbar sein!« – »Wenn du es nicht gleich tust, so kratze ich dir die Augen aus!« Da nahm er ein Schwert, und auf einen Hieb flog das Haupt fort; aber sieh, da stand auf einmal eine wunderschöne Frau. Der Junge nahm sie gleich an den Arm und führte sie hinein an die Tafel und sprach: »Das ist meine Mutter!« Die Frau aber gefiel dem alten König sehr, und weil seine erste Gemahlin gestorben war, so nahm er ihre Hand und sprach: »Sollen wir nicht auch Hochzeit feiern?« Sie war nicht dawider, und so dauerte das Fest noch acht Tage. Darauf zog der alte König mit seiner neuen Frau heim; der Junge aber mit der Königstochter blieb im Zauberschloß und war reicher als sieben Könige.

34. Goldmariken und Goldfeder

Es war einmal ein Edelmann, der hatte eine wunderschöne Tochter, die hieß Goldmariken. Einst wollten ihre Eltern ausfahren, und da wollte Goldmariken gerne mit, aber die Eltern wollten es nicht haben. Da blieb Goldmariken allein zu Hause. Nachts aber, als sie wieder nach Hause wollten, verirrten sie sich in einem großen Walde und konnten sich gar nicht wieder zurechtfinden. Endlich begegnete ihnen ein großer Pudel. »Ich will euch wohl auf den rechten Weg bringen«, sagte der Pudel, »wenn ihr mir das geben wollt, was aus eurem Hause euch zuerst begegnet.« Da dachten die Eltern gleich an ihr liebes Goldmariken und fürchteten, sie möchte ihnen zuerst entgegenkommen; aber da das Wetter immer schlimmer ward und sie den Weg ganz verloren hatten, so willigten sie endlich ein und versprachen dem Pudel, was er verlangt hatte; denn sie dachten: ›Vielleicht kommt auch unser Hofhund zuerst an unsern Wagen.‹ Nun waren sie bald zu Hause; aber die erste, die ihnen entgegenkam, war richtig doch niemand anders als Goldmariken. Da sprach der Pudel: »Jetzt gehört sie mir und nicht mehr euch.« Und so sehr die Eltern nun auch baten, er möge sich alles andere nehmen und ihnen nur ihr liebes Goldmariken lassen, dem Pudel war es gerade recht, daß er Goldmariken haben sollte; darum half all ihr Bitten nichts. Nur drei Tage wollte er Frist geben, dann würde er wiederkommen und sie abholen.

Goldmariken benutzte nun die Zeit, um von allen Verwandten und Bekannten Abschied zu nehmen; da gab es unter diesen ein großes Jammern und Wehklagen, sie selbst aber blieb ganz ruhig und zufrieden. Am letzten Abend sagte Goldmariken zu ihrer Mutter: »Nun will ich unserer alten Nachbarin auch noch Adieu sagen.« – »Meine Tochter«, antwortete die Mutter, »was willst du doch bei der alten Frau tun?« – »Ja«, sagte Goldmariken, »ich will und muß da hin.« Und als sie zu der Alten kam, sagte diese: »Fürchte dich nicht, mein Kind, ich will dich heute abend, wenn du diese Nacht bei mir schlafen willst, das Wünschen lehren, daran sollst du dein ganzes Leben denken, und das wird dir viel nützen.« Goldmariken ward ganz froh und ging zu ihrer Mutter, um zu sagen, sie wolle diese Nacht bei der Nachbarin schlafen. Da sagte die Mutter: »Was willst du doch bei der Alten schlafen?« Aber Goldmariken hörte nicht darauf, sondern ging des Abends doch hin.

Sie gingen nun miteinander zu Bette, und als Goldmariken am andern Morgen aufstand, konnte sie alles zaubern, was sie wollte. Sie dankte der Alten von Herzen und hoffte, durch ihre Kunst ihre Eltern sehen zu können, so oft sie wollte.

Als sie nun nach Hause kam, war der Pudel auch schon da, sie abzuholen. Goldmariken nahm Abschied von ihren bekümmerten Eltern, sagte aber nichts davon, daß sie das Wünschen gelernt hatte. Wie sie aufs Feld kamen, sprach der Pudel: »Setze dich auf meinen Rücken, so will ich dich wohl zur Stelle bringen.« Goldmariken tat das, und es dauerte nicht lange, so machten sie halt vor einem Hause, darin wohnten zwei Mädchen; da gingen sie hinein, und der Pudel verwandelte sich gleich in ein altes Weib, das war die Mutter von den beiden Mädchen. »Nun«, sprach sie, »habe ich drei Mädchen, daran ich mich ergötzen kann. Du, Goldmariken, sollst es recht gut bei mir haben, wenn du immer gehorsam bist.« Goldmariken versprach das, und wenn die Alte sagte: »Goldmariken, tue dies oder das«, so konnte sie immer leicht damit fertig werden, denn sie wünschte sich nur immer alles zurecht. Einst ging die Alte wieder als Pudel in den Wald, da fand sie einen jungen hübschen Mann, der hatte sich verirrt, und hieß Goldfeder. Der Pudel sprach zu ihm: »Ich will dich hinausführen, wenn du mir versprichst, nachher zu mir zu kommen und bei mir zu bleiben.« Goldfeder antwortete, daß er nichts dazu sagen könnte, denn er sei eines Königs Sohn und müsse zuvor erst mit seinem Vater sprechen. Endlich aber, da er sich gar nicht zurechtfinden konnte, mußte er doch ja sagen und dem Pudel versprechen, ihm zu gehören; da brachte der Pudel Goldfeder aus dem Wald an den Hof seines Vaters. Aber nach drei Tagen kam er wieder, um Goldfeder abzuholen. Der Vater wollte es nicht zugeben, mußte aber doch dareinwilligen, denn der Pudel sprach: »Goldfeder hat es selber zugesagt, und er muß Wort halten.« Da mußte Goldfeder mit, und er kam dahin, wo Goldmariken war. Goldmariken sprach zu Goldfeder: »Nimm dich in acht vor der Alten, denn das ist keine Gute, und sie kann mehr als Brot essen. Morgen sollst du gewiß Gras mähen.« – »Ja«, sagte Goldfeder, »das kann ich nicht, ich weiß nicht, wie ich das machen soll.«

Am Abend sagte auch die Alte zu ihm: »Goldfeder, du

könntest eine Sense zurechtmachen, denn morgen sollst du Gras mähen.« Da ging Goldfeder zu Goldmariken und sagte: »Ich soll eine Sense zurechtmachen und verstehe es nicht.« – »Oh«, sagte sie, »klopfe nur ein bißchen auf die Sense, dann wird sie bald fertig werden.« Das tat Goldfeder, und die Sense ward gleich zurecht. Am andern Morgen sagte die Alte: »Goldfeder, gehe hin und mähe das Gras!« Er ging aber erst zu Goldmariken und fragte sie: »Wie fange ich das an? Ich verstehe nichts davon.« Goldmariken antwortete: »Streiche du nur die Sense, daß es klingt, gegen die Zeit, wenn dir die Alte Essen bringt.« Nun ging Goldfeder auf die Wiese und legte sich erst nieder und schlief; zu der Zeit aber, als ihm das Essen gebracht werden sollte, strich er die Sense, daß es klang; da fiel alles Gras mit einemmal um. Nun kam die Alte, und da sie sah, daß alles getan war, lobte sie ihn wegen seines Fleißes und versprach ihm, daß er es gut dafür haben sollte.

Am andern Tage sprach die Alte wieder zu Goldfeder: »Heute, mein Sohn, geh hin und mache ein Beil scharf, dann sollst du Holz hauen!« Er aber wußte wieder nicht, wie er ein Beil scharf machen sollte, ging darum wieder zu Goldmariken, um sich Rat zu holen. Goldmariken sagte: »Nimm einen Stein und streich das Beil nur zwei-, dreimal darauf her und hin, dann wird es wohl scharf sein.« Goldfeder strich das Beil auf einem Stein zwei-, dreimal her und hin, und in einem Augenblicke hatte er es scharf. Bald darauf sagte die Alte: »Nun geh in den Wald und hau mir Holz!« Er ging, aber er konnte gar nichts abkriegen. Endlich kam Goldmariken und brachte ihm Frühstück. »Ach«, sagte er, »du mußt mir doch wieder helfen, denn ich verstehe das Holzhauen nicht!« – »Ja«, sagte sie, »ich soll dir immer helfen, und du hilfst mir nie!« – »Oh, süßes Goldmariken«, antwortete Goldfeder, »glaube mir, ich will dich auch immer liebhaben und nie verlassen, solange nur noch ein Tropfen warmes Blut in mir ist. Hilf mir nur auch diesmal aus der Not!« – »Nun denn«, sagte sie, »so kehre nur das Beil um und schlage an den Baum!«

Er tat es, und da lag in einem Augenblick das Holz umgehauen.

Mittags, als die Mutter kam, wunderte sie sich, daß er so fleißig gewesen sei, lobte ihn und versprach ihm, daß er es auch ferner gut haben sollte. Als Goldfeder nun abends nach Hause kam, legte er sich auf sein Bette und dachte viel an seine Eltern, aber mehr noch an Goldmariken.

Am andern Morgen sprach die Alte: »Du kannst wohl ein Paar Harken zurechtmachen, denn heute sollt ihr das Heu kehren und eintragen.« – »Mutter«, sagten die Töchter, »wie sollen wir das Heu eintragen? Das geht doch wohl nicht an.« – »Ja«, sagte sie, »das soll geschehen, und ihr müßt es tun!« Da ging Goldfeder hin, und nachdem Goldmariken ihm geholfen, waren die Harken fertig. Als nun die beiden Töchter mit Goldfeder hinaus auf die Wiese gingen und auch Goldmariken kam, sagte Goldfeder leise zu ihr: »Wie sollen wir nun das Heu eintragen?« – »Nimm du nur«, sprach sie, »wie ich es mache, einen Stock auf den Nacken; dann wird das Heu schon einkommen.« Als nun die beiden Töchter mit einer Tracht Heu voraufgingen, so nahmen Goldmariken und Goldfeder ihre Stöcke auf den Nacken, und alles Heu kam hinter ihnen her, und bald hatten sie es da zusammen, wo es liegen sollte. Da kam die Alte und lobte Goldfeder und die anderen, daß sie alle so fleißig gewesen waren.

Nun sollte er am Tage darauf das Holz nach Hause tragen. Als er aber hinging, konnte er gar wenig fortbringen und war gleich müde; da klagte er es wieder Goldmariken. Die aber sprach: »Mache es nur so wie beim Heu«, und als Goldfeder das tat, war gleich alles Holz zu Hause. Nun sprach die Alte: »Mache jetzt auch ein Paar Spaten zurecht, denn morgen sollst du Lehm graben, und mache auch Formen zu Mauersteinen, denn du sollst mir Lehmsteine streichen.« Goldmariken mußte ihm wieder helfen, da waren Spaten und Formen bald fertig, und als er nun Lehm graben sollte und nichts herausbringen konnte, kam Goldmariken und sagte ihm, er sollte nur tüchtig mit dem Spaten stoßen, dann würde Lehm genug herausfliegen.

Als Goldfeder nun mit der Arbeit fertig war, da kam die älteste Tochter und lobte ihn gar sehr; aber Goldmariken sprach: »Ihr lobt mir ihn allzuviel, ich habe doch auch mitgearbeitet.« Aber die Tochter meinte, Goldfeder verdiente noch viel mehr Lob. »Das bedeutet nichts Gutes für mich«, sagte Goldmariken zu Goldfeder, als die Tochter nachher weggegangen war, »daß sie dich so sehr lobte«, aber Goldfeder antwortete: »Ich will dir ganz gewiß treu bleiben, liebes Goldmariken, solange ich lebe.« Als jetzt die Alte kam, sagte sie, er solle Lehmsteine streichen. Goldfeder tat das, und als sie trocken waren, sollte er sie nach Hause schaffen, aber sie waren ihm viel zu schwer. Da ging er wieder zu Goldmariken, sich Rat zu holen. »Du bist doch recht ein Dummerjan«, sagte sie, »ich hab es dir ja so oft gesagt, du solltest nur einen Stock auf den Nacken nehmen, dann würde alles wohl nachkommen.« Goldfeder nahm einen Stock auf den Nacken, und alle Steine folgten ihm. Nun sprach die Alte: »Verstehst du auch einen Ofen zu bauen?« – »Nein«, sagte er, »aber ich will mir Mühe geben.« Goldfeder machte sich ans Werk, konnte aber weder Lehm zurechtmachen noch die Steine legen; er ging also wieder zu Goldmariken, daß sie ihm aus der Not hülfe. »Oh, du verstehst auch nichts«, antwortete sie, »nimm einen Stock und schlage in den Lehm, dann wird er wohl was taugen, und beim Mauern kannst du ja nur ein bißchen auf einen Stein pinken, dann wird der Ofen wohl fertig!« Während der Arbeit kam nun die Alte, um nachzusehen, und als er fragte, ob sie zufrieden sei, bejahte sie es. Aber als er fertig war, kam Goldmariken zu ihm und sprach: »Wir müssen uns nun bald reisefertig machen, denn ich habe die Alte sagen hören, daß wir ihr zu klug würden, und wenn der Ofen fertig sei, sollten wir darin gebraten werden. Darum sage ich dir, Goldfeder, wenn dir dein Leben lieb ist, so verlasse mich nicht, denn du allein vermagst nichts gegen sie. Morgen will sie dich ruhen lassen, um dich übermorgen zu braten, darum sei auf deiner Hut.«

Goldfeder wurde ganz bange; es kam aber so, wie Goldmariken gesagt hatte. »Morgen«, sagte die Alte zu ihm, »kannst du ausruhen.« Aber ganz frühe, da es eben Tag wurde, stand Goldmariken auf und weckte Goldfeder. Sie machten sich schnell reisefertig, und als sie davongehen wollten, spuckte Goldmariken ihre Kammertür zweimal an auf beiden Seiten und sprach: »Wenn die Alte mich zum ersten Male ruft, dann antwortest du: ›Ich komme‹, und ruft sie zum zweiten Male, so antwortest du: ›Ich komme gleich.‹« Morgens schrie die Alte nach Goldmariken; da antwortete die Tür aus der Kammer: »Ich komme!« Als sie aber zum zweiten Male rief, antwortete die Tür aus der Küche: »Ich komme gleich!« Aber niemand kam. Da stand die Alte endlich auf, sah in der Kammer und in der Küche nach; da waren Goldmariken und Goldfeder fort. Nun weckte sie schnell ihre beiden Töchter und sprach: »Steht auf, Goldfeder und Goldmariken sind fort, und ihr müßt ihnen nach. Geh du zuerst«, sprach sie zu der jüngsten, »am Abhange vor dem blauen Berge steht ein Rosenbusch mit einer verdorrten Rose, die mußt du auf jeden Fall abpflücken und mir bringen.« Die Tochter ging und eilte den Flüchtlingen nach. Die waren schon eine gute Strecke gegangen, endlich aber sprach Goldmariken zu Goldfeder: »Tritt mir auf den linken Fuß und sieh mir über die rechte Schulter, ob jemand kommt.« Da sprach Goldfeder: »Die jüngste Tochter der Alten kommt uns nachgelaufen!« – »So will ich mich zu einem Rosenbusch und dich zu einer verdorrten Rose machen«, sagte Goldmariken, »aber laß dich ja nicht abbrechen und stich tüchtig; denn bricht sie dich ab, so sind wir beide verloren!« Als nun das Mädchen an den Busch kam, wollte sie die Rose abpflücken, aber die stach so sehr, daß sie davon abstehen mußte. Da ging sie wieder nach Hause, aber von ihrer Mutter bekam sie viel Ausschelte, daß sie so dumm gewesen wäre. Dann sprach die Mutter zu der ältesten Tochter: »Nun geh du aus, und wenn du über den blauen Berg kommst, so steht da eine weiße Kirche, darin steht ein Prediger auf der Kanzel, den fasse bei der Hand an und bring ihn mit!«

Goldmariken und Goldfeder waren unterdes weitergegangen. Bald aber sprach Mariken wieder: »Tritt mir auf den linken Fuß und sieh mir über die rechte Schulter, ob uns auch jemand nachkommt!« – »Ja«, sagte Goldfeder, »die älteste Tochter kommt!« – »So will ich«, sprach Goldmariken, »mich in eine Kirche und dich in einen Prediger verwandeln, aber laß dich ja nicht anfassen, denn sonst sind wir verloren!« Nun kam die älteste Tochter und ging in die Kirche, aber zu der Kanzel konnte sie nicht kommen und mußte so wieder nach Hause. Nun aber ward die Alte schrecklich böse und lief gleich selbst fort. Da sprach Goldmariken wieder zu Goldfeder: »Tritt mir auf den linken Fuß und sieh mir über meine rechte Schulter, ob uns auch jemand nachkommt!« – »Ja«, sagte Goldfeder, »nun kommt die Alte selbst!« – »So will ich mich zu einem Teiche und dich zu einer Ente machen; aber ich sage dir, Goldfeder, laß dich nicht an das Ufer locken, daß sie dich fassen kann, ihre goldnen Ringe aber, die sie hinwerfen wird, dich zu fangen, die nimm, wenn du sie ohne Gefahr kriegen kannst!« Nun kam die Alte zum Teiche und lockte die Ente, die immer darauf herumschwamm. Sie warf ihre goldnen Ringe einen nach dem andern hinein, aber die Ente ließ sich nicht dadurch verführen, bis die alte Hexe zuletzt keinen Ring mehr hatte; da wurde sie so böse, daß sie den Teich austrinken wollte, und da legte sie sich nieder und trank so lange, bis sie zerplatzte. Nun nahmen Goldmariken und Goldfeder ihre wahre Gestalt wieder an und schwuren einander ewige Treue und daß sie sich nie verlassen wollten; von der Alten aber hatten sie nun nichts mehr zu fürchten.

Nach langer Wanderung kamen sie endlich in die Stadt, wo Goldfeders Vater wohnte und König war. Als sie nun vor das Schloß kamen und Goldfeder hineinwollte, sagte Goldmariken zu ihm: »Höre, Goldfeder, ich bitte dich nur um eins, damit du mich nicht, wenn du in deines Vaters Haus kommst, vergißt und mich nicht hier draußen auf dem breiten Stein stehen läßt: hüte dich davor, daß dir jemand einen Kuß gibt; dann hat's keine Not, daß du mich so bald vergißt.«

Goldfeder versprach das und gedachte der Warnung, als er ins Haus kam, und wie Vater und Mutter ihm entgegeneilten und ihn begrüßen wollten, küßte er sie nicht. Als er aber in die Stube trat, war da seine alte Braut, die hieß Menne; sobald sie ihn sah, sprang sie voll Freuden auf ihn zu und hatte ihn geküßt, ehe er sich's versah. Da war ihm in einem Augenblicke sein liebes Goldmariken aus dem Sinne. Das stand lange draußen auf dem breiten Stein und wartete, daß er sie holen sollte; als aber niemand kam, da weinte sie erst lange Zeit; und als sie sich ausgeweint hatte, ging sie fort, mietete ein kleines hübsches Haus, dem Schlosse gegenüber, und gab sich für eine Näherin aus. Da wohnte sie von nun an ganz allein, nur ein paar Tauben waren stets zur Gesellschaft bei ihr in der Stube, und auf dem Grasplatz hinterm Hause hielt sie sich ein kleines Kalb, das fütterte sie tagtäglich und hatte ihre Freude daran, es großzuziehen. Weil sie aber so geschickt im Nähen war, so bekam sie bald Arbeit vollauf; kein Mädchen, sagte man, in der ganzen Stadt wüßte es feiner und zierlicher zu machen als Goldmariken.

Nun hatten die jungen Herren vom Schlosse und in der Stadt es aber auch bald herausgebracht, was Goldmariken für ein hübsches Mädchen sei, und sie wären gern mit ihr genauer bekannt geworden. Aber Goldmariken ließ sich nicht stören und sah gar nicht auf von der Arbeit, wenn sie immer vor ihrem Fenster auf und nieder gingen. Da waren nun drei Brüder unter den Hofleuten auf dem Schlosse, die waren vor allen andern in Goldmariken verliebt. Sie baten endlich ihre Mutter um etwas feine Leinwand, Goldmariken mache so niedliche Arbeiten, sie wollten sich von ihr Kragen nähen lassen. Der älteste ging zuerst hin, sagte Goldmariken guten Tag und setzte sich nieder und sprach mit ihr. »Morgen abend könnt Ihr Eure Kragen holen«, sagte Goldmariken. Als er nun am andern Abend wiederkam, um die Kragen zu holen, da bat sie ihn, noch ein wenig zu bleiben; und so blieb er auch bis Bettzeit.

Da wollte er wieder fort; Goldmariken aber sagte: »Ihr könnt auch gerne diese Nacht bei mir bleiben.« Damit war der junge Mann ganz zufrieden. Als Goldmariken aber zu Bette wollte, hieß sie ihn hingehen und die Haustür zuschließen, und als er das Schloß anfaßte, rief sie:

»Mann an Schloß und Schloß an Mann,
Daß ich geruhig schlafen kann.«

Da saß er an der Tür fest und mußte die ganze Nacht da stehenbleiben. Morgens aber, als Goldmariken aufgestanden war, fiel es ihr ein, daß er da noch stehe, und sie sagte:

»Mann vom Schloß und Schloß vom Mann,
Daß er hereinkomme und sich für ruhigen Schlaf bedank'.«

Da kam er herein, dankte für den ruhigen Schlaf, nahm seine Kragen, mit denen er sehr zufrieden war, und ging. Zu Hause aber sagte er nichts. Darnach sprach der zweite Bruder: »Heut abend muß ich hin.«

Abends ging der nun zu Goldmariken und sagte: »Ich möchte gerne Kragen genäht haben, wie mein Bruder sie bekommen hat.« – »Das kann geschehen«, sagte Goldmariken, »sitzt nur ein wenig nieder und verweilt Euch.« Der Abend ging nun so hin, Goldmariken nähte, und sie sprachen miteinander; aber um Bettzeit wollte er fortgehen. Da sagte sie auch zu ihm, daß er diese Nacht gerne bei ihr bleiben könnte. Als sie aber zu Bette wollte, sprach sie: »Ich habe ganz vergessen, die Gartentür zuzumachen; wollt Ihr nicht so gut sein und es für mich tun?« – »Recht gern«, sagte der junge Mann und lief schnell hin. Als er aber den Ring an der Tür angefaßt hatte, rief sie:

»Mann an Ring und Ring an Mann,
Daß ich geruhig schlafen kann.«

Da konnte er nicht loskommen und mußte die ganze Nacht da stehenbleiben, bis morgens Goldmariken aufstand und sagte:

»Mann vom Ring und Ring vom Mann,
Daß er hereinkomme und sich für ruhigen Schlaf bedank'.«

Dann ließ der Ring los, und er kam herein und bedankte sich für ruhigen Schlaf.

Als er nun mit seinen Kragen nach Hause kam, fragte ihn sein ältester Bruder gleich: »Wo hast du diese Nacht gestanden?« – »Was«, antwortete er, »ich habe geschlafen.«

»Das ist nicht wahr«, sagte der Älteste, »sage mir, wo du gestanden hast, so sage ich dir, wo ich gestanden habe.« Da sagte er: »Ich habe an der Gartentür gestanden.« – »Und ich bei der Haustür«, sagte der andere; nun aber machten sie es untereinander ab, ihrem jüngsten Bruder nichts davon zu sagen, damit er auch angeführt würde.

Der jüngste Bruder ging nun an diesem Abend hin. »Guten Abend, Goldmariken«, sprach er, »willst du mir nicht ein paar Kragen nähen, wie meine Brüder sie bekommen haben, aber womöglich noch hübscher?« – »Herzlich gern«, antwortete Goldmariken, »setze dich nur ein wenig nieder und warte.« Als nun der Abend zu Ende war, bat sie ihn auch, diese Nacht bei ihr zu bleiben. Das wollte er gar gerne tun. Aber als Goldmariken zu Bette wollte, so sprach sie wieder: »Ach, mein Kalb ist noch nicht gefüttert, es geht auf dem Hofe, tu mir den Gefallen!« – »Mit Freuden«, sagte er und lief hinaus. Als er aber das Tau anfaßte, sprach sie:

»Mann an Tau und Tau an Mann,
Daß ich geruhig schlafen kann.«

Da lief das Kalb mit ihm über Stock und Block, durch dick und dünn, die ganze Nacht hindurch. Am andern Morgen erinnerte Goldmariken sich, daß der junge Mann noch mit dem Kalb herumliefe, und sagte:

»Mann vom Tau und Tau vom Mann,
Daß er hereinkomme und sich für ruhigen Schlaf bedank'.«

Nun kam er herein, dankte für ruhigen Schlaf und freute sich sehr über seine Kragen, die noch viel schöner waren als die seiner Brüder. Als er nach Hause kam und seine Brüder ihn fragten, gestand er nicht, daß er die ganze Nacht mit dem Kalbe herumgelaufen wäre.

Während dieser Zeit war es soweit gekommen, daß Goldfeder mit Menne Hochzeit geben sollte. Als nun der Wagen mit dem Brautpaar vom Schloß herunterkam und bei Goldmarikens Fenster vorbeifahren wollte, da wünschte sie, daß er sogleich vor ihrer Tür in einen tiefen Morast versinken sollte. Der Wagen blieb stecken, und Pferde und Menschen konnten ihn nicht von der Stelle bringen. Da ward der alte König sehr verdrießlich und befahl, es sollten mehr Pferde vorgespannt werden und mehr Menschen anfassen; aber es half alles nichts.

Unter den Hofleuten, die den Bräutigam zur Kirche begleiten sollten, waren nun auch die drei Brüder. Da sprach der älteste von ihnen zu dem König: »Herr König, hier in dem kleinen Hause wohnt ein Mädchen, die kann wünschen, was sie will; gewiß hat sie den Wagen hier festgewünscht!« – »Woher weißt du das denn, daß sie das kann?« sagte der alte König. Er antwortete: »Sie hat mich einmal an die Tür gewünscht, und da habe ich eine ganze Nacht daran stehen müssen!« – »Ja«, sprach der zweite Bruder, »aber wenn sie einen festgewünscht hat, so wünscht sie ihn auch wieder los.« – »Und woher weißt du das?« fragte der König. »Ich habe einmal eine ganze Nacht an ihrer Gartentür stehen müssen, aber am Morgen hat sie mich wieder freigemacht.« Da wollte der alte König schon zu Goldmariken hineinschicken, aber der jüngste Bruder sprach: »Herr König, das Mädchen hat auch ein Kalb, das hat Kräfte für zehn Pferde; laßt den Bräutigam nur hineingehen und sie bitten, es uns zu leihen: so wird der Wagen schon loskommen.« – »Ja«, sagte der Bräutigam, »das will ich schon tun«, stieg aus dem Wagen und ging zu Goldmariken und bat sie ganz freundlich, ihm ihr Kalb zu leihen; denn er hätte gehört, es hätte so viele Kräfte. Da antwortete sie: »Das Kalb könnt Ihr gerne nehmen, aber Ihr müßt mir versprechen, daß ich noch mit zur Hochzeit geladen werde und meine beiden Tauben auch.« Der Bräutigam versprach ihr das, und als nun das Kalb vorgespannt wurde, zog es den Wagen ganz leicht heraus.

Als die beiden jungen Leute nun nach der Trauung nach Hause kamen und viele Gäste sich versammelt hatten, da kam auch Goldmariken mit ihren beiden Tauben. Sie wurde freundlich empfangen und in den Saal geführt; ihre Tauben aber blieben immer bei ihr und saßen ihr auf beiden Schultern. Nun ging es zu Tische, und köstliche Gerichte wurden aufgetragen; man setzte auch Goldmariken davon vor, aber sie aß keinen Bissen und saß ganz stumm und traurig. Da wunderten sich die Leute darüber, daß das schöne Mädchen so betrübt sei und nichts von den Speisen anrührte; als man sie darum fragte, da antworteten die Tauben:

»Täubchen, Täubchen mag nicht essen,
Goldfeder hat Goldmariken auf dem Stein vergessen.«

Das hörte der Bräutigam, und er befahl den Dienern, ihr noch einmal, und zwar noch köstlichere Speisen vorzusetzen; aber Goldmariken rührte nichts an, und die Tauben sagten:

»Täubchen, Täubchen mag nicht essen,
Goldfeder hat Goldmariken auf dem Stein vergessen.«

Da wurde der Bräutigam ganz nachdenklich, sah Goldmariken einmal recht genau an und erkannte sie. Dann sprach er zu seiner Braut: »Liebe Braut, du kannst doch eine Frage beantworten. Ich habe einen Schrank, dazu habe ich zwei Schlüssel, einen alten, den ich einmal verloren, nun aber wiedergefunden habe, und einen neuen, den ich für den alten, als er verloren war, anschaffte. Sage mir nun, welchen ich zuerst nehmen und gebrauchen soll, den alten oder den neuen?« Da antwortete sie: »Den alten mußt du erst brauchen!« – »Nun«, sagte er, »so hast du dein eigen Urteil gesprochen, denn dies ist mein liebes Goldmariken, mit der ich Freud und Leid bei der alten Hexe im Walde geteilt habe, die mir allzeit half und mich gerettet hat und der ich ewige Treue geschworen.« Da mußte Menne von Goldfeder abstehen, und alle Leute, ihre und seine Eltern sagten, daß keine es auch mehr verdient hätte, seine Frau zu werden, als Goldmariken. So gaben sie denn Hochzeit und lebten viele, viele Jahre glücklich.

35. Das Zauberroß

Der Vater war gestorben und hatte seinem Jungen nichts hinterlassen als ein Schwert; damit zog der Sohn fort und wollte dienen gehen. Da begegnete ihm ein alter Mann, der war auf einem Auge blind und sah auch mit dem andern nicht recht, der fragte ihn: »Wo gehst du hin, Junge?« – »Dienen!« sprach der Junge. »Ich brauche gerade so einen; willst du meine Schafe weiden?« Es war dem Jungen recht, und der Alte nahm ihn mit sich. Als er ihm die Herde übergeben, sprach er: »Hüte dich nur, in den Wald dort zu gehen, denn keiner meiner Knechte ist lebendig herausgekommen.« Der Junge hielt sich einige Zeit daran; aber bald dachte er bei sich: ›Du mußt doch einmal sehen, was dort ist; was könnte dir schaden, du hast ja dein gutes Schwert!‹ Kaum hatte er den Wald betreten und die große Herrlichkeit darin angesehen, so kam ein dreihäuptiger Drache auf ihn und schrie: »Menschenkind, wie kommst du herein; kein Vöglein wagt es, meinen Wald zu verunreinigen, willst du ihn mit deinen Schafen verätzen? Du mußt mit mir schlagen oder ringen, was willst du lieber?« – »Ringen!« sprach der Junge. Da packte ihn der Drache und schlug ihn bis zu den Knien in den Erdboden. Der Junge faßte darauf sein Schwert und hieb dem Drachen die drei Häupter ab und trug sie nach Hause und hing sie auf die Zaunpfähle. »Was hast du da?« fragte der Alte; denn er konnte es nicht sehen. »Drei Häupter von einem Bock, den ich im Walde erschlagen!« – »Du, Junge, das mag dir schlecht frommen; gehe nicht mehr in den Wald!« Aber am andern Tage trieb die Lust den Knaben noch tiefer hinein; da war es noch stiller und herrlicher; auf einmal kam ein sechshäuptiger Drache. »Ha, Menschenkind, kein Vöglein kommt in unsern Wald, du hast ihn mit deinen Schafen verunreinigt und mir meinen Bruder umgebracht; du mußt mit mir schlagen oder ringen; was willst du lieber?« – »Ringen!« Da faßte ihn der Drache und schlug ihn bis an den Nabel in den Erdboden. Der Junge ergriff sein Schwert und hieb dem Drachen alle Häupter ab und trug sie nach Hause und steckte sie auf die Zaunpfähle. »Was hast du da?« fragte der Alte. »Sechs Häupter von einem Bock, den ich im Wald erschlagen!« – »Das mag dir schlecht frommen, gehe nicht mehr in den Wald!« Tags darauf hatte der Knabe noch viel größere Lust und ging tiefer in den Wald, und es war da noch stiller und herrlicher. Auf einmal kam ein neunhäuptiger Drache. »Ha, Menschenkind, kein Vöglein kommt in unsern Wald, du hast ihn verunreinigt und meine Brüder umgebracht; du mußt mit mir schlagen oder ringen; was willst du lieber?« – »Ringen!« Da faßte ihn der Drache und schlug ihn bis unter die Achseln in den Erdboden. Der Knabe konnte sein Schwert noch schwingen und hieb dem Drachen alle Häupter ab, trug sie nach Hause und steckte sie zu den andern auf die Zaunpfähle. »Was hast du da wieder?« fragte der Alte. »Neun Häupter von einem Bock, den ich im Wald erschlagen!« – »Das mag dir schlecht frommen, gehe nicht mehr in den Wald!« Aber am folgenden Tag drang der Junge noch tiefer hinein, und es war da noch viel stiller und herrlicher. Auf einmal kam ein zwölfhäuptiger Drache herangefahren. »Ha, Menschenkind, kein Vöglein kommt in unsern Wald, du hast ihn verunreinigt und meine Brüder umgebracht; du mußt mit mir schlagen oder ringen; was willst du lieber?« – »Schlagen!« sprach der Junge; denn er fürchtete, der Drache werde ihn bis über den Kopf in den Erdboden stoßen; dann hätte er sein Schwert nicht brauchen können. Da schlug der Drache ihn mit seinem Schweif, daß er zwölf Klafter weit fortflog. Jetzt kam aber der Junge mit seinem Schwert herbeigelaufen und hieb dem Drachen elf Häupter auf einmal ab; bis er das zwölfte abschlug, waren die elf andern wieder gewachsen, und wenn er die elf abschlug, wuchs das zwölfte wieder. So ging es bis gegen Abend.

Als aber die Sonne unterging, verlor der Drache alle Kraft, und die des Knaben wuchs, und so schlug er die zwölf Häupter auf einmal ab. Als er nach Hause kam, steckte er sie zu den andern auf die Zaunpfähle, und alle Pfähle um den Hof waren jetzt besetzt. Da fragte der Alte: »Was hast du da?« – »Zwölf Häupter von einem Bock, den ich im Wald erschlagen!« – »Das wird dir schlecht frommen, gehe nicht mehr in den Wald!« Allein jetzt war die Lust und Begierde des Knaben gerade auf das höchste gestiegen. ›Was wird da noch sein?‹ dachte er und ging am folgenden Tage noch tiefer hinein. Da war es viel stiller und schöner. Auf einmal sah er in der Ferne ein Häuschen, und davor stand eine steinalte Frau, das war die Buschmutter. Er ging zu ihr und grüßte sie freundlich. »Komm herein!« sprach die Alte. Da führte sie ihn in ein Zimmer, darin lag ein Toter. »Das ist mein jüngster Sohn, den du mir zuerst erschlagen hast!« Dann kamen sie in ein anderes Zimmer: »Hier liegt sein älterer Bruder, den du beim zweiten Mal erschlugst!« Sie gingen in das folgende Zimmer: »Hier liegt dessen älterer Bruder, den du beim dritten Mal erschlugst!« Sie kamen in ein anderes: »Hier liegt mein ältester Sohn, den du zuletzt erschlugst!« Sie öffnete eine andere Tür und rief: »Und dahin kommst du!« und wollte ihn packen, aber der Knabe erhob sein Schwert und schlug sie gleich zu Boden; doch konnte er sie, wie sehr er auch schlug, nicht verwunden, und die Alte verlachte und verhöhnte ihn. Wie aber seine rechte Hand ermüdet war, nahm er das Schwert in die linke. »O weh! O weh!« schrie sogleich die Alte. »Haue nicht; ich will dir was Heilsames sagen!« – »So sprichst du gleich!« rief der Junge und hielt das Schwert gezückt über ihr. Die alte Hexe zitterte und sprach: »Hinter diesem Hause steht ein Baum, unter dessen Wurzel ist ein mächtiger Stein, und darauf liegt eine Kröte; die nimm und bestreiche damit dreimal dem Alten die Augen und schleudre sie ihm zuletzt wider die Stirne, daß sie zerplatzt; so wird er wieder sehen!« – »Ist das alles?« sprach der Junge. »Ja!« sprach die Hexe. Kaum hatte sie es gesagt, so ließ er das Schwert auf sie niederfahren, und ihr Kopf lag gleich auf dem Boden.

Nun grub er unter dem Baum bis auf den mächtigen Stein, fand die Kröte, nahm sie und eilte nach Hause, bestrich dem Alten dreimal die Augen und schleuderte sie ihm dann an die Stirne, daß sie in tausend Stücke zerschmettert wurde, und alsbald waren seine Augen heil, und er sah wie die Sonne. Aus der zerschmetterten Kröte aber war auch eine kleine Gestalt hervorgesprungen, die rief: »Ich danke dir, daß du mich erlöst hast; die alte Hexe hat nicht alles gesagt, ich mußte, in die garstige Kröte verschlossen, auf dem Schatz der Drachenbrüder liegen und ihn bewachen!« Damit schlüpfte sie in eine Bergspalte. Nun sah der Junge gleich nach und fand richtig unter dem mächtigen Stein den unermeßlichen Schatz. »Laß den Schatz da«, sprach der Alte, »den kannst du jederzeit heben; du sollst von mir eine köstlichere Gabe dafür haben, daß du mir das Licht der Augen zurückgegeben, das mir die alte Hexe genommen hatte! Nimm das Roß aus meinem Stall, damit reite in die Welt, denn du bist noch jung.« Das Roß aber war kein gewöhnliches; es hatte acht Füße und war wunderschön, aber das Beste an ihm war, daß es sprechen konnte und große Weisheit besaß. Der Junge war sehr froh, setzte sich gleich auf und ritt in die Welt. Wie er ein Stück geritten war, sah er auf der Erde eine kupferne Feder liegen. »Die mußt du aufheben!« sprach das Roß; der Junge tat es; ein wenig weiter lag eine silberne Feder und noch ein wenig weiter eine goldene. Auch diese hob er auf, wie ihn das Roß geheißen hatte.

Nun gelangte er bald in die große Stadt, wo der König wohnte; er ging an den Hof und fragte, ob man keinen Knecht brauche, er wolle gerne dienen mit seinem Roß. Der König nahm ihn an. Nach einiger Zeit war eine große Jagd; da erjagte der Junge eine Menge Wild, denn mit seinem Roß konnte er alles ereilen. Das gefiel nun dem König so sehr, daß er den Jungen liebgewann vor den andern Knechten; diese aber überkam der Neid, und sie dachten darauf, wie sie ihren Kameraden verderben könnten. Der Junge hatte dem König die kupferne, silberne und goldene Feder geschenkt. Da gingen eines Tages die andern Knechte zu ihrem Herrn und sagten: »Der Jungknecht hat sich gerühmt, es wäre ihm ein leichtes, auch die drei Vögel zu bekommen, von denen die Federn sind.« Den König überkam sogleich die Begierde, die Vögel zu besitzen; er ließ den Jungen rufen und sagte: »Wenn du mir in drei Tagen die Vögel nicht zur Stelle schaffst, so ist es aus mit deinem Leben!« Da war der Junge traurig und wußte sich nicht zu helfen. Wie er in den Stall trat, fragte ihn sein Roß: »Warum bist du so traurig?« Da erzählte es der Junge. »Geh zum König«, sprach das Roß, »und verlange von ihm einen kupfernen, silbernen und goldenen Vogelkorb.«

Als er die drei Käfige hatte, sprach das Roß weiter: »Jetzt setz dich auf mich und reit ins Feld«, und wie sie dort angelangt waren, sprach es wieder: »Nun ruf einmal nach allen vier Weltgegenden: ›Vögel her!‹ « Kaum war das geschehen, so kam eine Menge Vögel von allen Seiten herbei, und auch der Vogelkönig erschien und fragte den Jungen, was er befehle. »Kannst du mir nicht sagen, wo ich die drei Vögel finde, von denen diese Federn sind?« – »Die gehören nicht meinem

Reiche an!« sprach der Vogelkönig. »Gleich will ich aber bei meinem Volke fragen, ob niemand Bescheid weiß.« Aber kein Vogel konnte Auskunft geben. »Fehlt niemand?« fragte der König. Als man jetzt nachzählte, so fehlten drei Vögel, die kamen eben herbeigeflogen und waren sehr müde. »Wir hörten wohl den Ruf, aber wir konnten nicht so schnell kommen; denn wir waren am Weltende!« sprachen sie und erzählten nun von den Wunderdingen, die sie gesehen hatten, der eine vom kupfernen Drachen und kupfernen Vogel, der andere vom silbernen Drachen und silbernen Vogel und der dritte vom goldnen Drachen und vom goldnen Vogel, wie die Drachen sich gesonnt und wie die drei Vögel sie in den Schlummer gesungen hätten.

Der Junge war von Herzen froh, das zu hören, und der Vogelkönig befahl, daß die drei ihm den Weg zeigen sollten. Auf seinem schnellen Roß war er bald an Ort und Stelle, und mit seinem Schwert erschlug er die Drachen alsbald, und der kupferne und silberne und goldene Vogel ließen sich leicht fangen. Der König freute sich sehr, als der Junge ihm auf einmal die Vögel brachte, und von da an liebte er ihn noch viel mehr; aber die andern Knechte wurden um so neidischer und falscher und suchten immer, wie sie ihn verderben könnten. Da sprachen sie eines Tages wieder zum König: »Der Jungknecht hat sich gerühmt, es sei ihm ein leichtes, dir die schöne Meerjungfrau zu verschaffen.« Den König ergriff sogleich ein unendliches Verlangen, das schöne Weib zu besitzen; er ließ den Knaben vor sich kommen und sprach: »Wenn du in drei Tagen mir nicht die schöne Meerjungfrau bringst, so hat dein Leben ein Ende; bringst du sie aber, so sollst du mein halbes Königreich und meine Schwester zum Weibe bekommen!« Der Junge freute sich über das letzte, wie er aber an das erste, an den schweren Auftrag dachte, wurde er sehr betrübt. Da fragte ihn wieder sein Roß, warum er so traurig sei, und als er es ihm erzählte, da sagte es: »Geh hin zum König und verlange von ihm ein ganz weißes Brot und eine Flasche vom besten Wein.« Als der Junge das Brot und den Wein brachte, sprach das Roß wieder: »Nun setze dich auf mich und reite zum Meere!« Als sie da anlangten, sagte es weiter: »Jetzt lege Brot und Wein ans Ufer; sobald das Meer dann anfängt zu steigen, wird die Meeresjungfrau kommen und vom Brot essen und vom Wein trinken. Sowie das geschehen ist, rufe gleich aus dem Versteck: ›Gesehen, gefangen!‹ aber ja nicht eher, als bis sie gegessen und getrunken hat, denn es wäre dann umsonst, und sie verschwände schnell in der Flut; aber ja früher, als bis ihren Fuß wieder die Welle genetzt hat. Dann ist sie gebannt und muß uns zu Hofe nachfolgen.«

Der Knabe tat, wie ihn das weise Roß gelehrt hatte. Die Jungfrau kam langsam, sah sich zuerst nach allen Seiten um und horchte, endlich trat sie aus dem Wasser ans Ufer, nahm von dem Brot und trank von dem Wein; und schon wollte sie zurück, da erscholl der Ruf: »Gesehen, gefangen!«, und sie stand alsbald bleich und festgebannt; und der Junge mit dem Roß sprang schnell hervor, grüßte sie schön und bat sie zu folgen, denn sie solle die Gemahlin seines Königs werden. Die Jungfrau folgte, weil sie mußte, aber sie trug mit sich großen Zorn. Als der König sie sah, grüßte er sie fein und freute sich sehr und hätte gerne bald Hochzeit gehalten; allein die Meerjungfrau blickte finster und sprach: »Zuerst mußt du mir noch meinen Fohlenhengst und mein Gestüte hierherschaffen.« Da ging der König wieder zum Knaben und sagte: »Hast du mir die Meerjungfrau gebracht, so mußt du mir auch ihren Fohlenhengst und ihr Gestüte hierherführen, sonst hat dein Leben ein Ende; ist das aber vollbracht, so will ich nichts mehr von dir verlangen, und dann sollst du den versprochenen Lohn haben!«

Der Knabe wurde wieder ganz betrübt, und wie er so in den Stall kam, fragte ihn wieder sein Roß, was ihm fehle. Er erzählte ihm von dem neuen Auftrag. »Geh zum König und verlange von ihm zwölf Büffelhäute und zwölf Pfund Harz, dann klebe sie damit zusammen und überziehe mich damit.« Als das geschehen war, sprach das Roß weiter: »Jetzt sitz auf und zieh ans Meer!« Und als sie da angekommen waren, sprach das Roß wieder: »Jetzt nimm meinen Halfter und verkrieche dich; dann will ich den Hengst herbeilocken und mit ihm kämpfen; wenn du siehst, daß er zur Erde fällt, so komme und lege ihm den Halfter an.« Kaum hatte sich der Junge versteckt, so stampfte das Roß und wieherte. Auf einmal kam der Fohlenhengst herbeigerannt und schnaubte Feuer und Flammen; da fing der Kampf an; er durchbiß ein Büffelfell nach dem andern, als er aber das zwölfte durchbissen hatte, sank er vor Ermattung nieder; jetzt lief der Junge hinzu und legte ihm den Halfter an. »Nun schnell auf und davon!« raunte ihm sein Roß zu. Der Junge schwang sich auf, und der Fohlenhengst mußte aufstehen und nachfolgen. Da stampfte er einmal gewaltig und wieherte so laut, daß es dem Jungen durch Mark und Bein ging. Nach einiger Zeit sprach das Roß: »Sieh zurück, merkst du nichts?« – »Ich sehe eine Wolke aufsteigen.« – »Das ist das Gestüt, wenn das uns erreicht, so sind wir verloren, denn wir werden von ihm zertreten!« Da stampfte der Fohlenhengst noch einmal und wieherte. »Sieh zurück!« sprach das Roß. »Ich sehe schon die vielen Pferdehäupter!« Da rannten sie aus allen Kräften, und als sie durchs Schloßtor zogen, so stampfte der Fohlenhengst zum drittenmal und wieherte. Alsbald waren auch die Stuten da und kamen in den Schloßhof. Der Junge aber hatte sein Roß schnell in den Stall gebunden und hatte dem König die Nachricht gebracht, der Auftrag sei vollführt; der freute sich sehr; die Meerjungfrau jedoch sah noch viel wilder und entsetzlicher aus als früher und sprach zum König: »Bis du nicht alle Stuten gemolken und in der siedenden Milch dich gebadet hast, werde ich dein Weib nicht!« Da kam der König wieder zum Knaben und sprach: »Melke die Stuten sogleich in einen großen Kessel, und wenn du es nicht tust, so hat dein Leben ein Ende.« – »O König«, sprach der Junge, »hältst du so dein Versprechen?« Traurig ging er in den Stall zu seinem

Roß. »Was gibt es denn wieder?« fragte dieses. Er sagte ihm von dem neuen Auftrag. »Führe mich in den Hof, so wirst du gleich melken können!« Kaum war das geschehen, so blies das Roß aus seinem linken Nasenflügel solche Kälte heraus, daß die Füße der Stuten an die Erde anfroren; so molk der Knabe leicht, denn die Stuten standen ruhig wie die Lämmer.

Als der Kessel voll war, machte man Feuer darunter, und als die Milch siedete, zitterte der König, denn er merkte, es könne sein Leben kosten. Da rief die Meerjungfrau: »Der Knecht soll zuerst baden, der mich und meinen Fohlenhengst und mein Gestüt hierhergebracht hat!« Denn sie haßte ihn deshalb und wollte ihn zuerst verderben. »Ja«, rief der König, »nur schnell, steige hinein.« Der Junge dachte: ›Nun ist es aus mit dir‹, und war ganz niedergeschlagen. »Laß mich nur einmal noch mein Roß sehen«, bat er. Das wurde ihm gewährt. Als er hinkam, sagte ihm das Roß: »Führe mich nur zum Rande des Kessels und fürchte dich dann nicht.« So tat der Knabe, und sowie er in den Kessel stieg, blies das Roß auf einmal so viel Kälte hinein, daß die Milch lauwarm wurde; da war ihm das Bad sehr behaglich, und er rief: »Wie tut das so wohl!« Als der König sah, daß sein Knecht unversehrt blieb, bekam er Mut und sprach: »Heraus mit dir, daß ich jetzt einsteige.« Kaum war der Junge heraus, so war auch der König schon drinnen, und das Bad schien ihm angenehm. Aber nun blies das Roß aus dem rechten Nasenflügel auf einmal so viel Glut in den Kessel, daß die Milch gleich hoch aufsiedete und der König verbrannte.

Da lächelte die Meerjungfrau und dachte, der Junge werde nun ihr Gemahl werden, doch er ging hin und nahm die Schwester des Königs; die stolze Meerjungfrau aber, die ihn hatte verderben wollen, machte er zu ihrer Dienstmagd. Als er nun Herr und König war, sagte das Roß zum Jungen: »Noch einen Dienst kann ich dir tun, setze dich auf mich und nimm den Fohlenhengst und alle Stuten und bringe dir den Schatz her.« Da zog der Knabe hin und brachte den unermeßlichen Schatz, der unter dem Baum lag. Als das geschehen war, sprach das Roß: »Von nun an bedarfst du meiner nicht«, und verschwand vor den Augen des Jungen. Wahrscheinlich zog es wieder zu jenem alten Mann, seinem Herrn; die Meerjungfrau aber, ihren Fohlenhengst und ihre Stuten behielt der neue König immerfort in seinem Dienst und war reich und mächtig, glücklich und zufrieden.

36. Undank ist der Welt Lohn

Einem Bauern lag einmal beim Ackern ein Stein im Wege, und als er ihn aufhob, da zischte eine Schlange darunter hervor, die unter dem Steine eingeklemmt gelegen hatte. Sie fuhr sogleich auf ihren Retter los und wollte ihn umbringen und sagte, daß Undank der Welt Lohn wäre. Der Bauer sagte aber, Dank sei der Welt Lohn, und so beschlossen sie, drei Stimmen darüber zu hören, und wenn alle sagen würden, daß Undank der Welt Lohn sei, solle die Schlange den Bauersmann töten.

Da sie noch so sprachen, kam ein altes Pferd daher, das hatte seinem Herrn lange Jahre gedient und war von ihm verstoßen und sagte, Undank sei der Welt Lohn. Darauf kam ein alter blinder Hund in der Furche herabgegangen, der war auch von seinem Herrn fortgejagt und sagte wieder, Undank sei der Welt Lohn. Da triumphierte die Schlange schon, aber es kam jetzt ein Fuchs, der sagte, es käme auf die Umstände an, ob Dank oder Undank der Welt Lohn sei, und ehe er darüber urteilen könne, ob für diesmal die Schlange dem Bauer Dank schuldig sei, müßte diese sich nochmals unter den Stein legen, den der Bauer von ihr abgewälzt habe. Das tat die Schlange auch, und als sie wieder unter dem Steine lag, drückten ihr der Bauer und der Fuchs sogleich mit dem Steine den Kopf ein.

Da war der Bauer über seine Rettung hoch erfreut, dankte

dem Fuchs vielmals und sprach, er solle sich von ihm einen Lohn ausbitten. Da sprach der Fuchs: »Nun denn, so erlaube, daß ich einmal auf deinen Hühnerhof komme und dort ein paar Hühner, Tauben und Gänse verzehre.« Das war der Bauer zufrieden, und der Fuchs stellte sich richtig ein.

Als nun aber die Söhne des Bauern sahen, wie der Fuchs unter ihrem Federvieh wirtschaftete, sprachen sie nach einer Weile: »Das geht doch nicht an, daß der Fuchs unsere ganzen Hühner, Tauben und Gänse totbeißt, und wir stehen ruhig dabei und sehen ihm zu.« Während der Fuchs seine Jagd auf dem Bauernhofe fortsetzte und von dem Taubenschlage nach dem Hühnerstall rannte, gingen sie in den Gänsestall, steckten eine fette Gans in einen Sack und banden sie darin fest. Als der Fuchs in den Gänsestall kam und in dem Sacke recht verlockend die fette Gans ihr »Pile! Pile!« rufen hörte, kroch er zu ihr in den Sack, sogleich aber drangen die Söhne des Bauern herein, banden den Sack zu, worin eben der Fuchs erst der Gans den Kopf abgebissen hatte, schlugen den Fuchs in dem Sacke tot, verzehrten die fette Gans selbst zum Abendbrote; und so hatte der Fuchs zuletzt doch erfahren, daß Undank der Welt Lohn sei.

37. Die schönste Braut

Vor vielen Jahren lebte ein Bauer, der hatte drei Söhne; der erste hieß Christoph, der zweite Philipp und der dritte Gottschalk. Mit den zwei älteren war der Vater recht zufrieden, denn sie waren fleißig und halfen ihm in der Wirtschaft, wo sie nur konnten; aber der jüngste war auch der blümste (dümmste). Den ganzen lieben Tag steckte er hinter dem Ofen, und niemand konnte ihn recht leiden, obgleich er keinem was zuleide tat. Er war vielleicht gar nicht so dumm; aber was er angriff, machte er den Brüdern zu schlecht, und so tat er halt gar nichts mehr.

Als der Vater alt wurde, wollte er seine ganze Wirtschaft unter seine Söhne teilen. Da konnte er es aber keinem recht machen. Der wollte dies, der andere das, der dritte lamentierte und sagte, er pfeife dem Vater auf seine ganze Wirtschaft. »Nun, wartet nur«, sagte der Vater, »ich werde euch schon drankriegen; wenn's euch so nicht gebacken war, so muß es anders sein. Wer mir«, fuhr er fort, »die schönste und reichste Braut bringt, der bekommt die ganze Wirtschaft, die andern Dickschädel kriegen gar nichts, und damit basta.«

Als das der Jüngste hörte, kam er hinterm Ofen hervor, wusch sich sein Gesicht sauber und schnürte sein Bündel. Seine Brüder lachten hellauf und sagten: »Du dummer, einfältiger Nesthocker, du willst es mit uns aufnehmen? Bleib nur lieber gleich daheim und schlag die Schaben hinterm Ofen tot, daß sie deinen Faulpelz nicht auffressen.«

Der ließ sich aber nicht abschrecken, sondern wanderte mutig in die Welt hinaus, und die beiden andern folgten ihm. Gottschalk hatte nichts in seinem Säckel als ein Stück Schwarzbrot, Ziegenkäse und sein Sonntagsgewand. So wanderte er nun immerzu und kam nach einer Weile in einen großen Wald, in dem allerlei schöne Blumen und Kräuter waren. Er setzte sich an einem Bründl (Brunnen) nieder und aß. Da kam ein kleines Männlein zu ihm, das hatte einen langen grauen Kapottrock an und ein grünes Käppchen auf und bat den Gottschalk, daß er es mitessen ließe. »Ja«, sagte der, »setz dich nur her, wenn dir's nicht zu schlecht ist.«

Als sie gegessen hatten, fragte ihn das graue Mandl, wo er hinwolle, und Gottschalk erzählte, was sein Vater gesagt habe, und daß es ihm zu Hause herzlich schlecht gegangen sei, da ihn niemand habe ausstehen können. »Das tut mir aber leid«, sagte der Graurock und fing an, mit einem Kamm dem armen Gottschalk das Haar zu kämmen, und es krauste sich in allerlei schöne Locken um den Kopf. Dann hieß ihn das Mandl sein Sonntagsgewand anziehen, und Gottschalk war jetzt ein hübscher Junge. Als er so herausgeputzt war, zeigte ihm das Mandl einen Weg, den solle er gehen, sagte es, und verließ ihn. Gottschalk stapfte nun wacker auf dem Wege weiter, bis der Abend kam. Auf einmal hörte er einen Gesang; der klang ihm so lieblich, daß er nicht wußte, wie ihm geschah; er ging schneller und sah einen herrlichen Garten, dessen Tür sperrangelweit aufstand. Er überlegte nicht lange und ging schnurstracks hinein; aber wie staunte er, als er in einer Laube des Gartens, aus welcher der Gesang kam, ein wunderschönes Mädchen sah. Er näherte sich der Laube und guckte durch eine kleine Öffnung zwischen den Blättern hinein, aber das Mädchen hatte das Geräusch gehört und sah nach, wer da sei. Als sie den Jungen erblickte, erschrak sie gar sehr, aber Gottschalk ging treuherzig auf sie zu und erzählte ihr, wie er hierhergekommen sei. Bald wurde sie zutraulicher, und sie kamen ins Plaudern miteinander; und nicht lange, so eröffnete er ihr auch, daß sie ihm gar so gut gefalle, und fragte sie, ob sie nicht seine Braut sein möchte, er wolle zeitlebens bei ihr bleiben. Da kam aber die Mutter des Mädchens, eine mächtige Fee, hinzu, und als sie einen fremden Burschen bei ihrer Tochter sah, war sie recht fuchtig. Indessen, der hübsche Junge gefiel ihr doch, und wie er ihr sagte, daß er ihr Schwiegersohn werden wolle, willigte sie ein, und frischweg wurde Hochzeit gehalten. Die ganze Freundschaft wurde dazu eingeladen, und auch der Tod und die Todin waren zugegen. Ihre Kleider flimmerten von Gold und Edelgestein, so daß Gottschalk nicht wußte, wohin er die Augen wenden sollte. Und das gute Essen, das schmeckte ihm erst! So gute Wuchteln hatte seine Mutter freilich nicht backen können; er hieb aber auch ein, wie wenn er sieben Wochen fasten sollte, und fast hätte er sein schönes Weib darüber vernachlässigt.

Doch nicht umsonst sagt ein altes Sprichwort: »Wenn dem Esel zu wohl ist, geht er aufs Eis tanzen.« Schon lange war Gottschalk neugierig, was seine Frau alle acht Tage in der dunklen Kammer mache, in die sie sich dann einschloß. Die

Neugier plagte ihn so sehr, daß er ihr keine Ruhe ließ und ihr Tag für Tag anlag, sie möge es ihm doch sagen. Doch sie tat es nicht und erwiderte, ihre Glückseligkeit würde ein Ende haben, wenn er es erführe. Einige Zeit gab er Fried, aber es dauerte nicht lange. Als sie sich wieder einmal einschloß, da schlich er sich nach und schaute zum Schlüsselloch hinein; aber was sah er da! Sein Weib war vom Schenkel bis zu den Zehen mit Haaren bewachsen und hatte statt der Beine dürre Bocksfüße. Eiskalt lief's ihm übern Buckel, als er gewahr wurde, daß er ein solches Ungeheuer zur Frau habe. Doch tröstete er sich bald wieder und dachte: ›Es dauert ja nicht lange, und dann ist sie wieder so schön wie früher.‹ Diesmal hatte sich unser Gottschalk aber verrechnet. Die Stunde, da sie gewöhnlich aus der Kammer trat, war schon lange vorüber, und wer nicht kam, das war seine Frau. Er ging nun an die Tür horchen, da hörte er ein Schluchzen und Jammern, das wohl einen Stein hätte erweichen können.

Er konnte sich nicht länger halten und riß die Tür auf. »Ja, komm nur jetzt zu mir«, sprach sie zu ihm, »und schau, was du gemacht hast. Ich muß nun in dieser Gestalt verbleiben, und mit unserm Glück ist's aus, rein aus; und das alles nur deshalb, weil du mich in dieser Gestalt gesehen hast. Jetzt mußt du fort von hier, und nur durch wahre Liebe und Treue kannst du wiedergutmachen, was du mir angetan hast.« Gottschalk stand ganz bestürzt da, als er das vernahm. Dann wollte er seine Frau noch einmal umarmen, doch als er seine Hände nach ihr ausstreckte, fühlte er sich zurückgestoßen, und alles war verschwunden: Schloß, Garten, Laube, alles war verschwunden. Nun fing er an zu jammern, aber es half nichts, er hatte sich die Suppe selbst eingebrockt. Wie Gottschalk sich nun ratlos umschaute, da stand auf einmal das graue Mandl wieder vor ihm. »Du hast dir eine schöne Geschichte auf den Hals gebunden durch deine Neugier, aber ich will dir aus der Not helfen; nur hübsch lange wird es dauern. Du mußt vor allen Dingen darauf ausgehen, daß du das Schloß deines Weibes findest und durch Ausdauer deine Fehler wiedergutmachst; zeigen darf ich dir den Weg dahin nicht, aber suche die Sonne auf, die weiß dir vielleicht etwas darüber zu sagen.« Und wie der Alte gekommen war, so verschwand er auch wieder. Gottschalk aber machte sich mit frischem Mute auf den Weg, denn er hoffte, bald werde wieder alles gut sein. So wanderte er fort, immer weiter und weiter, bald hin, bald her, aber die Sonne konnte er nicht finden. Ein Jahr war er schon umhergezogen, ohne zu seinem Ziele zu gelangen, und hatte weder Speis' noch Trank zu sich genommen – denn die ganze G'schicht ist sunder- und wunderbar. – Eines Tages, als ihn das vergebliche Wandern allgemach verdroß und er eben zu sich selbst sprach: »Ei, Gottschalk, das Männlein wird dich wohl zum Narren haben«, da ward ihm auf einmal immer wärmer und wärmer, es flimmerte und blitzte durch den Wald, in dem er gerade ging, und je weiter er kam, desto mehr näherte er sich dem Lichte, desto heißer wurde es ihm. ›Das kann wohl die Sonne sein‹, dachte er. Richtig, sie war es. In einem durchsichtigen Häuschen von hellem Glase saß die Mutter Sonne und drehte ein Rädchen, mit dem sie die schönsten Goldfäden spann. Ihr Kopf glitzerte und brannte lichterloh wie das größte Ofenfeuer, und sie tat doch nichts dergleichen. Sie hatte einen purpurroten seidenen Rock, der gegen unten immer dunkler wurde, und an den Füßen kohlschwarze Schuhe. Gottschalk hätte gern die Sonne gefragt, aber er konnte nicht zu ihr hingehen, denn es war dort unerträglich heiß. Da stellte er sich, so nahe er konnte, hinter einen Strauch und schrie hinüber zur Sonne, ob sie ihm nicht sagen könne, wo das Schloß seiner Frau sei, es liege mitten im Walde in einem gar schönen Garten, dessen Bäume trügen goldene Äpfel und silberne Blüten, und das Dach des Schlosses sei aus purem Golde.

Die Sonne sprach zu ihm: »Lege dich nur unter einen Baum und schlafe dich aus, dieweil will ich überall hinscheinen und dir dann sagen, wo du hinzugehen hast.« Die

Sonne fing nun an zu sprühen und zu flammen, wie wenn man frisches Holz in einen Ofen wirft; sie leuchtete in jeden Winkel, aber sie sah kein Schloß mit goldenem Dach. Als sie nun dem Gottschalk sagte, daß sie nichts gefunden hätte, war er sehr traurig und verzweifelte schier. »Doch halt«, sprach da die Sonne, »ich scheine nur bei Tag, mein Vetter, der Mond, scheint bei Nacht, vielleicht weiß es der. Geh nur auf dem Weg rechts immer fort, du wirst schon hinkommen«.

Es verging manche Woche, und er mußte mancherlei Mühsal erdulden, bevor er dahin gelangte. Eines Abends bemerkte er ein weißes Silberlicht in der Ferne, und als er näher kam, sah er ein Glashäuschen, darin saß ein alter Mann, der hatte silberweiße Haare und einen Bart von gleicher Farbe, einen grauen Kapottrock mit silbernen Knöpfen und Schuhe mit silbernen Schnallen. In der kleinen Stube war eine Menge silberne Fliegen, die schöner als Johanniswürmchen leuchteten und dann und wann in die Luft hinausschwirrten und flimmerten. Aber kalt war's dort, daß Gottschalk am ganzen Leibe klapperte wie eine Mühle. Als ihn der Graubart erblickte, fragte er ihn verwundert, was er denn wolle. Da erzählte ihm Gottschalk alles und bat ihn, er möge doch sehen, wo das Schloß sei, in dem sein liebes Weib wohne, und er beklagte und verwünschte dabei seine frühere Dummheit und Neugier. »Sei nur still«, sagte der Mond, »ich will alles tun, was ich nur kann. Lege dich schlafen, ich will unterdessen überall hinscheinen.«

Nun leuchtete der Mond, was er konnte, und leuchtete in jeden Winkel hinein, und die Käferchen flimmerten frisch drauflos, wie wenn's die Welt gelten sollte. Aber unser lieber Mond fand halt auch keine Spur von dem Schloß. Als er das dem armen Gottschalk sagte, wurde der sehr traurig und fing bitterlich an zu weinen. »Sei nur still«, sagte der Mond, »ich will dir einen Rat geben: Geh zu meinem Gevatter, dem Winde, richte ihm einen Gruß aus und erzähle ihm deinen Kummer; er pfeift durch alle Löcher, so wird er wohl auch dort schon geblasen haben. Geh nur immerzu dorthin, woher der Wind bläst. Du wirst ihn schon antreffen.« So mußte der arme Gottschalk nun abermals auf die Suche gehen. Er wanderte immer dem Winde entgegen, aber er brauchte viele Tage, bis er zur Wohnung des Gevatters kam. Endlich gelangte er an einen Berg, der hatte vier große Löcher, eins oben, eins unten, eins rechts und eins links, und inwendig war der Wind, der blies bald aus diesem Loch, bald aus jenem.

Gottschalk wollte in das untere Loch hineingehen, da blies aber der Wind gerade heraus und schleuderte ihn weit weg, so daß dem armen Jungen alle Knochen weh taten und er laut schrie. Da guckte der Wind heraus und sah ihn dort liegen und fragte ihn, was er da zu suchen habe. Gottschalk richtete den Gruß vom Monde aus, darauf wurde der Wind freundlicher und nötigte ihn, in die Stube hereinzukommen. Sie gingen miteinander durch einen finsteren Gang und kamen in eine Stube, in der ein Öllämpchen brannte. Jetzt konnte Gottschalk den Herrn Gevatter erst näher betrachten; er hatte ein grünes Mäntelchen an, das ihm bis an die Fersen reichte, und ein ebensolches Käppchen auf. Statt des Bauches hatte er einen Blasebalg, mit dem er bald zu diesem, bald zu jenem Loche herausblies. Gottschalk setzte sich auf eine Bank, die in der Stube stand, und erzählte dem Winde alles; er bat ihn, er möchte sich doch seiner annehmen und ihm bald wieder zu seinem Weibe verhelfen. »Wenn sie wirklich auf der Welt ist«, sagte der Wind, »so werde ich sie schon zu finden wissen; ich darf nur meine Gesellen rufen, die blasen in alle Weltgegenden; einer von ihnen wird sie doch schon gesehen haben.« Er pfiff nun zu einem Loche hinaus, daß dem Gottschalk die Ohren gellten. Bald kam ein ganzer Klub von solchen Kerlen daher, aber keiner wußte etwas von einem Schlosse mit goldnem Dach. Da sprach der Wind: »Jetzt hab' ich nur noch einen einzigen buckeligen Gesellen auf der Wanderschaft, wenn's der nicht weiß, so kann ich dir nicht helfen«, und noch einmal pfiff er zu allen Löchern hinaus. Gottschalk glaubte, es sei nun aus, und gab sich schon darein, von seinen Brüdern ausgelacht und verhöhnt zu werden, da kam der Bucklige an. Der Meister fragte ihn, ob er ein mit Gold gedecktes Schloß gesehen habe, das in einem wunderschönen Garten liege und worin eine verzauberte Frau sei. »Ich komme soeben da her«, sagte der bucklige Geselle, »und habe dort Wäsche getrocknet. Es war ein hübsches Mädchen im Garten, aber sie hatte greuliche Bocksfüße.« Gottschalk sprang vor Freude wie ein junger Stör, als er das hörte, und bat den Wind, er möge ihn durch seinen Gesellen hinführen lassen, damit er doch bald zu seiner Frau komme. Der Wind befahl nun dem Buckligen, den jungen Burschen hinzubringen, und der Geselle tat es auch gern. »Ja«, sagte er, als sie aus dem Berge herausgegangen waren, »wirst du mir auch nachkommen können? Denn es ist viele Meilen weit.«

Das wäre nun freilich schwer gewesen, aber der Bucklige wußte gleich Rat, er nahm den Gottschalk, ohne ihn viel darum zu fragen, buckelkraxen und ließ sich so von seinem Meister fortblasen. Zwei Tage schwebte Gottschalk auf dem Rücken seines Gefährten zwischen Erde und Himmel, und erst am dritten Tage ließen sie sich nieder. Gottschalk wollte sich bei seinem Träger bedanken, denn er erkannte, daß er an Ort und Stelle war; doch als er sich nach ihm umschauen wollte, erblickte er statt des Windgesellen sein Weib, das mit Tränen in den Augen vor ihm stand. Wie staunte er, als er sie näher betrachtete und sah, daß sie ganz so wie andere Menschen gewachsen war und weder Bocksfüße noch irgendeine andere Ungestalt hatte. Sie umarmte und küßte ihn und sprach: »Schau, was du durch deine Neugierde verdorben hattest, das hast du durch deine Liebe und Ausdauer wiedergutgemacht; wir sind nun glücklich und werden wieder froh und selig leben.«

Da erinnerte sich Gottschalk auch seines Vaters und seiner

Brüder und des Grundes, warum er aus seinem Elternhause gewandert war, und bat seine Frau, daß sie mit ihm nach seiner Heimat reiste, und sie willigte gerne ein. Sie kleidete nun ihn und sich aufs prächtigste, und die Mutter, die inzwischen auch herbeigekommen war, versprach, einen Wagen herbeizuschaffen. In wenigen Augenblicken kam auch einer durch die Luft geflogen, der war ganz aus Gold und mit sechs milchweißen Schimmeln bespannt. Sie stiegen nun ein, nachdem sie von der Mutter Abschied genommen hatten, und fort ging's im Galopp. Bald waren sie in der Heimat Gottschalks angelangt; da ließen sie den Wagen vor dem Hause des Vaters halten. Die Leute schauten alle zu den Fenstern hinaus und gafften sie an; daß es der Gottschalk von ehedem sei, fiel ihnen freilich nicht ein. Auch der Vater und die Brüder schauten heraus und erschraken nicht wenig, als der schöne Wagen bei ihrem Hause hielt und sie den Gottschalk erkannten. Der alte Bauer traute sich kaum, ihn anzureden, doch Gottschalk eilte auf den Vater zu, umarmte ihn herzlich und zeigte ihm dann seine schöne Frau. Der Alte freute sich über alle Maßen. Jetzt hatte der Dümmste die schönste und reichste Braut und sollte nun die ganze Wirtschaft erhalten, so glaubten die Brüder. Gottschalk aber sagte: »Ihr habt zwar sehr übel an mir getan und mich beschimpft und verhöhnt, aber ich verzeihe es euch; die Wirtschaft schenke ich euch ganz und gar, denn ich habe genug und bedarf dessen nicht.« Darüber freuten sich die Brüder und dankten ihm. Sein Weib blieb auch nicht zurück und schenkte ihren Schwägerinnen viele schöne Kleider und allerlei Edelsteine.

Gottschalk reiste dann wieder mit seiner Frau ab, nachdem er seinen Brüdern seine Erlebnisse erzählt und ihnen versprochen hatte, sie alle fünf Jahre zu besuchen; den Vater aber nahm er mit, und nun lebten sie alle vergnügt.

Aus ist das Liedl, aus ist der Tanz,
Madl, bring Blumen, wind mir 'nen Kranz.

38. Das Schneiderlein und die drei Hunde

Ein armes Schneiderlein hatte zu Hause nichts zu verlieren und ging auf Reisen. Es war schon lange marschiert, da kam es eines Tages in einen großen dunkeln Tannenwald, und es pfiff und sang und war von Herzen vergnügt. Als es eine kurze Strecke in dem Walde gegangen war, kam ein großer Hund dahergelaufen, der bot dem Schneiderlein die Zeit und fragte, ob es ihn mitnehmen wolle. »Ich will dich schon mitnehmen, wenn du hinter mir herlaufen und mir untertänig sein willst.« – »Das will ich«, sprach der Hund und lief hinter ihm drein.

Als das Schneiderlein ein Stück Wegs weitergegangen war, kam ein zweiter Hund gelaufen, bot ihm die Zeit und fragte, ob es ihn mitnehmen wolle. »Eigentlich habe ich mit einem Hunde schon zuviel«, sprach das Ritterlein von der Elle, »wenn du mir aber untertänig sein willst und gehorsam, so magst du hinter mir herlaufen, dem andern zur Gesellschaft.« – »Das will ich«, sprach der Hund.

So ging's weiter und weiter, und als die drei Reisenden wieder ein Stück Wegs hinter sich hatten, kam ein dritter Hund, der fragte auch, ob ihn das Schneiderlein mitnehmen wolle. Da stutzte es aber, denn es wußte schon nicht, wo es das Futter für die zwei andern Hunde hernehmen sollte, doch dachte es zuletzt: ›Aller guten Dinge sind drei‹, und sprach zu dem Hunde: »Wenn du mir treu und untertänig sein willst, magst du in Gottes Namen hinter mir herlaufen wie die beiden andern.«

Gegen Abend kamen sie aus dem Walde und sahen ein Dorf vor sich, und das erste Haus war ein Wirtshaus. Sprach das Schneiderlein: »Hunger haben wir alle vier, aber wie ein Sechskreuzerstück aussieht, habe ich seit langem vergessen.« – »Nichts weiter als das«? sagte der erste Hund. »Geh du nur hinein und bestelle für vier Mann Essen und Trinken und kümmere dich nicht um das Bezahlen; dafür laß du uns sorgen.« Dem Schneiderlein wuchs der Mut, als es das hörte, es schwang seine Elle dreimal lustig überm Kopf, ging in das Wirtshaus, schlug mit der Faust auf den Tisch und bestellte vier Gedecke und Essen, soviel das Haus vermöchte, Gesottenes und Gebratenes nebst Wein und Bier. Dann warf es sein Felleisen und seinen Hut auf die Bank, die Elle in die Ecke und sich selbst in einen bequemen Lehnstuhl.

Als nun das Essen aufgetragen war, ging die Tür auf, und die drei Hunde stürzten herein, sprangen jeder auf einen Stuhl und fingen an zu essen und zu trinken wie die Menschen, so daß die Wirtin über solchen Verstand die Hände überm Kopf zusammenschlug. Nach dem Essen sprach der eine Hund: »Nimm den Weg zwischen die Beine, laß aber alles hier liegen, es kommt dir nichts fort.« Da ging das Schneiderlein mir nichts, dir nichts weg, und die Wirtin ließ ihn gehen, weil er sein Felleisen, seinen Hut und seine Elle zurückgelassen. ›Er wird gleich wiederkommen‹, dachte sie, ›und will sich nur im Ort umsehen.‹ Sobald die Wirtin aber den Rücken gewandt hatte, packte jeder der Hunde eins der drei Stücke, sprangen zur Tür hinaus und brachten sie ihrem Herrn; da hatte die Wirtin das Nachsehen.

Guten Mutes zog das Schneiderlein weiter; einer der Hunde lief voraus und zeigte den Weg. Bald kamen sie wieder in den Wald, und nachdem sie schon manchen Schritt und Tritt darin getan hatten, an einen freien Waldplatz, worauf ein großes Schloß stand. Da blieb der Hund stehen. »Hast du Mut?« fragte er das Schneiderlein. »Mehr als Geld«, war die Antwort. »Dann binde uns an ein Seil, führe uns in das Schloß und verkaufe uns den Riesen, die da wohnen. Trau ihnen aber nicht, denn sie sind tückisch und arglistig. Damit du vor ihnen sicher bist, wollen wir dir jeder etwas schenken, das wende wohl und klug an, und dein Glück ist gemacht.« Sprach's und gab ihm ein Salbentöpfchen. Wenn man mit der Salbe einen Stuhl bestrich, dann blieb jeder daran hängen, der sich daraufsetzte. Der zweite

Hund gab ihm ein Stöcklein, wen man damit aufs Haupt schlug, der tat keinen Pieps mehr. Der dritte gab ihm ein Hörnlein. »Wenn du in Not kommen solltest, blase nur darauf, und wir werden dir helfen.« – »Ich muß erst versuchen, ob ich auch blasen kann«, sagte das Schneiderlein, »wenn man so harte Arbeit tut wie ich, dann wird einem der Atem kurz«, setzte das Hörnlein an den Mund und blies hinein. Ach was das für einen Klang hatte! Es war aber nicht des Schneiderleins Atem, der ihm den Klang gab, denn das war so dünn wie eine Nähnadel.

Es steckte jetzt getrost die drei Stücke ein, band die Hunde an und ging mit ihnen in das Schloß. Da kam es oben an der Treppe in einen weiten und hohen Saal, wo die Riesen an einer langen Tafel saßen und aus Bechern tranken, deren jeder wohl ein Viertelohm faßte. Das Schneiderlein zog höflich seinen Hut und fragte, ob die Herren Riesen nicht drei schöne Hunde kaufen wollten. Sie beschauten die Hunde rechts und links und sprachen: »Wir behalten sie und wollen sie gleich in den Stall sperren, warte du derweil, bis wir wiederkommen, dann bekommst du dein Geld.« Dabei lachten sie boshaft einander zu und warfen Blicke auf das Schneiderlein, von denen es sich nichts Gutes versprach. ›Pfeift der Wind aus dem Loche‹, dachte der Ritter von der Elle, ›dann will ich euch schon den Spaß verderben‹, und er kletterte an allen Stühlen hinauf und schmierte sie mit seiner Salbe ein, oben und unten, vorn und hinten. Das war sein Glück, denn draußen hielten die Riesen Rat, wie sie das Schneiderlein mit Ehren totmachen und fressen könnten; es sei zwar ein magerer Bissen, aber Menschenfleisch war ihnen etwas Neues, und sie wollten vorliebnehmen, bis sie etwas Besseres bekämen.

Als sie wieder hereinkamen, sprachen sie, das Schneiderlein habe sie im Handel betrogen, die Hunde seien nicht soviel wert, und es müsse gefressen werden. Sprach das Schneiderlein: »Ich will gern sterben, wenn ich es verdient habe, aber nicht ohne Urteil und Recht. Haltet zuvor ordentlich Gericht über mich, dann will ich mich verteidigen.« Die Riesen lachten, rückten die Stühle in einen Halbkreis und sprachen: »Nun fang an, du Erdwurm.« – »Setzt euch alle zuvor, wie es einem ordentlichen Gericht gebührt.« Als sie dies getan hatten, nahm das Schneiderlein einen Schemel, setzte sich vor sie hin, stopfte sich eine Pfeife und blies die dicken Wolken so vor sich hin. »Wird's bald?« fragten die Riesen. »Ei, ich bin schon fertig, nun mögt ihr euch verteidigen, denn ich verurteile euch alle zum Tode.« Die Riesen lachten anfangs, als ihnen die Sache aber zu lange dauerte, wollten sie aufstehn und das Schneiderlein fassen, da klebten sie alle fest, und keiner konnte ein Glied rühren. »Nun, wird's bald?« fragte das Schneiderlein und lachte, nahm sein Stöckchen und schlug sie alle auf die Köpfe, einen nach dem andern, da fielen sie hin und waren tot.

»Jetzt will ich von der Arbeit ausruhen«, sprach das Schneiderlein zu sich selbst, aber darin betrog es sich gewaltig. Im selben Augenblick hörte es, wie einer mit schweren Tritten die Treppe heraufkam, die Tür flog auf, und herein schritt ein Riese, noch einmal so groß als die andern. Das war aber der Riesenkönig, der eben von der Jagd nach Hause kam. Als dieser sah, was vorgegangen war, fragte er das Schneiderlein, wer die Riesen ermordet habe. »Das hab' ich getan.« – »Hast du das getan, dann bekommst du deine Strafe dafür. Zum Fressen bist du zu schlecht, aber als Spatzenscheuche kannst du allenfalls dienen, darum will ich dich in dem Garten aufhängen.« Sprach's, hob das Schneiderlein bei den Beinen auf und trug es in den Garten, wo ein hoher Galgen stand. Er setzte es oben drauf und fing an, die Schlinge zu drehen. Da besann es sich kurz, zog sein Hörnlein aus dem Sack und blies aus Leibeskräften hinein, daß es zehn Meilen in die Runde scholl. Mit einemmal standen die drei Hunde da und hatten ihre zerrissenen Ketten am Halse. »Schneiderlein, steig herab!« sprach der erste. »Ich darf nicht, der da will mich hängen.« Da fielen die drei Hunde über den Riesenkönig her und zerrissen ihn in tausend Stücke.

Das Schneiderlein warf sich vor lauter Freude den Hunden an die Hälse und tanzte wie besessen auf einem Bein herum. Der erste von den Hunden aber sprach: »Jetzt ist das Schloß von den Riesen befreit und erlöst, nun mußt du uns dreien noch die Köpfe abhauen.« – »Das tue ich nun und nimmermehr«, sprach das Schneiderlein. »Dann zerreißen wir dich wie den Riesen.« – »Ja, wenn ihr durchaus nicht anders wollt, dann tue ich euch den Gefallen.« Er holte ein Schwert, faßte es mit beiden Händen und schlug den Hunden die Hälse ab, drehte sich dann aber schnell herum, denn er konnte kein Blut sehen. Da rief es hinter ihm seinen Namen, erschrocken fuhr das Schneiderlein auf, und siehe, da stand ein König vor ihm mit zwei wunderschönen Prinzessinen. Der sprach: »Du bist unser Erlöser, denn wir waren die drei Hunde und waren verwünscht. Zum Dank dafür gebe ich dir eine von meinen Töchtern zur Frau.« Da griff das Schneiderlein rasch nach der Ältesten, und sie gingen zum Schlosse. Aller Zauber, welchen die Riesen darüber gesprochen, war gelöst, und die Zimmer wimmelten von Hofherren und Dienern. Als sie aber durch die Fenster schauten, war der ganze Wald zu einer prächtigen Stadt geworden, die kleinen Bäume zu Häusern, die großen zu Kirchen und Kirchtürmen, die Vögel zu allerlei fleißigen Menschen, und Jubel und Freude war, wohin man schaute. Am folgenden Tag wurde die Hochzeit gehalten, und wären du und ich dazugekommen, denk mal, was wäre das für Freude gewesen!

39. Die Prinzessin von Tiefental

Zur Zeit, da es noch schöner in der Welt war als heutzutage, geschah es, daß ein Wachtmeister des Soldatenlebens müde wurde und desertierte. Im ersten Wirtshaus über der Grenze machte er halt, denn er war scharf geritten und müde, das war sein Pferd auch. Er saß nicht lange im Zimmer, da trabte etwas über die Landstraße daher und hielt vor dem Wirtshaus; als er herausschaute, waren es zwei Husaren. Nun war guter Rat teuer, denn er glaubte, die kämen, ihn einzufangen; er sagte rasch dem Wirt, daß er Deserteur sei, und der gute Wirt versteckte ihn in die Nebenkammer. Die zwei Husaren traten herein und fragten: »Ist nicht ein Wachtmeister von den Husaren hier eingekehrt?« – »Daß ich nicht wüßte«, erwiderte der Wirt. »Hier hilft kein Leugnen«, sprachen die Husaren, »wir haben sein Pferd im Stalle gesehen, und er muß hier sein, aber er mag nur hervorkommen, denn wir sind auch desertiert.« Als der Wachtmeister das hörte, sprang er aus der Kammer heraus und rief: »Dann seid willkommen, ihr Brüder«, und sie waren alle drei lustig und guter Dinge. Endlich sprach der Wachtmeister: »Es ist nicht gut, daß wir drei zusammen weiterreiten, geht ihr voraus, ich komme nach.« Das geschah, die Husaren machten sich auf den Weg, und eine Viertelstunde nachher folgte der Wachtmeister.

Er war schon eine Stunde weit geritten, da traf er auf zwei Holzhacker und fragte sie, ob nicht zwei Husaren vorbeigeritten wären. »Jawohl, vor einer Stunde«, war die Antwort. Der Wachtmeister ritt noch schärfer zu, und als er wiederum eine gute Strecke weiter war, fand er ein paar Leute am Wege, welche Steine klopften. »Sind nicht zwei Husaren hier vorbeigeritten?« fragte er. »Jawohl, vor etwa zwei Stunden«, sprachen die Leute. Da ritt er noch besser zu und sah bald einen Dreiweg vor sich. Was nun machen? ›Ich will mein Pferd gehen lassen‹, dachte er, ›vielleicht weiß das besser den rechten Weg als ich.‹ Das Pferd lenkte eben rechts in den Wald ein und ging immer und immer zu, und es wurde immer dunkler und dunkler, so daß man keine Hand vor den Augen sah. Plötzlich stutzte das Pferd und wollte nicht weiter.

Der Wachtmeister stieg ab und untersuchte den Boden, da fand er, daß er am Rande eines tiefen Grabens stand. Er ging zurück, band den Gaul an den nächsten Baum und legte sich nieder, um den Tag abzuwarten und dann zu sehen, was das sei. Nach einiger Zeit ging der Mond hinter den schwarzen Wolken hervor, und siehe, da lag ein großes schwarzes Schloß vor ihm, und an einem Fenster brannte ein helles Licht. Er setzte sich wieder zu Roß und ritt um das Schloß herum. Als er an die Brücke kam, wurde sie niedergelassen, und er trabte in den Schloßhof hinein. Alsobald traten viele schwarze Diener auf ihn zu, nahmen sein Roß und führten es in den Stall; ihn aber führten sie in das Schloß und in einen Saal, der war ganz schwarz ausgeschlagen. Da war eine prächtige Tafel gedeckt, und Speisen aller Art standen darauf, nur waren die Schüsseln und Teller, Gabeln und Messer alle schwarz. Das kümmerte den Wachtmeister nicht, denn er war müd und hatte argen Hunger, und so ließ er es sich ganz vortrefflich schmecken.

Gegen elf Uhr ging die Tür auf, und herein trat eine schöne Jungfrau in königlichen Kleidern; sie war aber ganz schwarz und hatte zwei Kammerjungfern zu ihrer Seite, eine zur Rechten, die andere zur Linken. Sie grüßte ihn freundlich und sprach: »Auf dich habe ich schon viele hundert Jahre gewartet, denn du sollst mein Erlöser sein. Willst du drei Nächte hier schlafen und schweigen und dich nicht fürchten, was auch um dich vorgehen mag, dann hast du das Schwerste vollbracht, und wir werden glücklich sein auf ewige Zeit.« – »Ei, das will ich schon«, sprach der Wachtmeister. »Wer so lange gedient und so viel Pulver gerochen hat wie ich, der hat verlernt, was Fürchten heißt.« – »Rühme dich nicht zu früh«, sprach die Prinzessin, lächelte ihm holdselig zu und ging mit ihren Kammerjungfern fort. Der Wachtmeister war aber im neunten Himmel, denn die Prinzessin war gar zu schön und sein Herz in heller Liebe zu ihr entbrannt. Er warf sich ganz glückselig auf das schwarze Bett, welches nebenan in einer prächtigen schwarzen Schlafkammer stand; ans Schlafen aber dachte er nicht.

Als es zwölf Uhr schlug, tat es einen Schlag, als sollte die Welt untergehn. Zugleich flog die Tür auf, und drei schwarze Männer traten herein und setzten sich an den Tisch. Einer von ihnen zog Karten aus dem Sack, mischte sie und sprach: »Drei sind wir, aber zum Spiel gehören vier.« – »Der vierte ist der Wachtmeister, der dort in der Kammer auf dem Bette liegt«, sprach der andere. »Ich will ihn holen, er muß mitspielen«, sagte der dritte, ging zu dem Bette und lud den Wachtmeister zum Spiele ein. Der stand auf, setzte sich zu ihnen und spielte mit, schlug kräftig mit der Faust auf den Tisch, wenn er auftrumpfte, gewann und verlor, aber er sprach kein Wort. Die andern gaben sich zwar alle Mühe, ihn zum Sprechen zu bringen, sie fragten ihn allerhand, schimpften ihn, taten, als ob sie ihn schlagen wollten, er aber hielt sich ganz ruhig und schwieg. Da schlug es ein Uhr, die drei Männer rafften in aller Eile ihre Karten zusammen, und fort waren sie. Der Wachtmeister aber legte sich zu Bett und schlief bis zum hellen Tage. Die Diener brachten ihm, sobald er aufstand, sein Frühstück; sie hatten jetzt alle Gesichter weiß und rot wie andere Menschen, die Schüsseln und Tassen hatten weiße Ränder und die Messer und Löffel weiße Stiele; auch die Decke seines Zimmers war weiß geworden und die Laken und Kissen auf seinem Bette. Da öffnete sich die Tür, und die Prinzessin trat ein und grüßte ihn noch viel freundlicher als das erstemal, und er bemerkte, daß auch sie einen weißen Schleier trug, der wallte ihr bis auf die Brust herab. »Nun halte nur noch zwei Nächte aus, mein Erlöser«, sprach sie, »und alles ist gut. Laß dich nichts anfechten, was auch um dich herum vorgehen mag, es geschieht dir nichts zuleide.« Alsdann reichte sie ihm holdselig lächelnd ihre Hand und verschwand wieder mit ihren beiden Kammerjungfern.

Dem Wachtmeister hüpfte das Herz im Leibe wie ein Eichhörnchen, und er vergaß Himmel und Erde über der wunderschönen Prinzessin. ›Wo mag die nur ihren Aufenthalt haben?‹ dachte er, und da ihm ohnedies nichts als das Sprechen bei der Nacht verboten war, so ging er einmal im Schlosse herum, von einem Zimmer ins andere. Nein, was das eine Pracht und Herrlichkeit war! Gold und Silber und Samt und Seide überall, wohin man blickte, so daß man sich gar nicht satt sehen konnte. Wenn der Wachtmeister mit dem letzten Zimmer fertig war, fing er wieder mit dem ersten an und tat nichts anderes als sehen und sehen. Mittags stand sein köstliches Mahl auf dem Tisch und abends wiederum. Gegen zwölf Uhr tat es wiederum einen Schlag, daß die Schindeln auf dem Dach rasselten und die Fenster und Türen fast aus den Angeln flogen. Der Wachtmeister, welcher sich schon zu Bette gelegt hatte, richtete sich auf und schaute auf die Tür hin. Da kam einer der Männer vom vorigen Abend und brachte eine lange, blutrote Tischplatte, die beiden andern hatten Messer, Hackmesser und Schlachtbeile und waren, wie auch der erste, über und über mit Blut bespritzt. Sie legten die Platte über ein paar Tische und fingen an, ihre Messer zu wetzen und die Hackmesser und Beile zu schleifen. Dazwischen unterredeten sie sich, wie sie den Wachtmeister schlachten wollten. Der eine sollte ihn mit dem Beil vor die Stirn schlagen wie einen Ochsen, der andere ihn mit dem Schlachtmesser zerschneiden und der dritte das Fleisch zerhacken. Da wurde es dem Wachtmeister zwar ein wenig schwül, aber er biß sich die Zunge und hielt aus, er gab auch keinen Laut von sich, als sie kamen, ihn zu packen. Ehe sie aber noch an seinem Bette waren, schlug es eins, und da liefen sie, was gibst du, was hast du, packten ihre Siebensachen zusammen und waren weg, ehe man eine Hand umdreht. Der Wachtmeister atmete frisch auf und schlief auf den ausgestandenen Schrecken wie ein Prinz. Als er wieder aufwachte, da war es gar freundlich und hell um ihn her, das ganze Zimmer war weiß geworden und nur das Schloß an der Tür noch schwarz. Als die Diener ihm das Frühstück brachten, trugen sie weiße Kleider und hatten nur noch schwarze Kragen und Handschuhe. Ebenso die Prinzessin und ihre Kammerjungfern. Wie war die jetzt so schön, und wie war sie erst jetzt so freundlich! Sie sprang ordentlich ins Zimmer herein vor lauter Freude und drückte dem Wachtmeister die Hand und sprach: »Jetzt halte nur noch eine Nacht aus, mein Erlöser, und fürchte dich nicht; dir kann nichts geschehen; dann ist das Schwerste überstanden, und wir sind glücklich auf ewig.« Der Wachtmeister war ganz außer sich vor Glück und schwur ihr hoch und teuer, er wolle sie erlösen, und sollte er auch in Stücke zerhackt werden.

Nachdem die Prinzessin fort war, ging der Wachtmeister wiederum durch die Zimmer des Schlosses und betrachtete sie eins nach dem andern. Er wußte die Zeit nicht besser totzuschlagen, als daß er sie alle abmalte, denn sein Vater war ein Kunstmaler gewesen und hatte ihn in der Malerei gehörig unterrichtet, so daß er alles malen konnte, was er nur sah. Als es kaum zwölf Uhr in der Nacht geschlagen hatte, da krachte es wieder, daß ihm fast Hören und Sehen verging. Zugleich sprang die Tür auf, und einer von den Männern kam herein und trug einen ungeheuren Kessel auf den Schultern, der andere rollte ein Faß Öl herein, und der dritte trug eine schwere Last Holz. Sie hingen den Kessel in der Mitte des Zimmers auf, gossen das Öl hinein und machten Feuer darunter an. Währenddessen sprachen sie zueinander, heute würden sie Ernst machen und den Wachtmeister lebendig in dem Öl sieden; bis jetzt hätten sie ihn nur schrecken wollen; und sie schürten das Feuer immer ärger, so daß es ihm in seinem Bette heiß wurde und er meinte, das ganze Schloß müsse in Flammen aufgehen. Er dachte aber bei sich: ›Bangemachen gilt nicht‹, und lag ruhig da und schwieg wie der Fuchs, wenn er den Geist aufgegeben hat. Als das Öl nun recht kochte und große Blasen warf, da streiften die drei Kerle die Hemdsärmel in die Höhe, rieben die Hände und riefen: »Jetzt muß er hinein!« Also liefen sie auf ihn zu, aber da schlug es ein Uhr, und es tat einen Donnerschlag, daß die Fenster und Türen aus den Angeln fuhren. Die drei Kerle, das Feuer und der Ölkessel verschwanden in einem Augenblick, dagegen entzündeten sich tausend Lichter wie von selbst in dem Saal, und da war eine Pracht, daß es nicht zu sagen ist. Draußen erscholl eine fröhliche Musik, die Tür flog auf, und eine ganze Reihe von hohen Herren und Damen kam herein, zuletzt die Prinzessin, und alle waren schneeschloßenweiß und in Gold und Silber gekleidet. Sie aber flog auf den Wachtmeister zu, küßte ihn und schloß ihn in ihre Arme und rief: »Sei willkommen, mein herzliebster Erlöser und Gemahl!« Und als sie das gesagt hatte, steckte sie ihm ihren goldnen Ring an den Finger und hing ihm ihre goldne Kette um den Hals; da neigten sich die hohen Herren und Damen dreimal vor ihm, und alles war Jubel und Freude.

Sprach die Prinzessin: »Jetzt bleibt uns nur noch eins übrig, wir müssen aus dem Schloß und in meines Vaters Königreich. Wir dürfen aber nicht zusammen herausgehn, auch mußt du es in deiner alten Kleidung verlassen. Reite voraus, ich folge dir mit meinem Hofgesinde nach, aber laß dich durch nichts aufhalten und laß niemand dich mit Händen berühren, es würde uns beiden großen Kummer bringen.« – »Hab' ich bis jetzt alles fertiggebracht, dann kann ich es auch ferner«, sprach der Wachtmeister, schwang sich auf sein Roß und ritt weg. Als er über die Brücke kam, sah er am Wallende ein kleines Haus, und unter der Tür saß ein altes Weibchen, welches spann. Es bot ihm die Zeit und sprach: »Ei, Ihr seid mir ein feiner Herr, daß Ihr so Euren Zopf hängen laßt und nicht aufsteckt, wie es einem ordentlichen Soldaten ziemt.« Damals trugen nämlich die Soldaten noch Zöpfe. Als der Wachtmeister an den seinen griff, da hing er in der Tat herab, und er gab sich vergebens alle Mühe, ihn wieder aufzustecken. Indem rollte es an der Brücke, als ob viele Wagen kämen, und das Weibchen sprach: »So eilt Euch doch, da kommt die Prinzessin angefahren, was wird die von Euch denken.« Er konnte aber mit dem Zopfe nicht fertig werden, sprang vom Rosse und bat das Weibchen, es möge ihm den Zopf aufstecken. »Von Herzen gern«, sprach es, ließ sein Spinnrädchen stehen und schlich zu ihm. Kaum aber hatte es den Zopf berührt, da sank er zu Boden und lag in einem festen Zauberschlaf. Gleich nachher kam die Prinzessin mit ihrem Hofstaat angefahren. Ach, wie war sie so untröstlich über ihr trauriges Schicksal; aber was war da zu machen? Sie schrieb auf ein Papier:

»Wenn du mich willst wiedersehen,
Mußt du ins Königreich Tiefental gehen«,

und gab es ihm in die Hand, steckte eine Wunschbörse, welche nie leer wurde, in seinen Sack und fuhr weiter, denn hier war ihres Bleibens nicht mehr; weiter konnte sie nichts für ihn tun.

Also lag der Wachtmeister Jahr und Tag in tiefem Schlafe, bis die Zeit herum war; da erwachte er, fand das Papier in seiner Hand und erkannte nun wohl, wie er von dem alten Weibchen betrogen worden war. Er zog alsbald seinen Säbel, lief ins Häuschen und griff die böse Hexe bei den Haaren, während er schrie: »Willst du mir jetzt den Weg nach dem Königreich Tiefental zeigen, oder soll ich dich in Fetzen hauen?« Da jammerte die Alte und versprach ihm alles mögliche, wenn er sie nur gehen ließe, heimlich aber sann sie wiederum auf schlimmen Verrat. Nachdem er sie losgelassen hatte, wies sie ihm einen Weg, den solle er gehen, und er würde unfehlbar nach Tiefental gelangen. Der Wachtmeister nahm ihr noch ein paarmal mit der flachen Klinge auf dem Rücken das Maß, dann schwang er sich zu Pferde, und fort ging's wie der Sturmwind.

Nach drei Tagen kam er in einen Wald; als er hindurch war, sah er abends von fern ein Licht. Er ritt darauf zu und kam an ein Haus, das sah just wie ein Einsiedlerhäuschen aus. Als er eintrat, saß da eine alte Frau, die bat er um Nachtherberge. »Ach, guter Freund«, sprach sie, »wer Euch zu mir gewiesen hat, der hat Euch nicht wohlgewollt, denn meine Söhne sind Menschenfresser, und sie verschonen niemanden. Euch aber sollen sie nichts zuleide tun, denn Ihr habt schon genug ausgestanden, ich weiß alles. Versteckt Euch nur vorderhand, damit sie nicht so auf Euch losfallen können.« Das tat der Wachtmeister, und es war auch die höchste Zeit. Denn kaum war er in Sicherheit gebracht, da brauste es in der Luft wie vom größten Sturm; dann fuhr die Tür auf, und der älteste von den Söhnen polterte herein.

»Menschenfleisch riech' ich,
Menschenfleisch genieß' ich!«

schrie er und tobte in der Kammer umher, aber die alte Frau packte ihn bei den Schultern und warf ihn auf eine Bank nieder, daß es krachte. »Da setz dich hin und rühre dich nicht, du bekommst schon satt«, sprach sie. Indem rauschte es abermals draußen, als wenn der Vogel Greif herangeflogen käme, die Tür fuhr auf, und der zweite von den Söhnen stürzte herein, schnüffelte in der Kammer herum und schrie:

»Menschenfleisch riech' ich,
Menschenfleisch genieß' ich!«

Da packte die alte Frau ihn auch und setzte ihn unsanft neben den ersten auf die Bank nieder. »Da bleibt ihr jetzt sitzen, ihr langen Schlingel«, sprach sie, »und hört, was ich euch sage.« Anfangs brummten sie wohl noch, aber da hob die Alte ihren Finger, und sie wurden mäuschenstill. Dann holte sie den Wachtmeister aus seinem Versteck hervor. Als der älteste von den Söhnen ihn sah, rief er: »Mutter, was ist das für ein fremdes Tier?« – »Das ist ein Wachtmeister, mein Sohn«, sprach die Frau, »und ihr sollt ihn in das Königreich Tiefental tragen.« Da brummten sie wieder, sprachen, das wäre gar zu weit und er wäre ihnen zu schwer; aber die

Alte gab ihnen gute Worte, erzählte ihnen seine Geschichte und plauderte ihnen so viel vor, daß sie endlich versprachen, ihn mit seinem Pferde nach Tiefental zu tragen; der jüngste wollte ihn nehmen und der älteste, der auch der stärkste war, das Pferd. Der Wachtmeister dankte ihnen und der Frau hunderttausendmal. Nachdem sie nun alle gegessen und getrunken hatten, kam es wie ein tiefer Schlaf über ihn, und als er wieder erwachte, lag er neben seinem Pferd im hohen Gras, und vor ihm glänzte und leuchtete eine stolze Stadt mit hundert Türmen. Er stieg zu Roß, ritt auf die Stadt zu und fragte die Leute, wie die Stadt heiße. Das sei die Hauptstadt vom Königreich Tiefental, sagten sie. Fröhlichen Mutes trabte er hinein und nahm noch am selben Tage Dienst unter den Soldaten als Rekrut. Als es am folgenden Morgen ans Exerzieren ging, hei, da verstand er das viel besser als die Korporale und Feldwebel, so daß der König ihn sogleich zum Hauptmann machte. Die Mannschaft, welche er kommandierte, sah aber schlecht aus, sie hatte Monturen aller Art und dazu noch zerrissene. Das konnte er nicht sehen und ließ sie sofort neu einkleiden und die alten Kleider den Armen geben. Was da der König für Augen machte, als bei der Revue der neue Hauptmann heranmarschiert kam! Er kannte seine eigenen Soldaten nicht mehr wieder, und kurzum, er war so entzückt darüber, daß er den Hauptmann mit an seiner Tafel speisen ließ und drei Tage darauf ihn zum General der ganzen Kavallerie ernannte. Jetzt wurde die Wunschbörse noch ärger angezapft; alle Pferde vom ganzen Regiment wurden verkauft und neue stattliche Tiere dafür angeschafft. Hundert Schneider mußten herbei und Tag und Nacht nähen, bis das ganze Regiment neu eingekleidet war. Dadurch kam der General so in Gnade bei dem König, daß dieser ihm ein Stück Land gerade neben dem Schloß schenkte und ihm erlaubte, sich daselbst ein Schloß zu bauen.

Nun setzte sich mein General hin und macht selbst den Plan von dem Schloß, und macht ihn genauso, wie das

Schloß gewesen war, worin er die Prinzessin erlöst hatte. Dann ließ er, als alles fertig dastand, ein Dutzend Maler kommen, die mußten das Schloß gerade so malen, wie er es ihnen sagte und zeigte, denn er hatte die Abzeichnungen der Zimmer aus dem verwünschten Schloß mitgebracht. Endlich wurden Diener angeschafft und so gekleidet, wie die Diener der Prinzessin am Tage ihrer Erlösung gekleidet gewesen waren. Ach da war viel nicht genug, und das Geld flog nur so weg. Eben war sein Schloß fertig, da kam eine Stafette an den König, die meldete, in Zeit von zwei Tagen würde die Prinzessin anlangen, und gab einen Brief ab, worin stand, sie sei von einem Wachtmeister erlöst worden, aber ihr Erlöser liege im Zauberschlaf vor dem verwünschten Schloß. Sogleich ließ der König den General kommen und erzählte ihm alles, befahl ihm auch, an der Spitze des Heeres der Prinzessin entgegenzuziehen und sie feierlich zu empfangen. Der General sagte bloß: »Euer Majestät befehlen«, und ließ sich gar nichts merken.

An dem bestimmten Tage holte er die Prinzessin an der Grenze ab und führte sie unter großem Jubel des Volkes in die Hauptstadt. Sie erkannte ihn nicht; wie hätte sie auch daraufkommen sollen, daß der von Gold und Ordenszeichen strotzende General ihr Erlöser sei, von dem sie nicht anders wußte, als daß er noch am Wall des Schlosses im Zauberschlaf liege. Als sie aber an ihres Vaters Schloß kam und das des Generals daneben neu erbaut sah, da erstaunte sie nicht wenig, und ihre erste Frage bei Tische war an ihren Vater, wem doch das prächtige, stolze Schloß gehöre. »Das gehört unserm General«, sagte der König und konnte ihr nicht genug von ihm erzählen. »Ei, das Schloß muß ich sehen«, sprach sie, und nach Tische führte der König sie dahin. Als ihr die Diener entgegenkamen, sprach sie: »Vater, das wundert mich.« – »Was, mein Kind?« – »Ei, die Bedienten, die hat der General nicht nach seinem Kopfe so gekleidet.« Als sie in das erste Zimmer trat, rief sie: »Vater, das erstaunt mich!« – »Was, mein Kind?« – »Ei, das Zimmer hat der General nicht nach seinem Kopfe so gemalt.« Als sie in das zweite Zimmer kam, sprach sie gar nichts mehr, in dem dritten wurde sie totenblaß, und im vierten wäre sie in Ohnmacht gefallen, wenn der General nicht in seiner Wachtmeisters-Uniform herbeigesprungen wäre und sie gehalten hätte. »Was ist das, mein Kind?« rief der König erstaunt. Sie aber sprach: »Das ist mein Erlöser und Euer General«, und da mußte er ihren Ring und ihre Kette zeigen. Jetzt war des Jubels kein Ende, und eine solche Hochzeit, wie die war, ist im ganzen Odenwald noch nicht gehalten worden.

40. *Die Krönlnatter*

Die Krönlnatter ist eine Natter, so gescheckt, kriechend und züngelnd wie die andern ihres Geschlechts, aber auf dem Kopf trägt sie ein feines Krönlein, und davon hat sie ihren Namen. Das Krönlein glänzt wie Gold, und seine Spitzen funkeln wie Edelsteine. Kommt die Krönlnatter zu dir und bist du lieb zu ihr, so ist dein Glück gemacht, denn früher oder später schenkt sie dir das Krönlein, und das Krönlein macht alles, was du immer willst, unversieglich. Legst du es zu deinem Schatztaler, den dir die Mutter aufbewahrt, so kannst du dir nun hundert Gulden, Soldaten, Pferde und Bilder oder was du sonst willst, kaufen, und dein Taler bleibt doch als Hecktaler im Beutelchen. Legst du das Krönlein zu den Soldaten, so bekommst du Soldaten die ganze Stube voll, so daß du nicht mehr einen Fuß aufsetzen könntest.

Einmal vor alten Zeiten war ein armes Bauernmädel, das hatte es bei seiner bösen Stiefmutter herzlich schlecht. Es mußte in aller Frühe aufstehen und in den Stall gehen und so fort arbeiten den lieben langen Tag, und hatte es am Abend alles getan und brachte einen rechtschaffenen Hunger mit zu Tisch, so bekam es höchstens ein wenig Wirler (Maisbrei) und Scheltworte von der Mutter noch obendrein. Das Mädchen war aber immer wohlgemut, denn sooft es in den Stall ging, kam eine Natter mit einem Krönlein daher und blickte dem Kinde so lieb in die Augen, daß es Ach und Weh vergaß und des Lebens froh wurde. Einmal gab das Mädchen dem zutraulichen Tierchen, weil es in die Butte äugelte, ein wenig Milch, und es trank und trank und sah die kleine Dirne so lieb an, als ob es ihr danken wollte. Das Mädchen brachte aber die frischgemolkene Milch voll Bangen der Stiefmutter, denn die zählte jeden Tropfen und forderte über jeden, der fehlte, Rechenschaft. Wie verwunderte sich aber die Melkerin, da zwei Schüsseln mehr als sonst voll wurden und selbst die herbe Mutter ein freundliches Gesicht machte.

Seitdem kam die Natter tagtäglich morgens und abends, und das Mädchen gab ihm jedesmal von der Milch, und das Tierchen blickte sie immer mit seinen klugen schwarzen Äuglein so lieb an, als ob es hätte sagen wollen: »Maideli, ich will dir dankbar sein!«

So ging es viele Jahre, und das Mädchen wuchs heran und ward immer schöner und lieber, so daß es die schönste Dirne im Dorfe war und von allen gern gesehen wurde. Endlich wurde sie Braut und hielt eine lustige Hochzeit. Die Schüsseln dampften, die Böhmen musizierten, und die Böller krachten, daß es eine Lust war, und alles war laut und fröhlich. Als das Fest sich dem Ende zuneigte, wurde es plötzlich stille, stille, denn die Krönlnatter schlängelte sich durch den Saal und zu dem Sitze des Brautpaares hin. Hier kroch sie an der Sessellehne empor auf die rechte Schulter der Braut, sah ihr ins freudennasse Auge, schüttelte das goldene Krönlein vom Kopfe auf den blanken Teller und verschwand, ohne je wiederzukommen. Die Braut aber nahm das funkelnde Andenken zu sich und legte es zu ihrem Gelde. Seitdem wurde das nie weniger, sie mochte nehmen, soviel sie wollte, und sie wurde die reichste und stattlichste Bäuerin im ganzen Dorfe.

41. *Glück und Verstand*

Verstand und Glück gingen einmal zusammen auf Reisen, um sich die Welt zu besehen und ihre Gaben unter die Menschen auszuteilen. »Wem ich helfe, dem gelingt's«, sagte der Verstand. »Das kommt noch auf die Probe an«, meinte das Glück. Da fanden sie am Wege einen Schäferjungen, der lag da und schlief. »Wie wär's, wenn wir mit dem gleich einen Versuch machten«, sagte das Glück, »fang du an.« Der Verstand war gleich dabei und fuhr, wie er ging und stand, in den Jungen hinein.

Als der erwachte, rieb er sich die Augen und dachte: ›Ei, was sollst du hier immer die Schafe hüten; du willst dein Glück in der Stadt versuchen.‹ Er sprang auf, ließ seine Schafe Schafe sein und wanderte in die Stadt. Hier fand er nach längerem Suchen und Fragen denn auch eine Stelle bei einem reichen Goldschmied und Uhrmacher, der hielt sich Kutschen und Reitpferde und brauchte gerade einen Stallknecht. Die neue Herrschaft fand bald großes Wohlgefallen an ihm, denn er ging sehr geschickt mit den Pferden um und pflegte sie so gut, daß sie bald die schönsten in der ganzen Stadt waren.

Aber es dauerte nicht lange, da war ihm die Arbeit im Stall nicht mehr genug; darum machte er sich mittags, wenn Meister und Gesellen zu Tisch gingen, heimlich in die Werkstatt und besserte an den Uhren. Die Gesellen merkten das bald und sprachen zum Meister: »Es muß jemand, während wir essen, in die Werkstatt kommen und an den Uhren weiterarbeiten, aber viel besser, als wir es gemacht hätten; alles daran hat Schick.« – »Dem will ich bald auf die Spur kommen«, sagte der Meister; und als die Gesellen wieder bei Tische waren, stellte er sich heimlich von draußen ans Fenster und guckte in die Werkstatt. Auf einmal sah er seinen Stallknecht, wie er eine Uhr vornahm und ausbesserte, und dann wieder eine und wieder eine – und wie flink ihm das von der Hand ging! Nach einer Weile konnte der Meister sich nicht mehr halten, öffnete die Tür und rief: »Also du bist der große Meister! Du gehörst nicht in den Stall und sollst von heute an mein erster Geselle sein!«, stellte ihm einen Gesellenbrief aus und setzte ihn über die ganze Werkstatt. Alle Arbeit mußte er vorher beschauen, und dann kam sie erst an die andern Gesellen. Und er selber machte nun bald so künstliche Uhren, daß alle Welt sich darüber verwunderte.

Nun hatte der König in der Stadt eine Singuhr, an der hing sein ganzes Herz. Eines schönen Tages aber machte es schnurr, und das Räderwerk stand still und war nicht wieder in Bewegung zu setzen. Da ließ der König ausrufen, wer ihm die Singuhr wieder in Gang brächte, dem gäbe er zur Belohnung fünftausend Gulden; wer es aber unternähme und nicht damit fertig würde, dem koste es das Leben. Da fand sich lange kein Uhrmacher, weder Meister noch Geselle im ganzen Reiche, der sich daranwagte. Als es aber der Schäferjunge hörte, ging er sogleich zum König und bat um die Uhr, er wolle sie ausbessern. Der König schüttelte den Kopf und sprach: »Junge, Junge, das kannst du nicht! Es kostet dir dein Leben; keiner von den vielen Meistern hat sich getraut, und du willst es besser verstehen?« Aber der Junge sagte voll Zuversicht: »Es wird mir schon gelingen, und ich fürchte nicht für mein Leben!« Da ließ der König die Uhr herbeibringen, und der Junge nahm gleich sein Werkzeug, zerlegte sie, besserte und besserte, setzte sie wieder zusammen, und als man sie an Ort und Stelle hängte, sang sie viel schöner als vordem. Und der König hatte große Freude darüber. Er gab ihm nicht nur die fünftausend Gulden, sondern behielt ihn auch bei Hofe und machte ihn zu seinem Wirtschafter. Von Tag zu Tag wurde der Junge dem König lieber.

Nun hatte der König eine einzige Tochter, die hatte in ihrem Leben nie gelacht, und das bekümmerte den Vater sehr. Darum hatte er bestimmt, wer sie zum Lachen brächte, der sollte sie zur Gemahlin haben; wer es aber versuchte und es gelänge ihm nicht, der sollte noch denselben Tag an den Galgen kommen. Schon viele Freier hatten es unternommen, doch alle hatten den Tod gefunden, nun wagte es lange niemand mehr. Als der Schäferjunge davon hörte, dachte er bald an nichts anderes mehr als an die Prinzessin, und nach einiger Zeit trat er vor den König und sprach: »Ich möchte deine Tochter wohl zum Lachen bringen!« – »Armer Junge, das kannst du nicht«, sprach der König, »es wäre ja schade um dein Leben, laß ab davon.« Aber der Junge hörte nicht auf zu bitten, bis der König es endlich zuließ. Er begab sich mit einem Minister zur Königstochter, trat ehrerbietig vor sie und fing an zu erzählen: »Ein Bildhauer, ein Maler und ein Sprachmeister gingen einmal zusammen auf die Wanderschaft. Eines Nachts kamen sie in einen großen Wald. Da fürchteten sie sich vor den wilden Tieren, machten ein Feuer an und verabredeten, daß immer einer für die andern wachen sollte. Sie losten, und da traf es zuerst den Bildhauer, dann den Maler und als letzten den Sprachmeister. Während nun die andern beiden schliefen, bekam der Bildhauer Langeweile, nahm einen Block und schnitzte daraus ein wunderschönes Frauenbild. Als er damit fertig war, da war auch gerade seine Wache zu Ende. Da nahm der Maler, der jetzt an die Reihe kam, seine Farben und Pinsel und bemalte sie so schön, daß es aussah, als ob sie lebte. Und als er den letzten Pinselstrich daran getan hatte, war auch gerade seine Zeit um. Wie nun der Sprachmeister sie sah, nahm er sie und lehrte sie sprechen. Da erwachten die andern, und es entstand ein Streit unter den dreien um ihr Geschöpf. Wem von den dreien gehört nun die lebendige Jungfrau von Rechts wegen? Niemand weiß das zu beantworten.« Da lachte die Königstochter und rief: »Das versteht sich doch von selbst, dem Sprachmeister!«

Der Junge freute sich und ging mit dem Minister schnell zum König. Dieser fragte sogleich: »Hat sie gelacht?« – »Ja!« sprach der Junge ganz fröhlich. »Nein!« rief der Minister ernst. Da bat der Junge, der König solle einen andern Minister zu der Prinzessin schicken und sie fragen lassen. Das tat der König; auch der sprach: »Nein!« – »So schicke noch einen dritten.« Es geschah, doch auch der kam zurück und sprach: »Nein!« – »Jetzt kann ich dir nicht helfen!« sagte der König ganz traurig. »Was Gesetz ist, ist Gesetz, und darnach mußt du den Tod erleiden!« Schon hatte man den Jungen bis zur Richtstätte geführt, da kam just das Glück dazu, das war bisher allein in der Welt herumgegangen, und rief dem Verstand leise zu, daß niemand es hören konnte: »Du hast deine Schuldigkeit getan, jetzt ist es an mir; komm heraus und laß mich hinein!« Kaum war das geschehen, so hörte man Trompetengeschmetter und eine fröhliche Musik, und in einer Kutsche kamen der König und seine Tochter hergefahren und hielten hoch ein weißes Tuch zum Zeichen der Gnade. Denn gerade noch zur rechten Zeit hatte sich alles aufgeklärt; und weil die Minister so boshaft gelogen hatten, wurden sie anstatt des Jungen gehängt. Dieser aber mußte sich nun neben die Königstochter in die Kutsche setzen und fuhr mit ihr heim. Da wurde eine glänzende Hochzeit gefeiert, die vier Wochen lang dauerte, und der Junge wurde bald König, und das Glück wohnte bei ihm und verließ ihn nicht bis an sein Ende.

42. Donner, Blitz und Wetter

Es war einmal ein alter König, der hatte einen Sohn und drei Töchter. Als er fühlte, daß er bald sterben würde, rief er seinen Sohn zu sich und sagte, daß die Töchter erst sechs Jahre nach seinem Tode heiraten sollten. Der Sohn aber mußte ihm versprechen, dafür zu sorgen, daß dieser sein letzter Wille genau vollzogen werde. Das versprach ihm der Sohn denn auch. Und als später nach dem Tode des Königs viele Prinzen kamen und die schönen Prinzessinnen heiraten wollten, gab es der junge König nicht zu und sagte, sie müßten warten, bis die sechs Jahre herum seien.

Drei Jahre waren schon vergangen, und mancher Prinz war abgewiesen, da kamen eines Tags drei vornehme Brüder, von denen hieß der eine Donner, der andere Blitz und der dritte Wetter, und bewarben sich um die drei Schwestern. Sie bekamen dieselbe Antwort wie die früheren Freier; aber sie blieben doch in der Nähe des Schlosses wohnen und gaben sich Mühe, daß sie so oft als möglich die schönen Prinzessinnen zu sehen kriegten.

Eines Tages aber, als der König eben verreist war, da drangen die drei Brüder ins Schloß, nahmen jeder eine der Schwestern, und dann gings zu Pferde und fort durch Felder und Wälder, daß niemand wußte, wo sie geblieben waren. Der König aber war ganz untröstlich, als er heimkam und seine drei Schwestern nicht mehr da fand. Er machte sich sogleich auf den Weg und dachte: ›Ich muß sie wiederfinden, und sollte ich gehen bis ans Ende der Welt.‹

Nach langer Zeit kam er endlich in einen großen Wald und ging immer weiter fort und sah sich überall nach seinen Schwestern um, konnte aber nirgends auch nur die geringste Spur von ihnen entdecken. – Auf einmal kam er an ein schönes Schloß mitten im Walde, und wie er darauf zuging, rief ihm aus dem Fenster eine Stimme entgegen: »O Bruder! Zu einer unglücklichen Stunde bist du ausgezogen und hierhergekommen! Mach, daß du fortkommst. Es wohnt hier der Blitz, und der ist mein Mann. Wenn er heimkommt und dich findet, wird er dich umbringen.«

Und wie der König diese Worte hörte und genau hinsah, erkannte er seine älteste Schwester. Da freute er sich unbeschreiblich und wollte nicht fort von ihr, sie mochte ihm noch so viel zureden. Während die beiden nun so miteinander sprachen und sich erzählten, wie es ihnen seit der Trennung ergangen war, kam Blitz nach Hause, begrüßte aber den König freundlich und lud ihn ein, dazubleiben, solange es ihm gefiele. Das tat der König denn auch gern, seiner Schwester zuliebe.

Nun suchte der Blitz den König zu unterhalten und mit allerlei Spielen ihm die Zeit zu vertreiben. Gewöhnlich kegelten sie miteinander. Die Kegelbahn aber war eine Stunde lang; dabei hatte die Kugel die merkwürdige Eigenschaft, daß sie immer von selbst wieder zurückkam, und dazu brauchte sie jedesmal zwei volle Stunden. Der König konnte sich nicht genug darüber wundern, zumal der Blitz so heftig warf, daß die Kugel weit über das Ziel hinausging und tief in einen Felsen drang und dennoch immer wieder zurückrollte.

Nach acht Tagen reiste der König weiter, um seine andern beiden Schwestern aufzusuchen. Er ging immer geradenwegs in dem Walde fort und kam endlich an ein Schloß, da rief ihm aus dem Fenster eine Stimme zu: »O Bruder! Zu einer unglücklichen Stunde bist du ausgezogen und hierhergekommen! Mach, daß du fortkommst! Es wohnt hier der Donner, und der ist mein Mann; wenn er dich hier fände, würde er dich gewiß umbringen.« Aber der König ließ sich nicht irremachen, er freute sich zu sehr, daß er auch sein zweites Schwesterlein wieder gefunden hatte, und blieb da. Als nun der Donner heimkam und den Bruder seiner Frau erblickte, war er freundlich gegen ihn und tat ihm kein Leid an, er bat ihn vielmehr, daß er eine Weile dableiben und sich vergnügen möchte. Dann führte er ihn auf seine Kegelbahn, die war ebenso lang wie die seines Bruders, und die Kugel kam auch bei jedem Wurfe wieder zurück und brauchte dazu immer zwei volle Stunden.

Der König blieb wieder acht Tage lang bei seinem Schwager Donner, dann zog er weiter, um seine dritte Schwester zu suchen.

Er kam nach einigen Tagen in demselben Walde an ein drittes Schloß, daraus rief ihm von ferne eine Stimme entgegen: »O Bruder! Zu einer unglücklichen Stunde bist du ausgezogen und hierhergekommen. Rette dich, so gut du kannst! Dies Schloß gehört meinem Mann, der heißt Wetter. Wenn der dich hier fände, so würde er dich umbringen.« Der König aber beruhigte seine Schwester und blieb getrost bei ihr, bis ihr Gemahl kam; der freute sich ebenfalls über den Besuch des Königs und machte ihm den Aufenthalt so angenehm wie möglich, und weil er selbst die Jagd über alles liebte, so lud er den König ein, ihn zu begleiten. Das tat denn der König auch gern.

Als sie nun eines Tages im Walde jagten, erblickte der König plötzlich einen Hirsch, der war so wunderschön, wie er noch nie einen gesehen zu haben meinte; deshalb gab er sich alle Mühe, ihn zu erlegen. Allein der Hirsch schien ihn ordentlich zu necken. Er ließ den König immer ganz nahe herankommen, und wenn der dann den Pfeil abschoß, so sah er den Hirsch alsbald in der Ferne ganz munter weiterspazieren, und das ging mehrere Stunden lang so fort, und der König merkte nicht, daß er seinen Jagdgefährten schon lange verloren hatte. Plötzlich war auch der Hirsch verschwunden, und der König wußte nicht, wo aus noch ein, bis er endlich auf einen großen freien Wiesengrund kam und dort einen Schäfer fand, der eine Herde Schafe hütete. Bei dem erkundigte er sich nach dem Wege und hörte, wie weit er sich verirrt hatte. Und als er dem Schäfer die Geschichte mit dem Hirsch erzählte, sagte der: »Das war kein gewöhnlicher Hirsch, das war Wetter, Euer Schwager, der hatte diese Gestalt angenommen, um Euch zu täuschen und irrezuführen.«

Der König gedachte nun heimzugehen und ein großes Kriegsheer zu sammeln und dann seine Schwestern zu befreien. Der Schäfer aber beschrieb ihm den Weg in sein Land und zeigte ihm dabei einen Wald, durch den er müßte, und fuhr fort: »Der gehört aber dem Wolfskönig; sowie Ihr den Saum des Waldes betretet, müßt Ihr rufen und sagen: ›Wolfskönig, ich bringe dir da ein Schaf!‹, sonst werdet Ihr von den wilden Tieren zerrissen.« Darauf schenkte der Schäfer dem König ein Schaf, und nun machte sich der auf nach dem Wolfskönigswalde. Er tat alles so, wie es ihm der Schäfer geraten hatte. Da kam der Wolfskönig und war sehr erfreut, daß er gleich ein Schaf bekam, bedankte sich freundlich und sagte: »Geh nur ohne Furcht durch den Wald, und wenn dir je ein Unfall zustößt und du einer Hilfe bedarfst, so denke nur an mich, dann werde ich gleich bei dir sein.«

Das merkte sich der König und zog wohlgemut weiter, und wie er nun so in dem Walde des Wolfskönigs fortging, kam er an einen See, da lag ein schöner roter Fisch auf trockener Erde und schlug mit dem Schwanze. Der König nahm ihn voll Mitleid und setzte ihn wieder ins Wasser, da bedankte sich der Fisch und sprach: »Wenn du einmal in Not bist, so denke nur an den Fischkönig; dann werde ich gleich zu deiner Hilfe bereit sein.«

Der König setzte dann ungehindert seine Reise fort. Da sah er am andern Tage vor seinen Füßen eine Hornis liegen, die konnte sich nicht allein in die Luft erheben, und weil er ein gutes Herz hatte, hob er sie auf und ließ sie fliegen. Ehe sie aber fortflog, sagte sie ihm noch: »Ich bin der Horniskönig! Wenn du je einmal in Not bist, so denke nur an mich, dann werde ich gleich zu deiner Hilfe bereit sein.«

Nach einigen weiteren Tagen erreichte der König endlich den Ausgang des Waldes; er kam auf eine Wiese und fand dort eine Hütte und darin ein altes Mütterchen, das nahm ihn freundlich auf, und weil er müd und hungrig war, so blieb er da, um sich zu erholen. Die alte Frau war aber eine Zauberin und war die Mutter von den drei Söhnen Donner, Blitz und Wetter; die kamen in der Nacht zu ihr. Und weil sie meinten, daß der König schon fest schliefe, so sprachen sie in dem Nebenzimmer ganz laut miteinander, und der König hörte alles, was sie da redeten. Da sagte denn das alte Mütterchen: »Wenn wir dem König nicht eine Arbeit aufgeben, die er nicht ausführen kann, so ist es um uns und unsere Herrschaft geschehen.« Dann war noch weiter die Rede davon, daß der König in den nächsten Nächten ihre Pferde hüten solle, und sie bat ihre Söhne: »Versteckt euch aber im Wolfswalde nur recht, daß niemand euch findet, denn sonst ist es aus mit uns.«

Das alles hatte sich der König wohl gemerkt.

Und als nun das alte Mütterchen am andern Morgen zu ihm sagte, für das Nachtquartier, das sie ihm gegeben, müsse er in den nächsten drei Nächten ihre Pferde hüten, so sagte der König, ja, das wolle er wohl tun, und blieb da und bekam am Abend drei prächtige Pferde, die sollte er auf der Wiese weiden lassen. »Sieh aber wohl zu, daß dir keins verlorengeht!« sagte das alte Mütterchen, und der König meinte, er wolle wohl achtgeben, trieb die Pferde auf die Wiese und wandte kein Auge von ihnen ab.

So weideten die Pferde einige Stunden lang ganz ruhig, und der König blieb immer dicht bei ihnen; aber auf einmal waren alle drei verschwunden und nirgends mehr zu sehen noch zu hören. ›Wie wird dir's gehen?‹ dachte der König und suchte die Pferde überall, bis der Tag anbrach. Da überfiel ihn eine große Angst und er seufzte: »Wenn jetzt nur der Wolfskönig da wäre und dir helfen könnte.« Kaum hatte er das Wort gesagt, so stand der Wolfskönig auch schon da und fragte ihn, was er wünsche. Der König klagte ihm seine Not; der Wolfskönig aber beruhigte ihn und ging fort und sandte sechstausend Diener aus, die mußten den ganzen Wolfswald durchlaufen und durchsuchen, fanden aber die Pferde nicht und kamen leer wieder heim. Darauf schickte der Wolfskönig zwölftausend Diener aus und befahl ihnen streng, daß sie die Pferde finden müßten und nicht ohne sie wieder heimkommen dürften. Und da dauerte es auch nicht lange, da fanden sie tief in einer Felsenhöhle die drei Pferde und brachten sie ihrem Herrn, und der führte sie dem Könige zu. Das alte Mütterchen aber staunte nicht wenig, als der König ihr die Pferde wieder brachte; dann legte er sich in sein Bett, um ein wenig auszuruhen, und hörte alsbald, wie die Frau mit ihren Söhnen zankte, daß sie sich nicht besser versteckt hätten; denn die drei Pferde waren eben ihre drei Söhne Donner, Blitz und Wetter, die sich in diese Tiere verwandelt hatten. Die Söhne aber sagten: »Hätte der Wolfskönig nicht zwölftausend Diener ausgeschickt, so hätte uns gewiß niemand gefunden.« Dann sagte die Mutter: »So versteckt euch in der folgenden Nacht tief im Wasser, da können die Boten des Wolfskönigs euch nicht suchen.« Am Abend bekam der König wieder die drei Pferde, und das Mütterchen sagte, daß er ja keins verlieren möchte, und der König meinte, er wolle wohl achtgeben und die Pferde wieder heimbringen.

Da ging es ihm aber geradeso wie in der ersten Nacht. Ein paar Stunden lang weideten die Pferde, und er hatte sie beständig vor Augen, dann aber waren sie plötzlich wie der Blitz verschwunden. Der König aber blieb ganz ruhig und dachte: ›Der Fischkönig wird dir wohl helfen‹, und kaum hatte er dies still gedacht, so war der Fischkönig auch schon da und fragte ihn, was er wünsche. Nachdem der König es ihm gesagt, entbot der Fischkönig alle Fische, die mußten alle Gewässer durchschwimmen und durchsuchen und fanden auch am Ende tief auf dem Grunde des Meeres unter einem gewaltigen Steine die drei Pferde und brachten sie dem Fischkönig, der übergab sie dem König, der sie hatte hüten müssen und sie nun wohlgemut dem alten Mütterchen zuführte.

Der König legte sich dann wieder ins Bett, um auszuruhen, und hörte, wie die Mutter ihre Söhne schalt, daß sie sich nicht besser verborgen hätten; sie aber sagten: »Der Fischkönig hat ihm geholfen.« – »So versteckt euch in der nächsten Nacht hoch in den Wolken«, sagte die Mutter, »denn dahin kann der Fischkönig nicht kommen. Ich bitte euch aber, laßt euch diesmal nicht finden, denn sonst hat unsere Macht ein Ende.«

Der König, der alle diese Reden wohl vernommen hatte, bekam am Abend wieder die drei Pferde zu hüten und trieb sie auf die Wiese und sah ihnen mehrere Stunden lang zu, wie sie fraßen; aber auf einmal waren sie wieder spurlos verschwunden. Nun wußte der König schon, wo sie zu suchen waren, und dachte: ›Da wird dir der Horniskönig wohl aushelfen können‹, und kaum hatte er dies gedacht, so war der Horniskönig auch schon da und fragte, wie er ihm dienen könne. Und als er erfuhr, daß der König drei Pferde vermisse, so befahl er allen Hornissen, sie sollten die Luft durchstreifen und alle Wolken durchsuchen, bis sie die drei Pferde fänden. Das taten sie auch; und nachdem sie lange vergeblich umhergeschwärmt waren, fanden sie endlich hoch oben in einer dichten Wolke die drei Rosse und brachten sie ihrem Herrn und Meister, und der übergab sie dem Könige. Als dieser sie heimführte und dem alten Mütterchen auslieferte, wurde sie sehr traurig und sagte: »Zum Lohn für deine Dienste will ich dir da ein anderes merkwürdiges Pferd schenken, auf dem du heimreiten kannst.« Dies Pferd, das die alte Frau ihm zeigte, hatte vier Köpfe und war ein hölzernes Bildwerk, die Köpfe aber stellten eigentlich ihre drei Söhne vor, und der ihrige war der vierte.

Wie der König nun das seltsame Gebilde betrachtete, so rief ihm eine Stimme vom Himmel zu: »Nimm das Schwert, welches das eine Pferd im Munde hält, und haue dem Zaubertiere die vier Köpfe ab, so werden deine Schwestern erlöst sein.« Das tat denn der König auch auf der Stelle, und sowie er den letzten Kopf abgeschlagen hatte, stand ein wirkliches wunderschönes Pferd da, das bestieg er und ritt eilig zurück zu seinen Schwestern. Da war die Freude groß, alle waren frei und sahen und hörten nichts mehr von den drei Brüdern, die sie entführt hatten. Der König aber nahm unermeßliche Schätze aus den drei Schlössern mit in seine Heimat, also, daß er der reichste König in der Welt wurde, und behielt seine drei Schwestern bei sich bis an ihr Ende.

43. De Koenigin un de Pogg'

Dår was eis e Koenich un e Koenigin, de hadden sik seer leif, und dår müst de Koenich in de Krijch, un de Koenigin bleef ganz allein uppem Sloß mit eere Maachd, de was eer truu. Al Daach schteech de Koenigin up de Torm un keek, of eer Mann nich boold truech kaim, awer dår was nix t'sein.

Denn grijnt sei ümmer, un eer Maachd tröst eer denn. Weckmåls ging s'ok in de Gåre und ging sitte unner'm Plummeboom, de schtunn annem Fleit. Un as de Plumme rijp weere, schüdt sei sik weck vom Boom un aats'. Darbij hadd se sik åwer eer Hännker schwart måkt un ging nam Fleit un wull se sik wasche. Doon füll eer de Ring int Wåter. Dår verfeert sei sik hartlich un sett sik up de Bänk un grijnt ümmer wech, denn sei bildt sik in, eer Mann weer nu dood.

Mit eis dår kaam een groot Pogg', dei keek eer an un saed: »Prinzessin mijn, wat weinst du?« Awer de Prinzessin huert dår går nich naa hen. Doon kroop hei eer up de Foot un saet noch eis: »Prinzessin mijn, wat weinst du?« – Doon keek s'up un saed: »Du oll grijs Pogg', wat sall ik dij dat sägge, du kaast mij doch nich helpe.« – »So, weetst dat so nip?« sächt de Pogg'. »Ik weit man all, wat du weinst. Du hast ja dijne Ring verlåre!« Doon keek em de Prinzessin so an und saed: »Ach, lieber Frosch, wenn du etwas davon weißt, hast du ihn auch gewiß gefunden und kannst ihn mir wiederbringen.« – »Jå«, saed de Pogg', »dat künn ik woll; awer du mutst mij wat dårfåer verschpreeke.« – »Ja, alles, was du willst, gib mir nur den Ring«, sächt de Koenigin. – »Wat du mij åwer verschpreeke schast, dat is nich weenich: du sast mij too dijnem Mann neeme.« Doon lacht de Koenigin un dacht: ›De dumm Pogg', ik häd mij ook wat anners wünscht‹, un dann sächt s': »Ja, das will ich gern tun, aber gib mir auch den Ring!«

Doon maakt de Poog' plantsch int Water, un wech was e. Dat duurt en gaud Wijl, un de Prinzessin dacht all, de Pogg' hädd eer wat våerlåge: åwer dår kaam s'ant'kruupent un hädd richtich de Ring im Muul. – »Kinner Lued«, sächt de Prinzessin, naam de Ring un leip fix int Sloß. – De Pogg' reip åwer achter eer heer, hei wurr boold to eer kaame. Naa een paar Daage satt de Prinzessin in eer Schtoow un neejt fåer eere Mann en sijden Hemd. Doon kloppt dat lijs nedden an de Dåer, un een Schtimm fängt an to singe:

»Maak mij up dijn Dåerke,
Schönste Prinzessin!«

»Ach«, sächt de Prinzessin, »Magd, komm geschwind her, da ist gewiß der Frosch, von dem ich dir erzählt hab'. Geh und mach ihm die Tür auf.« Doon fängt dat awer wedder an t'singen våer de Dåer:

»Ach, nich de Maachd,
Schönste Prinzessin!
Weetst du woll, as du saitest
An dem Fleite,
Då du dijne Ring verlåre,
Då du mij tom Mann erkåre,
Schönste Prinzessin?«

Doon stunn de Prinzessin up un maakt em de Dåer up. As hei nu rin quappt was, sung he wedder loos:

»Sett mij ok up dijn Schtåelke,
Schönste Prinzessin!«

»Magd«, saed doon de Prinzessin, »höre, was der Frosch verlangt. Aber er hat mir den Ring wiedergegeben, wir wollen ihm seinen Willen tun. Setze ihn auf den Stuhl!« Doon sung de Pogg':

»Ach, nich de Maachd,
Schönste Prinzessin!
Weetst du woll, as du saitest
An dem Fleite,
Då du dijne Ring verlåre,
Då du mij tom Mann erkåre,
Schönste Prinzessin?«

Doon treckt de Prinzessin sijden Händschken an und båert em richtich up den Schtoel. Åwer de Pogg' de sung allwedder loos:

»Gif mij ok wat to eeten,
Schönste Prinzessin.«

»Magd, geh hin, hol ihm Milch und Semmel«, sächt sei dar. Åwer de Pogg' singt:

»Ach, nich de Maachd,
Schönste Prinzessin!
Weetst du woll, as du saitest
An dem Fleite,
Då du dijne Ring verlåre;
Då du mij tom Mann erkåre,
Schönste Prinzessin?«

Dår ging de Prinzessin hen un hålt em soet Melk un Schtuuten. As hei sik nu so recht dick freete hadd, sung e:

»Wisch mij ok mijn Muelke,
Schönste Prinzessin!

»Na«, saed de Prinzessin, »dit paßt mij ok all. Maachd, nimm eis de Salwjett un wisch em dat Muul.« Doon sung de Pogg' wedder:

»Ach, nich de Maachd,
Schönste Prinzessin!
Weetst du woll, as du saitest
An dem Fleite,
Då du dijne Ring verlåre,
Då du mij tom Mann erkåre,
Schönste Prinzessin?«

Un sei müst et wedder allein dooe. Nu fung de Pogg' åwer an to singe:

»Gif mij ok e Pußke,
Schönste Prinzessin!«

Doon beswijmt de Prinzessin bijna un sächt: »Magd, das mußt du tun, das kann ich nicht!« Åwer de Pogg' keek eer so bedroeft an un hadd twei groot Traane in de Ooge un sung ganz lijske:

»Ach, nich de Maachd,
Schönste Prinzessin!
Weetst du woll, as du saitest
An dem Fleite,
Då du dijne Ring verlåre
Då du mij tom Mann erkåre,
Schönste Prinzessin!«

Doon dacht die Prinzessin an eer Verschpreeken un saed: »Dit hädd ik mij awer nich dacht. Maachd, denn gå hen un hål mij en Dook un binn mij dat våer de Oogen, denn tom wenigsten will ik em dårbij nich seie.« Dat deed de Maachd nu, un de Prinzessin tappt mit beed Hänn na de Pogg', un 't was eer all so recht glawrich in de Hänn, sei schpitzt all eer Muelke, doon gaf dat eine groote Knall, de Prinzessin verfeert sik so, dat se sik de Binn afreet un våer eer schtunn, sund un munter, eer leiw Mann. Un dat was so kaame. As hei wijt wech in Krijch was, doon hädd em en boes Hex in en Pogg' verhext un hädd darbij sächt, hei schull so lang en Pogg' blijwe, beet em en Prinzessin ne Puß geew. Doon was de arm Koenich seer bedroeft, un schwęmmt durch all dat Water, beet hei to sijne Fruu in sijn Fleit kaame was. Denn dat hadd he sik glijk dacht, dat em nij en Miesch as sijne eigen Fruu ne Puß geewe würr.

44. *Das goldne Königreich*

Ein reicher Herr hatte einen einzigen Sohn. Als dieser zwanzig Jahre alt war, sprach er: »Vater, ich will reisen und die Welt sehn.« Der Alte war damit zufrieden, gab ihm einen Wagen und Pferde, einen Bedienten, viel Geld und noch mehr gute Lehren, und der Jüngling zog dahin.

Eines Abends kamen sie in einen großen Wald, und weil es dunkel war, gerieten sie vom Wege ab und gelangten zu einem kleinen Hause. Der Jüngling trat hinein, da saß eine Frau beim Feuer und kochte sich ihr Abendbrot. »Kann ich bei Euch übernachten?« fragte er. »Ei, mit Freuden«, sprach die Frau, »setzt Euch hin und tut, als ob Ihr zu Hause wäret.« Das war dem Jüngling gerade recht, er aß und trank nach Herzenslust, denn er hatte den ganzen Tag noch nichts in den Magen bekommen, und schlief wie ein Prinz, bis die Sonne schon hoch am Himmel stand. Er sprang empor und schaute durch das Fenster in den schönen grünen Wald; da liefen Hirsche und Rehe und Hasen in ganzen Herden herum, und wilde Vögel aller Arten flogen von Baum zu Baum; dazu sangen die Lerchen und Finken und Nachtigallen, daß es ihm so wohl wurde, wie ihm nie gewesen war, und er beschloß, den schönen Wald nicht so bald zu verlassen. Beim Frühstück fragte der Jüngling die Frau, wem der Wald gehöre. »Der Wald gehört mir«, sprach sie. Da fragte er weiter, ob er wohl darin jagen dürfe, denn die Jagd sei seine größte Lust und Freude. »Das mögt Ihr, soviel Euch beliebt, doch ich rate Euch, tut es nicht«, erwiderte die Frau. Er schlug den Rat aber in den Wind, denn er sah keinen Grund dazu, ergriff seine Büchse und sprang fröhlich in den Wald hinein. Da rief die Frau seinen Diener und sprach: »Geh und folge deinem Herrn schnell, so lieb dir sein Leben ist. Wenn ihr auf den freien Waldplatz kommt, dann springen drei weiße Hirsche vor euch her, doch darf dein Herr keinen schießen, im übrigen mag er töten, was ihm vor den Lauf kommt. Du darfst deinem Herrn aber nicht sagen, daß ich dir dies verraten habe, sonst ist es um dich geschehen.« Der Diener dankte der Frau von Herzen für ihren Rat, denn er liebte seinen Herrn über alles.

Kaum waren beide einige hundert Schritte im Walde fortgegangen, da wurde es lichter und immer lichter, und sie kamen auf eine große Wiese, da sprang ein Bächlein lustig über weiße Kiesel, und die Vögel sangen, daß dem Jüngling das Herz im Leibe hüpfte. Da raschelte es plötzlich im Gebüsch, und drei prächtige schneeweiße Hirsche mit stolzem Geweih sprangen heraus und liefen quer über die Wiese hin. Der Jüngling legte an, aber ehe der Schuß noch fiel, schlug der treue Diener ihm die Flinte in die Höhe, so daß die Kugel in einen Baum fuhr und die Hirsche unversehrt davonsprangen. Der Jüngling fuhr den Diener hart an, warum er das getan habe, doch dieser entschuldigte sich und sprach, eine Biene habe ihn in die Hand gestochen und darüber sei er aufgefahren.

Sie gingen weiter, und der Jüngling schoß noch allerlei Wild, aber die Freude war ihm verdorben, denn die drei weißen Hirsche wollten ihm nicht aus dem Kopfe. In dem Waldhäuschen nahm die Frau den Diener beiseite und lobte ihn, er habe seinem Herrn das Leben gerettet. Sie trug in ihrer Freude die köstlichsten Speisen aller Art auf, schenkte Wein aus aller Herren Ländern ein, und dem Jüngling gefiel es immer besser bei ihr.

Am andern Morgen griff er wieder zur Flinte und ging in den Wald. Da sprach die Frau zu dem Diener: »Geh und folge schnell deinem Herrn; wenn ihr auf den freien Waldplatz kommt, dann springen drei braune Hirsche daher, aber verhüte, daß dein Herr sie schießt, so lieb dir sein Leben ist, und verrate nicht, daß ich dir dies gesagt habe, sonst ist es um dich geschehn.« Der Jüngling ging ganz denselben Weg wie tags vorher, wie sehr auch der Diener suchte, ihn anderswohin zu führen. Bald kamen sie auf die schöne Waldwiese mit dem muntern Bächlein und all den tausend Vögeln. Da raschelte es wieder im Gebüsch, und drei braune Hirsche mit prächtigem stolzem Geweih setzten quer über die Wiese hin. Der Jüngling schlug an, aber zugleich gab der Diener ihm einen Stoß, daß die Kugel in die Luft pfiff. Da fuhr der Jüngling zornig auf und rief: »Wenn du dies noch einmal wagst, dann schieße ich dich nieder«; und was der treue Diener auch sagen und wie er sich auch entschuldigen mochte, alles half nichts, sein Herr blieb dabei. Er konnte nicht verschmerzen, daß die drei Hirsche ihm durchgegangen waren, denn schönere hatte er sein Leben lang nicht gesehen.

Die Frau in dem Waldhäuschen trug heute noch viel köstlicheres Essen auf als am Tage vorher, und die guten Weine aller Art standen die Hülle und Fülle auf dem Tische. Zum Diener aber sprach sie heimlich, er habe seine Sache gut gemacht und sein Herr gehe einem großen Glück entgegen.

Als der Jüngling am folgenden Morgen wieder in den Wald sprang, sprach die Frau zu dem Diener: »Geh und folge deinem Herrn und laß ihn nur nicht schießen, wenn er heute drei schwarze Hirsche auf dem Waldplatz sieht; heute ist der gefährlichste Tag, und sein Leben hängt daran, verrate mich aber nicht, so dir dein Leben lieb ist.« Der Diener versprach es ihr willig und eilte seinem Herrn nach. Aber heute war es ihm so traurig zumute; der Wald schien ihm nicht mehr so schön und die Vöglein nicht mehr so lustig und das Bächlein nicht mehr so munter. Er versuchte wohl seinen Herrn einen andern Weg zu führen, aber der Jüngling wollte nicht, er hatte die drei Hirsche im Kopf und drohte dem treuen Diener: »Heute rate ich dir aber gut, stoße mich nicht, sonst geht es dir schlimm.« Also kamen sie an der Waldwiese an, und kaum standen sie da, da brachen drei schwarze Hirsche mit mächtigem Geweih aus den Büschen und sprangen quer über die Wiese daher. Der Jüngling schlug an, da gab ihm der treue Diener einen Ruck, die Kugel sauste in den Wald, und die drei Hirsche entsprangen. »Das sollst du mir büßen«, schrie der Jüngling und lud von neuem. Wie sehr der Diener auch jammerte und um sein Leben bat, alles half nichts, der Jüngling schoß ihn in seinem Zorne nieder.

Als die blasse Leiche aber so vor ihm lag, da verrauchte der Zorn bald, und die Reue kam. Vergebens rief er den treuen Diener mit hundert schönen Namen, er weinte und rang die Hände, er war tot und blieb tot. Da stürzte er wild und wie ein Wahnsinniger durch den Wald zurück zu dem Waldhäuschen, doch es war öd und einsam, die freundliche Frau war verschwunden. Er sattelte im Stall eins seiner Pferde, sprang darauf und ritt verzweiflungsvoll weg, wohin, das wußte er selber nicht.

So war er in tiefster Betrübnis Stunde um Stunde dahingesprengt auf wilden Waldwegen. Die Sonne stand im Mittag, und sie ging zur Rüste, und der Wald wurde immer dichter; weder Dorf noch Haus war zu sehen, Hunger und noch mehr Durst quälten ihn. Die ganze Nacht ritt er fort, bis es wieder tagte, da öffnete sich der Wald, und er kam auf eine große Wiese, darauf sprang eine klare, frische Quelle. Er bückte sich zu ihr, um seinen brennenden Gaumen zu letzen, und trank lange Züge. Als er sich aber wieder erhob, siehe, da standen drei wunderschöne Jungfrauen vor ihm.

Er zog seinen Hut zum Gruße ab, doch sie schauten ihn finster und zornig an und sprachen: »Du hast in deinem bösen Zorne dein Glück verscherzt und unsere Erlösung auf lange Zeit verschoben. Jetzt wärest du im goldnen Königreich, wenn du gutem Rate und freundlichen Bitten gefolgt wärest, nun aber mußt du noch lange wandern und viel kämpfen, bis du dahin kommen kannst.« Da stürzte der Jüngling vor ihnen auf die Knie und rief voll Reue: »Ich will alles dulden und ertragen, wenn ich nur meine Tat wiedergutmachen kann, saget mir nur, was ich tun soll.« – »Das ist uns nicht gegeben«, sprachen die Jungfrauen, »doch wollen wir dir beistehen, soviel uns erlaubt ist.«

Da gab die Älteste ihm ein Schwert, dem konnte nichts widerstehen, und wer von ihm getroffen wurde, der sank tot zu Boden. Die zweite gab ihm eine Börse, die blieb immer mit blanken Goldstücken gefüllt, wieviel man auch herausnehmen mochte. Die Jüngste aber war die Schönste, die hatt' es ihm gleich angetan, so daß er immer nur sie ansehen mußte; von ihr bekam er einen goldnen Ring, daß er ihrer nicht vergesse. Dann verschwanden sie.

Jetzt faßte der Jüngling neuen Mut, schwang sich auf sein Pferd und ritt ruhigen Sinnes in den Wald hinein. Noch war er keine hundert Schritte weit, da hört' er ein schreckliches Zischen und jämmerliches Brüllen in dem Gebüsch. Er sprang darauf zu, und da war es ein scheußlicher Lindwurm, der seinen langen Schweif um einen Löwen geschlagen hatte und ihm sein Gift entgegenspie. Kurz entschlossen faßte der Jüngling sein Schwert und tat einen schweren Schlag, so daß er dem Lindwurm den Schweif abschlug, und das abgehauene Stück fuhr mit solcher Gewalt in die Bäume hinein, daß es ganze Äste zerbrach. Mit einem zweiten Schlage traf er den Kopf des Drachen, so daß das Untier hinstürzte und die Zunge armslang aus dem Halse streckte. Der Löwe aber schüttelte sich und sprang vor Freuden wie ein getreuer Hund zu seinem Befreier, drückte seinen zottigen Kopf an ihn und suchte ihm auf jede Art seinen Dank zu beweisen, folgte ihm auch seit dem Augenblicke überallhin. Da wuchs dem Jüngling der Mut, denn nun erkannte er die Kraft seines Schwertes, und er ritt unermüdet manche Woche lang seines Weges fort, bis er endlich an das Wasser *Irrewellen* kam, welches so groß und breit ist, daß man sein Ende gar nicht absehen kann.

Da lag am Ufer ein Schiff vor Anker, und nicht weit davon stand des Schiffers Haus. Der trat heraus, grüßte den Jüngling und bot ihm Speise und Trank. Der Jüngling nahm es dankbar an, denn er hatte seit vielen Tagen nur von Wurzeln und Kräutern gelebt. Dann fragte er den Schiffer, ob er nicht wisse, wo das goldne Königreich liege. Der Schiffer sprach: »Wenn Ihr dahin wollt, dann seid Ihr schlecht beraten; das liegt weit, weit jenseits des Wassers und der Riesenländer, und der Weg dahin ist schwer und gefährlich; denn die Riesen fordern von jedem, der durch ihr Land will, eine Hand oder einen Fuß als Zoll.« – »Ich fürchte mich nicht vor den Riesen«, erwiderte der Jüngling, »wenn ich nur in das goldne Königreich kommen kann.« – »Wenn Ihr nicht anders wollt, dann fahre ich Euch über«, sprach der Schiffer. Der Jüngling trat mit seinem Pferde und dem Löwen in das Schiff, der Wind blies in die weißen Segel, und es flog über die Wellen dahin. Bald aber verfinsterte sich der Himmel, der Sturm erhob sich und warf das Schiff auf und nieder wie einen Spielball, so daß man jeden Augenblick meinte, es müsse versinken; doch der Jüngling behielt seinen Mut und verzagte nicht. Nach einiger Zeit ließ der Sturm nach, es wurde wieder hell und heiter, und das Schiff landete bei freundlichem Sonnenschein. Der Jüngling lohnte dem Fährmann reichlich, dankte ihm und stieg ans Land.

Noch ehe er sich recht umschauen konnte, hörte er einen entsetzlichen Lärm und sah drei Riesen, die mit eisernen Stangen auf ihn zuliefen und schrien, sie müßten seine rechte Hand zum Zoll haben. »Gemach, gemach!« sprach der Jüngling. »Das hat nicht so große Eile«; und er trat ihnen fest entgegen, schwang sein Schwert und schlug in einem Hui zweien den Kopf ab, den dritten zerriß sein Löwe und nahm ihn als Frühstück ein, aber nicht ganz, denn der Riese hatte handdickes Fett auf den Knochen und war wohlgenährt. Dann sprang der Jüngling auf sein Pferd und ritt weiter durch Wald und Heide, Wiese und Weide, bis er wieder an ein großes Wasser kam. Am Strande stand ein Haus, und vor dem Hause lag ein Schiff.

Der Schiffer trat aus dem Hause, als er den Tritt des Pferdes hörte, grüßte den Jüngling und bot ihm Obdach, Speise und Trank in seinem Hause an. Der Jüngling nahm dies dankbar an, denn er hatte seit seinem Kampfe mit den Riesen nichts mehr genossen. Nach dem Essen fragte er den Schiffer, wie das Wasser heiße und wo das goldne Königreich liege. »Das Wasser heißt *Grausam*«, sprach der Schiffer, »weil es alles verschlingen möchte, was auf ihm schwimmt und schwebt. Aber wenn Ihr in das goldne Königreich wollt, dann habt Ihr schlimme Wege. Das liegt weit jenseits des Wassers und der Riesenländer. Die Riesen fordern aber von jedem, der durch ihr Land will, eine Hand oder einen Fuß, und ihrer sind viel; darum rate ich Euch, bleibt lieber hier.« – »Ich fragte nichts nach den Riesen, und kämen sie auch zu Dutzenden«, sprach der Jüngling. »Wie Ihr wollt, ich fahre Euch gern über.« Da stiegen sie alle in das Schiff, der Fährmann zog die Segel auf, und der Wind blies so günstig, daß es eine Lust war. Er blies aber mit der Zeit immer stärker und stärker, der Himmel verfinsterte sich, und ein schrecklicher Sturm mit heftigem Gewitter brach los. Das Wasser wurde stets wilder, die Wellen packten ordentlich das Schiff wie mit weißen Fäusten und warfen es herum, daß dem Fährmann Hören und Sehen verging. Aber da stellte sich der Jüngling ans Steuerruder und stand fest und aufrecht da, und je wilder das Wasser wurde, um so mehr Freude machte es ihm. Endlich legte sich der Sturm, die Wellen wurden immer zahmer und kleiner, und zuletzt waren sie ganz still und friedlich, und das Schiff glitt nur so über sie dahin. Am Lande stieg der Jüngling mit seinen Tieren aus und gab dem Schiffer überreichen Lohn. Da sprangen sechs plumpe Riesen mit schweren Eisenstangen herbei, die schrien ihm zu, er müsse ihnen seine linke Hand als Zoll geben, wenn er durch ihr Land wolle. »Sogleich sollt ihr sie haben«, rief der Jüngling, hob sein Schwert, und hui sagte es, da wußten vier von den Riesen nicht mehr, wo ihnen der Kopf stand; die zwei andern nahm der Löwe zum Frühstück und fraß, als ob er in acht Tagen nichts mehr bekommen sollte.

Immer weiter ging nun die Reise über Berg und Tal, bis sie an ein drittes Wasser kamen. Da lag ein mächtig großes Schiff vor Anker, und am Strande stand des Schiffers Haus. Der trat heraus, grüßte den Jüngling und bot ihm Obdach und Labsal. Das ließ er sich gefallen, denn in den Bergen und Tälern war er keinem Wirtshaus begegnet, und sein Magen knurrte. Nachdem er sich gestärkt hatte, fragte er den Schiffer, wie das Wasser heiße und wie weit es bis zum goldnen Königreich sei. »Das Wasser heißt das *Allerschlimm-*

ste«, sprach der Schiffer, »weil noch kein Schiff hat hinüberfahren können. Aber wenn man auch drüben wäre, dann hat man immer noch nicht gewonnen, denn da liegen neun Riesen, die lassen nicht mit sich spaßen; sie fordern von jedem die Füße als Zoll, der in das goldne Königreich will, und mit denen wird niemand so leicht fertig.« – »Die Riesen kümmern mich nicht, wenn Ihr mich nur überfahren wollt.« – »Dazu ist mir mein Schiff und mein Leben zu lieb«, erwiderte der Schiffer; aber als der Jüngling anfing, aus der Börse blanke Goldtaler auf den Tisch zu zählen, wurde der Fährmann immer mutiger, und als der Tisch vollgezählt lag, sprach er: »Nun, ich will's wagen.«

Da stieg der Jüngling mit seinen Tieren in das Schiff, der Fährmann folgte, und die Segel schwollen im frischen Winde. Plötzlich aber brach der Sturm los. Das Wasser wurde ganz schwarz, die Wellen gingen turmhoch und packten das Schiff, als ob sie es zermalmen wollten. Dazu zuckten die Blitze, so daß der Himmel wie ein Feuermeer schien, die Donner folgten sich Schlag auf Schlag, kurz, es war, als solle die Welt untergehn. Der Schiffer jammerte und schrie, die Tiere wimmerten vor Angst, nur der Jüngling war ruhig und kalt. Als der Schiffer zuletzt alles verlorengab, als die Segel rissen, der Mast brach und keine Rettung mehr möglich schien, da faßte er das Steuerruder und hielt an ihm aus, bis der Sturm sich legte, die wilden Wasser sich ebneten und die Sonne wieder hinter den Wolken hervortrat. Da lag das Riesenland vor ihnen, der Jüngling beschenkte den Fährmann noch einmal reichlich und machte sich mit seinen Tieren auf den Weg.

Er war nicht weit gegangen, da kamen die neun Riesen schon herangepoltert, schwenkten ihre dicken Eisenstangen über den Köpfen und schrien alle durcheinander: »Deine Füße müssen wir als Zoll haben! Her deine Füße! Deine Füße her!« – »Ei, schreit nicht so toll, ich höre es ja schon«, rief der Jüngling. »Wer will meine Füße haben?« – »Wir wollen sie haben«, schrien die vier ersten und wollten über ihn herfallen, aber hui sagte das Schwert, und da waren sie alle vier mäuschenstill. Dann lief er zu den fünf andern, die nicht so schnell gelaufen waren, hui pfiff das Schwert, und da lagen wieder drei da, die zwei letzten nahm der Löwe zum Mittagsbrot und fraß, daß er nicht mehr von der Stelle konnte.

Voller Freude schaute der Jüngling um sich, und da lag in der Ferne eine wunderschöne Stadt, die strahlte und leuchtete in der Sonne wie reines Gold. Er ruhte einen Augenblick aus, dann spornte er sein Roß und sprengte auf die Stadt zu, aber je näher er kam, um so weniger konnte er den Glanz aushalten. »Das muß das goldne Königreich sein«, sprach er, »oder ich finde es nie«, und er hatte recht, denn es war die Hauptstadt vom goldnen Königreich.

Als er hineinkam, suchte und fragte er zuerst nach dem Königsschloß; dann kehrte er in einem Wirtshaus ein, das dem Schlosse grade gegenüberlag. Da hörte er von dem Wirt, im Schlosse seien drei schöne Prinzessinnen, sie seien aber verwünscht und könnten nur durch den Bräutigam der Jüngsten erlöst werden; der wohne noch jenseits der drei Meere und der Riesenländer, und es sei eine große Frage, wann er komme. Der Jüngling fragte weiter, wie der Bräutigam die Erlösung vollbringe; das Schloß sei ja immer geschlossen, und man sehe ihm nicht an, daß ein lebendes Wesen darin wohne. Da sprach der Wirt, wenn der Bräutigam im rechten Wagen und mit den rechten Pferden zu dem Schlosse fahre, dann werde es sich öffnen, weiter wisse er nichts.

Nun wußte der Jüngling genug, nur er konnte der Bräutigam sein. Am folgenden Tage tat die Börse ihre Schuldigkeit, er kaufte einen schwarzen Wagen und sechs schwarze Rosse, nahm viele Diener an und kleidete alle schwarz; also fuhr er auf das Schloß zu. Als der Wagen in die Nähe des Tores kam, sprang es auf, und da kam er in den großen Schloßhof. Der war aber öde und einsam und alle Türen und Fenster gesperrt; nur dem Tor gegenüber war ein zweites Tor, das war auch offen. Der Jüngling befahl dem Kutscher, hindurchzufahren, denn er glaubte in einen zweiten Hof zu kommen, aber er befand sich auf der Straße, und das Tor schlug hinter ihm zu.

Da sah er, daß dies der rechte Wagen und die rechten Pferde nicht waren. Er kaufte sich nun einen prächtigen braunen Wagen mit sechs braunen Pferden, kleidete auch alle seine Diener braun und fuhr wieder auf das Schloß zu. Das große Tor sprang vor dem Wagen auf, und der Wagen rollte in den Schloßhof. Da war es wiederum ganz still und einsam, nur waren die Fenster alle offen, so daß man in die prächtigen Zimmer sehen konnte, doch die Türen blieben geschlossen, und keine lebende Seele zeigte sich. Da befahl er dem Kutscher, durch das zweite Tor zu fahren, und als er kaum hindurch war, schlug es hinter dem Wagen zu.

Am folgenden Tage kaufte er sich einen schneeschloßenweißen Wagen mit sechs Schimmeln, kleidete alle seine Diener weiß und fuhr also nach dem Schlosse. Da sah er von weitem schon das große Tor sperrangelweit offen, auf dem Dache flatterten die Fahnen, und die Kanonen schossen, als er näher kam, daß der Erdboden zitterte. Als er hineinfuhr, scholl ihm Musik entgegen von Pauken und Trompeten, und der ganze Hof stand voll prächtig gekleideter Herren und Frauen und Dienern; die schlossen seinen Wagen auf und empfingen ihn ehrerbietig, um ihn ins Schloß zu führen. Da stand an der Treppe der König mit seiner Krone auf dem Haupte, drei wunderschöne Jungfrauen zu seiner Seite. Die jüngste und schönste aber eilte dem Jüngling entgegen und sprach: »Sei gegrüßt, mein Erlöser und Geliebter!« Sie küßten sich und wurden zur Stunde miteinander vermählt und waren in treuer Liebe glücklich ihr Leben lang.

45. Das Pomeranzenfräulein

Einst wurde ein reicher junger Grafensohn von seinen Eltern sehr bedrängt, daß er heiraten solle, und viele schöne Prinzessinnen wurden ihm vorgeschlagen. Allein er mochte keine von allen, denn er hatte es sich in den Kopf gesetzt, nur eine Braut heimzuführen, die nicht von einer Mutter geboren war, und eine solche konnte er lange nicht finden. Es ließ ihm aber keine Ruhe, und er wollte so lange suchen, bis er die rechte Braut für sich fände. Er ließ sich sein Roß satteln und nahm von seinen betrübten Eltern Abschied und ritt in die weite Welt hinein. So war er schon sehr, sehr lange geritten, und noch immer hatte er die rechte Braut für sich nicht finden können. Da kam er eines Tages zu einem Kreuzwege; dort stand ein altes Weiblein, krumm und gebückt, das hatte nur einen Zahn im Munde, und seine Augenbrauen waren so lang, daß sie tief über die Augen hingen. Als nun der junge Graf das Weiblein fragte, wohin die zwei Wege führten, da hat er schreien müssen, daß sie ihn verstand, denn das Weiblein war vor Alter fast taub. Auf ihre Fragen erzählte er ihr von seinem Vorhaben, und die Alte nickte und wackelte beifällig mit dem grauen Kopf und sagte mit einer kreischenden Stimme, die schwer zu verstehen war: »Schmucker Knabe, gehe den Weg« – dabei zeigte sie mit dem Haselstöckchen auf den Weg, der rechts führte – »und du wirst ein großes, großes Haus finden, gehe hinein, schmucker Knabe, und hinter der Tür wirst du einen Kehrbesen finden. Den nimm und kehre die Stiege, und wenn du die Stiege gekehrt hast, dann wirst du zu einem großen Löwen kommen, schmucker Knabe, und der hält einen goldenen Schlüssel in seinem Rachen. Den Schlüssel mußt du dem Löwen mit Gewalt aus dem Rachen reißen und damit die Zimmertür aufsperren, vor der er steht. Dann wirst du in ein prächtiges Zimmer kommen, da steht wieder ein Löwe mit einem Schlüssel im Rachen vor einer Tür. Diesen Löwen aber mußt du erlegen, schmucker Knabe, und ihm wieder den Schlüssel nehmen. Mit dem schließt du die andere Tür auf, dann kommst du in die Küche, und in der Küche wirst du drei schöne rotgelbe Pomeranzen finden und ein Messer mit einem Griff aus Ebenholz. Das Messer nimmst du und schneidest eine der drei Pomeranzen auf, schmucker Knabe, dann wird ein wunderschönes Fräulein, schön wie die Sonne, herauskommen. Du mußt aber mit ihr gleich zu dem Brunnen gehen, der vor dem Haustore unter den zwei Linden steht, und deine Braut unter das Wasser halten, sonst wird sie gleich zusammenwelken und sterben.«

Der Grafensohn dankte ihr für ihren guten Rat, ritt in den kühlen, dunklen Wald hinein und kam immer tiefer und tiefer, bis er plötzlich vor einem großen Schlosse stand, das aus weißem Marmor erbaut war. Er trat durch das große schöne Portal ein und fand hinter der Haustür den Besen; den nahm er und kehrte damit die Stiege, wie es ihm die Alte gesagt hatte. Als er das getan hatte, kam er zu dem Löwen, dem nahm er den goldenen Schlüssel aus dem Maule, sperrte die Saaltür auf, die von Ebenholz war, durchschritt dann den weiten Saal, bis er zu dem zweiten Löwen kam, der wieder einen goldenen, noch schöneren Schlüssel im Rachen hielt. Er erlegte den Löwen, nahm den Schlüssel, schloß damit die nächste Tür auf und ging in die Küche. Dort fand er auch wirklich das Messer und die drei Pomeranzen, die waren wie das reinste Gold und glänzten wie die Sonne; er wagte es kaum, sie anzufassen. Endlich faßte er sich ein Herz und griff nach der nächsten, ersten Pomeranze und nach dem blanken Messer und schnitt den goldenen Apfel entzwei. Aber kaum hatte er die obere Hälfte abgelöst, da stand ein wunderschönes Mädchen vor ihm in der unteren Hälfte der Pomeranze, die er in den Händen hielt; das kleine Fräulein war so schön wie der Tag und seine Augen blau wie der Sommerhimmel. Dem Grafensohn wurde es ganz wunderlich ums Herz, er vergaß die Mahnung des alten

Mütterchens ganz und gar und schaute und schaute nur das schöne Jungfräulein an, dachte gar nicht an den Brunnen. Und wie er so dastand, da welkte das schöne Bild zusammen und starb vor seinen Augen.

Da erschrak er und dachte, das zweitemal den Rat der Alten besser zu befolgen; er nahm die zweite Pomeranze und das blanke Messer und stieg die weiße Marmortreppe hinab in den Hof. Als er bei dem Brunnen unter den zwei Linden angekommen war, schnitt er die goldene Frucht auf; und es blendete ihm fast die Augen, ein Jungfräulein stand vor ihm, so schön, wie die Sonne noch nie eins beschienen hat. Er hielt sie unter den Strahl des Wassers, und da wurde sie immer größer und größer, so daß seine Hände sie nicht mehr halten konnten und sie auf dem Boden stand und endlich fast so groß war wie er. Da schlang er den Arm um sie und führte sie in das Marmorschloß und sprach zu ihr, sie solle da bleiben, bis er mit Roß und Wagen wiederkäme. Dann nahm er Abschied von ihr, küßte sie und wanderte zu seinen Eltern, um Roß und Wagen zu holen. Die schöne Pomeranzenjungfrau aber blieb nun ganz allein im Schlosse, mußte sich selbst das Wasser holen und das Essen bereiten und hatte so ganz allein wohl manchesmal Langeweile.

Neben dem großen Marmorschloß stand aber ein kleines Haus, darin wohnte eine Hexe mit ihren zwei Töchtern. Die sahen das schöne Mädchen öfters zum Brunnen unter den Linden gehen, kamen auch zu ihr herauf und fragten sie aus, und das Pomeranzenkind war arglos und erzählte ihnen in seiner Einfalt alles, gerade wie es Kinder tun.

»Komm mit«, sagte einmal die ältere Hexentochter, »die Mutter hat Kuchen gebacken, die schmecken so gut.« Das Mädchen ließ sich bereden und ging mit. Sie spielten allerlei Spiele, und da sollte das Mädchen einmal Königin werden und mußte sich umkleiden und die Haare flechten lassen. Wie es aber so dasaß, da drückte ihm eine von den beiden Schwestern eine Nadel in den Kopf, das war eine Zaubernadel, und das arme Kind wurde in eine Taube verwandelt.

Eine von den zwei häßlichen Schwestern ging nun in das Schloß hinüber und wartete, bis endlich der Bräutigam angefahren kam. Der staunte nicht wenig, wie er anstatt seiner schönen Braut die garstige Hexentochter fand. Aber die wußte allerhand Ausreden, und er meinte, sein gegebenes Versprechen müßte er halten und ihn könnten doch nur die Augen täuschen; er nahm also die häßliche Braut zu sich in den Wagen und fuhr nachdenklich mit ihr fort.

Während sie aber unterwegs waren, kam der alten Hexe die Taube aus und flog dem Wagen nach und umflatterte ihn und schlug mit den weißen Flügeln, daß der junge Graf es merkte und mitleidig die Hand herausstreckte, um sie hereinzulangen. Die falsche Braut aber war böse darüber und wollte es nicht leiden, denn sie hatte das Tierchen erkannt. Doch er nahm es herein, hielt es auf seinem Schoß und streichelte es, so daß es zu girren anfing. Und wie er ihm so über den Kopf strich und das Täubchen ihn mit seinen schwarzen klugen Augen ansah, kam er an die Nadel; voll Mitleid zog er sie heraus, da stand das schöne Pomeranzenfräulein wieder vor ihm. Nun war der Grafensohn in einer Glückseligkeit, daß er sie wieder hatte. Als er aber erfuhr, wie alles zugegangen war, da warf er das böse Hexenmädchen zum Wagen hinaus, daß es beide Beine brach. Das Brautpaar fuhr jetzt voll Freude nach Hause, und die Eltern freuten sich mit ihrem Sohne, und es gab eine prächtige Hochzeit. Die Geschichte ist wahr, denn ein Grafensohn davon lebt jetzt noch.

46. Das kleine alte Männlein

Da ist einmal spät am Abend ein fremdes altes Männlein durchs Dorf gekommen und hat bei einer Bäuerin angeklopft und Herberge gesucht. Da kam er aber an die Unrechte, die Frau hatte wohl ihr Pfännchen Fett, aber sie war ein Geizdrache. Erst tat sie, als ob sie das Klopfen gar nicht hörte, aber als das Männchen gar nicht nachließ und noch lauter klopfte, legte sie sich ins Fenster und fragte: »Wer ist denn da?« – »Ein armer Wanderer hätte gern ein Unterkommen für die Nacht, es ist so kalt, daß man draußen nicht schlafen kann«, antwortete das Männchen. »Ich habe keinen Platz, sucht Euch anderswo ein Unterkommen«, und damit schlug die Alte das Fenster zu und hörte nicht weiter auf das Männlein, soviel das auch betteln und flehen mochte. Zuletzt ging es ein Haus weiter, da wohnte eine arme Frau. Es klopfte, da tat sie das Fenster auf und fragte: »Was möchtet Ihr denn, Alterchen?« – »Ich hätte gern ein Unterkommen für die Nacht, es ist draußen so kalt.« Gleich kam die Frau an die Tür und führte ihn in das warme Kämmerchen, kochte ihm einen Brei von Milch und Mehl und brockte das letzte Stückchen Brot hinein, das sie noch im Schranke hatte. Dann ging sie und schüttelte ihren Strohsack tüchtig auf, damit das alte Kerlchen so gut läge wie möglich. Sie selbst schlief auf der Erde. Am andern Morgen war das Männchen schon früh auf und sprach, es müßte nun weiterziehen. Das litt aber die Frau nicht und kochte ihm erst noch einen Brei zum Frühstück. Als das Männchen den gegessen hatte, bedankte es sich freundlich und fragte nach seiner Schuldigkeit. »Ach«, sprach die Frau, »dafür will ich nichts haben, und wenn Ihr ein andermal nicht wißt, wo Ihr bleiben sollt, kommt nur wieder zu mir.« – »Ich danke Euch vielmal von ganzem Herzen und wünsche Euch, daß das erste, was Ihr heute beginnt, so wohl gelingt, daß Ihr den ganzen Tag nichts anderes tun könnt.« Mit den Worten schied es von der Frau, und sie ging rasch wieder ins Haus zurück und an die Arbeit, auf den Wunsch des Männleins hatte sie gar nicht mehr gehört. Sie ging an ihren Kasten und wollte ein Stück Leinwand für ein Hemd abmessen; und sie maß Elle um Elle und maß und maß immerzu bis zum Mittag und den ganzen Nachmittag, und das Leinen nahm gar kein Ende, und die ganze Stube wurde davon voll; das hörte nicht eher auf, als bis es stichdunkel wurde, da kam erst das Ende. Dieser reiche Segen blieb auch der Nachbarin nicht lange verborgen. »Herr Gott im Himmel«, schrie sie und steckte den Kopf zum Fenster herein, »wo habt Ihr all das Leinen her? In meinem ganzen Leben habe ich ja noch nicht so viel Leinen beisammen gesehen!« Nun erzählte ihr die gute Frau von dem kleinen alten Männlein, und da wurde die Nachbarin ganz giftig und dachte bei sich: ›Muß dem Bettelpack solches Glück in den Schoß fallen; das hättest du auch haben können‹, und rannte fort, um das Männlein zu suchen; sie war erst ein paar Schritte weit gegangen, da sah sie es schon von ferne heransocken. Im Nu war sie bei ihm und knixte und verbeugte sich und sprach: »Ach, lieber Herr, nehmt es mir doch bloß nicht übel, daß ich Euch gestern abend nicht eingelassen und beherbergt habe. Tut mir doch den einzigen Gefallen und kehrt diesen Abend bei mir ein, Ihr macht mich zu dem glücklichsten Menschen auf der Welt!« Das kleine alte Männchen war's zufrieden und ging mit ihr; die Bäurin tischte auf von dem Allerbesten und machte ihm hernach ein reiches Bett zurecht, worin es schlief wie ein Prinz. Und kaum hatte es sich am andern Morgen aus den Federn gemacht, da brachte ihm seine Wirtin schon Kaffee und Biskuit. Er dankte für alles recht höflich und fein. Und als er sein Frühstück verzehrt hatte, fragte er nach seiner Schuldigkeit. »Oh«, antwortete die Frau, »meint Ihr denn, ich wollte etwas haben für die Bewirtung? Gott bewahre, daran habe ich nicht im mindesten gedacht; im Gegenteil, ich wünschte nur, Ihr machtet mir recht oft die Freude, bei mir einzukehren.« – »Das wird kaum möglich sein«, sprach das Männlein, »aber ich danke Euch doch herzlich für Euern guten Willen und wünsche nur, daß das erste, was Ihr diesen Morgen tut, den ganzen Tag fortdauert und Ihr nichts anders tun könnt.« Damit empfahl sich das Männchen, und die Alte wünschte ihm glückliche Reise.

Kaum war der Gast zur Tür hinaus, da lief die Frau in

die Kammer, sie wußte schon, was sie tun würde: Geld zählen! Aber gerade als sie zum Geldkasten gehen wollte, fingen die Ferkel an zu grunzen. ›Warte‹, dachte sie aus alter Gewohnheit, ›denen willst du erst flink noch Wasser geben.‹ Aber nun pumpte und trug und schüttete sie Wasser den ganzen Tag in einem fort, bis es stichdunkel wurde und Ferkel und Stall und Haus und Bäurin und alles fortgespült wurden und nicht mehr zu sehen und zu retten waren.

Andere erzählen, die Bäurin hätte gar nicht erst den Ferkeln Wasser bringen wollen, sie hätte, wie sie gerade ans Geldzählen gehen wollte, ein dringendes Bedürfnis verspürt und sei, um das rasch noch abzumachen, hinters Haus in den Garten gelaufen; da habe sie gar nicht wieder aufhören können und sitzen müssen, bis es dunkel war und ein großer See hinter dem Haus entstanden sei. Der See soll noch jetzt da sein.

47. *Werweiß?*

Vor undenklichen Zeiten hauste einmal ein Wirt nahe bei einem Walde. Er war sehr geizig und tat mit dem kleinsten Dinge, als ob es Goldes wert wäre. Zur selben Zeit lebte ein mächtiger, reicher König, und der schaute das Geld nicht an, sondern lebte in Saus und Braus. Einmal schrieb der König eine Jagd aus und setzte für das beste Weidstück einen herrlichen Preis. Wenn einer von Adel das beste Wild erjagen würde, sollte er des Königs Tochter zur Frau haben, wenn einer von geringerem Stande, so sollte er mit Gold reichlich belohnt werden.

Der Tag der Jagd brach an, und auch unser Wirt war dabei, denn die Belohnung stach ihm zu sehr in die Augen. Den ganzen Tag wurde gejagt und geblasen, und die Hunde bellten, daß es in den Wäldern einen Höllenlärm gab. Abends, als die Jagd aus war, erhielt den Preis ein Graf, der einen stolzen Hirsch mit goldenem Geweih erjagt hatte. Der

Wirt war aber mit seinem Tagewerk auch nicht unzufrieden, denn er hatte ein wildes Männlein mit sich heimgebracht, das ein goldenes Schwert trug. Das Männlein sah so hübsch und wundernett aus, daß der Wirt ein Glashäuslein darum machen ließ und es auf einen Kasten stellte, und wenn Besuch kam, so mußte der auch das wilde Männlein im Glashäusl sehen.

Die Wirtsleute hatten auch ein Söhnlein. Das war ein munterer, feiner Knabe und das einzige Kind im Wirtshause. Das wilde Männlein gefiel ihm gar zu gut, und stundenlang stand er vor dem Kasten und konnte sich an dem kleinen Wichte nicht satt sehen. ›Wenn ich nur auch so ein schönes goldenes Schwert hätte‹, dachte er oft bei sich, denn laut zu sagen wagte er es nicht seines geizigen Vaters wegen. Als er einmal allein in der Kammer war und das Männlein im Glashäusl gar lieb und freundlich tat, gewann der Knabe ein Herz und sagte: »O liebes Mannl, schenke mir doch dein goldenes Schwert! Ich bitt dich gar schön.« – »Gerne geb' ich es dir«, antwortete das Männlein, »doch nur unter einer Bedingung. Du mußt mich herauslassen und es niemandem sagen. Tust du das, so sollst du mein Schwert haben.«

Der Knabe war mit dieser Antwort zufrieden und versprach dem Männlein, was es verlangte. Aber wie den Schlüssel zum Glaskasten bekommen? Denn den mußte die Mutter wie einen Schatz bewahren und trug ihn immer bei sich. Aber der Bub wußte sich zu helfen. Er lief zur Mutter und bat sie, ihm Läuse zu suchen. Die Mutter freute sich; ei, er ist ja heut so brav, sonst kann man ihn nie dazu kriegen. Und sie kämmte und kämmte und suchte und suchte, und während sie nur daran dachte, ihren Bub fein sauber zu machen, huschte er ihr mit seiner Hand in den Kittelsack und nahm unbemerkt den Schlüssel heraus, lief damit in die Kammer, wo das kleine Männlein stund, und ließ es aus dem Kasten. Das Männlein hielt auch sein Wort, dankte seinem kleinen Befreier und schenkte ihm das goldene Schwert. Darauf sprang es zum Fenster hinaus und war in einem Nu im Wald verschwunden.

Der Bub mit dem goldenen Schwert wußte nun vor Freude fast nicht, was er anfangen sollte, stellte sich in den gläsernen Kasten hinein und tat geradeso wie das Männlein. Da kam aber die Mutter dazu, und die erschrak nicht wenig, als sie ihren Buben im Glaskasten und vom Männlein keine Spur mehr sah. Sie rief gleich den Vater herbei, und als dieser sah, was geschehen war, holte er sich birkene Ruten, nahm den Knaben aus dem Kasten und schlug ihn so, daß er keinem Menschen mehr glich. Dann warf er ihn über die Mauer in den Anger hinaus und schrie: »Nun pack dich und geh zu deinem wilden Mannl!«

Der Knabe lag nun lange, lange im grünen Grase draußen, ohne zu sich zu kommen. Als er endlich die Augen aufschlug, stand das Männlein vor ihm, nahm ihn bei der Hand und ging mit ihm in den kühlen Wald hinaus, gab ihm alles, was er brauchte, und zog ihn auf wie sein eigenes Kind. Der Knabe wuchs zusehends und ward immer schöner und stärker. Als er groß und stark genug war, um eine Lanze schwingen zu können, lehrte ihn das Männlein die Ritterspiele, und der Bub hatte seine größte Freude daran und lernte, daß es eine Lust war. Als er nun ausgelernt hatte, gab ihm das Männlein ein neues, gar läppisches Kleid und ein Schwert und sagte zu ihm: »Du bist nun erwachsen und sollst auch die Welt sehen. Gehe nun aus dem Walde und suche die Königsstadt. Hast du die gefunden, so diene an dem Hofe des Königs. Wenn dich aber jemand fragt, wer du seiest, so sage immer: ›Werweiß?‹ und schweige sonst. Wenn dir aber etwas fehlt, so rufe mich. Ich werde dann gewiß kommen und dir helfen.«

Mit diesen Worten entließ er den Wirtssohn aus dem Walde. Dem war ganz wunderlich zumute, als er wieder ins Freie hinauskam. Er war traurig und froh zugleich, so wanderte er weiter, bis er zur Königsburg kam.

Als ihn dort der Wächter sah, mußte dieser laut auflachen, denn der Junge war gar absonderlich gekleidet und sah aus wie ein Narr. Er wollte nun durchaus zum König, die Wächter aber ließen ihn nicht und hatten ihn zum besten. Sie taten ihm allerlei Fragen, und er antwortete immer nur: »Werweiß?«, und deswegen hießen sie ihn nur Werweiß. Einem Diener aber gefiel der schöne, rätselhafte Jüngling, und dieser meldete ihn dem König doch, der ließ nun den Werweiß zu sich kommen und fand Gefallen an dem wunderlichen Jungen und ließ ihn in der Küche anstellen. Werweiß mußte nun Wasser tragen, Feuer machen, Holz spalten und Töpfe und Teller spülen. Das war ihm aber zu schlecht, und er wär' gern aus der Küche weggekommen. Deswegen zerschlug er, als er einmal allein war, alles Küchengeschirr und trat die Scherben mit Füßen. Da kam aber das kleine Waldmännlein, verwies es ihm und machte alles wieder ganz.

Werweiß gab sich aber damit nicht zufrieden und zertrümmerte noch zweimal das Küchengerät, Teller, Töpfe, Schüsseln, Häfen, Pfannen und Pfännlein. Aber immer kam das winzige Männlein und machte den Schaden wieder gut. Das dritte Mal hatte es aber ein Küchenjunge gesehen, wie Werweiß das Geschirr in Stücke schlug, und der sagte es dem Koch. Der Koch war aber darüber böse und jagte den Werweiß aus der Küche in den Stall hinunter. Und der frühere Küchenjunge mußte die Pferde füttern und tränken, sie striegeln und waschen; doch das gefiel dem Werweiß gar nicht, er wäre viel lieber darauf herumgeritten und hätte Ritterspiele getrieben. Zu dieser Zeit aber waren die Feinde in das Land eingefallen und verbrannten die Dörfer und verwüsteten die Saatfelder. Da kam es zu einer großen Schlacht, und der König hätte bald den kürzeren gezogen. Wie Werweiß im Stalle hörte, daß eine sehr bedenkliche Schlacht geschlagen werden sollte, rief er dem Waldmännlein, und das Waldmännlein kam und brachte dem Werweiß fürstliche Kleider und ein ganzes Heer von Männlein. Werweiß zog die schönen Kleider an, schwang sich auf ein mutiges Roß und kam dem König zu Hilfe.

Als die Feinde den unerwarteten Helfer des Königs und das neue Heer sahen, verloren sie den Mut und ergriffen die Flucht. Da gab Werweiß seinem Rosse die Sporen und jagte fort nach Hause und die kleinen Männlein mit ihm, und wie der König dem unbekannten Retter danken wollte, war er samt Roß und Rüstung nicht mehr zu sehen. Werweiß war schon längst wieder im Stalle und putzte die Pferde, als der siegreiche König nach Hause kam. Aber nicht lange danach kam neue Kriegsnot, da brachte das Männlein wieder ein Heer, und Werweiß verhalf dem König wieder zum Siege. Nach vollendeter Schlacht wollte der König dem Retter danken, allein er war wieder wie im Sturm davongeeilt und nichts mehr von ihm zu sehen. Den König wunderte es wohl oft, wer seine Helfer gewesen waren, allein er mochte forschen und fragen, wie er wollte, nirgends konnte er eine Spur von dem schönen Fürsten entdecken. Und wie es diese zwei Mal gegangen war, so ging es auch das dritte Mal. Es kam wieder ein unbekannter König mit seinem Heere und schlug die Feinde und ritt dann mit seinen Mannen so schnell wie ein Wetter davon. – Werweiß war aber, als der König heimkehrte, schon wieder im Stalle und putzte die Pferde. Allein das Stallknechtsein wollte ihm gar nicht behagen, und er dachte: ›Wenn ich doch aus dem verfluchten Stall draußen wäre!‹ Er ließ alle Pferde los und trieb sie gegeneinander. Da schlugen und traten sie sich blutig, daß es ein Grausen war. ›Wenn die andern das sehen, wird mich der Stallmeister aus dem Stalle jagen‹, meinte Werweiß. Allein der Junge hatte sich verrechnet. Denn es kam das Waldmännlein und machte alle Pferde wieder gesund, als ob ihnen gar nichts geschehen wäre.

Werweiß verübte denselben Streich noch zweimal, um aus dem verhaßten Stalle zu kommen. Allein es half ihm nicht, es kam immer das kleine Waldmännlein und machte die

Pferde gesund und heilte die Wunden. Das dritte Mal aber hatte der Stallmeister den Höllenlärm, den die losgelassenen Pferde im Stalle machten, gehört, wurde böse und jagte den Werweiß fort.

Der Junge war nun ohne Dienst und wußte nicht wo ein und wo aus. Da erbarmte sich seiner der Gärtner und nahm ihn als Gartenjungen an. Werweiß mußte nun im Garten helfen, die Pflanzen bewässern, die welken Blätter abpflücken und die Blumen pflegen, und das gefiel ihm besser. Da stand er wohl oft bei den Rosen, und wenn er in ihren Kelch sah und ihren Duft einatmete, wurde ihm so wohl, daß er mit keinem König getauscht hätte. Er trug, wenn er im Garten war, immer einen Strohhut und hatte ihn so in das Gesicht gedrückt, daß seine schönen goldnen Haare fast gar nicht zu sehen waren. Und wenn er im Garten arbeitete, da saß die älteste Königstochter wohl oben auf dem marmornen Söller und schaute in den Garten herab. Und sooft sie den Gartenjungen sah, konnte sie fast ihre Augen nicht wieder wegwenden, so gut gefiel er ihr, denn er war so schön wie der Mai. Hatte sie ihn bei Tage gesehen, dann kam er ihr auch im Schlafe vor, und es träumten ihr von dem Gärtnerburschen die wunderlichsten Dinge. Einmal sah sie ihn wieder im Garten drunten bei den Blumen, da litt es sie droben nicht mehr, sie mußte hinuntersteigen. Sie ging zu ihm hin und bat um einen Blumenstrauß. Allein wie sie auch bat, Werweiß gab ihr keine Blumen, denn er wollte ihnen nicht das Leben nehmen, und gab ihr auch keine Antwort. Wie alles Bitten nichts half, da wurde sie böse und ging zu den Rosen und riß die schönsten ab. Als er dies sah, vergaß er das Gebot des Waldmännleins und sprach: »Reiß nicht die Rosen ab, denn –« da fiel ihm aber die Warnung des Waldmannls wieder ein, und er schwieg und tat, als ob er sich schämte.

Wie er so dastand, konnte ihm die Königstochter nicht mehr böse sein; sie trat näher und sprach: »Junge, nimm doch mal deinen Hut ab, daß ich deine Haare sehen kann, ich bitte dich gar schön.«

Werweiß stellte sich aber, als ob er kein Wort verstände. Als die Prinzessin das sah, meinte sie wirklich, er verstehe sie nicht, ging auf ihn zu und wollte ihm den Strohhut lüften. Da lief aber der Gärtner fort. Traurig stand die Prinzessin noch bei den Rosen und ging dann auf ihr Zimmer und träumte von dem rätselhaften Jungen. Seit der Zeit stand sie noch öfter als früher auf dem Söller oder am Fenster und sah in den Garten hinab. Und wenn sie den Jungen draußen sah, vergaß sie Leid und Weh und fühlte sich gar glücklich.

Indessen war seit den Kriegen fast ein Jahr vorübergegangen, und es war wieder Herbst geworden. Da dachte der König wieder an die drei Schlachten und die drei Könige, die ihm zur Hilfe gekommen waren. Wohl oft hatte er schon Boten ausgesandt, um sie aufzufinden, allein alles Suchen war vergebens. Da fiel ihm ein, ein großes Hochzeitsfest zu veranstalten, und wenn die drei Könige kommen würden, jedem von ihnen eine seiner schönen Töchter zu geben. Er bereitete also ein großes königliches Fest, das zwei Tage dauern sollte, und lud aus nah und fern Gäste ein. Selbst in die Nachbarländer sandte er Herolde und ließ Fürsten und Grafen zur Hochzeit laden. Seinen Töchtern aber gab er wundervolle, prächtige Geschenke. Diese sollten sie den Königen als ihren Erwählten geben. Wie der Tag des Festes anbrach, gab's ein Reiten und Fahren, als ob die wilde Fahrt los wäre. Droben im Königsschlosse waren alle Türen und Tore bekränzt, und im Saale wurde musiziert, als ob man im Himmel wäre. Der König und seine drei Töchter empfingen oben im Saale die Ankommenden und waren so prächtig gekleidet, daß man nichts Schöneres sehen mochte. Es kam der Mittag, allein die drei Könige kamen nicht. Man setzte sich zur Tafel und aß und trank, aber der König war schwermütig und konnte nicht heiter werden. So ging es bis zum

Abend. Da gingen die zwei jüngeren Töchter zum Vater und sagten: »Was sollen wir mit den prächtigen Geschenken tun? Die Könige kommen doch nicht mehr.« Da erwiderte der König: »Wegen meiner, was ihr wollt, arme Kinder.«

Die zwei Töchter kehrten nun zurück, holten ihre Geschenke und gaben sie zwei Rittern, die ihnen am liebsten waren.

Die Älteste aber saß ruhig und ernst da und gab ihr Geschenk keinem. Sie dachte an den schönen Gärtner, der ihr so wohl gefiel und den sie heute noch nicht gesehen hatte. Die Schwestern merkten das und neckten sie mit dem Gärtnertroll, wie sie ihn nannten. Sie erwiderte aber kein Wort. Als man vom Tische aufgestanden war, holte sie das Geschenk und stieg in den Garten hinunter. Dort stand Werweiß bei den Rosen und war traurig. Wie sie ihn sah, hatte sie die größte Freude und gab ihm das prächtige Geschenk. Er küßte ihre Hand und wollte danken, aber da fiel ihm die Rede des Waldmännleins ein, und er schwieg. – Sie gingen wieder voneinander, und es war ihnen gar schwer ums Herz. Noch trauriger aber war der alte König, weil morgen Hochzeit sein sollte und kein Bräutigam sich sehen ließ. Er konnte die ganze Nacht kein Auge schließen, und seine Haare bleichten vor Kummer und Sorge über Nacht.

Während aber der König so ohne Schlaf auf seinem Bette lag, kam das Waldmännlein zum Werweiß in die Schlafkammer und brachte prächtige goldgestickte Kleider, wie sie nur Könige tragen. Werweiß mußte gleich aufstehen und sich ankleiden. Dann führte ihn das graue Männlein in den Hof hinaus, und da saßen hundert und hundert Reiter auf stolzen Rossen. »Das ist alles dein. Nun melde dich dem Könige und wirb um seine Tochter.« So sprach das Männlein und verschwand. Nun bliesen ein paar Reiter in die Trompeten, und wie das der König hörte, eilte er ans Fenster. Da sah er den fremden König, der ihm die Schlachten gewonnen hatte, und seine Reiter, und er hätte vor Freude und Staunen vergehen mögen. Er setzte sich nun gleich die Krone auf, eilte in den Hof hinunter und umarmte den Werweiß. Der entschuldigte sich aber, daß er erst heute habe kommen können, und der König war's zufrieden. Er führte den schönen Ritter in den Saal hinauf und bot ihm eine seiner Töchter an. Werweiß wählte die Älteste, und da mußte sie neben ihm sitzen und war so glücklich, daß sie mit den Engeln im Himmel droben nicht getauscht hätte, weil ihr Bräutigam dem Gärtnerjungen so glich wie ein Apfel dem andern. Es gab nun eine lustige Hochzeit, wie noch nie eine gefeiert worden ist, solange der Himmel blau und das Gras grün war. Und wie man so beisammensaß, sich Gesundheit trank und die Braut nie einen Blick von ihrem schönen Bräutigam wandte, öffnete sich plötzlich die Tür, und ein schöner stolzer König, dem der graue Bart bis auf die Brust niederwallte, trat mit großem Gefolge herein. Er eilte auf Werweiß zu und küßte ihn. Der König mit dem Barte war aber niemand anders als das Waldmännlein, das endlich erlöst war, weil Werweiß sein Gebot so treu befolgt hatte. Und nun erfuhren es auch der König und die Prinzessin, daß ihr junger Gemahl, der dreimal das Reich vor den Feinden gerettet hatte, niemand anders war als der schöne sonderbare stumme Gärtnerjunge. Nun ging es noch lustiger zu als vorher, und die Freude hatte keine Grenzen.

Werweiß und die älteste Königstochter aber lebten nach der Hochzeit bald beim Waldkönig, bald auf der Burg ihres Vaters. Als die Könige aber starben, erbte Werweiß beide Königreiche und war der reichste und glücklichste Fürst, der je lebte.

48. Die drei Brüder und der Hüne

In der alten Zeit lebte einmal ein Schäfer, der hatte drei Söhne und eine große Herde Schafe. Jeder von den Söhnen mußte einen Tag die Herde hüten; die andern blieben daheim und arbeiteten da mit ihrem Vater. Als der Alte fühlte, daß er bald sterben würde, ermahnte er seine Söhne, sie sollten nur ja immer zusammenhalten und die Herde nie teilen. Das versprachen sie und hielten es auch getreulich. Aber einst in einem dürren Jahre fand die große Herde nicht hinlänglich Weide. Da sprach der jüngste der Brüder – er war zwar klein und schwächlich, aber der pfiffigste unter ihnen: »Laßt uns hinziehen jenseits des großen Waldes, da soll eine ungeheure Wiese sein, immer grün und unbeweidet.« Die andern waren es zufrieden, und so zogen sie sieben ganze Wochen durch den Wald und kamen endlich an dessen Ende, und da dehnte sich die schöne Wiese nach allen Seiten aus. In weiter, weiter Ferne aber sahen sie ein Schloß; hier wohnte ein mächtiger Hüne, der hielt sich für den Herrn der ganzen Gegend, soweit man sie übersehen konnte. Einige Tage blieben sie ungestört und freuten sich über die fette Weide; zwei bauten in der Nähe des Waldes an einer Hütte; indes ging der dritte immer mit den Schafen, molk sie und machte Käse, und den folgenden Tag verrichtete dies Geschäft einer der beiden andern, so wie sie es daheim gehalten hatten. Eines Tages aber, als der Älteste wieder die Schafe hütete, sah er auf einmal zu seinem Schrecken aus der Gegend des Schlosses eine große Gestalt sich bewegen; es schien, als ob ein Berg herbeikäme, es war aber nichts anders als der mächtige Hüne. Dem war es schon seit einigen Tagen von seinem Fenster aus so vorgekommen, als ob sich auf seiner Wiese kleine Tierchen wie Milben regten, allein er hatte seinen Augen nicht recht getraut; da er aber immer wieder dasselbe sah, wollte er sich überzeugen; er machte nur ein paar Schritte, so stand er schon vor dem armen Schäfer, der bebte wie Zittergras und hatte kein Leben. »Ha, du kleiner Wicht!« fuhr der Hüne ihn an. »Bist du's, der meine Felder verwüstet? Warte, das sollst du mir bezahlen!« Der Schäfer fiel vor der gewaltigen Stimme zu Boden, denn es war, als wenn ein Sturmwind einherbrauste; endlich sprach er mit

Zittern: »Herr, wir sind drei Brüder und sind erst vor einigen Tagen hierhergekommen, wir wußten nicht, daß dieses Land jemandem gehöre!« – »So? Drei Brüder? Ihr wußtet es nicht? Hm; nun, ich will's gelten lassen. Gut, daß ich Euch kenne, wir wollen Freundschaft schließen; mache aber jetzt gleich ein Frühstück!« Der arme Hirte mußte sieben Schafe schlachten, die verschlang der Hüne auch sogleich, als ihnen die Haut abgezogen war, ganz, als seien es sieben Bissen; dann trank er alle Milch, die in sieben Schäffern dastand, und aß zuletzt zum Niederdrücken noch sieben Käse. Als er satt war, sprach er zum Hirten: »Es hat mir wohlgeschmeckt, dafür komm morgen zu mir ins Schloß zum Frühstück; aber wehe dir, wenn du nicht kommst!« Damit wandte er sich um, und mit ein paar Schritten war er in seinem Schlosse verschwunden.

Kaum hatte sich der arme Hirt von dem Schrecken erholt, so machte er sich eilig auf und trieb die Herde zur Lagerstätte, wo seine Brüder waren, und erzählte denen, was ihm begegnet war. Sie entsetzten sich auch nicht wenig, als sie die Geschichte erfuhren. Aber was war zu tun? Zurück konnten sie nicht; denn der Hüne hätte sie doch eingeholt. Da sprachen die zwei jüngeren Brüder am andern Morgen dem Ältesten Mut zu; er solle nur getrost zum Hünen gehen; auch die hätten ja bisweilen ein menschliches Herz; vielleicht werde ihm nichts geschehen. Er ging endlich; allein es war ihm nicht wohl dabei. Als er am Schlosse ankam, sah und hörte er vor Angst nichts; er ging hinauf; wie er eintrat, lag der Hüne noch im Bett und war eben wach geworden. »Geh nur hinaus!« sprach er. »Mach Feuer unter den großen Kessel und sag mir's, wenn das Wasser kocht.« Der Arme tat, wie ihm befohlen. Als das Wasser kochte, meldete er's dem Hünen. Der stand auf, ging hinaus und sah, daß es gut kochte. Er hob den Kessel vom Feuer und sprach zum Hirten: »Fühle, ob es heiß genug ist!« Als er sich bückte, schlug der Hüne ihm den Kopf ab und warf den auf den Hausboden, den Rumpf aber gab er in den Kessel; dann ging er hinein, kleidete sich an und verspeiste den Hirten. Jetzt nahm er seinen Stab und ging wieder zur Herde; da war heute der mittlere Bruder, der jüngste war zu Hause. »Also du bist ein Bruder von dem, der heute zu mir gekommen?« – »Ja!« stammelte der Hirt ängstlich. »Wohlan, schlachte mir sieben Schafe und sorge für sieben Schäffer Milch und sieben Käse, denn ich habe schlecht gefrühstückt.« Heißhungrig verschlang der Hüne wieder sieben Schafe, so wie ihnen die Haut abgezogen worden, und trank sieben Schäffer Milch und aß darauf sieben große Käse, als seien es Haselnüsse. »Dein Frühstück hat mir geschmeckt; komme morgen auch zu mir, aber wehe dir, wenn du nicht erscheinst!«

Damit entfernte sich der Lange wieder, und der Hirte trieb schnell die Schafe zur Lagerstätte und jammerte und klagte: »Wehe, der Hüne hat unsern Bruder gewiß umgebracht, und jetzt ist es an mir!« Der Jüngste mußte ihm am andern Morgen sehr zureden, bis er sich entschloß, zum Hünen zu gehen. Er tat es mit Zittern und Zagen. Es ging ihm aber dort gerade wie seinem ältern Bruder. Der Jüngste war mit den Schafen schon lange auf der Weide, da erschien auf einmal der fürchterliche Hüne und sprach mit seiner Polterstimme: »Du, Winziger, bist du auch ein Bruder von denen, die zu mir gekommen?« Der kleine Hirt flog davon bis zu einer Dornhecke, als hätte ihn der Wind hingeweht; daran aber hielt er sich fest und antwortete ganz trotzig: »Ja, ich bin der Jüngste, aber nicht so grob, Herr Ronnemann.« Der Hüne war auf eine solche Antwort nicht gefaßt. »Auf der Stelle schlachte mir sieben Schafe und versorge mich mit Milch und Käse, denn ich bin verteufelt hungrig!« – »Muß es denn gar so schnell sein, Herr Fleischturm; habt Ihr Kohlen im Magen?« – »Gleich, du kleiner Knirps, sonst zerquetsche ich dich zwischen den Fingern und presse dir den Saft aus.«

Der Junge sah, daß der Kerl keinen Spaß verstand,

schlachtete die Schafe, ohne sich aber zu übereilen, und stellte ihm sieben Schäffer Milch und sieben Käse hin. Als der Hüne alles verschlungen hatte, sprach er: »Morgen früh komm zu mir zum Frühstück, und wehe dir, wenn du ausbleibst!« – »Ich komme«, rief der Junge trotzig, »du brauchst keine Geschichten zu machen.« – »Warte nur, du einfältiger Hüne«, sprach er bei sich, »deine Stärke soll dir nichts helfen!« Er hatte sich bald einen Plan ausgedacht.

Bei der Herde waren drei sehr starke Hunde, die es mit jedem Wolfe bisher aufgenommen hatten, der eine hieß Siehegut, der andere Höregut, der dritte Packegut, die waren so abgerichtet, daß sie genau jeden Wink befolgten; die sollten auch mit. Er nahm sieben Schafsfelle, befreite sie von der Wolle, nähte sie eines auf das andere und machte daraus einen Trichter mit zwei Löchern. Als er fertig war, rief er seinen Hunden und ging ganz früh ins Schloß. Der Hüne schlief noch ganz fest und schnarchte so gewaltig, daß zwei Pappeln, die vor dem Fenster standen, davon wie im Sturmwind hin und her bewegt wurden. Die Hunde ließ der Junge draußen vor dem Schloß; er selbst ging leise hinein. Wie er die Tür öffnete, schöpfte der Hüne eben Atem und zog damit den Kleinen wie eine Flaumfeder an; er stieß wieder den Atem aus und schleuderte ihn bis zur Tür zurück. Da faßte sich der Junge an dem Türpfosten und schrie aus allen Kräften: »Herr Faulpelz, ist das Frühstück fertig? Ich bin schon da!« Der Hüne rieb sich die Augen und wußte nicht, was ihm so spitztönig in die Ohren geklungen war, denn er war heute sehr verschlafen; endlich erblickte er den Kleinen, der hing wie eine Hausgrille an dem Türpfosten. »Hast du mich geweckt, du kleiner Mäusekönig?« – »Ja, Herr Klumpenmann!« – »So mache Feuer unter den großen Kessel, und wenn das Wasser kocht, so rufe mich!« – »Schon gut!« sprach der Junge und ging hinaus; der Hüne schlief gleich wieder ein. Schnell brachte der Kleine das Wasser zum Kochen; dann nahm er seinen Felltrichter und einen großen Topf mit siedendem Wasser, schlich leise und ganz gebückt, damit ihn der Hüne nicht zurückschnaufen könne, allmählich bis zum Bett; dann hielt er rasch den Trichter über die beiden Augensterne des Hünen und goß das siedende Wasser aus dem Topf auf einmal hinein. Hui, wie der Hüne gleich aufsprang und entsetzlich raste; beide Augen waren ihm zerstört.

Der Junge war schnell an der Tür und hielt sich fest und sah eine Zeitlang, wie der Hüne herumschlug, dann rief er: »Wie schmeckt das Frühstück, Herr Klumpenmann, nicht wahr, etwas heiß?« Der Hüne grapschte gleich nach der Richtung, woher die Stimme kam, allein der Kleine war schon hinaus und die Treppe hinunter. Der Lange trampelte ihm blindlings nach und plumpste an der Treppe hinunter, daß es krachte wie bei einem Bergsturz. Unten im Schloß war ein großes Zimmer, darin waren viele Nüsse aufgehäuft; der Junge ging hinein und wühlte in den Nüssen und warf fort und fort hieher und dorthin an die Wand; der Hüne griff auf jedes Gepolter mit seinen langen Armen hin und dachte den Kleinen so zu fangen; allein der wußte sich zu hüten und lachte nur über den Hünen, wie der sich umsonst so abmühte. Endlich ging er hinaus ins Freie und lockte den Hünen nach. Hier ärgerte er ihn fast zu Tode. Er sprang wie ein Grashüpfer von einer Stelle zur andern und schrie: »Hier bin ich! Hier bin ich!« Und der Hüne haschte jedesmal nach der Stimme. Da fiel dem Hünen eine List ein. »Sieh«, sprach er, »ich habe hier einen kleinen goldenen Ring, der ist mir ohnehin nichts mehr nütze, den schenke ich dir!« und warf ihn damit von sich. Der Junge sah den Ring im Grase liegen, und weil er gar so schön war, nahm er ihn gleich und steckte ihn an seinen Finger. Kaum hatte er das getan, so konnte er sich nicht von der Stelle rühren und rief nur: »Ach!« Der Hüne hörte das und tastete nun schnell im Kreise herum, um den Kleinen zu finden.

In dieser Not wollte der Junge den Ring schnell vom Finger streifen, allein das ging nicht mehr; da nahm er schnell sein Messer und schnitt den Finger samt dem Ring ab und warf ihn in einen großen See, der in der Nähe war. Dann lief er weithin um das Wasser herum und rief: »Hier bin ich! Hier bin ich!« Der Hüne hörte die Stimme in der Ferne und wollte gerade darauf los; da schritt er geradezu in den See und ging immer mehr hinein; endlich kam ihm das Wasser bis an den Mund; da blieb er auch stecken und konnte nicht weiter. »Jetzt habe ich dich!« rief der Junge vom Ufer. »Wenn du mir nicht gleich meine Brüder schaffst, so bleibst du hier stecken bis an den Jüngsten Tag!« Das schien dem Hünen denn doch zu lang; er sprach: »Deine Brüder habe ich gefrühstückt, ihre Häupter aber liegen auf dem Hausboden; nimm das Ei, das danebenliegt, und die Rute und streiche das Haupt am Halse dreimal mit dem Ei und schlage mit der Rute darüber, so werden sie wieder lebendig!« – »Ich werde gleich sehen, ob du die Wahrheit gesprochen!« Damit ging der Junge zum Schlosse. »Auf, Siehegut, such!« Der Hund lief gleich voran, durchstöberte alle Winkel auf dem Schloßboden und kam endlich zu den Häuptern, und daneben lagen auch das Ei und die Rute. Der Junge tat, wie ihm der Hüne gesagt, und alsbald standen seine Brüder verwundert vor ihm und wußten nicht, wie ihnen geschehen war; sie fühlten nur einen kleinen Schmerz im Nacken, sonst waren sie gesund. »Freut euch«, sprach der Jüngste, »ihr seid erlöst; kommt jetzt nur mit mir!« Da gingen sie hinaus, und er zeigte ihnen den Hünen, wie er im Sumpfe stak, und erzählte ihnen, wie er ihn dahin gebracht. »Du hast für diesmal wahr gesprochen, allein jetzt sage mir aufrichtig: Lebt keine Seele weiter im Schlosse?« Nun log aber der Hüne nach seiner Natur, denn alle sind sehr lügenhaft, und sprach: »Nein!« Er hatte nämlich im tiefen Keller eine Menge seiner Gesellen, die er unter Schloß und Riegel hielt, weil sie so unbändig waren. Da dachte er: ›Wenn du nur einmal heraus bist aus dem Sumpf, so wirst du die Tür schon finden und erbrechen, daß die herauskommen und diese kleinen Dinger erschlagen.‹ Aber sein Lügen half ihm nichts, denn der Kleine sprach: »Erst will ich mich überzeugen; auf, Siehegut, Höregut, Packegut!« Siehegut lief in allen Winkeln des Schlosses herum, fand aber nichts; auf einmal sahen sie, wie Höregut an einer kleinen Fensteröffnung horchte.

Die Brüder eilten hin und legten sich aufs Ohr und vernahmen ein dumpfes Toben und Fluchen. Nun zündeten sie Fackeln an und stiegen an einer Treppe hinab; die Hunde liefen voran. Da kamen sie an eine mächtige Tür, an der ein gewaltiges Schloß angelegt war. Vom Aufmachen konnte keine Rede sein; da dachte der Jüngste an die Rute, mit der er seine Brüder lebendig gemacht, ob die wohl nicht auch hier wirksam sein würde. Siehegut mußte gleich hinlaufen und sie bringen. Sowie der Junge damit das Schloß berührte, sprang die Tür gleich auf. Aber wie entsetzten sie sich, als sie die gräßlichsten Hünengestalten erblickten! Diese lagen eben miteinander im Kampfe und zankten darüber, wen sie von ihnen umbringen sollten, da sie den Hunger lange nicht mehr ertragen konnten. Als sie nun die drei Menschen erblickten, sprangen alle der Tür zu. »Ha, ihr kommt gerade gut, euch wollen wir fressen!« Da rief der Junge: »Packegut an!« Der Hund fiel alsbald die ersten an, die andern zogen sich gleich zurück und stutzten. Der Junge rief wieder: »Packegut zurück!« Der Hund sprang zurück; die drei Brüder erfaßten die mächtige Tür und zogen sie wieder zu und legten das Schloß an. Nun aber gingen sie zu dem Hünen im See. »O du schändlicher Lügner!« rief der Junge. »Wir wissen wohl, daß deine Gesellen im Schloßkeller sind, da sollen sie auch bleiben in alle Zeit! Wenn du aber dein Leben noch retten willst, so sage, wo der Schatz im Schloß zu finden ist!« Als der Hüne einsah, daß er nicht mehr zu seiner vorigen Macht gelangen und sich rächen könne, sprach er: »Nie und nimmermehr sollt ihr erfahren, wo der Schatz ist; meinetwegen mag nun mit mir geschehen, was da will!« – »So bleibe denn im Sumpfe stecken in alle Ewigkeit!«

Die kleinen Menschen waren nun Herren von dem großen Hünenschlosse; sie zogen jetzt da ein und wohnten zusammen in Eintracht, und ihre Herden mehrten sich immer mehr, und ihr Reichtum und ihre Macht wurden bald so groß, daß auch ferne Kaiser und Könige ihre Freunde wurden. Den verborgenen Schatz im Schloß fanden sie nicht und brauchten ihn auch nicht. Die drei Brüder leben noch, wenn sie nicht gestorben sind; ob aber der Hüne im Sumpfe und seine verhungerten Gesellen im Schloßkeller leben, ist eine andere Frage, und darauf weiß ich nicht zu antworten.

49. Die Tiere auf der Kirchweih

Der Bär, der Wolf, der Fuchs und der Hase saßen einmal vergnügt im grünen Waldhaus beisammen. Da sprach der Fuchs: »Wie wäre es, wenn wir auch einmal auf den Medwischer Margreti gingen; es soll dort gar lustig zugehen!« Da antwortete der Bär: »Ich bin schon alt und schwach, wenn aber der Wolf mitgeht und uns schützen will, so ist es mir recht; denn das Menschenkind ist falsch und aufsässig!« – »Was? Ich fürchte mich nicht!« schrie der Wolf trotzig. »Ich gehe mit, und ihr sollt weder Schaden noch Schande haben!« – »Auch ich will mit, auch ich!« rief froh der Hase. »Halt's Maul, Junge, du bist noch zu dumm«, sprach der Fuchs, »du würdest überallhin gaffen und große Augen machen und uns nur in Not bringen!« Da schmiegte sich der Hase an den Wolf, als wenn er sagen wollte: »Macht, daß ich auch mitgehe!« Dem Wolf gefiel das, und er sprach: »Das Häschen muß auch mit!« und streichelte ihm übers Gesicht. »Aber wofür sollen wir uns ausgeben?« fragte der Bär. »Es muß doch jedermann etwas vorstellen, der auf den Margreti geht.« – »Ach was, das ist leicht«, sprach der Wolf, »für Schüler (Studenten). Ihr singt den Baß, der Fuchs den Alt, der Hase Diskant; ich will Kantor sein und die Melodie leiten!«

Als sie alles gehörig besprochen hatten, machte jeder seinen Pelz rein – denn man muß auf dem Margreti geputzt erscheinen –, und dann brachen sie auf. Sie getrauten sich aber doch nicht recht, am hellen Tage in die Stadt zu gehen, und warteten, bis die Dämmerung einbrach. Da kamen sie auf den Zehen ganz leise in die Vorstadt; sie gingen aber hintereinander, wie die Hunde nach Blasendorf gehen, der Wolf zuerst, dann folgte der Fuchs, dann der Bär, zuletzt der Hase. In der Vorstadt ist das große Wirtshaus, wie ihr wißt; der Wirt hatte gerade Schweine geschlachtet, und es roch die frische Wurst ihnen entgegen. »Da müssen wir hinein«, sprach der Wolf, »und uns gütlich tun! Da kennt man uns nicht!« Der Fuchs wollte nicht recht und sah sich zuerst die Gelegenheit genau an; es sah ihm gefährlich aus. »Gevatter, seid nicht so hitzig!« Der Wolf aber roch nur die Wurst, hörte nichts und klinkte gleich die Tür auf. »Nur herein, willkommen!« sprach der Wirt. Da gingen alle hinein. »Frische Wurst und Wein her!« schrie der Wolf. »Aber viel!« Der Kellner brachte; sie setzten sich und aßen und tranken, und wie nur etwas auf den Tisch kam, gleich war es verschwunden, der Kellner konnte nicht genug bringen.

Endlich waren sie satt. Da kam der Wirt mit der Kreide und sprach: »Zahlen!« Ja, ja, da fing ihre Not an. Der Wolf allein hatte den Mut zu reden und sprach: »Wir sind Schüler und wollen uns morgen durch Ansingen etwas verdienen und dann zahlen!« – »Das ist alles recht schön«, sagte der Wirt, »lasset indessen nur euere Mäntel zum Pfande!« Der Wirt aber hatte gleich beim Eintreten der Gäste ihnen angesehen, was für Zahler sie seien, und hatte im stillen den Kürschner herbeikommen lassen. »Mein Freund da, der Kürschner, wird das Ausziehen besorgen!« Als sie den Namen Kürschner hörten, sprangen alle voll Entsetzen auf und eilten zur Tür, die war jedoch wohlverschlossen. Der Kürschner und der Wirt suchten nun einen nach dem andern zu packen und zu binden: der Bär brummte, der Wolf heulte, der Fuchs bellte, nur der Hase war vor Furcht stumm und starr, und die Augen standen ihm heraus, der Diskant versagte ihm, und bis heute hat er die Stimme nicht zurückerhalten. Ja, das war einmal ein Gesang!

Der Wolf und der Fuchs sprangen dem Kürschner und Wirten immer zwischen den Händen durch. Da fingen sie zuerst den Hasen, und das war leicht, denn der regte und rührte sich ja nicht von der Stelle, und nagelten ihn am Zagel (Schwanz) an die Wand, dann machten sie sich über den Bären; den überwältigten sie auch ohne große Mühe, denn er war alt und schwerfällig, nagelten ihn auch am Schwanz an die Wand. Jetzt, Wolf und Fuchs, haltet euch! Die sprangen unter Geheul und Gebell wild herum, auf und ab, bald an die Tür, bald an das Fenster. In der äußersten Angst und Not sprang der Wolf mit aller Kraft noch einmal wider den Fensterladen, der plumpste hinaus, der Wolf mit; er brach ein Bein, aber er raffte sich dennoch auf und lief unter Jammergeheul davon. Als der Fuchs das Fenster offen sah, sprang er sogleich nach, die Wirtin aber, die Milchrahm zu Butter rühren sollte, hatte gerade den rahmigen Löffel in der Hand und stand an der Fensteröffnung. Als sie den Fuchs springen sah, schlug sie mit dem Löffel nach ihm, traf aber nur die Zagelspitze, und die ist bis auf den heutigen Tag rahmig.

Der Kürschner und der Wirt waren hinausgeeilt, um den Wolf noch zu fangen und den Fensterladen wieder anzumachen, damit der Fuchs nicht hinauskönne, indessen war dieser auch schon über alle Berge. Auch der Bär war aber jetzt nicht müßig, als er die Öffnung sah und wie der Wolf und Fuchs glücklich entwischt waren; er zog, er riß, er wand sich – schubski! ward er los, aber der Zagel hing an der Wand. Und auch dem Hasen war auf einmal der verlorene Mut wieder gekommen, er machte es wie der Bär, er ließ seinen Zagel an der Wand und – hast du nicht gesehen! war er davon, und nicht leicht konnte etwas schneller sein als er; er lief in einem Atem, ohne umzuschauen, bis in den Wald. Noch heute hat weder der Bär noch der Hase seinen Zagel eingelöst; du kannst sie bei dem Medwischer Wirten, oder wenn dort nicht, bei dem Kürschner sehen (d. h. bei jenem Medwischer Kürschner, wenn er noch lebt, denn ein anderer Kürschner zeigt bloß einen Fuchsschwanz, und der Fuchs hatte doch seinen Zagel nicht verloren!), und seit der Zeit sind der Bär, Wolf, Fuchs und Hase weder zusammen noch allein je auf dem Medwischer Margreti gewesen. Es hatte ihnen nicht wohl angeschlagen; der schlechte Fuchs war noch am besten durchgekommen.

50. Alles glaubt der König doch nicht

Es war einmal ein König, der alles glaubte, was man ihm erzählte. Er versprach demjenigen, der ihm etwas Unglaubwürdiges sagen könnte, die Hand seiner Tochter und seinen Thron. Da kamen Leute aus allen Weltgegenden und schwatzten ihm allerlei Lügen vor, die glaubte er alle. Nun reiste einst ein Handwerksbursch durch das Land. Als er hörte, daß der König dem seine Tochter geben wolle, der ihm etwas ganz und gar Unglaubwürdiges erzählen könne, dachte er bei sich: ›Ich will hier mein Glück versuchen!‹ und trat vor den König und sprach: »König! Ich will dir etwas sagen, was du nicht glauben wirst.« – »Gut«, sprach der König, »glaube ich aber alles, was du sagst, so lasse ich dir den Kopf abhauen.« Hans – so hieß der Handwerksbursch – war damit zufrieden und begann seine Erzählung.

»Ich ging einmal auf das Feld und baute mir Hanf an, und siehe da, er ging unter meinen Füßen auf und wuchs so hoch wie ein Kirchturm.« – »Ja, das glaub ich dir«, sprach der König. »Da versucht' ich's, am Hanf hinaufzuklettern«, hub Hans wieder an, »und es gelang mir ganz vortrefflich, denn der Hanf war so dick und stark und wuchs kerzengrad in die Höhe. Als ich zuoberst war, sah ich über Städt' und Dörfer,

Wiesen und Wälder, Berge und Täler, Bäche und Flüsse, und als ich mir alles sattsam besehn hatte, wollte ich hinunterrutschen, aber o weh, ich ließ den Hanf aus, stürzte und fiel zwanzig Fuß tief in die Erde hinein. Da erschrak ich gewaltig, lief so schnell als ich konnte nach Haus, holte mir einen Spaten, grub mich mit vieler Mühe aus dem Boden heraus und ging dann ganz müde heim.« – »Das glaub ich dir auch«, sprach der König. Hans fuhr fort: »Als ich tags darauf wieder auf das Feld kam, bemerkte ich, daß der Hanf schon bis zu den Wolken gewachsen war. Ich hatte mir einmal vorgenommen, den Himmel zu besuchen, und jetzt fiel mir ein, daß ich auf diesem Weg wohl am leichtesten hinaufkommen könnte, aber der Hanf deuchte mir noch nicht hoch genug. Nach ein paar Tagen ging ich nochmals auf das Feld, da reichte der Hanf schon in den Himmel, und gleich kletterte ich an dem Hanf in den Himmel hinauf, das dauerte nicht weniger als ein Jahr.« – »Das glaub ich dir«, sprach der König. Hans fuhr fort: »Da war es aber so schön, und alle Dinge waren so prächtig, daß ich mich gar nicht genug verwundern konnte. Die Engel flogen in der Luft herum und sangen wunderschöne Lieder und Lobgesänge zu Ehren des Schöpfers. Da sah ich noch viele alte Bekannte, die alle mit den schönsten Kleidern angetan waren und in silbernen Kutschen herumfuhren. Und wie hab ich mich gefreut, daß da auch meine lieben Eltern in einem goldenen Wagen saßen. Auch deinen Vater und deine Mutter sah ich, o König, aber die waren mit Lumpen bedeckt und hüteten die Schweine!« – »Das ist nicht wahr«, schrie der König zornig, »das hast du nicht gesehen!« – »O doch, ich hab es wirklich gesehen«, erwiderte Hans lachend, »und wenn du es nicht glauben willst, so denk an dein Versprechen und gib mir deine Tochter zur Frau!« Die mußte ihm der König auch geben, und den Thron dazu, denn das hat er nicht glauben wollen.

51. Griseldele

Es war einmal ein armes altes Bäuerlein, das hatte drei Töchter, und die jüngste davon hieß Griseldele.

Das Griseldele war viel schöner als seine Schwestern und so brav und fleißig, daß jeder Mensch sich darüber freute. Sie mußte immer in die Berg' gehen und hüten, war aber mit dem Hüten allein nie zufrieden, sondern nahm sich immer noch eine andere Arbeit mit, um nie müßig zu sein. Unten am Berge stand ein Grafenschloß, darin lebte ein junger Graf, der noch unverheiratet war und eben daran dachte, wen er etwa zur Gräfin ausersehen sollte. Er sah das Griseldele alle Tage in die Berg' fahren und wunderte sich nicht nur über ihre Schönheit, sondern auch über ihren Fleiß und ihre Sittsamkeit. Da kam ihm denn einmal in den Sinn, das Mädchen solltest du zur Gemahlin nehmen, eine bessere findest du nicht, soweit der Himmel blau ist. Und nicht lange, so entschloß er sich, das Griseldele zu seiner Frau zu nehmen. Er ließ alles zur Hochzeit richten, sagte aber keinem Menschen etwas, wen er sich zur Braut ausersehen habe. Als alles in Ordnung war und zur Hochzeit nichts mehr fehlte als die Braut, da ließ er seinen Wagen anspannen, und als die Kutsche zur Abfahrt bereitstand, hieß er alle weggehen, denn er wollte nicht, daß jemand sah, wo er sich die Braut herholte. Als alle weg waren, trug er schöne Frauenkleider in den Wagen, setzte sich auf und fuhr nach der Gegend, wo das Bäuerlein mit den drei Töchtern wohnte. Das Haus selber aber stand nicht am Wege, sondern ein Stück abseits. Da bog er nun von der Straße ab und fuhr dem Hause zu. Der Bauer, der eben vor dem Hause Holz spaltete, wunderte sich über die Kutsche, die daherkam, und dachte: ›Der hat schön den Weg verfehlt, ich muß ihm doch sagen, daß er umkehrt.‹ Augenblicklich legte er die Hacke beiseite und lief der Kutsche entgegen. Schon von weitem winkte er mit dem Arm, daß der Fuhrmann umkehren sollte, und als er nahe kam und den Herrn sah, sagte er: »Fahren Sie nur gleich zurück. Sie sind ganz auf dem falschen Weg; da kommen Sie ja nirgends hin als zu meiner Hütte.« Der Herr lächelte und sagte kurz: »O nein, Vaterle, ich bin schon auf dem rechten Weg.« Hiermit gab er den Rossen einen Schmatz und fuhr noch viel lustiger durch als früher. Das Bäuerlein kehrte auch wieder um und lief der Kutsche nach. Als der Herr beim Hause angekommen war, wartete er auf den Bauern und fragte ihn, ob er nicht drei Töchter habe. »Drei Töchter hab' ich wohl«, antwortete er. »Nun, so heiße sie herausgehen.« Das Bäuerlein wunderte sich sehr, was der Graf von den drei Töchtern wolle, aber er fragte nicht, ging hinein und holte die Töchter. Da kamen die beiden älteren heraus in ihrem griselten Gewand, das sie immer anhatten; der Graf sah, daß die rechte nicht drunter war, und fragte: »Hast du nicht noch eine? Du hast ja gesagt, du habest drei. Wo ist denn die dritte, daß sie sich nicht sehen läßt.« Das Bäuerlein sagte: »Das Griseldele hat wohl auch mit herabgehen sollen; es ist mir aber um alles in der Welt nicht gegangen, weil es sich grad so viel geschämt hat.« – »Heiße sie nur doch herausgehen; ich muß sie durchaus sehen, und möchte sie so schlecht gekleidet sein, wie sie wolle.« Der Bauer ging hinein, sie zu holen, und endlich kam das Griseldele im griselten Kittel heraus. Sie scheute sich so vor dem fremden Herrn, daß sie brennrot war im ganzen Gesicht. Aber dem Grafen gefiel sie gerad so weit besser.

Er erkannte sogleich, daß es die sei, die er schon lange gewünscht, und fragte sie, ob sie seine Frau werden wolle. Weiß man wohl, daß sie anfangs meinte, es sei nur Spaß und der gräflich Gnaden habe sie zum besten. Wie er aber ein paarmal dieselbe Frage wiederholte und ihr hoch und teuer versicherte, daß es sein voller Ernst sei und die Leute schon auf die Hochzeit warteten, da fing sie an, es nach und nach zu glauben, und stotterte ein geschämiges Ja heraus. Der Graf dankte ihr über und über und bat sie nur, ihm zu versprechen, daß sie ihm immer gehorsam sein wolle, und Griseldele versprach es von Herzen gern. Nun gab er ihr die schönen Kleider aus dem Wagen und sagte, sie sollte jetzt das griselte Kittele wegwerfen und das seidene Gewand dafür anziehen. Da ging das Griseldele in ihr Kämmerlein, und als es in den seidenen, goldgestickten Kleidern herauskam, da leuchtete seine Schönheit erst recht, und der Graf sah wohl ein, daß er nicht nur die bravste, sondern auch die schönste Braut gefunden habe. Er gab nun ihrem Vater und den zwei Schwestern reiche Geschenke, damit sie doch zufrieden seien, weil er sie nicht zur Hochzeit laden wollte. Dann hieß er das Griseldele einsteigen, kehrte um und fuhr lustig in sein Schloß. Als er in den Hof kam, lief alles an den Wagen, um die unbekannte Braut zu sehen. Jedermann wunderte sich über ihre Schönheit, aber kein Mensch getraute sich, den Grafen zu fragen, wo er sie hergeholt habe. Das Griseldele wußte nicht, wie ihm war unter den vielen vornehmen Leuten, und wenn es nicht den Grafen sogleich liebgewonnen hätte, so hätte es sich über neunundneunzig Jöcher weggewünscht.

Nun wurde die Hochzeit mit aller erdenklichen Pracht gefeiert, und der Graf und das Griseldele lebten von nun an als Mann und Weib in Frieden und Liebe beisammen. Nach zwei Jahren schickte ihnen der Herr ein Kindlein zu, und das war ein Mädchen. Kaum war das Kind auf der Welt, da trat der Graf zum Griseldele hin, bemühte sich, ein finsteres Gesicht zu machen, und sagte: »Jetzt gib mir nur sogleich das Kind, damit ich es in den Ziggel werfe und die Leute nichts davon erfahren. Ich muß mich ja lange schämen, daß ich dich zur Frau genommen habe; und wie müßt mir's erst zu schlecht sein, wenn ein Kind aus dieser Ehe mein Erbe werden sollte.« Wie weh die Rede und das Verlangen des Grafen dem Griseldele taten, das kann man sich wohl denken. Sie sagte aber kein Wort, drückte dem Gemahl zuliebe ihren Schmerz in sich, bekreuzigte und küßte das Kind und gab es ihm. Er nahm es, setzte sich damit in eine Kutsche und fuhr weit fort zu Verwandten. Diesen gab er das Kind und trug ihnen auf, es standesgemäß zu erziehen und ihm in der Taufe den Namen Maria zu geben. Als er alles in Ordnung hatte, fuhr er wieder heim, ging zu seiner Gemahlin und sagte: »Jetzt wird wohl kein Mensch mehr etwas erfragen davon, weil ich es heimlich in den Ziggel hinabgeworfen habe.« Der Griseldele ging bei diesen Worten wieder ein Stich durch das Herz, und sie hätte bittere Tränen weinen mögen, drückte aber ihren Schmerz gewaltsam in sich und ertrug alles voll Demut aus Liebe zu ihrem Herrn.

Nach weiteren zwei Jahren bekamen sie wieder ein Kind, und das war ein Knabe. Kaum war es auf der Welt, so kam der Graf zur Gräfin, machte ein finsteres Gesicht und sagte: »Jetzt gib mir nur sogleich den Buben, daß ich ihn in den Ziggel werfen kann. Ich bin so vor den Leuten nimmer sicher, weil ich dich geheiratet habe. Was würden sie erst sagen, wenn ich ein Kind, das dir so gut gehört wie mir, als meinen Erben aufziehen wollte.« Griseldele sagte wieder kein Wort, nahm das Knäblein, bekreuzigte und küßte es und reichte es ihm hin. Er ging damit fort, setzte sich in eine Kutsche und fuhr zu den Verwandten, zu denen er auch das Mädchen gebracht hatte. Diesen übergab er das Kind und bat sie, es standesgemäß zu erziehen und ihm in der Taufe den Namen Johann zu geben. Dann fuhr er heim, ging zur Gräfin und sagte: »Ist gut, daß der Bub jetzt im Ziggel liegt, damit doch die Leute nichts davon erfahren.« Griseldele sagte wieder nichts, so tief ihr auch seine Worte in der Seele weh taten.

Der Graf fuhr öfters hin, zu sehen, wie es den Kindern ginge, sagte ihnen auch, als sie es verstehen konnten, daß er ihr Vater sei, hatte eine große Freude, als er sah, daß sie kräftig heranwuchsen und er ihretwegen nicht die geringste Sorge zu haben brauche. Griseldele erfragte nie etwas von ihren Kindern, dachte aber oft mit Schmerz daran, wie schön es wäre, wenn die zwei Kinder noch am Leben wären! Sie ließ aber nie ein Wort der Klage hören, sondern ergab sich geduldig und demütig in ihr Geschick.

Darüber vergingen wieder mehrere Jahre, da kam der Graf einmal zu Griseldele und sagte: »Jetzt hilft es nichts mehr, du mußt aus dem Schloß. Das Volk murrt gegen mich, daß ich dich geheiratet habe. Wenn ich Frieden haben will, so müssen wir uns trennen. Geh du wieder heim, lege dein griseltes Kittele an und schicke das gräfliche Gewand zurück.« Griseldele erschrak über diesen Befehl, wurde aber nicht zornig, sondern nahm Abschied von ihrem Gemahl, als ob er ihr immer nur Gutes getan hätte. Schweigend verließ sie das Grafenschloß und machte sich auf den Weg der Heimat zu. Endlich kam sie in dem Bauernhäuslein an und war froh, daß sie dem Vater ihr Herzeleid klagen konnte. Sie bat ihn dann, er möge sie wieder bei sich behalten, sie wolle gern alle Arbeit tun und sich nichts anmerken lassen, daß sie einmal etwas anderes gewesen sei als das arme Griseldele. Der Vater sprach ihr Trost zu, hieß sie dableiben und sagte:

»Leg nur an das griselte Kittele
Und iß mit mir ein Überschüttele.«

Griseldele tat nun wieder ihr griseltes Kittele an und schickte die kostbaren seidenen Kleider dem Grafen ins Schloß zurück. Sie lebte wieder wie früher bei bäurischer Arbeit und ländlicher Kost, und wenn sie auch mit Liebe und Sehnsucht an ihren Gemahl zurückdachte, so hoffte sie doch niemals, wieder zu ihm zurückzukehren. Da bekam sie einmal von ihrem Gemahl einen Brief, darin hieß es, sie solle allsogleich in das Schloß kommen und alle Böden spülen, denn es müsse alles gesäubert werden, weil er aufs neue Hochzeit halten und sich mit einer Braut vermählen wolle, die so schön sei wie die Sonne. Griseldele besann sich keinen Augenblick, ging in das Schloß, rutschte dort im griselten Kittel auf allen Böden herum und spülte wie die gemeinste Bauernmagd. Als sie alle Böden im ganzen Schloß gespült hatte, kam einmal der Graf zu ihr und sagte: »Jetzt will ich gehen meine Braut holen, und wenn ich nun Hochzeit halte, so sollst du allein mir aufwarten.« Griseldele sagte kein unwilliges Wort und wünschte ihm Glück zur Reise. Der Graf wandte sich schnell ab, damit sie nicht sah, daß ihm die Augen naß wurden.

Als der Hochzeitstag gekommen war, saß neben dem Grafen ein schönes junges Mädchen, und auf der anderen Seite saß ein schöner Jüngling, und Griseldele wartete dem Grafen auf, wie er es befohlen hatte. Da fragte er sie: »Wie gefällt dir meine Braut?« Sie antwortete: »Sie gefällt mir gut; nur wünsche ich, daß sie Euch immer gefallen möge bis an Euer Ende.« Als sie wieder hinausgegangen war, sagte der Graf zu seinen Kindern: »Jetzt dürft ihr mich Vater heißen, und diese, die eben aufgetragen hat, sollt ihr, wenn sie wieder hereinkommt, als eure Mutter begrüßen. Sie hat ihre Probe ausgehalten und lange gelitten. Jetzt aber soll des Leidens ein Ende sein, und wir wollen alle ein freudiges Leben führen.« Und als nun Griseldele das nächste Mal hereinkam, sprach er zu ihr: »Kennst du diese beiden nicht? Sieh sie dir genau an. Die du da siehst und für meine Braut hältst, ist unsere Tochter, die ich von dir genommen habe, und der Jüngling neben mir ist unser Sohn.« Da sprangen die beiden auf und begrüßten sie als ihre Mutter und fielen ihr um den Hals. Und der Graf begrüßte sie als seine liebe Gemahlin und sagte: »Ich habe nie eine andere heiraten wollen, jetzt bleibst du bei mir im Schlosse, und wir halten treu zusammen, bis der Tod uns trennen wird.« Und nun mußte sie ihre gräflichen Kleider wieder anziehen und sich neben ihn an die Tafel setzen; jetzt wurde die Hochzeit mit Ernst gefeiert, und Griseldele hatte von nun an keinen schlimmen Tag mehr, sondern nur frohe und glückliche.

52. Die Zwerchpfeife

Es war einmal ein König, der seine Freude an schönen Soldaten hatte. Unter seinen Truppen war aber ein besonders großer und schöner Mann, den er so hoch hielt, daß er ihn nie auch nur einen Tag in Urlaub lassen wollte; dagegen gab er ihm Geld und Essen, so viel er verlangte. Das gefiel dem Soldaten nicht übel, aber er zechte und verschwendete so über alle Maßen, daß die Schatzkammer des Königs in Zeit von einem halben Jahr kaum noch sechs Batzen übrigbehielt. Da sah der König ein, daß dies nicht länger so gehn könnte und daß er dabei zum armen Mann würde. Er gab dem Soldaten seinen Abschied und dazu einiges Reisegeld, das die alte Königin ihm borgen mußte, und einen Paß. Aber da der Soldat nicht sehr ans Sparen dachte, so war das Geld weg, ehe er sich's versah, und er fand, als er seinen Sack umkehrte, nur noch ein kahles Sechskreuzerstück darin. Wie er nun so dahinschlenderte auf der Landstraße, kamen zwei Reisende desselben Wegs, und die hatten auch zufällig kein Geld mehr. Da sprach der eine: »Da vor uns geht ein Soldat, vielleicht hat der noch etwas übrig. Wir wollen einmal sehen, ob er uns etwas gibt.« Sagt's und ging zu dem Soldaten und sprach, sie wären arme Reisende, ob er ihnen etwas schenken wollte. »Hätt ich selber was!« antwortete ihm der Soldat. »Da ist mein letztes Sechskreuzerstück; aber komm, wir wollen's teilen.« Das taten sie in der nächsten Ortschaft, blieben des Tags zusammen und schliefen auch zusammen in einer Herberge. Als der Soldat am andern Morgen von seinen beiden Reisekameraden Abschied nehmen wollte, sprach der eine: »Weil du ein so gutes Herz hast, so wähle dir drei Dinge, und du hast sie.« Das gefiel dem Soldaten wohl, und er rief lustig: »Dann wähle ich mir vor allem eine große Bärenmütze, wie die Grenadiere sie tragen, und ein Gewehr. Zweitens einen Tornister mit Bandelier und schönen Hosen. Drittens ein Paar schöne Stiefel mit Sporen.« – »Das sollst du haben«, sprach der andre, aber dessen Gesell ärgerte sich, daß der Soldat nichts Besseres begehrte, und gab ihm noch eine Zwerchpfeife dazu, welche die Eigenschaft hatte, daß alles tanzen mußte, wenn man sie blies. Dann nahmen sie Abschied, und jeder ging seines Weges. Der Soldat kam nach langem Wandern in ein

Königreich, wo das Betteln und Fechten bei Todesstrafe verboten war. Er tat es dennoch und wurde festgenommen und ins Gefängnis gesetzt, doch das machte ihm keinen Kummer, weil er dachte, das werde nicht lange dauern. Und diesmal hatte er sich nicht verrechnet. Es war nämlich ein verwünschtes Schloß in der Stadt, worin noch niemand eine Nacht überlebt hatte. Der König hätte es aber zu gern bewohnt; darum ließ er den Soldaten vor sich führen und sprach zu ihm: »Höre, ich will dir was sagen: wenn du in dem verwünschten Schlosse schläfst und mir die Geister heraustreibst, dann sollst du nicht nur frei sein, sondern ich gebe dir auch noch meine Tochter zur Frau.« – »Herr König, damit bin ich zufrieden«, sprach der Soldat, »wenn Ihr mir nur gut Essen und Trinken mitgeben wollt.« – »Daran soll's nicht fehlen«, antwortete der König. »Auch guten Tabak und eine Pfeife muß ich haben«, sprach der Soldat, und der König versprach ihm das gleichfalls.

Abends wurde der Soldat in das Schloß geführt und die Tür hinter ihm zugemacht, nachdem man ihm Essen, Wein, Tabak, eine Pfeife und Feuerzeug hineingestellt hatte. Er ließ sich's gut sein, aß und trank nach Herzenslust, und dann setzte er sich in einen Sessel und schmauchte, daß es eine Art hatte. Gegen Mitternacht tat es einen greulichen Schlag, die Tür fuhr auf, und ein Teufel mit langem Schwanz und großen Hörnern sprang herein. »Aha, du bist ja ein munterer Kerl«, sprach der Soldat, »wart, ich will dir eins aufspielen.« Damit setzte er seine Zwerchpfeife an und blies ein Stückchen nach dem andern, und der Teufel tanzte wie besessen, daß seine Hörner an die Decke stießen und sein Schwanz die Stube fegte, bis der dicke weiße Schaum auf ihm stand. Da fing er an zu jammern und rief: »Ich tue dir ja nichts, höre nur in's drei Teufels Namen auf zu pfeifen!« – »Noch nicht genug gesprungen«, rief der Soldat. »Immer weiter herum!« Und da sprang der arme Teufel wieder, bis er vor Müdigkeit hing wie ein nasser Lumpen, so daß er meinte, er tanze sich die

Seele aus dem Leibe, und daß der Schaum von ihm herunterlief und handhoch im Zimmer stand. Nun rief er wieder mit schwacher Stimme: »Höre jetzt auf, ich kann nicht mehr; ich will ja nie wieder in das Schloß kommen.« – »Dann marsch zum Fenster hinaus«, sprach der Soldat und gab ihm einen Fußtritt, daß er wenigstens fünfzig Schritt weit hinausflog. Darauf machte er das Fenster zu und legte sich schlafen.

Am folgenden Morgen kam der König, um nachzusehn, wie es dem Soldaten ginge. Er dachte, dem würde es ergangen sein wie allen anderen, die vor ihm in dem Schloß geschlafen hatten; doch er fand ihn im Bett, wo er aus allen Tonarten schnarchte. Da war keiner vergnügter als der König. Er weckte den Soldaten, nahm ihn mit sich in sein Schloß und ließ gleich die Hochzeit halten. Niemand war froher als der Soldat, der jetzt in Saus und Braus lebte, bis sein Sterbestündchen kam. Da befahl er der Prinzessin, daß sie ihn mit seiner Montur und seinem Tornister begraben lassen solle. Die dachte aber, das schicke sich nicht für einen Prinzen, und ließ ihn in schöner Uniform mit Orden und Sternen begraben. Doch da fing der Soldat an zu spuken und kam jede Nacht an das Bett der Prinzessin und rief: »Ich will meinen Tornister! Ich will meinen Tornister!« In dem Tornister lag nämlich seine Zwerchpfeife, und er ruhte nicht eher, bis er die hatte. Dann ging er vor die Himmelstür und klopfte an. Sankt Peter schaute durch ein Fensterchen neben dem Tor, zu sehen, wer da sei. Als er aber den Soldaten erblickte, rief er: »Marsch weg, hier darfst du nicht herein! Warum hast du dir damals nicht statt der Montur die himmlische Seligkeit erbeten? Jetzt sieh, wo du unterkommst.« – »Wenn's nicht anders ist, auch gut«, sprach der Soldat und wanderte wohlgemut der Hölle zu. Da kam ihm eine Menge von Teufeln entgegen, aber er hatte keine Furcht, sondern pfiff lustig auf seiner Zwerchpfeife und ging so in die Hölle hinein. Da mußten nun alle Teufel tanzen, was gar possierlich zu sehen war, den Teufeln aber so wenig gefiel, daß sie alle heulten und schrien, er möge doch aufhören. »Jawohl, ich höre auf«, sprach er, »wenn ihr mir's schriftlich gebt, daß ihr mich zum Obersten in der Hölle macht.« – »Das wollen wir ja gern! Das wollen wir ja gern!« schrien die Teufel und setzten alsbald seine Ernennung als Oberst auf. So bekam er eine gute Anstellung in der Hölle, und wenn er nicht abgesetzt worden ist, dann hat er sie noch.

53. Die Räuberbraut

In einem großen Walde lag eine einsame Mühle, das nächste Dorf war noch weit davon. Der Müller war reich, das wußten viele, und auch die Räuber wußten das, die in dem Walde hausten, und hatten es schon lange auf das Geld des Müllers abgesehen. Eines Tages wollte der Müller mit Weib und Kind auf eine Hochzeit, und in der Mühle blieb keine Seele zurück als eine junge Magd, das war aber ein keckes lustiges Ding und wußte gar nicht, was Furcht war. Vor dem Weggehen sagte der Müller: »Es könnte sein, daß wir die Nacht ausbleiben und du allein in der Mühle bist, drum gib hübsch acht und verwahr mir das Haus gut.« Das Mädchen aber lachte und sagte: »Bleibt nur, solange ihr wollt, ich passe schon auf.«

Das hatte aber alles ein Räuber mit angehört, der sagte es den andern, und als es dunkel wurde, schlichen ihrer zwölf um die Mühle herum und wollten einbrechen. Wie sie noch spähten, wo sie am besten herankommen könnten, hörten sie die Magd ein lustiges Lied singen. Da sprach einer: »Laßt uns das Mädchen herausrufen, als ob ihr Schatz da wär, dann haben wir um so leichtere Arbeit.« Und er stellte sich unter das Fenster und rief mit leiser Stimme: »Liebchen, komm heraus!« Aber sie sagte: »Komm ein andermal, heute kann ich nicht.«

Unterdessen hatten die andern ein Loch durch die Wand

der Mühle gebrochen, doch nur so groß, daß immer bloß einer hindurch konnte. Das hatte die Magd gehört und war mit dem Küchenbeil heimlich vor das Loch getreten. Sowie nun der erste seinen Kopf hindurchsteckte, hackte sie ihm den mit dem Beil ab und zog seinen Rumpf herein. Der zweite dachte: ›Jetzt ist's an dir‹, kroch hinein, und ehe er sich's versah, ging's ihm ebenso wie dem ersten. So tötete sie nacheinander zehn Räuber, dann aber ging es nicht mehr so schnell, weil sie keinen Platz mehr hatte. Da sagte der elfte zu seinem Vordermann: »Mach doch schnell. Was trödelst du denn so lange, bis du durch die Wand kommst. Ich will auch noch was von des Müllers Geld abhaben!« Und so schob er auch seinen Kopf hinein, und das Mädchen schlug den auch herunter. Dem zwölften aber kam das Ding doch verdächtig vor, er zog den Kopf fix wieder zurück, und das Mädchen schlug ihm nur oben die Platte vom Kopfe. Er raffte sich schnell auf und lief weg.

Als am andern Tage die Müllersleute von der Hochzeit zurückkamen, fanden sie die Tür verschlossen und mußten lange klopfen, ehe die Magd aufmachte. Denn sie war, als sie die elf Räuber abgetan hatte, neben den Leichen hingeschlagen und hatte nichts mehr gehört und gesehen und war erst auf das immer wiederholte Pochen erwacht. Noch mehr aber erstaunten sie, als sie hereinkamen und die blutigen Leichen der Räuber sahen und hörten, was geschehen war. Da wußten sie nicht genug Worte des Lobes zu finden für den Mut des Mädchens. Aber seit dem Tage war ihr fröhlicher Sinn dahin, und sie mochte gar nicht mehr singen. Und als nach einiger Zeit ein feingekleideter Herr sonntags in die Mühle kam und um sie anhielt, wollte sie nichts von Heiraten wissen. Aber alle schalten sie, daß sie eine so gute Partie ausschlüge, und redeten ihr so zu, ihn doch zu nehmen, daß sie ihm, als er zum zweiten Male kam, ihr Jawort gab.

Ein paar Tage danach kam der Bräutigam in einer prächtigen Kutsche und holte sie ab. Das Mädchen stieg ein, und sie fuhren weg, zur Hochzeit, wie es hieß. Sie fuhren weit weg durch eine Stadt, durch ein paar Dörfer, und kamen in einen dichten Wald. Da bat der Bräutigam, sie möchte ihn doch einmal krauen, und nahm seinen Hut ab. »Du hast ja eine bloße Stelle auf dem Kopf«, sprach sie. »Ja, warte nur«, antwortete er – »weißt du noch, wie du meine elf Brüder erschlagen hast mit dem Küchenbeil? Und wie du mir ein Stück vom Kopf gehauen hast? Jetzt bleibt dir nur die Wahl, ob du in Öl gebraten oder mit Nadeln totgestochen werden willst.« Das Mädchen in seiner Todesangst springt aus dem Wagen und läuft weg, aber der Räuber holt sie wieder ein, und sie muß mit in das Räuberhaus. In der Tür stand eine Alte, die den Räubern die Wirtschaft besorgen mußte. Wie sie die junge Magd so blaß und verstört sah, tat sie ihr sehr leid, sie nahm sie bei der Hand und führte sie in ihre Kammer, beruhigte und tröstete sie und sagte: »Du bist doch sonst nicht so furchtsam. Und weil du so klug und so mutig gewesen bist damals in der Mühle, so will ich dir helfen, daß du wieder aus dem Hause kommst; aber du mußt mich nicht verraten.«

Als es Abend wurde, rief der Räuber, sie sollte ihm und seinen Gesellen zu trinken bringen, und das Mütterchen sprach zu der Magd: »Nimm den Krug mit Wein und gib jedem, soviel er will. Du selbst aber trinkst nichts davon, wie sehr sie dir auch zureden. Ich habe einen Schlaftrunk hineingetan, dem kann auch der Stärkste nicht widerstehen. Wenn nun die Räuber am Boden liegen und eingeschlafen sind, kannst du entfliehen, aber alle Türen haben sie verschlossen und alle Fenster verriegelt, du kannst nur durch die Rinne hinaus, aus der das Blut abfließt, wenn sie einen Menschen getötet haben, die ist allein noch offen. Du darfst aber nichts weiter mitnehmen als dein Hemd und dein Halstuch.« Die kluge Magd tat so, wie das Mütterchen es sie geheißen hatte. Als die Räuber im festen Schlaf lagen, zog sie sich aus bis aufs Hemd und Halstuch und kroch mit klopfendem Herzen durch die Rinne, aus der das Blut abfloß, und lief fort, so schnell sie konnte.

Sie war aber noch nicht weit gekommen, da hörte sie die Räuber hinter sich. Grade kam sie auf eine Wiese, auf der das Heu in Haufen lag, und rasch kroch sie unter den letzten Haufen. Da kamen auch schon die Räuber und warfen hastig einen Heuhaufen nach dem anden um. Als sie aber das ganze Heu umgekehrt hatten bis auf den letzten, da sagte einer: »Was sollen wir uns noch bei dem aufhalten. Unter dem ganzen Heu ist sie nicht gewesen, so wird sie doch nicht grade unter dem letzten Haufen sein. Kommt rasch weiter ihr nach!« Als sie weg waren, machte sich das Mädchen auch auf den Weg, aber es war noch weit bis nach Hause, und sie war in großer Angst. Da traf sie einen Wagen, der mit Fellen beladen war, und weil sie nur Hemd und Halstuch anhatte, stieg sie geschwind auf und wickelte sich in das unterste Fell. Gleich darauf waren auch die Räuber da und hielten das Fuhrwerk an. Der Fuhrmann mochte reden und bitten, so viel er wollte, er mußte den ganzen Wagen abladen, und ein Fell nach dem andern wurde umgewendet. Mit jedem Fell aber wurden die Räuber ungeduldiger, und als grad noch das letzte auf dem Wagen lag, waren sie des Suchens so müde, daß sie sagten: »Wenn sie unter allen nicht versteckt war, ist sie auch unter dem nicht«, und eilten weiter.

So konnte sich das Mädchen wieder auf den Weg machen. Als sie nicht mehr weit von ihrer Heimat war, holte sie ein Wagen mit Backtrögen ein. Sie war totmüde, und so legte sie sich in den letzten, um sich ein wenig auszuruhen. Aber wie sie gerade im Einschlummern war, kamen die Räuber mit Fluchen und Toben und hielten auch diesen Wagen an. »Wenn ihr glaubt, daß sie darunter ist, so seht doch selbst nach!« sprach der Fuhrmann, und die Räuber machten sich wieder daran und warfen einen Trog nach dem andern herab. Aber als sich das Mädchen wieder gar nicht finden wollte, wurden sie es leid, ließen den letzten liegen und sprachen wie vorher: »Sie ist in keinem gewesen, da wird sie auch in dem nicht sein. Kommt weiter!«

So war das Mädchen zum dritten Male davongekommen und langte wohlbehalten zu Hause an; und es ist ihm auch weiter gut gegangen, aber es hat sein Lebtag nicht geheiratet.

54. Der Schmied und der Teufel

Es war einmal ein Schmied, der hieß Ochsenberg, der wollte sich auf einer Stelle nähren, die arg verschuldet gewesen, und konnte darum kein Brot halten. Einst ging er voller Sorgen ins Holz und seufzte vor sich hin. Da kam der leibhaftige Teufel zu ihm und fragte: »Warum bist du so betrübt?« Der Schmied antwortete: »Kann man denn lachen, wenn der Magen schreit wie ein leerer Mühlstein und man arm ist wie eine Kirchenmaus?« – »Hoho, armer Schelm, schaut's da hinaus?« lachte der Teufel. »Da, unterschreib den Wisch, und du sollst mehr Geld haben als Dreck!« Der Schmied willigte ein, der Teufel ließ ihn zur Ader, der Schmied unterschrieb den Wisch mit Blut, und der Teufel gab ihm eine schwere Menge Geld und wollte nichts dafür haben als in drei Jahren eine arme Seele. Er lachte sich eins und fuhr in die Hölle, und der Schmied lachte auch und ging in die Schmiede. Bald wurde es lebendig dort: Eisen und Stahl kamen fuderweise, und der Meister hämmerte mit seinen Gesellen, daß die Funken auf den Schmiedeberg fuhren.

Eines guten Tages kam Petrus vor die Werkstatt und bat den Schmied, er möge ihm den Schimmel des Herrn beschlagen; er solle drei Wünsche darauf frei haben. Der Schmied beschlägt das Tier und spricht: »Ich habe einen Nagelbeutel, aus dem die Jungen mir immer die Nägel stehlen; soll ich mir was wünschen, so wünsche ich, daß ein jeder, der nun wieder hineingreift, so lange festsitzt, bis ich sage, er soll frei sein. Sodann habe ich einen Lehnstuhl hinterm Ofen, in den setzen sich immer die Bauern und sind nicht hochzukriegen, so gern ich auch selber dort säße; soll ich mir noch was wünschen, so wünsche ich, daß ein jeder, der sich wieder hineinsetzt, so lange sitzen bleibt, bis ich sage, er soll aufstehen. Endlich wird mir mein großer Apfelbaum dort seit drei Jahren regelmäßig bestohlen; soll ich mir zum dritten was wünschen, so wünsche ich, daß jeder, der nun wieder hinaufsteigt, so lange da oben sitzen bleibt, bis ich sage, er soll herunterkommen.« Petrus macht ein unwirsch Gesicht und spricht: »Solche Schnurrpfeifereien wünscht du dir und vergißt die ewige Seligkeit?« – »Nun«, meint der Schmied, »die bekommt man wohl doch noch.« Da ritt Petrus zornig von dannen, und der Schmied ging fröhlich in seine Werkstatt.

Im Umsehen waren drei Jahre verstrichen. Der Schmied hatte sich wenig Sorgen darum gemacht, hatte rechtschaffen gearbeitet und rechtschaffen gelebt und sich den Teufel was um den Teufel gekümmert. Da, am bedungenen Tag, schickte der Teufel seinen jüngsten Gesellen, er solle ihn holen. Der Schmied beschlägt gerade ein Pferd und sagt zu dem jungen Teufel: »Das Eisen werde ich doch wohl erst anschlagen können! Lang mir doch einmal einen Hufnagel aus dem Beutel, er soll ins letzte Loch!« Der Teufel greift hinein und sitzt fest. »Kommst du denn nicht wieder?« fragt der Schmied. »Ach«, ruft der junge Teufel, »ich sitze fest!« – »So bleib, wo du bist!« sagt der Schmied, geht in die Stube und setzt sich zum Frühstück. Der Teufel draußen heult und winselt und bittet: »Laß mich los, ich will dich auch gar nicht!« Doch der Schmied ließ ihn drei Tage stehen, dann zählte er ihm drei über mit einer Eisenstange und sprach: »So, nun mach, daß du fortkommst!« Und das ließ sich der nicht zweimal sagen.

Tags darauf schickte der Teufel den zweiten Gesellen, daß er den Schmied hole. Der ißt gerade zu Mittag und sagt:

»Setz dich ein bißchen hintern Ofen in den Lehnstuhl, wenigstens so lange, bis ich gegessen habe. Es schmeckt mir wohl so bald nicht wieder!« Da grinst der Teufel und setzt sich, und der Schmied grinst auch und ißt behaglich weiter. Endlich, da er fertig ist, sagt er: »So, nun kann die Reise losgehen!« Der Teufel will auf ihn zu, kann aber nicht aus dem Stuhl und brüllt einen Fluch, so lang wie der Jakobstag. Der Schmied aber geht in die Werkstatt und arbeitet mit seinen Gesellen munter drauflos, ohne sich um den Teufel zu kümmern. Der heult und winselt: »Laß mich los, ich will dich auch gar nicht!« Doch der Schmied ließ ihn drei Tage sitzen, dann zählte er ihm zweimal drei mit der Eisenstange über und sprach: »So, nun mach, daß du fortkommst!« Und fort war des Teufels zweiter Gesell.

Tags darauf schickte der Teufel den ältesten Gesellen, daß er den Schmied hole. »Aller guten Dinge müssen drei sein«, meinte der Schmied, »so muß ich denn wohl mit! Ein paar Äpfel kann man ja aber wohl mithaben, die lassen sich dort unten so schön braten! Du kannst gewiß gut klettern! Holst du mir nicht ein paar aus dem großen Apfelbaum? Bring vier, wenn du nicht gern drei bringst.« Der Teufel klettert hinauf wie eine Katze; herunter aber hat's lange Zeit. »Kommst du nicht bald wieder?« spottet der Schmied. »Ich kann ja nicht hinunter!« brüllt der Teufel. »Nun, so bleib oben und singe uns eins!« antwortet der Schmied, läßt ihn drei Tage sitzen und sagt: »Willst du mich noch?« – »Nein«, brüllt der Teufel, »laß mich nur frei!« Da setzt der Schmied eine Leiter an, zählt ihm dreimal drei mit der Eisenstange über und sagt: »Aller guten Dinge müssen dreimal drei sein! Mach, daß du fortkommst!« Und fort war des Teufels ältester Gesell.

Da stand der Teufel selber vor ihm, hielt ihm den Schuldbrief unter die Nase und sprach: »Kennst du diesen? Nun fort!« – »Nimm's nicht übel, daß ich nicht schon gekommen bin«, erwiderte der Schmied, »warum schickst du aber so dumme Teufel! Dumm bist du nun nicht, aber viel Kunststücke kannst du gerade auch nicht!« – »Nicht?« schrie der Teufel. »Alles kann ich, was willst du sehen?« – »Mach dich einmal in eine Maus«, antwortete der Schmied. Da ist der Teufel weg, und eine Maus läuft durch die Schmiede. Die erwischt der Schmied beim Schwanz, und fort in den Nagelbeutel und den Nagelbeutel auf den Amboß und: »Nun gehämmert, Gesellen!«, und nun gehämmert, hast du nicht, so kannst du nicht! Drinnen piept es, und draußen pfeift es. »Laß mich los!« wimmert der Teufel mit feiner Mausestimme. »Gib mir den Schuldbrief!« lacht der Schmied und hämmert lustig drauflos. »Laß mich aus, so sollst du ihn haben!« winselt der Teufel. Der Schmied hämmert lustig weiter. »So schneide ein Loch in den Beutel!« winselt der Teufel. Der Schmied ritsch! ratsch! einen Kreuzschnitt in den Beutel, die Schuldverschreibung fliegt heraus, aber der Teufel kann nicht. Da öffnet der Schmied den Beutel. »Nun mach, daß du fortkommst!«, und fort war auch der Teufel.

Viele, viele Jahre nachher, der Schmied hatte immer rechtschaffen gearbeitet und rechtschaffen gelebt, ging er in den Garten und sah, daß der große Apfelbaum über Nacht dürr geworden war; da durchlief es ihn heiß und kalt. Und da er merkte, daß es aus war mit ihm, steckte er den Nagelbeutel zu sich, setzte sich in den Lehnstuhl und starb. Er war noch nicht lange gegangen, da teilte sich der Weg. ›Den schmalen da geh ich nicht‹, denkt der Schmied, ›dieser geht sich besser!‹ So kam er an die Hölle und klopfte an. »Wer ist davor?« schrie es drinnen. »Der Schmied mit dem Nagelbeutel!« Als sie das in der Hölle hörten, machten sie nicht auf, sooft der Schmied auch klopfen mochte. So ging er den breiten Weg zurück und stieg den schmalen bergan. Als er am Himmel angeklopft hatte, rief Sankt Petrus: »Wer ist davor?« – »Der Schmied mit dem Nagelbeutel!« – »Du hast hier nichts verloren«, antwortete Sankt Peter, »geh von hinnen.« – »Liebster Petrus«, bittet der Schmied, »so melde mich doch wenigstens dem Herrn. Ich habe ihm mehr getan als einen Trunk Wasser gereicht, ich habe seinen Schimmel beschlagen, er wird mich nicht abweisen!« – »Warum hast du dir nicht die ewige Seligkeit gewünscht!« brummt Sankt Peter. »Geh zur Hölle!« – »Da will man mich auch nicht!« klagt der Schmied. »Öffne doch wenigstens einmal die Tür, damit ich weiß, wo ihr steht, wenn ihr drinnen singt!« Sankt Peter drehte mürrisch den Schlüssel, öffnete ein klein wenig, da warf der Schmied den Nagelbeutel hinein. »Bist du verrückt?« rief Petrus. »Was soll der schmutzige Beutel hier im Himmel! Gleich holst du ihn wieder!« Da schlüpfte der Schmied rasch hinein und setzte sich auf den Nagelbeutel. Und wenn er nicht wieder aufgestanden ist, so sitzt er da noch heute.

55. Die Königstochter in der Flammenburg

Es war einmal ein armer Mann, der hatte so viele Kinder, als Löcher sind in einem Sieb, und hatte alle Leute in seinem Dorfe schon zu Gevatter gehabt; als ihm nun wieder ein Söhnlein geboren wurde, setzte er sich an die Landstraße, um den ersten besten zu Gevatter zu bitten. Da kam ein alter Mann in einem grauen Mantel die Straße, den bat er, und der tat es auch gern, ging mit und half den Knaben taufen. Der alte Mann aber schenkte dem Armen eine Kuh mit einem Kalb; das war an demselben Tage wie der Knabe zur Welt gekommen, und hatte vorn an der Stirne einen goldnen Stern und sollte dem Kleinen gehören. Als der Junge größer war, da war das Rind zu einem mächtigen Stier geworden; mit dem ging er jeden Tag auf die Weide. Der Stier aber konnte sprechen, und wenn sie auf dem Berg angekommen waren, sagte er zu dem Jungen: »Bleibe du hier und schlaf, indes will ich mir schon meine Weide suchen!« Sowie der Hirte schlief, rannte der Stier wie der Blitz fort und kam auf die große Himmelswiese und fraß goldne Sternblumen. Wenn die Sonne unterging, eilte er zurück und weckte den Knaben, und dann gingen sie nach Hause. So ging es jeden Tag, bis der Junge zwanzig Jahre alt war. Da sprach der Stier eines Tages zu ihm: »Jetzt setze dich mir zwischen die Hörner, und ich trage dich zum König; dann verlange von ihm ein sieben Ellen langes eisernes Schwert und sage, du wollest seine Tochter erlösen!«

Bald waren sie an der Königsburg: der Hirte stieg ab, ging vor den König und sagte, warum er gekommen sei. Der gab ihm gern das verlangte Schwert; aber er hatte keine große Hoffnung, seine Tochter wiederzusehen, schon viele kühne Jünglinge hatten es vergeblich gewagt, sie zu befreien. Denn es hatte sie ein zwölfhäuptiger Drache entführt, und der wohnte weit weg. Niemand konnte dahin kommen; denn es war auf dem Wege dahin ein hohes, unübersteigliches Gebirge, und dann kam ein weites, stürmisches Meer, und dahinter wohnte der Drache in einer Flammenburg. Wenn es nun auch jemandem gelungen wäre, über das Gebirge und das Meer zu kommen, so hätte er doch durch die mächtigen Flammen nicht hindurchdringen können, und hätte er das vermocht, so hätte ihn der Drache umgebracht. Als der Hirte das Schwert hatte, setzte er sich dem Stier zwischen die Hörner, und im Nu waren sie vor dem großen Gebirge. »Da können wir wieder umkehren«, sagte er zum Stier, denn er hielt es für unmöglich, hinüberzukommen. Der Stier aber sprach: »Warte nur einen Augenblick!« und setzte den Knaben zu Boden. Kaum war das geschehen, so nahm er einen Anlauf und schob mit seinen gewaltigen Hörnern das ganze Gebirge auf die Seite, und sie konnten weiterziehen.

Nun setzte der Stier den Knaben sich wieder zwischen die Hörner, und bald waren sie am Meere angelangt. »Jetzt können wir umkehren«, sprach der Knabe, »denn da kann niemand hinüber!« – »Warte nur einen Augenblick«, sprach der Stier, »und halte dich an meinen Hörnern.« Da neigte er den Kopf zum Wasser und soff und soff das ganze Meer aus, also, daß sie trocknen Fußes wie auf einer Wiese weiterzogen. Nun waren sie bald an der Flammenburg. Aber da kam ihnen schon von weitem solche Glut entgegen, daß der Knabe es nicht mehr aushalten konnte. »Halte!« rief er dem Stiere zu. »Nicht weiter, sonst müssen wir verbrennen.« Der Stier aber lief ganz nahe und spie auf einmal das Meer, das er getrunken hatte, in die Flammen, da verlöschten sie gleich, und es gab einen mächtigen Qualm, von dem der ganze Himmel gleich mit Wolken bedeckt wurde. Aber nun stürzte aus dem fürchterlichen Dampfe der zwölfhäuptige Drache voll Wut hervor. »Nun kommst du dran!« sprach der Stier zu seinem Herrn. »Sieh zu, daß du auf einmal dem Ungeheuer alle Häupter abschlägst!« Der nahm alle seine Kraft zusammen, faßte das gewaltige Schwert in beide Hände und versetzte dem Ungeheuer einen so geschwinden Schlag, daß alle Häupter herunterflogen. Aber nun schlug und ringelte sich das Tier auf der Erde, daß sie erzitterte. Da nahm der Stier den Drachenrumpf auf seine Hörner und schleuderte ihn nach den Wolken, so daß keine Spur mehr von ihm zu sehen war. Dann sprach er zum Knaben: »Mein Dienst ist nun zu Ende. Geh jetzt ins Schloß; da findest du die Königstochter, führe sie heim zu ihrem Vater!« Damit rannte er fort auf die Himmelswiese, und der Knabe sah ihn nicht wieder. Der Junge aber fand die Königstochter drinnen, und sie freute sich sehr, daß sie von dem garstigen Drachen erlöst war. Sie fuhren nun zu ihrem Vater, hielten Hochzeit, und es war große Freude im ganzen Königreiche.

56. Der dumme Hans

Es war einmal ein armes Bauernweib, das war eine Witfrau, die hatte einen einzigen Sohn, der hat Hans geheißen und war halt blitzdumm. Es war zur Sommerszeit, da sagte seine Mutter: »Ich will dich in die Stadt schicken«, und gab ihm ein großes Hafen (Topf) voll Honig zum Verkaufen mit. »Mußt halt nicht zuviel reden lassen«, sagte sie dabei zu ihm; sie meinte, nicht zu viel handeln lassen.

Jetzt kommt er in die Stadt und schreit: »Kauft mir den Honig ab!« Da sagen die Leute: »Was kostet er denn?« Da sagt er: »Ach, ihr habt mir schon zuviel geredet.« – »Na, fragen wird man doch wohl dürfen, was er kostet«, sagen die Leute. »Nein«, sagt er, »jetzt habt ihr schon gar zuviel geredet«, packt auf und geht zur Stadt hinaus. Draußen schwärmen und summen die Wespen und Fliegen um ihn und wollen lecken. »Kauft mir meinen Honig ab«, sagt er. Ja, reden haben die nicht können; da nimmt er seinen Honig und schüttet ihn auf die Erde, weil sie nichts geredet haben. »In acht Tagen müßt ihr ihn mir bezahlen«, sagt er.

Dann geht er nach Haus zur Mutter und sagt: »Den Honig hab' ich gut verkauft; in acht Tagen krieg' ich's Geld.«

Da sagt die Mutter: »Hans, wir haben noch drei Sauschinken, die kannst du auch in die Stadt tragen und verkaufen. Laß halt nicht zuviel reden.« Er kommt in die Stadt, da fragen ihn die Leute, was die drei Schinken kosten. »Ach, ihr habt mir schon zuviel geredet.« – »Du dalketer Mensch«, sagen sie, »fragen muß man doch, was die Sach' kost'.« – »Jetzt habt ihr mir schon gar zuviel geredet«, sagt er und geht wieder zur Stadt hinaus. Da laufen ihm sechs Jagdhunde nach, die schreien: »Haun, haun, haun!« und bellen. »Kauft mir meine drei Sauschinken ab! Ich sehe, ihr redet doch wenigstens nichts«, sagte er und wirft sie ihnen hin; die machen sich gleich darüber her. »In acht Tagen müßt ihr sie mir bezahlen«, sagt er. Und bald ist er wieder zu Haus. »Mutter, die drei Sauschinken hab' ich gut verkauft. In acht Tagen krieg' ich's Geld.« Da gibt sie ihm dreißig Ellen Leinwand und spricht: »Hans, verkauf halt die auch. Mußt halt wieder nicht zuviel reden lassen.« Wie er in die Stadt kommt, schreit er: »Kauft mir meine Leinwand ab!« Die Leute schauen die Leinwand an und fragen, was sie kostet. »Ihr habt mir schon zuviel geredet«, sagt er. »Ja, fragen muß man doch, was es kost'.« – »Jetzt habt ihr mir schon gar zuviel geredet.« Draußen vor der Stadt kommt er zu einer kleinen Kapelle. Da steht der Johannes drin von Stein. »Kauf mir meine Leinwand ab«, sagt Hans. Ja, reden kann der nicht, und so hat Hans ihm die Leinwand hineingeworfen und gesagt: »In acht Tagen hol' ich mir's Geld.« Und ist dann nach Haus gegangen. »Mutter, die Leinwand hab' ich recht gut verkauft. In acht Tagen krieg' ich's Geld.«

Nach ein paar Tagen packt er wieder auf und geht in die Stadt. Wegen des Honiggelds nimmt er sich einen festen Knüppel mit. Wie er an den Fleck kommt, haben die Bienen und Fliegen noch da geleckt, ein bissel was ist noch dagewesen. Da sagt er: »Ich will jetzt mein Geld haben.« Er kriegt aber keins von ihnen. »Jetzt mach' ich kurzen Prozeß und geh zum Stadtrichter euch verklagen.« Er kommt zum Stadtrichter, der fragt: »Was willst denn du?« – »Meinen Honig hab' ich den Fliegen und Wespen verkauft«, sagt er, »und jetzt wollen sie mich nicht bezahlen.« Da fängt der Stadtrichter an zu lachen und hat schon gesehen, das ist ein ganz Dummer. »Ich kann dir nichts anders sagen als: wo du eine Fliege siehst, da schlag sie tot«, antwortet er. Da fliegt dem Stadtrichter eine Fliege auf die Nase. Er haut aber gleich auf die Fliege, der Hans, auf die Nase. »Ui Jesas, meine Nase«, schreit der Stadtrichter. Da sagt der Hans: »Ich hab' auf die Fliege gehaut und nicht auf die Nase.« Nun denkt der Stadtrichter: ›Der könnt mir noch die Leute totschlagen, wenn er eine Fliege an ihnen sitzen sieht. Und wer hat's erlaubt? Der Stadtrichter, heißt es dann.‹ Und so fragt er ihn: »Was kostet denn der Honig?« Da sagt der Hans: »Dreihundert Gulden.« Der Stadtrichter schreibt ihm gleich einen Zettel und schickt ihn damit zur Kasse; dort kriegt er sein Geld und zieht vergnügt damit heim. »Mutter, da hab' ich das Honiggeld«, sagt er. »Na«, sagt sie, »schau nur, daß du's für die Sauschinken auch morgen kriegst.« Den andern Tag kommt er denn auch wieder zu den Hunden. Die schreien ihn an: »Haun, haun, haun!«, weil sie ihn schon gekannt haben. Er aber sagt: »Nicht haun, haun! Mein Geld will ich jetzt haben«, aber sie bezahlen nicht, und er fährt gleich mit dem Prügel zwischen sie. Da kommt ein Graf daher und fragt ihn, was er da macht. »Die Hunde haben mir meine drei Sauschinken gefressen«, sagt Hans, »und wenn sie's mir jetzt nicht gleich bezahlen, schlag' ich sie alle sechse tot!« Da fragt ihn der Graf, was denn seine drei Sauschinken kosten. »Hundert Gulden«, sagt Hans. Der Graf greift in die Tasche und zahlt ihm die hundert Gulden, weil's seine Hunde gewesen sind. Und Hans geht heim zu seiner Mutter und spricht: »Mutter, da hab ich hundert Gulden für die drei Sauschinken.« – »Nun schau nur«, sagt sie, »daß du morgen dein Leinwandgeld auch kriegst.«

Den andern Tag geht er zu der Kapelle und sagt: »Du, mein Geld will ich haben!« Ja, der hat nichts geantwortet, die Leinwand war aber auch nicht mehr da. Der Hans sagt noch einmal: »Na, wirst mich nicht bezahlen?«, nimmt seinen Prügel und haut dem Johannes drei über, daß er mitten entzwei bricht. Und da war in der Mitte, wo er durchgebrochen ist, ein Opferstock drin, da war schon lange geopfert. »Aha«, sagt der Hans, »jetzt kannst du zahlen, wo du deine Schläge hast«, steckt das ganze Geld ein und geht heim. »So«, spricht er, »Mutter, da ist das Geld für die Leinwand.« – »Gottlob«, sagt die Mutter, »Hans, jetzt weiß ich doch, daß du was zu leben hast, wenn ich sterbe.« Und hat das Geld alles in die Sparkasse für ihn getragen, und das Jahr drauf ist sie gestorben. Und der Hans hat das kleine Haus bekommen und sechshundert Gulden bar und hat allein fortgewirtschaftet bis an seinen Tod.

57. *Der Pfiffigste*

Ein Kaufmann hatte einen Sohn, der war sehr verzogen und gewohnt, immer zu tun, was er wollte. Als er fünfundzwanzig Jahre alt war, schickte sein Vater ihn nach London, um dort die Kaufmannschaft noch besser zu lernen, denn dort gibt es viele und schwerreiche Kaufleute. In London ging der junge Herr eines Abends über die Straße, da begegnete ihm ein Mädchen, das war gut gekleidet und trug ein Bündel Holz; sie war aber so schön, daß ihr Gesicht ordentlich leuchtete und er sich gründlich in sie verguckte. Er folgte ihr durch viele Straßen bis in ein enges, finsteres Gäßchen, da trat sie in ein kleines düsteres Haus. Er lauschte am Fenster und sah, wie sie ihr Bündel neben den Herd hinlegte, ihrer kranken Mutter, die auf einem schlechten Strohsack in der Ecke lag, Arznei gab und das Feuer schürte, daß die Flamme hoch aufschlug. Als die rote Helle ihr Gesicht beleuchtete, da dünkte es ihm noch viel schöner, er trat in das Haus, sagte ihr, wie er sie so über die Maßen liebhabe, und bat sie um ihre Hand. Da er ihr nun auch gar sehr gefiel und sie wohl merkte, daß es ihm Ernst sei, sprach sie: »Ich will dir gerne folgen und dir treu sein ewiglich, wenn ich nur meine Mutter nicht verlassen muß.« – »Was dein ist, das ist mein«, sprach der junge Kaufmann, »deine Mutter ist meine Mutter, und sie soll es gut haben ihr Lebtag.« Am andern Tage schrieb er seinem Vater alles, wie es sich zugetragen hatte, und der alte Kaufmann mußte wohl einwilligen, obgleich er es nicht allzu gerne tat, denn er hatte schon ein reiches Mädchen für seinen Sohn in Aussicht. Die Hochzeit wurde feierlich gehalten, dann fing der Kaufmannssohn ein Geschäft für sich an und machte so guten Handel, daß er in kurzer Zeit steinreich wurde.

Die andern Kaufleute, welche nur ums Geld geheiratet und fast alle häßliche Frauen hatten, beneideten ihn aber um seine schöne Frau und konnten gar nicht sehen, daß er so glücklich mit ihr war. Eines Abends sagte einer von ihnen, ein recht schlechter Mensch, der zu allem fähig war, in einer Gesellschaft, wo die Kaufleute zusammenkamen: »Glaubst du wohl, du hättest deine Frau allein und sie wäre dir treu?« – »Ja, das glaube ich sicher und fest«, erwiderte er. »Ich wette mein Vermögen gegen das deine«, sprach der andere, »sie bleibt dir nicht treu, wenn du nur vier Tage auf Reisen gehst.« – »Die Wette gilt«, rief der junge Kaufmann lachend, denn er kannte seine Frau, »ich gehe gleich morgen auf Reisen und bleibe selbst acht Tage aus.«

Als er seiner jungen Frau zu Hause von der Wette erzählte, lachte sie herzlich mit ihm und sprach: »Dem scheint sein Vermögen leicht feil. Gehe du nur ruhig auf Reisen, du hast die Wette schon gewonnen.«

Es war in der Stadt eine Magd, welche früher bei dem jungen Kaufmann gedient hatte und der Frau sehr lieb geworden war; nun diente sie anderswo. Der falsche Kaufmann ging zu ihr und bot ihr tausend Gulden, wenn sie die junge Frau bewege, ihre Kleiderkiste in Verwahr zu nehmen und eine Nacht in ihrem Schlafzimmer stehen zu lassen. Die Magd willigte ein, denn sie sah nichts Schlimmes darin, und die tausend Gulden stachen ihr sehr in die Augen. Sie ging zu der Frau und sprach, sie habe all ihre Ersparnisse in ihrer Kiste, wolle jetzt ihren Dienst verlassen und wisse nicht wohin mit der Kiste; ob sie die nicht auf nur eine Nacht in ihr Schlafzimmer stellen könne. Die arglose Frau war es gern zufrieden und sprach: »Bringe sie nur am Abend, ich stelle sie neben mein Bett, da kann niemand dran.« Als die Magd dies dem falschen Kaufmann hinterbrachte, sprach dieser: »Ich gebe dir jetzt noch einmal tausend Gulden, wenn du mich in die Kiste kriechen läßt und sie am andern Morgen früh wieder abholst.« – »Gott bewahre mich«, rief die Magd, »das tue ich nicht, um keinen Preis.« Da legte er ihr ein Säckchen mit fünfhundert Gulden auf den Tisch. Sie sagte: »Ja, wenn ich wüßte, daß nichts Arges dabei wäre, dann wäre das was anderes, aber wer weiß, was Ihr im Sinne habt.« Jetzt legte er noch fünfhundert Gulden dazu und sagte: »Ich verspreche dir heilig, ich rühre die Frau mit keinem Finger an«, und dann klimperte er mit Geld in der Tasche, als ob er noch mehr geben wolle, wenn sie nicht einwillige. Der Böse hatte aber ihr Herz bereits ganz umstrickt, und sie sagte: »Wenn Ihr mir das versprecht, dann bin ich es zufrieden, aber wer weiß, ob Ihr es auch haltet.« – »Ich halte es, so wahr wie ich lebe«, sprach der falsche Kaufmann und legte noch eine Handvoll Geld zu den zwei Säcken. »Dann kommt diesen Abend gegen Dunkel, und wir machen alles in Ordnung.«

Und so geschah es auch. Abends brachte die Magd die Kiste, und die junge Frau stellte sie dicht neben ihr Bett, damit ja kein Dieb darangehn könne. Während sie eine Weile hinausging, schnitt der falsche Kaufmann mit seinem Messer ein Loch in die Kiste, wodurch er alles sehen konnte, was im Zimmer vorging. Dadurch sah er, daß die Frau oben am Arm ein kleines Muttermal hatte und daß ihre kleine Zehe schief war. Als sie aber schlief, stieg er vorsichtig aus der Kiste, nahm einen ihrer Ringe vom Tische und verbarg sich wieder in der Kiste, ohne daß die Frau etwas davon bemerkt hätte. Am folgenden Morgen kam die Magd und holte den Kasten wieder ab, und der falsche Mensch triumphierte recht, daß ihm der Streich so wohl gelungen sei und er des Kaufmanns ganzes Vermögen gewonnen habe.

Nach acht Tagen kehrte der Kaufmann zurück, und kaum war das ruchbar, als auch bereits eine Einladung des Bösewichts an ihn erging, abends mit den andern Kaufleuten zu ihm zu kommen. Er ging vergnügt hin, denn er wußte, daß seine Frau ihm treu war, und freute sich schon im voraus, den andern recht beschämt zu sehn.

Als er aber in das Zimmer trat, empfingen die andern ihn mit höhnischen Gesichtern, sein Widerpart kam ihm entgegen und sprach: »Es tut mir leid, aber ich bin Herr in deinem

Hause, und morgen früh mußt du schon hinaus mit deiner Frau.« – »Du bist wohl wahnsinnig?« rief der Kaufmann. »Dein Vermögen gehörte mein von Rechts wegen, aber ich will es nicht, du magst es behalten.« Da lachten alle laut auf und riefen: »Hat deine Frau kein Muttermal oben am Arm, und ist ihre kleine Zehe nicht schief?« Und der falsche Kerl fragte: »Und kennst du den Ring nicht? Sieh, den hat sie mir geschenkt. Das hast du von deiner schönen Frau.« Da lachten alle ihn boshaft aus und riefen: »Jetzt kannst du deine schöne Frau für Geld sehn lassen. Wie froh sind wir, daß wir häßliche Frauen haben!« und solcher Dinge mehr.

Dem Kaufmann aber war es, als müsse Himmel und Erde über ihm zusammenbrechen. Wie er aus dem Zimmer kam, wußte er selber nicht; er meinte, alle bösen Geister der Hölle seien hinter ihm her, und stürzte wie wahnsinnig in sein Haus. Dort überhäufte er seine arme Frau mit Vorwürfen und Schimpfwörtern, ohne daß sie ahnte, woher sie das verdiente, schlug sie, daß sie für tot da liegenblieb, und eilte fort nach Dänemark, da nahm er als gemeiner Soldat Dienst an.

Als die arme Frau wieder zu sich kam, wußte sie in ihrer Verlassenheit zuerst nicht, was anfangen; sie hatte keinen Menschen auf der Welt, der ihr einen Rat gegeben hätte. Endlich entschloß sie sich kurz und gut, ihrem Manne nachzuforschen und nicht zu ruhen, bis sie ihn wiedergefunden habe. Sie packte so viel Geld zusammen, als sie noch vorrätig fand, legte das Kleid hinzu, das sie an dem Tage getragen, zog statt dessen Männerkleider an und verließ das Haus und die Stadt noch in derselben Nacht.

So zog sie lange unerkannt umher durch alle Kaiserreiche und Königreiche, aber sie fand ihren Mann nicht und fand ihn nicht. Jetzt war nur noch das Königreich Dänemark übrig, dahin wandte sie sich und ließ sich als Arzt bei den Soldaten anstellen, denn sie hatte auf ihren Reisen immer in Büchern gelesen, die von der Arzneikunst handelten, und kannte genau alle Kräuter und Steine und welche Kräfte sie haben. Wenige Zeit nachher wurde der General der Dänen krank, alle Ärzte gaben ihn verloren, da kam sie und verschrieb ihm ein Tränklein, das machte ihn augenblicks gesund, so daß er noch am selben Tag kommandieren konnte. Der General kommandierte aber vor allem, daß sie von jetzt an Oberregimentsarzt sei, denn die andern Ärzte seien gegen sie keine faule Bohne wert; zugleich befahl er, daß alle Soldaten vor ihr präsentieren müßten, ritt alsdann vor die Front und führte sein Kommando: rechtsum, linksum, marsch!, als ob ihm sein Leben lang nichts gefehlt hätte.

Der neue Oberregimentsarzt, d. h. die Frau des Kaufmanns, sagte nun zum General, es sei nötig, daß die ganze Armee untersucht würde und jeder einzelne Soldat müßte jetzt vor ihm erscheinen, denn solang er Regimentsarzt bleibe, dürfte keiner in der Armee krank werden. Daß der General damit einverstanden war, könnt ihr wohl denken. Das tat die Frau aber, weil sie sehn wollte, ob ihr Mann nicht unter den Soldaten wäre. Sie ließ große Kessel voll ihrer Arznei brauen, und als die Soldaten kamen, einer nach dem andern, gab sie jedem, der einen Fehler oder eine Krankheit hatte, ein Fläschchen ihrer Arzenei, ließ es ihn leeren, und im selben Augenblick sprangen die Burschen weg, gesund und flott wie die Fische im Wasser.

Endlich kam auch der Kaufmann, aber wie sah er aus! Es war fast nichts mehr an ihm wie Haut und Knochen. Ach Gott, wie schlug der armen Frau da das Herz im Leibe! Sie meinte vor lauter Jammer in den Boden zu versinken, und vor lauter Liebe und Freude wäre sie ihm doch zugleich fast um den Hals gefallen. Das war ein harter Stand für sie, aber sie bezwang sich doch, strich sich ihren falschen Schnauzbart ein paarmal, drückte ihren Federhut tiefer ins Gesicht und fragte so barsch sie nur konnte, denn dahinter verbarg sie all das Leid und all die Freude ihres Herzens: »Was fehlt dir denn, du?« – »Lieber Herr Oberregimentsarzt«, sprach der Kaufmann, »was mir fehlt, davon könnt Ihr mich nicht heilen; ich bin am Herzen krank.« – »Ei was, dummes Geschwätz«, sprach sie wieder recht barsch, und sie konnte sich der Tränen kaum erwehren, »ich kann alles heilen. Und damit ich dich um so besser in die Kur nehmen kann, bleibst du als Bursch und Bedienter bei mir, obschon du ein rechter Schmutzgockel zu sein scheinst; aber das will ich dir schon abgewöhnen.«

So hatte sie nun ihren Mann wieder, aber es fehlte ihr noch eins, sie mußte ihn noch von ihrer Unschuld und von der Grundlosigkeit seines Verdachtes überzeugen. Nachdem sie das ganze Regiment und danach auch die ganze Armee des Königs von Dänemark gesund gemacht hatte, bat sie den General um drei Monat Urlaub, und das wurde ihr gern bewilligt, denn sie sah plötzlich ganz blaß aus und magerte immer mehr ab vor innerm Herzeleid und Aufregung. Sogleich hieß sie den Burschen, d. h. ihren Mann, die Koffer packen, einen ausgenommen, den er nie berühren durfte, denn darin, sagte sie, wären ihre gefährlichsten Gifte, und wer ihn aufmachte, wäre des Todes. Es lag aber ihr Kleid darin, welches sie getragen hatte, als ihr Mann sie so unbarmherzig geschlagen.

Als nun der Wagen angespannt war und sie fortfahren sollte, fragte der Kutscher, wohin der Weg gehe. »Fahre nach London«, rief sie, »da will ich eine Zeitlang bleiben.« – ›Ach du lieber Gott und Herr, was soll das werden!‹ dachte der Bediente.

In London mietete sie gleich die besten Zimmer im Hause des falschen Kaufmanns, welches früher ihr eigen gewesen war. ›Gegen mich hat sich alles verschworen‹, dachte der Bediente, ›und wenn der liebe Gott mich nicht stärkt, dann unterliege ich.‹ Dann ging er in die Kirche und betete zum erstenmal seit dem schrecklichen Tag, wo er aus London geflohen, wieder recht aus Herzensgrund, und da kam ein großer Friede über ihn, und er sprach zu sich selbst: »Wer weiß, was Gott mit mir vorhat und wodurch ich meine Leiden verdient habe; wenn ich nur nicht erkannt werde, dann bin ich gern zufrieden.« Mit dem Erkennen hatte es aber keine Not, denn er war zu sehr verändert, und zudem dachte kein Mensch mehr an ihn.

Jetzt hielt der Regimentsarzt jeden Abend große Tafel, und der falsche Kaufmann wurde immer dazu eingeladen; sooft er aber kam, drückte sich der Bediente in die Ecken und hielt sich so viel wie möglich im Dunkel. So wurde der Arzt immer vertrauter mit dem bösen Menschen, und zuletzt sagten sie gar »du« zueinander.

Eines Abends ließ der Regimentsarzt von den allerstärksten Weinen auftischen, denn heut, sagte er, wäre sein Geburtstag. Als nun die Gäste recht lustig waren, sprach er: »Jetzt soll mir jeder zum Angebinde das pfiffigste Stücklein erzählen, das er in seinem Leben ausgeführt hat.«

»Ja, das gilt«, rief der falsche Kaufmann, »und ich fange an, denn ich wette hundert gegen eins, daß ich das pfiffigste Stück von euch allen ausgeführt habe.« – »Das glaube ich nicht«, sprach der Regimentsarzt, »und ich wette mein Vermögen gegen das deine, daß ich ein noch viel pfiffigeres im Sack habe.« – »Ich halte dich beim Wort«, schrie der falsche Mensch und schlug ein, und er glaubte schon, des reichen Doktors Taler in seine Geldkisten versammeln zu können. Jetzt fing er an zu erzählen, wie er vor Jahren den Kaufmann so listig betrogen und seine Wette mit ihm gewonnen habe. Ei, wie da der Bediente die Ohren spitzte, und wie gern wäre er dem falschen Kerl zu Leibe gegangen, aber ehe er das konnte, befahl sein Herr ihm, die verschlossene Kiste schnell ins Schlafzimmer zu tragen und im Nebenkämmerchen zu warten, bis er ihn riefe.

»Das war ein sehr pfiffiger Streich«, sprach dann der Regimentsarzt, »aber meiner ist noch pfiffiger. Ich muß aber, ehe ich ihn erzähle, etwas in meinem Schlafzimmer holen.« Dann ging er weg, warf Montur und falschen Bart ab und zog wieder die Frauenkleider an, und da war sie wieder grade so schön, wie sie vordem gewesen. Als sie damit fertig war, rief sie dem Bedienten. Wie der erstaunte, seine Frau plötzlich vor sich zu sehn, wie er sich zu ihren Füßen, wie sie sich an seine Brust warf und was das für Freude war, das brauche ich nicht zu sagen. Ebenso kann man sich auch wohl denken, was der falsche Kaufmann für ein Gesicht schnitt, als er sich ertappt sah und bekennen mußte, daß der Streich doch noch pfiffiger sei als der seine. Seitdem durfte er sich nicht mehr in London sehen lassen, vor der Frau aber zog jedermann den Hut ab, und sie lebte noch lange und glücklich mit ihrem Manne, und es waren die reichsten Leute in ganz England.

58. Die junge Gräfin und die Wasserfrau

In alten Zeiten war einmal eine Gräfin, die ging eines Tages, da sie sich nicht wohl befand, an einem See spazieren. Da hörte sie im See die Wasserfrau sprechen und redete sie an, und wirklich, die Wasserfrau kam hervor und unterhielt sich mit ihr. Auch später sprachen sich die beiden noch öfters an diesem See und wurden so vertraut miteinander, daß die Wasserfrau ihr anbot, sie wolle als Patin das Kind zur Taufe halten, das die Gräfin gerade damals zu bekommen hoffte. Dies Versprechen nahm die Gräfin auch gern an, und als sie bald darauf wirklich eine kleine Tochter kriegte, so lud sie auf einen bestimmten Tag die Wasserfrau als Patin ein.

Als der Tag da war und die Gräfin alles zur Taufe zugerichtet hatte, fehlte nur die Patin noch. Man wartete und wartete, aber immer umsonst. Endlich ging die Tür auf, und die Wasserfrau trat herein mit einem großen weißen Schleier, der war aber halb naß. Sie hielt nun das Kind zur Taufe und legte ihm als Patengeschenk ein Körbchen mit drei Eiern unters Kissen, dabei sagte sie, diese Eier solle man recht sorgsam aufheben, die könnten dem Kinde einmal nützlich werden.

Nicht lange nachher, da starb die Gräfin. Die Frau, die der Graf alsdann wieder heiratete, bekümmerte sich nicht viel um das Kind der verstorbenen Gräfin, weil sie's nicht leiden konnte, und übergab es deshalb einem Kindermädchen, das konnte mit ihm machen, was es wollte, und ging oftmals mit ihm spazieren und ließ es dann ganz allein in der Nähe des Sees spielen. Da kam aber jedesmal die Wasserfrau und hütete es und erzählte ihm allerlei hübsche Geschichten. Da gedieh die junge Gräfin sehr wohl und war schon ziemlich erwachsen, als in einer Nacht das Schloß ihres Vaters abbrannte und er mit einem Male ein ganz armer Mann wurde.

In dieser Not flüchtete sich die junge Gräfin mit ihrem Eierkörbchen, das sie gerettet hatte, zu ihrer Patin im See und fragte die um Rat, was sie jetzt anfangen sollte. Als die Wasserfrau sah, daß die junge Gräfin die drei Eier noch hatte, so sagte sie zu ihr: »Du bist noch reich genug; denn durch diese Eier werden dir drei Wünsche, die du tun darfst, gewährt, sie mögen so groß und so schwer sein, wie sie wollen. Indes mußt du ja nicht leichtsinnig deine Wünsche verschwenden und immer noch für den Notfall einen aufsparen.« Sodann sagte sie ihr weiter, sie solle durch den Wald zu einer hohen Herrschaft gehen und sich dort als Dienstmagd verdingen. Ja, damit war die junge Gräfin wohl zufrieden und machte sich sogleich auf den Weg dahin.

Unterwegs aber traf sie ein Bauernmädchen, die hieß Kätterle und hatte ganz gewöhnliche Kleider an. Weil sie nun besorgt war, daß man sie in ihren vornehmen Kleidern nicht leicht als Dienstmagd nehmen würde, so fragte sie das Kätterle, ob sie nicht Lust habe, die Kleider umzutauschen und die ihrigen dafür anzuziehen? Ja, dem Kätterle war es ganz recht, und so gab die junge Gräfin ihren ganzen Anzug hin und zog dafür die Bauernkleider an.

Dann wanderte sie allein weiter durch einen großen Wald und kam zu einem Schloß, darin wohnte eine vornehme Herrschaft, bei der fragte sie an, ob man keine Dienstmagd brauche. O ja, die könnte man wohl brauchen, hieß es, allein die Gräfin sah doch gar zu jung aus, so daß man sie anfangs nicht nehmen wollte. Weil sie indes nur sehr wenig Lohn forderte und versprach, daß sie jede Arbeit im Hause und in der Küche tun wolle, so behielt man sie endlich doch. Und da mußten nun ihre weißen Händchen die härteste Arbeit verrichten und wurden auch ganz hart und braun davon. Auch ihre Kleider sahen zuletzt von der Arbeit ganz schmierig und schmutzig aus – denn neue konnte sie sich nicht anschaffen –, so daß sie deshalb die Zimmer der vornehmen Herrschaft niemals betreten durfte.

So waren schon sieben Jahre hingegangen, und die junge Gräfin war noch immer Dienstmagd und Küchenmädchen.

Da gedachte der Sohn des Hauses sich zu verheiraten, und um sich die schönste Frau aussuchen zu können, veranstaltete er einen großen Ball, dazu wurden alle vornehmen Töchter aus der Umgegend eingeladen. Als die nun eines Abends in prächtigen Kleidern ankamen, da dachte die junge Gräfin: ›Es wäre doch schön, wenn ich auf den Ball könnte!‹ Da fielen ihr plötzlich die drei Eier ein, und nachdem sie ihre Arbeit in der Küche getan hatte, nahm sie Wasser, ging auf ihr Zimmer und wusch sich und wünschte sich dann ein recht hübsches Ballkleid mit allem, was dazugehörte. Im Augenblick war alles da. Voller Freude zog sie es an und ging in den Ballsaal, da waren die Gäste schon versammelt, und alle bewunderten das schöne unbekannte Fräulein. Auch dem Sohne vom Hause gefiel sie so gut, daß er sich den ganzen Abend am liebsten mit ihr unterhielt und sie bat, als sie fortging, ihm ihr Taschentuch zu schenken; das tat sie gern, und er gab ihr denn zum Andenken das seinige. Dann schlich sie sich ganz heimlich auf ihre Schlafkammer und versteckte das prächtige Ballkleid und zog wieder ihr schlechtes Küchenkleid an.

Am folgenden Tage nun sprachen die übrigen Mägde viel von dem fremden schönen Fräulein, das dem Herren so gut gefallen habe, und die eine vermutete dies, die andere das. Das alles hörte die junge Gräfin aufmerksam mit an und war ganz still und vergnügt dabei.

Nach vier Wochen gab der junge Herr einen zweiten Ball, und wie die Mägde sich erzählten, so wollte er an diesem Abend sich eine Frau auswählen. Da meinte die junge Gräfin, sie möchte doch auch wohl dabei sein, und konnte es nicht unterlassen, ihren zweiten Wunsch zu tun und sich für den Ball ein Kleid voll Diamanten nebst allem übrigen Schmuck zu wünschen. Das legte sie an und trat wieder zuletzt in den Saal. Da staunten alle Herren und Damen noch weit mehr als das erste Mal über das wunderschöne Fräulein, am meisten aber der junge Hausherr selbst; der wich gar nicht mehr von ihrer Seite und gestand ihr am Ende, daß er sie lieber habe als alles, was es sonst noch auf der Welt geben möge, und wenn sie ihn ebenfalls liebhaben könne, so solle sie seine Frau werden.

Da sagte ihm aber die junge Gräfin, sie fürchte nur, es werde sein Wort ihn gereuen, sobald er erführe, wer sie sei.

Allein, als er sagte, sie möge sein, wer sie wolle, er habe niemand so lieb wie sie und könne nicht mehr leben ohne sie, da willigte sie endlich ein und nahm den Ring, den er ihr gab, und gab ihm dagegen ebenfalls einen Ring, den sie von ihrem Finger zog. Zugleich wurde verabredet, daß sie in vier Wochen wiederkommen und dann wirklich seine Frau werden sollte. Darauf ging sie wieder ganz allein fort, so daß niemand wußte, wo sie geblieben war.

Die Mägde aber sprachen am andern Tage viel von der schönen jungen Braut und wie der junge Hausherr sie so liebhabe. Das alles hörte das Küchenmädchen gern mit an, und wenn ihr das Herz in der Brust auch zuweilen vor Freude hüpfte, so sagte sie doch niemand, was sie wußte und wer sie war.

So kam denn der Tag, wo der große Hochzeitsball gefeiert werden solle. Da fiel es aber der jungen Gräfin mit Schrecken ein, daß sie nur noch einen einzigen Wunsch übrig habe und daß die Wasserfrau sie so dringend ermahnt habe, doch ja noch einen Wunsch für den Notfall aufzusparen. Deshalb glaubte sie, sie dürfte diesmal nicht auf den Ball gehen. Sie konnte sich zwar erst gar nicht dareinfinden und wäre gar zu gerne hingegangen; aber sie blieb diesmal doch zu Haus.

Darüber war nun der Bräutigam ganz unglücklich, und weil er von seiner Braut gar nichts mehr hörte und sah, so wurde er vor Kummer krank. Kein Arzt konnte da helfen. Er dachte immer nur an seine Braut und hätte vor Heimweh und Sehnsucht sterben mögen. Als dies die junge Gräfin von der Köchin, der sie immer helfen mußte, erfuhr, so tat es ihr herzlich leid, und sie machte sich stille Vorwürfe darüber, daß sie den dritten und letzten Wunsch noch zurückbehalten und nicht ihrem Herrn zulieb auf den Ball gegangen war. Vielleicht wär er dann wohl nicht krank geworden, meinte sie. Jetzt aber dachte sie Tag und Nacht daran, wie sie ihm helfen und sich ihm zu erkennen geben könnte.

Da verordnete eines Tags der Arzt dem Kranken eine Suppe, und das Küchenmädchen bat die Köchin, daß sie ihr doch erlaube, diese Suppe zu kochen. Die Köchin wollte das durchaus nicht zugeben. Weil das Küchenmädchen aber so dringend bat, so ließ sie es endlich geschehen.

Und nun bereitete sie die Suppe, so gut sie es nur konnte, und als sie fertig und in eine Schüssel gefüllt war, warf sie ihren Brautring hinein. Dann mußte die Köchin sie dem Kranken hinbringen, denn das Küchenmädchen durfte die Zimmer des vornehmen Herrn durchaus nicht betreten. Die Suppe aber schmeckte dem Kranken so gut, o so gut, daß er sie rein aufaß. Da sah er mit einem Male unten in der Schüssel den Ring seiner Braut und war ganz glücklich und ließ sogleich die Köchin kommen und fragte, wer die Suppe gekocht und den Ring hineingetan habe. Da kam die Köchin in große Not, denn von dem Ringe wußte sie nichts und gestand es endlich, daß das Küchenmädchen die Suppe zubereitet habe.

Da wurde das Küchenmädchen herbeigerufen, und wie sie ins Zimmer trat, sprach der junge Hausherr: »Also du bist es, du lumpiges, schmutziges Ding? Du hast die Suppe gekocht? Woher hast du den Ring da?« Da antwortete ihm das Küchenmädchen sanft und schüchtern, den Ring habe ihr der gnädige Herr selbst geschenkt. Darauf wurde er ganz zornig und schalt sie aus und wies sie zur Stube hinaus. Dann aber befahl er, man solle genau achtgeben, was das Küchenmädchen mache und mit wem sie umgehe. Das Küchenmädchen aber war ganz beschämt in ihre Schlafkammer gegangen, hatte sich gewaschen und ihr diamantenes Ballkleid angezogen. Auch das Kleid, welches sie auf dem ersten Balle getragen und das Taschentuch, das ihr der Hausherr geschenkt hatte, nahm sie mit, und so ging sie jetzt zu dem Kranken..

Wie sie aber aus der Tür trat, stand ein Bedienter da um aufzupassen, und als der die wirkliche Braut sah und erkannte, wollte er der erste sein, der es dem Herrn meldete, und stürzte in der Eile die Treppe hinunter und brach ein Bein. Ein anderer Bedienter, der unten stand, wurde von dem Glanze der Diamanten so geblendet, daß er erblindete. Als nun das Küchenmädchen in diesem Schmuck zu dem Kranken kam, erkannte er sogleich seine Braut und fühlte nichts mehr von seiner Krankheit. Die Braut aber sagte ihm: »Das ist nun das lumpige, schmutzige Ding, das du vorher aus der Stube gewiesen hast und das dir die Suppe gekocht und den Ring, den du ihm geschenkt, hineingeworfen hat. Habe ich nicht recht gehabt, als ich warnte und dir sagte, du würdest mich nicht heiraten, wenn du wüßtest, wer ich sei?« Dann erzählte sie ihm alles, was er je mit ihr gesprochen, zeigte ihm das Kleid, das sie auf dem ersten Balle getragen, und das Taschentuch, das er ihr damals geschenkt hatte. – Da sah der junge Herr nun wohl, daß seine Frau eben das Küchenmädchen war, und bat sie tausendmal um Verzeihung wegen der harten Worte, die er, ohne sie zu kennen, zu ihr gesprochen hatte, und beteuerte ihr noch mal, daß er niemand anders als sie heiraten werde. Er hat ihr auch Wort gehalten und hat sie zu seiner Frau genommen, obwohl seine Mutter es gar nicht zugeben wollte und sehr bös war, daß er so ein verlaufenes Küchenmädchen heiratete.

Als nun die junge Gräfin ihr erstes Kindlein kriegte, und das war eine Tochter, da nahm die alte Schwiegermutter sie ihr heimlich weg und warf sie in den See. Ebenso machte sie es später mit der zweiten Tochter. Ihrem Sohne aber sagte sie, daß seine eigene Frau die beiden kleinen Kinder umgebracht habe. Da ward der Mann sehr zornig, und so lieb er früher seine Frau auch gehabt hatte, so bös ward er jetzt auf sie und befahl, daß sie zur Strafe in ihrem Zimmer verbrannt werden sollte. – Darauf wurde sie eingeschlossen und der große Ofen ganz glühend gemacht. Als aber die Frau die Hitze nicht mehr ertragen konnte, fiel es ihr ein, daß sie ja noch einen Wunsch habe, und wünschte sich sogleich ihre Patin, die Wasserfrau, herbei. Die war auch im Augenblick da und half ihr, machte es kühl und öffnete das Zimmer und sagte: »Deine beiden Töchter, welche die Schwiegermutter in den See geworfen hat, habe ich gerettet und aufgezogen. Ich will sie noch heute nebst einem geschriebenen Zettel ans Ufer stellen; von dort mußt du sie abholen, dann wird alles gut gehen.« Und so geschah es denn auch. Als nun die beiden Töchter, die beide wunderschön waren, in das Schloß zu ihrem Vater kamen und dieser aus allen Zeichen genau erkannte, daß dies wirklich seine eignen Kinder waren, und daß seine übermütige Mutter sie hatte umbringen wollen, da herzte und küßte er sie vielmals vor Freude und bat seine Gemahlin mit Tränen um Verzeihung. Die böse alte Gräfin aber mußte nun die Strafe leiden, die sie der Frau ihres Sohnes hatte bereiten wollen, und darauf lebte die junge Gräfin mit ihrem Manne und ihren Kindern immer in Frieden und Freude, und jedermann hatte sie gern; besonders gut aber hatten es die Mägde bei ihr, die früher mit ihr gedient hatten, und namentlich die alte Köchin, die ihr erlaubt hatte, die gute Suppe zu kochen.

59. Der Hasenhirt

Es waren gestern grad hunderttausend Jahr, da hütete ein armer Hirt mit seinem Jungen die Schweine auf dem Königsgut. Auf einmal wühlte eine Sau einen goldenen Mörser und einen goldenen Stampfer aus dem Boden. Der Alte wollte ihn behalten und verkaufen, aber der Junge sagte: »Wir wollen ihn lieber dem König bringen, dabei werden wir besser fahren.« Der Vater gab nach und schickte seinen Sohn mit dem kostbaren Fund an den Hof. Der König freute sich so über den ehrlichen Jungen, daß er zu ihm sagte, zum Lohn dafür dürfte er sich auch wünschen, was er wollte. Da sagte der Hirtenknabe: »Ich wüßte schon, was ich mir wünschen soll, aber das krieg ich doch nicht.« Der König aber antwortete: »Sag es nur ohne Scheu. Wenn es in meiner Macht steht, soll dein Wunsch dir erfüllt werden.« Da sagte der junge Hirte: »Dann wünsch' ich mir die Prinzessin zur Frau.«

Das war dem König denn doch hart, daß er seine Tochter dem Sohn des Schweinehirten geben sollte, und er sagte zu ihm, das müsse er erst mit dem Kronrat besprechen, er sollte so lange warten. Sogleich ließ er seine Räte kommen und trug es ihnen vor; er möchte sein Wort, das er gegeben habe, nicht brechen, aber er wolle doch auch keinen Schweinehirten zum Schwiegersohn haben. Der eine meinte dies, der andere das, bis zuletzt einer den Rat gab: »Der Herr König kann ja sagen, jeder, der seine Tochter freien wolle, der müsse erst vier Tage lang hundert Hasen hüten, wem es aber nicht gelänge, dem würde der Kopf abgeschlagen. Wenn des Hirten Sohn es vollbrächte, dann könne auch sein Wunsch erfüllt werden. – Aber das wird er nicht wagen, und wenn er ja so toll sein sollte, es zu versuchen, so wird es ihm nimmermehr gelingen, und so ist der Herr König seines Wortes ledig.«

Der Rat gefiel dem König, und er beschied den Hirtenjungen wieder zu sich und sagte ihm, welche Arbeit jeder erst vollbringen müsse, der um seine Tochter freien wolle. Da vermochte der junge Schweinehirt weder ja noch nein zu sagen und bat sich erst einen Tag Bedenkzeit aus.

Wie er aber nach Hause kam und es dem Vater erzählte, da sagte der: »Junge, das bringst du ja nie und nimmer fertig. Hättst du dir doch etwas anderes gewünscht!«

Aber dem Sohn lag immerzu die schöne Prinzessin im Sinn, er schüttelte den Kopf und antwortete: »Vater, wenn ich sie nicht zur Frau bekommen kann, dann liegt mir nichts mehr am Leben.«

Diesen Tag mußte nun der Junge allein die Schweine austreiben, und wie er so draußen saß und sann und sann und nicht aus noch ein wußte, da kam auf einmal ein altes Männchen mit grisem Bart, das fragte ihn, warum er so traurig wäre. Da klagte ihm der Schweinehirte sein Leid, das graue Männchen aber sprach: »Geh nur getrost hin und sage dem König, du wollest es versuchen, hundert Hasen vier Tage zu hüten! Und damit dir die Hasen nicht entspringen, so hast du hier eine Pfeife. Sobald du darauf spielst, so kommen die hundert Hasen zurück zu dir, und wenn sie tausend Meilen weit gelaufen wären. Und hier hast du noch eine andere Pfeife, wenn du auf der bläst, so bin ich bei dir und helfe dir aus der Not.«

Der Junge steckte die beiden Pfeifen zu sich, sagte ihm schönen Dank, und im Nu war das Männchen fort. Er aber blieb bis zum Abend und trieb seine Schweine dann heim; und am andern Morgen wanderte er wieder zu des Königs Schloß.

»Ich will die hundert Hasen hüten«, sprach er zum König, als er vor ihm stand.

»Bedenkst du denn auch, daß ich dir den Kopf abschlagen lasse, wenn dir auch nur einer verlorengeht?« fragte der König.

»Ja«, antwortete der Junge, »es tut aber nichts zur Sache! Laß nur die hundert Hasen aus dem Stalle, daß ich sie austreiben kann.«

Dann ging der König mit ihm auf den Schloßhof, zog den Pflock aus der Krampe und öffnete die Tür, und – hast du nicht gesehen – liefen die Hasen heraus und waren schon im Walde, ehe der Junge das Schloßtor durchschritten hatte.

»Die können aber laufen!« rief er fröhlich. »Das macht, weil sie sich nach dem Walde sehnen!« Dann zog er ihnen gemütlich nach, in den Wald hinein.

Als der Abend kam, war rings um ihn, soweit er blicken konnte, kein einziger Hase zu sehen; da setzte er die Pfeife des grauen Männchens an die Lippen und blies, und sofort liefen von allen Seiten Hasen herbei, als ob die Hunde hinter ihnen wären, und er trieb sie alle hundert nach Hause, als wär's eine Herde Lämmer.

»Was ist denn das!« rief der König, als er am Abend aus dem Fenster sah und den Jungen mit den Hasen erblickte. »Der kann mehr als Brot essen! Aber er soll die Arbeit doch nicht vollbringen.«

Als der Junge am anderen Morgen mit seinen Hasen im Walde war, schickte der König die Prinzessin zu ihm, daß sie ihm einen Hasen abkaufe. Sie kam, als Bauernmädchen verkleidet, zu ihm in den Wald und sagte zu ihm:

»Du hast ja wohl hundert Hasen zu hüten, kannst du mir nicht einen verkaufen?«

Der Junge aber war klüger, als er aussah, und er erkannte wohl, daß es die Prinzessin sei, die der König geschickt habe; darum sagte er:

»Von den Hasen kann ich keinen missen, die gehören nicht mir, sondern dem Könige. Und wenn ich sie nicht alle nach Hause bringe, so läßt er mir das Haupt abschlagen!«

»Ach, ich hätte doch gar zu gerne einen Hasen«, bat die Prinzessin, »ich muß einen haben, und wenn ich ihn nicht bekomme, so geht es mir an das Leben. Verkauf mir doch einen von den hundert!« Da antwortete der Junge: »Verkaufen tu ich überhaupt nicht; aber wenn du dir einen Hasen verdienen willst, so sollst du einen bekommen. Gib mir einen Kuß!«

Die Prinzessin dachte: ›Es ist zwar der Sohn des Schweinehirten, aber er kennt dich nicht. Besser, ich gebe ihm jetzt einen Kuß, als daß ich ihn mein Leben lang zum Mann haben muß.‹ Sie ging darum zu dem Jungen und gab ihm einen Kuß, und der Junge pfiff seine Hasen herbei, und sie konnte sich einen davon aussuchen, welchen sie haben wollte. Den tat sie in ihren Korb und ging mit ihm frohen Mutes nach Hause zurück. Der Junge aber stieg auf einen Berg; und als die Prinzessin am Waldesrand angelangt war, blies er auf seiner Pfeife, und im Nu war der Hase aus dem Korbe gesprungen und wieder zu dem Jungen zurückgelaufen.

Das war der Prinzessin gar nicht recht; und als sie zu Hause war und ihre Mutter, die Königin, sie fragte, wie alles gegangen wär, sagte sie:

»Zum zweiten Male geh ich nicht in den Wald! Erst hab' ich mit dem Menschen eine gute Stunde handeln müssen, und als ich den Hasen endlich hatte und mit ihm bis an den Waldessaum gekommen bin, springt er mir aus dem Korb heraus und ist verschwunden.«

»Wer steckt aber auch einen Hasen in den Korb!« schalt die Mutter. »Morgen werd' ich mich auf den Weg machen. Gib acht, mir wird es nicht fehlen.«

Am andern Tage verkleidete sich die Königin als Bäuerin, die mit Obst und Eiern zu Markte geht, und so trat sie in dem Wald vor den Jungen hin.

»Guten Tag, mein Sohn«, sprach die Königin.

»Guten Tag, Mütterchen!« antwortete der Junge und tat, als ob er sie nicht erkannte.

»Mein Sohn«, fing die Königin an, »ich brauche ganz notwendig einen Hasen, willst du mir keinen verkaufen?«

»Das kann ich nicht, es kostet mich mein Leben!« gab er zur Antwort. »Außerdem verkaufe ich Hasen überhaupt nicht. Wenn du einen haben willst, mußt du ihn dir verdienen.«

»Das ist mir ganz recht«, versetzte die Königin, »das bare

Geld ist heuer knapp bei den Bauern. Und wenn ich mir den Hasen verdienen kann, so will ich es gerne tun.«

»Es ist gar nicht schwer«, antwortete der Junge, »stell dich auf den Kopf und wackle mit den Beinen, und der Hase ist dein.« Da dachte die Königin: ›Das ist aber unverschämt! Doch er kennt dich nicht, und da ficht's dich nicht an!‹ Sie sprach darum laut: »Ja, ich will es tun!«, und sie stellte sich auf den Kopf und wackelte mit den Beinen; und dafür durfte sie sich den Hasen aussuchen, der ihr am besten gefiel.

Sie steckte ihn in den Busen und nestelte das Kleid über ihm zu und ging dann wieder in die Stadt zurück. Der Junge schaute ihr vom Berge aus nach; und als sie vor dem Stadttore war, blies er auf seiner Pfeife, und sogleich riß der Hase die Bänder entzwei und sprang auf den Boden und lief, so schnell er konnte, zu den anderen Hasen zurück. Die Königin hatte noch schnell zugreifen wollen, aber er war schon weg, und einen langen Schwanz haben die Hasen nicht, daß man sie daran zurückhalten könnte.

»Nun, Mutter, wo hast du den Hasen?« riefen der König und die Prinzessin aus einem Munde.

»Ach, bleibt mir mit eurem Hasen!« sagte die Königin. »Bis zum Tore habe ich ihn gebracht. Da muß das dumme Tier die Bänder zerreißen und wieder in den Wald laufen!«

»Ich sehe schon, mit euch Frauensleuten hat es doch keine Art«, sprach der König, »da muß ich mich selbst auf den Weg machen.« – »Na, na, wir werden sehen, wie es abläuft«, erwiderten die Königin und ihre Tochter; der König kehrte sich aber nicht an ihre Reden, zog sich am anderen Tage lederne Hosen, hohe Stiefel und einen langen Rock an, setzte sich einen Bauernhut auf und ritt auf einem Esel in den Wald.

»Jetzt kommt der König«, lachte der Junge.

»Mein Sohn«, sprach der König und seufzte so recht von Herzen auf, »ich muß einen Hasen haben; und wenn ich keinen kriege, so geht es mir ans Leben. Du weidest ja hundert Stück, willst du mir nicht einen davon ablassen?«

»Mir schlägt man auch das Haupt ab, wenn ich nicht alle hundert zurückbringe«, sprach der Junge, »und von Verkaufen ist erst recht nicht die Rede. Wenn ich dir einen Hasen geben würde, so müßtest du ihn verdienen.«

Da sprach der König: »Was soll ich denn tun?«

Der Junge antwortete: »Küß deinen Esel neunmal kreuzweis unter dem Schwanzriemen!«

Der König bekam darüber einen solchen Schreck, daß er sich bald verraten hätte; er besann sich aber wieder und dachte bei sich: ›Was hilft's! Sonst gibt er den Hasen nicht! Und am Ende ist die Sache auch nicht gefährlich. Er kennt dich ja nicht.‹

Gedacht, getan; der König küßte seinen Esel neunmal kreuzweis unter dem Schwanzriemen und erhielt dafür einen Hasen, den er vorne unter den Rock knöpfte. Dann stieg er auf seinen Esel und ritt wieder in die Stadt zurück. Der Junge schaute ihm vom Berge aus nach und wartete so lange, bis er die Treppe zum Schloß hinaufsteigen wollte. Da setzte er die Pfeife an den Mund und blies aus Leibeskräften, und der Hase sprengte alle Knöpfe von des Königs Rock, riß sich los und machte, daß er zu dem Jungen in den Wald zurückkam.

»Siehst du wohl, haben wir's nicht gesagt?« riefen die Königin und die Prinzessin und freuten sich über das Unglück des alten Königs, weil er so schlecht von ihnen geredet hatte.

Der König aber berief noch denselben Tag seine Räte und beratschlagte lange mit ihnen.

Als der Abend kam, trieb der Junge die hundert Hasen wieder in die Stadt, trat vor den König und sprach: »Ich habe die Arbeit verrichtet, gebt mir Eure Tochter zur Frau!«

»Sachte, sachte, mein Söhnchen«, antwortete der König, »so schnell geht das nicht! Zuvor mußt du mir noch ein Rätsel raten: Die Prinzessin kannst du erst dann bekommen, wenn du mir einen Wollensack voll erzählst. Über drei Tage kannst du mit dem Erzählen beginnen. Und wird der Sack nicht voll, wird aus der Heirat nichts.«

Darauf ließ er sogleich den Hofschneider kommen, der mußte einen langen Wollensack nähen; der Hoftischler mußte auf dem Markt ein Gerüst errichten, daran wurde der Wollensack aufgehängt; und der Hofmaurer baute daneben eine Kanzel, darauf sollte der Junge stehen, wenn er den Wollensack vollreden wollte.

Der war inzwischen in den Wald gelaufen und hatte mit der anderen Pfeife das Graumännchen herbeigepfiffen und sagte zu ihm:

»Jetzt hilf mir, der König ist toll geworden, über drei Tage soll ich ihm einen Wollensack voll erzählen.«

»Das ist leicht getan«, sagte das Männchen, »erzähl nur, wie's dir beim Hasenhüten ergangen ist, so wirst du den Sack bald vollbekommen.«

Als die Stunde da war, daß der Junge mit dem Erzählen beginnen sollte, mußte er auf die Kanzel steigen, und der König, die Königin und die Prinzessin saßen vor ihm, und viel Volk drängte sich auf dem Markte; denn alle wollten gerne sehen, wie ein Mensch einen Wollensack voll erzählen würde.

Der Junge aber tat seinen Mund auf und erzählte von diesem und von jenem, wie es in der Welt zuginge und wie alles gemacht würde. Endlich sagte er:

»Jetzt will ich euch erzählen, wie es mir mit dem Hasenhüten gegangen ist.

Nachdem ich den ersten Tag alles richtig besorgt hatte, wie es für einen Hütejungen gehört, kam am zweiten Tag ein Bauernmädchen zu mir, das war aber unsere Prinzessin, die hier unten sitzt, und bat mich, ich sollte ihr einen Hasen verkaufen. ›Verkaufen gibt's nicht, hier heißt's verdienen‹, sagte ich, ›und du sollst einen Hasen bekommen, wenn du mir einen Kuß gibst.‹ Da spitzte sie ihr rotes Mäulchen und gab mir einen Kuß, und dann hatte sie ihren Hasen weg. Aber lange hat sie ihn nicht behalten; er wollte nicht bei ihr bleiben, sprang aus dem Korbe und lief wieder zu mir.«

Die Prinzessin wurde rot wie ein Zinshahn und hielt sich beide Hände vor die Augen; aber die Königin knuffte sie in die Seite und sagte zu ihr: »Das kommt davon, daß du dich nicht ordentlich verkleidet hast! Mich hat er nicht erkannt.«

Während die Königin noch mit der Prinzessin zankte, fuhr der Junge fort:

»Am dritten Tage bekam ich wieder Besuch. Es war eine alte Bäuerin, die mit Eiern und Äpfeln zu Markte zog. Sie tat wenigstens so; es war aber unsere Frau Königin, die hier vor mir sitzt und sich nur verkleidet hatte.«

»Hat mich der nichtsnutzige Schlingel doch erkannt«, sprach die Königin beiseite.

»Sie wollte auch einen Hasen kaufen«, fuhr der Junge fort, »gäbe ich ihr keinen, so gelte es ihr Leben, sagte sie. ›Verkaufen ist nicht, nur verdienen‹, gab ich ihr zur Antwort. ›Stellst du dich auf den Kopf und wackelst mit den Beinen, so sollst du einen Hasen haben.‹ Da stellte sich unsere Frau Königin auf den Kopf und wackelte mit den Beinen und bekam ihren Hasen. Aber lange hat sie ihn nicht gehabt; vor dem Stadttor bekam er Sehnsucht nach mir und sprang aus ihrem Busen heraus und lief wieder zu mir zurück.«

Alles Volk lachte, die Königin aber schrie:

»Pfui, ist das ein unanständiger Bengel!«

»Ruhe!« gebot der König; denn es freute ihn, daß der Junge die Königin und die Prinzessin so übel mitgenommen hatte, weil er glaubte, sie hätten die Sache nicht listig genug angefangen. »Junge, erzähl weiter!«

Dann zischelte er seiner Frau zu: »Warte nur ab, mich hat er nicht erkannt!«

Der Junge aber erzählte:

»Den vierten Tag ging es gar toll, da besuchte mich unser allergnädigster Herr König, der kam auf einem Esel geritten, hatte lederne Hosen, hohe Stiefel und einen langen Rock an und trug einen großen Bauernhut auf dem Kopfe. Er wollte sich auch einen Hasen verdienen. ›Küß deinen E – – –‹ «

»Ha – a – alt! Der Sack ist voll!« rief der König. »Komm herab, lieber Junge, hier hast du meine Tochter!«

Da stieg der Junge von der Kanzel herab und bekam königliche Kleider anzuziehen, und dann wurde die Hochzeit mit großer Pracht gefeiert. Und die Prinzessin hat ihren Gemahl auch von Herzen liebgewonnen. Und sie lebten glücklich und zufrieden ihr Leben lang; und wenn sie nicht gestorben sind, so leben sie heute noch.

60. Holtmul

Et war mal en König, der harre dree Döchter, dei ölste heite Rosine un was sau licht uppen Fäuten as en lütjen Hirsch, wenn he där en Busch springt; de tweite heite Korinthe un was sau häßlich ans wie de Nacht, awerst harre sau fine, fine Hänne ans kein anner Minsche upp Goddes Erdbodden; de drüdde heite Holtmul und harre schöne gollene Haare un en schier Gesichte und lache jümmer und wiese de blanken Täne. Düsse dree Mäkens wören nu sau grot eworen, dat se frien künnen, un de Vader reit ut, umme dat hei Königssähne vör se söiken wolde. Awerst eiher, ans hei wegreit, sä hei tau sinen Mäkens: »Wat schall ick jück mitbringen von de Reise?« Dat hei se annen Mann bringen wolde, dat sä hei nich; denn de Kinner mötet nich allens wetten. Do sä Rosine, die so licht uppen Fäuten was un in einer Nacht dree Paar Schuh dorchtaudanßen plegde: »Ja, wat wutt du dran wennen? Du weist jo, dat ick geeren einen af träe (abtrete, einen Tanz mache), un wenn du mick en Paar gollene Schau mitbringen wutt, sau schast du ock min leiwste beste Vader wesen (sein), un ick will noch teinmal sau veele springen un danßen ans uppe stund (als jetzt); awerst an den gollenen Schauen mötet twei hooge Hacken sin, un da mott rot Ledder anesitten.« Do lache de Vader un sä: »Wenn't wieder nicks is, dei schastu hebben! Awerst wat wutt du?« sä hei tau siner tweiten Dochter, dei Korinthe heite. Dei trock dat scheiwe Mul na 'n linkeren Ohre tau, besunnt sick un sä: »Wat will ick hebben! En Spinnrad möcht' ick wol, awerst kein hölten slecht Ding, ne, en gollenet mit rooen Steinen un mit ener sülvernen Flucht. Denn woll ick ok noch mal wat; awerst dat kannstu doch nich anschaffen.« – »Nu«, sä de Vader, »dat möste slimm sin. Vör Geld un gue Wöre is veel tau hebben, un seggen kannst' et jo lichte.« – »Ja«, sä dat Mäken, »Flaß; awerst dat mot sau schier un klar sin, dat er keine Schewe (Stengelteilchen) 'rut reert (rieselt), wenn 't ok öwer de swarte sammtne Altardecke breiet wörre.« – »Nu«, sä de Vader, »da is noch Rat vor; dat schastu hebben.« Do fraug he de drüdde Dochter, wat sei hebben wolle, un dei lache öne an un wiese de witten blanken Täne un sä: »Bring mick en gollenen Kamm un en sülvernen Speigel mit; sau will ick mine Haare mit den Kamm vor'n Speigel snicker kämmen.« – »Dat schastu hebben«, sä de Vader, un sau reit hei weg int Land henut, of hei de rechten Bröegams finnen könne. In der nägesten Stadt kofft hei en Paar gollene Schau, akkerat wie se sine Dochter Rosine bestellt harre. In der tweiten Stadt koffte hei vor de tweite Dochter dat Spinnrad un dat schiere Flaß. In der drüdden Stadt koffte hei den gollenen Kamm un den sülvernen Speigel vor sine drüdde Dochter – ja, wo heite doch de drüdde?

»Holtmul.«

Ja, min leiwe Kin, wenn ick et Mul hollen sall, sau hat de Geschichte nu en Enne. Un sau hat allens en Enne, un düt Bauk ok. Awerst allens, wat en Enne hat, geiht annerwärts von vorne wedder an.

NACHWORT

Paul Zaunerts »Deutsche Märchen seit Grimm« gehörten zu den ersten Bänden dieser Reihe, und das war kein Zufall, da er auch den Anstoß zu dem ganzen Unternehmen gegeben hatte. »1910, als Eugen Diederichs mich in München besuchte«, schreibt Friedrich von der Leyen in seinen Lebenserinnerungen, »sprach er von einem Band ›Märchen seit Grimm‹, den ihm Paul Zaunert angeboten, auch habe ihm Richard Wilhelm einen Band chinesischer Märchen versprochen. Ich fragte, ob wir diese Bände nicht in eine Reihe einfügen könnten, die das Märchen vieler Völker zeigt. Für die russischen, nordischen, indischen Märchen wisse ich schon Bearbeiter, nach weiteren deutschen Bänden könne Paul Zaunert suchen.« So war die fruchtbare Idee der »Märchen der Weltliteratur« geboren. 1912 erschien der erste Teil von Zaunerts deutschen Märchen, drei Jahre nach dem Ende des großen Krieges der zweite. 1926 legte er einen weiteren Band, »Deutsche Märchen aus dem Donauland«,vor, in dem er viele bis dahin unveröffentlichte Aufzeichnungen aus dem deutschen Südosten zusammengetragen hatte. Überhaupt ist sein Wirken als Privatgelehrter von emsiger und anregender Herausgebertätigkeit gekennzeichnet, wozu ihm der Unternehmungsgeist von Eugen Diederichs die Hand bot. So schuf er die lange Reihe »Stammeskunde deutscher Landschaften«, die das Wesen der deutschen Stämme aus ihrer Sagenüberlieferung erschließen sollte. Auch gab er die Anregung zu der Serie »Deutsche Volkheit«. Mögen sich auch manche seiner vom Volkstumsgedanken jener Zeit bestimmten Anschauungen überholt haben, so hat er doch wesentlich dazu beigetragen, weite Kreise mit den Schätzen deutscher Volksüberlieferung bekanntzumachen.

Die beiden Bände deutscher Märchen waren nach Zaunerts eigenen Worten als Ergänzung zu den Kinder- und Hausmärchen der Brüder Grimm gedacht. »Den Grundstock zu den letzteren«, so schrieb Zaunert, »hatten Hessen und Westfalen geliefert, während große Teile Deutschlands entweder überhaupt nicht oder nur spärlich darin vertreten sind; das Beispiel der Brüder Grimm gab dann den Anstoß zur Aufzeichnung von Volksmärchen in allen deutschen Landschaften, und die Literatur auf diesem Gebiete schwoll bei uns von Jahrzehnt zu Jahrzehnt immer mächtiger an. Daß der Sammeleifer eines Jahrhunderts noch manches Wertvolle ans Licht gebracht hatte, war zu erwarten, und es war schon jahrelang ein Lieblingsplan von mir, einmal alle die deutschen Märchen zu sammeln, die sich bei den Brüdern Grimm noch nicht finden. Doch ich war erstaunt über den ungeahnten Reichtum, der sich mir beim Durchwandern der deutschen Märchenliteratur nach und nach auftat; und die sich oft wiederholende Freude über ein neues Kleinod, das zwischen bekannten und verworrenen und verblaßten Überlieferungen aufleuchtete, lohnte der Mühe, welche das Sichten des überreichen Materials bereitete.«

Tatsächlich hat Zaunert mit seiner Auswahl den Anschluß an die Grimmschen Märchen gegeben. Er hatte vor allem Sammlungen herangezogen, die um die Mitte des vorigen Jahrhunderts zusammengetragen worden waren, von jener Sammlergeneration, die noch unmittelbar unter dem Eindruck des großen Vorbilds, zumeist auch in engem persönlichem Kontakt mit den Brüdern Grimm zu Werke gegangen war: Karl Müllenhoff in Schleswig-Holstein, Johann Wilhelm Wolf in Hessen, Adalbert Kuhn und Wilhelm Schwartz in Westfalen und in der Altmark, die Brüder Colshorn im Hannoverischen, August Ey im Harz, Heinrich Pröhle in Thüringen, Ernst Meier in Schwaben, die Brüder Zingerle in Tirol, Theodor Vernaleken in Niederösterreich und in Mähren, Josef Haltrich in Siebenbürgen u. a. m. Die Ergebnisse ihrer emsigen Sammelarbeit waren erstmals um 1850 im Druck erschienen und zu der Zeit, da Zaunert seine Bände zusammenstellte, meist selten geworden oder vergriffen; für uns liegen sie gar schon über ein Jahrhundert zurück. Weitere schöne Stücke fand der Herausgeber in den vorzüglichen, wissenschaftlich fundierten Sammlungen des ausgehenden 19. Jahrhunderts, in den ostpreußischen Aufzeichnungen von Elisabeth Lemke, bei Ulrich Jahn, der in Pommern und Rügen gesammelt hatte, in den mecklenburgischen Beständen von Karl Bartsch, in den mundartgetreuen Niederschriften des Johann Reinhold Bünker, der im deutsch-ungarischen Grenzgebiet, in Ödenburg, einem ungewöhnlich begabten Erzähler begegnet war. Dazu hatte Zaunert auch schweizerische Sammlungen herangezogen und einige Märchen aus dem Flämischen und dem Friesischen ins Deutsche übertragen.

Zaunerts »Deutsche Märchen seit Grimm« haben, wie die mehrfachen Auflagen bis in die dreißiger Jahre beweisen, ein lebhaftes Echo gefunden, weshalb eine Neuausgabe innerhalb der neuen Gesamtreihe der Märchen der Weltliteratur nicht fehlen sollte. Allerdings wurden die zwei Teile auf einen Band zusammengedrängt, d.h. nochmals eine Auswahl der schönsten Stücke getroffen, weil für das kommende Jahr eine neue Sammlung deutscher Märchen geplant ist. Darin sollen Erzählungen aus neueren Quellen zusammengetragen werden, die Zaunert noch nicht zugänglich waren, Aufzeichnungen der letzten Jahrzehnte, die teils noch ungedruckt in den Archiven, teils auch in Zeitschriften und wissenschaftlichen Veröffentlichungen einem größeren Leserkreis verborgen geblieben sind. Desgleichen sind eigene Bände von Märchen aus der Schweiz und aus dem niederländischen Bereich vorgesehen; deshalb konnte auf die Stücke schweizerischer oder flämischer Herkunft in der neuen Zaunert-Ausgabe verzichtet werden. In einzelnen Fällen, wo dadurch ein Verlust wichtiger Motive zu beklagen gewesen wäre, wurden dafür deutsche Varianten des gleichen Typs eingesetzt.

Kritische Benützer der früheren Ausgabe haben oft die Herkunftsnachweise zu den Märchen vermißt, die Zaunert in einem eigenen Band nachzuliefern versprach, wozu es aber dann nicht gekommen ist. Dies wurde nun für die vorliegende Auswahl nachgeholt. Aus dem Vergleich jedes einzelnen Märchens mit dem Original ergab sich, daß Zaunert die Erzählungen seiner Ausgabe nicht nur da und dort stilistisch überarbeitet hat – und das ist angesichts der zuweilen recht papierenen Sprache der Sammler des 19. Jahrhunderts nicht ganz unberechtigt –, er hat auch, im ganzen nicht eben oft, verblaßte Motive eines Märchens aus anderen Varianten ergänzt oder zwei verwandte Typen zusammengefaßt. Er ist eben nicht so sehr als Märchenforscher, sondern als Märchenliebhaber zu Werke gegangen. Er wollte, nicht zuletzt nach dem Vorbild der Brüder Grimm, möglichst schöne, möglichst vollkommene Märchen bieten, die in einem weiten Leserkreis selbst wieder Liebhaber finden sollten.

Nach einem weiteren halben Jahrhundert intensiver Märchenforschung sind wir in dieser Hinsicht kritischer geworden. Wenngleich phonographisch getreue Niederschriften, wie sie die Wissenschaft heute fordert, für das 19. Jahrhundert nur selten vorliegen und überdies für ein größeres Publikum nicht ganz leicht lesbar sind, so wollen wir doch die Aufzeichnungen möglichst unverändert vor uns haben. Darum wurden für die neue Ausgabe allzu willkürlich anmutende Zusammenfügungen ausgeschieden, beibehaltene Veränderungen aber in den Nachweisen vermerkt.

Im übrigen wurde bei der neuen Auswahl besonderes Gewicht auf das Märchen im engeren Sinn, auf das Zaubermärchen, gelegt. Zaunert hatte in seinen zwei Bänden nach Gewohnheit früherer Sammler mancherlei Legendäres, Sagenhaftes und eine gute Zahl von Schwänken untermischt. Ist man jedoch genötigt auszuwählen, so besticht immer wieder die unvergleichliche Schönheit des eigentlichen Märchens, dessen poetische Kraft nicht nur im Wundergehalt einzelner Motive, sondern auch in der kunstreichen Form, in der vielfach gesetzmäßigen Verflechtung mehrerer Märcheneposiden spürbar wird. Natürlich sollte das heitere Element, auch das drastisch-derbe nicht ganz fehlen. Doch wurden auch da wieder die formal interessanteren Schwankmärchen mit ihrer bunten Vielfalt der Motive einfacheren Geschichten vorgezogen. Wir hoffen, auf diese Weise im engeren Rahmen ein deutlicheres, ein verdichtetes Bild von der Kunst deutscher Märchenerzähler des vorigen Jahrhunderts zu vermitteln.

Immerhin aber sollte die Neuausgabe doch die Zaunertsche Sammlung bleiben. Darum wurde nach mancherlei Erwägungen davon abgesehen, die Reihenfolge der Märchen zu verändern, sie etwa systematischer nach ihrer geographischen Herkunft anzuordnen. Landschaftliche Unterschiede werden in der hochdeutschen Niederschrift kaum so deutlich, daß dies unbedingt nötig wäre, zumal Märchen ja Wandergut sind, die nicht wie viele Sagenüberlieferungen nur aus der örtlichen Gebundenheit zu verstehen sind. Mundartliche Eigenheiten, auch einige vollständige Mundartfassungen wurden natürlich beibehalten. Eine thematische Anordnung nach dem Typenregister von Aarne-Thompson, die für wissenschaftliche Textausgaben heute die gegebene ist, wäre in diesem Rahmen wohl etwas eintönig. Überdies sollen sich Liebhaber der alten Ausgabe in der neuen mühelos zurechtfinden.

Zaunert hatte den zweiten Teil seiner Sammlung Lisa Tetzner, der bekannten Märchenerzählerin seiner Zeit, gewidmet. Der Gedanke der Märchenpflege lag ihm besonders am Herzen, er war der Meinung, daß das Märchen nicht nur gelesen, sondern immer noch mündlich weitergetragen werden müßte, und er hoffte, mit seiner schönen Auswahl wieder zum lebendigen Erzählen in der Kinderstube wie in der Gemeinschaft der Erwachsenen anzuregen.

Nun verlangt das Märchen freilich von jeher einen ausgesprochen begabten Erzähler, und diese Gabe droht im Zeitalter der Massenmedien mehr und mehr zu schwinden. So aber einer zur rechten Zeit den rechten Tonfall trifft, wird er, und nicht nur in der Kinderstube, aufmerksame Zuhörer finden. Man lese in dem hübschen Büchlein von Charlotte Rougemont, »... dann leben sie noch heute« (Münster 1962), welch ein Erfolg ihrem schlichten, wortgetreuen Vortrag Grimmscher Märchen in Krankenhäusern, vor verwundeten Soldaten des zweiten Weltkrieges, vor Schulkindern, ja sogar vor abgebrühten Halbwüchsigen beschieden war. Das lag gewiß zum guten Teil an der Persönlichkeit der Erzählerin. Aber auch der unverminderte Andrang der Studenten zu Vorlesungen auf dem Gebiet der Märchenforschung, die steigende Nachfrage nach Märchenbüchern sprechen dafür, daß diese köstlichste Gattung volkstümlicher Überlieferung, wenn auch unter völlig veränderten Lebensbedingungen, ihren Platz bewahrt. »Keines der künstlichen Kaminfeuer«, so schrieb kürzlich Hermann Bausinger, »vor denen wohlausgebildete Sprechkünstler gelegentlich Märchen vortragen, vermag den schlichten Zauber des Herdfeuers oder die flackernde Unruhe der Karawanenfeuer zu ersetzen, die einmal Atmosphäre für das Märchenerzählen schufen. Aber man sollte die Glut nicht unterschätzen, das Feuer der Phantasie und der Anteilnahme, die durch die Lektüre guter Märchenbücher noch immer entfacht werden können.« Daß diese Sammlung in ihrer neuen Gestalt dem deutschen Märchen viele neue Freunde gewinnen möge, ist auch unser aufrichtiger Wunsch.

Januar 1964 Elfriede Moser-Rath

ANHANG

Die folgenden Anmerkungen müssen sich auf das Notwendigste zu Herkunft, Typ und spezieller Literatur der einzelnen Märchen und ihrer wichtigsten Motive beschränken. Es ist also zu jeder Erzählung in Klammern die Seitenzahl der früheren zweibändigen Zaunert-Ausgabe angegeben, danach die Sammlung, aus der Zaunert den Text übernommen hatte, ferner die Typenzahl nach dem international gültigen Register von *Aarne-Thompson*, dazu die detaillierteren Verbreitungs- und Literaturnachweise des immer noch unübertroffenen Nachschlagewerkes von *Bolte-Polivka.* Die Nachweise für das deutsche Märchen hat *Kurt Ranke* in seiner Ausgabe der schleswig-holsteinischen Volksmärchen auf den neuesten Stand gebracht, weshalb auch darauf häufig verwiesen wird. Diese Standardwerke der Erzählforschung werden den interessierten Leser in jeder Hinsicht weiterführen können. Herrn Dr. Fritz Harkort in Göttingen habe ich für seine freundliche Mithilfe bei der Ermittlung von Zaunerts Quellen zu danken.

Abkürzungen

ATh = *Antti Aarne – Stith Thompson,* The Types of the Folktale. A Classification and Bibliography. Second Revision (= FFC nr. 184), Helsinki 1961.

BP = *Johannes Bolte – Georg Polivka,* Anmerkungen zu den Kinder- und Hausmärchen der Brüder Grimm. 5 Bde. Leipzig 1913–1932.

Dlm = Donaulandmärchen, s. u. *Zaunert* im Literaturverzeichnis.

FFC = Folklore Fellows Communications, Helsinki 1907 ff.

KHM = Kinder- und Hausmärchen der Brüder Grimm.

MdW = Märchen der Weltliteratur

Mot = Stith Thompson, Motif-Index of Folk-Literatur. 6 Bde. Kopenhagen 1955–1958.

Anmerkungen

1 Die Prinzessin auf dem Baum (I, 1): nach *Jahn*, Pommern und Rügen, S. 19 nr. 3 (aus Quatzow, Kr. Schlawe). Verschiedene, auch aus anderen Märchen geläufige Motive sind hier kunstreich zusammengefügt: die Besteigung eines in den Himmel reichenden Baumes als Übergang in die andere Welt, wo ein Unhold eine Prinzessin gefangenhält (ATh 371), ihr Verlust durch Übertretung eines Verbots, die Wiedergewinnung durch Erfüllung einer schwierigen Aufgabe, hier das Pferdehüten bei einer Hexe (ATh 556 F), wobei hilfreiche Tiere gute Dienste leisten (ATh 554). Zum Zauberbaum s. *Haiding* S. 432 f., zum Pferdehüten *Zaunert,* Dlm S. 294.

2 Vom Mann ohne Herz (I, 15): nach *Müllenhoff*, Schleswig-Holstein, S. 404 nr. VII (aus Mehldorf). Das aus verschiedenen Märchentypen be-

kannte Motiv von dem geheimnisvoll verborgenen Herzen eines Unholds (ATh 302) ist hier mit der Brautsuche von sieben Brüdern (ATh 303 A) verbunden. Vgl. BP 3, 431 ff., *Ranke* 1, 100; *Merkelbach-Pinck* nr. 53. S. a. nr. 11 in diesem Band.

3 Der lustige Ferdinand oder der Goldhirsch (I, 25): nach *Meier*, Schwaben, S. 188 nr. 54 (aus Bühl). ATh 854, *Ranke* 3, 189 ff. Eine siebenbürgische Variante (nach *Haltrich* nr. 41) bei *Zaunert*, Dlm S. 325.

4 Hans Wunderlich (I, 37): nach *Jahn*, Pommern und Rügen, S. 75 nr. 13 (aus Quatzow, Kr. Schlawe). Die merkwürdige Geschichte von dem Wunderkind, das einem unschuldigen Mädchen in böser Absicht angezaubert wurde, schließlich aber selbst alles zum Guten wendet und erlöst wird, ist in Europa recht weit verbreitet. Vgl. ATh 708, *Ranke* 3, 162 ff., BP 2, 236, Anm. 2. Eine siebenbürgische Variante (nach *Haltrich* nr. 20) in *Zaunert*, Dlm S. 306.

5 Die beiden Fleischhauer in der Hölle (I, 69): nach *Haltrich*, Siebenbürgen, S. 101 nr. 30. Zu ATh 480 C*. Gewöhnlich sind es, wie im Märchen von der Frau Holle (ATh 480), gute und böse Mädchen, die belohnt bzw. bestraft werden. Die Verwandlung eines zunächst unscheinbaren Geschenks in Gold ist zugleich ein geläufiges Motiv der Volkssage (vgl. Handwörterbuch des deutschen Aberglaubens 3, 925 f., 5, 79 ff.). Zur Witterung des Unholds und der formelhaften Wendung »Ich rieche Menschenfleisch« s. BP 1, 289 f.

6 Der eiserne Kasten (I, 69): nach *Jahn*, Schwänke und Schnurren, S. 48. Vgl. ATh 1381, BP 1, 527. Die Geschwätzigkeit der Frauen ist seit altersher ein beliebtes Schwankmotiv, desgleichen die Wundergläubigkeit einfältiger Leute.

7 Von dem Breikessel (I, 98): nach *Colshorn* S. 14 nr. 3 (aus Springe, Hannover). Ähnlich ATh 512*.

8 Das Kind mit dem goldenen Apfel (I, 110): nach *Kuhn*, Märkische Sagen, S. 270 nr. 5 (aus Brodewin, Altmark). Das Motiv vom goldenen Apfel hat *Zaunert* aus der Grimmschen Version dieses Märchens (KHM 54a: Hans Dumm) in die blassere Fassung von Kuhn eingefügt. Vgl. ATh 675, BP 1, 485 ff.

9 Wie der Bauer ein Doktor ward (I, 123): nach *Jahn*, Schwänke und Schnurren, S. 67. Eine Version des beliebten Schwankmärchens vom »Doktor Allwissend«. Vgl. ATh 1641, BP 2, 401 ff. Zu den Eingangsmotiven s. ATh 1241 A und Mot. J 2316.

10 Der Däumling und der Menschenfresser (I, 128): nach *Bechstein* S. 144. Diese dem bekannten Kindermärchen von »Hänsel und Gretel« (KHM 15) verwandte Version von den Kindern im Hause des Unholds (ATh 327 B) geht vermutlich auf *Perraults* »Petit poucet« zurück. Vgl. BP 1, 124 f., *Ranke* 1, 235; eine fast gleichlautende, wohl von *Bechstein* abhängige Fassung bei *Zingerle*, Süddeutschland, S. 235 ff. = *Haiding* nr. 68.

11 Der Jäger und die Schwanenjungfrau (I, 133): nach *Lemke*, Ostpreußen, 2, 204 nr. 40. Das weitverbreitete Motiv von der Schwanjungfrau (ATh 400) ist hier mit dem Motiv von den dankbaren Tieren (ATh 554) verbunden, die dem Helden mit der Gabe der Tierverwandlung seine verschwundene Frau wiederfinden und erlösen helfen. Der in mehreren Tierleibern ver-

borgene Zauberstein erinnert an das Motiv vom Herzen des Unholds im Ei (ATh 302), vgl. oben nr. 2. BP 3, 406 ff., *Ranke* 1, 282 f. Eine siebenbürgische Variante bei *Zaunert*, Dlm. S. 329; fast völlig übereinstimmend eine lothringische Version bei *Merkelbach-Pinck* nr. 5, S. 20 ff.

12 Die beiden Goldkinder (I, 141): nach *Haltrich*, Siebenbürgen, nr. 1. ATh 707, BP 2, 380 ff. *Ranke* 3, 55 ff. Deutlicher als in dieser Version kündigt sich meist schon in dem belauschten Gespräch der Mädchen die Geburt wunderbarer Kinder an. Vgl. *Köhler*, Kl. Schriften 1, 569 f. Die älteste Aufzeichnung des Märchens findet sich in der Sammlung des Italieners *Straparola* von 1550. Vgl. BP 4, 178 ff.; *Keller-Rüdiger*, Italienische Märchen (= MdW) nr. 16.

13 Siebenschön (I, 146): nach *Müllenhoff*, Schleswig-Holstein, S. 388 nr. IV (aus Puttgarden auf Fehmarn). Eine sehr poetische Version des Märchens von der verlassenen Braut (ATh 884). Vgl. BP 2, 56 ff. Zu dem in Zusammenhang mit der falschen und der rechten Braut gern gebrauchten Gleichnis vom alten und neuen Schlüssel vgl. BP 2, 59 und nr. 24 und 34 in diesem Band.

14 Wie der Teufel das Geigenspiel lernte (I, 152): nach *Kuhn*, Westfalen, 2, 276 nr. 27 (aus Hemschlar). Der furchtlose Soldat im Spukschloß erinnert an das Märchen vom »Fürchtenlernen« (ATh 326, hier ATh 326 A*); der Versuch des Bösen, das Geigenspiel zu lernen (ATh 1159), gehört in den großen Kreis der Schwänke vom geprellten Teufel.

15 Der Königssohn und die Teufelstochter (I, 155): nach *Haltrich*, Siebenbürgen, S. 90 nr. 27. Ein in vielen Zügen recht altertümlich anmutendes Märchen mit festgefügter Motivkette, von den unmöglichen Aufgaben, die der Held nur mit Hilfe der zaubermächtigen Tochter des Unholds zu lösen vermag, bis zur gemeinsamen Flucht der beiden, wobei sie sich durch das Auswerfen magischer Gegenstände, die zu unüberwindlichen Hindernissen werden, oder wie hier durch eigene Verwandlung vor den Verfolgern retten können. Vgl. ATh 313/I–III; *Antti Aarne*, Die magische Flucht (= FFC 92), Helsinki 1930, bes. S. 102 ff., *Ranke* 1, 150 ff.

16 Die Schlange (I, 164): nach *Zingerle*, Süddeutschland, S. 173 ff. (aus Absam, Tirol). Eine Variante des Märchens vom Tierbräutigam (ATh 433 B), in dieser Form vor allem für das ost- und süddeutsche Sprachgebiet bezeugt, im nordischen Bereich häufig vom »König Lindwurm« erzählt. Vgl. BP 2, 234 f., *Ranke* 2, 55, *Haiding* S. 424 zu nr. 3. In einer steirischen Version bei *Zaunert*, Dlm nr. 1, ist der verzauberte Bräutigam ein Wolf, der, weniger logisch als in der Schlangenversion, ebenfalls durch mehrfaches Häuten erlöst wird.

17 Die alte Kittelkittelkarre (I, 169): nach *Müllenhoff*, Schleswig-Holstein, S. 445 nr. XVIII (aus Marne). Eine schleswig-holsteinische Variante des Märchens von den Kindern im Hause des Unholds (ATh 327 D, vgl. oben nr. 10); eine von *Wisser* in der Mundart aufgezeichnete Version bei *Ranke* 1, 244 f. Eine verwandte tirolische Fassung bei *Zaunert*, Dlm. S. 236.

18 Vom dicken fetten Pfannekuchen (I, 176): nach *Golshorn*, S. 168 nr. 57 (aus Salzdahlum, Braunschweig). Als Beispiel für formelhafte Kettenmärchen. Vgl. ATh 2025.

19 Rinroth (I, 179 ff.): nach *Müllenhoff*, Schleswig-Holstein, S. 453 nr. XXI

(aus Plön). Dieses bisher nur in Nordeuropa und Schleswig-Holstein aufgezeichnete Märchen (ATh 581) erinnert in seinen Eingangsmotiven an die Perseussage mit dem Raub des einen Auges der Phorkidentöchter und dem Geschenk der drei Wunderdinge. Die Zusammenhänge sind bislang noch nicht erforscht. Die Tötung der Riesen mit dem Betrug des Rinroth (im Nordischen: Ritter Rod) hat sich in den deutschen Varianten den typischen Motiven des Drachentötermärchens (ATh 300) angeglichen. Vgl. *Ranke* 2, 326 ff.

20 Vater Strohwisch (I, 184): nach *Müllenhoff*, Schleswig-Holstein, S. 458 nr. 23 (aus Wrohe). Eine eigenartige Version des schon mittelalterlich bezeugten Schwankmärchens vom dummschlauen Bauern Unibos (ATh 1539). Vgl. BP 2, 10 ff.; *J. Müller*, Das Märchen vom Unibos, Jena 1934. Eine steirische Aufzeichnung bei *Zaunert*, Dlm S. 27.

21 Der Soldat und die schwarze Prinzessin (I, 189): nach *Jahn*, Pommern und Rügen, S. 92 ff. Bei *Jahn* sind die Motive von der Prinzessin im Sarg (ATh 307) mit anderen, nicht zum Typ gehörigen Episoden verknüpft, doch verzeichnet er auch andere pommerische Varianten, die sich allein auf ATh 307 beschränken. Deshalb fühlte sich *Zaunert* wohl berechtigt, dieses Kernstück der Erzählung herauszulösen. Vgl. BP 3, 534, *Ranke* 1, 147 ff. Eine Aufzeichnung aus Kärnten bei *Zaunert*, Dlm S. 160 ff.

22 Der dumme Wolf (I, 204): nach *Kuhn*, Märkische Sagen, S. 299. Wie häufig in der volkstümlichen Überlieferung verbinden sich hier mehrere, z. T. schon mittelalterlich bezeugte Tiergeschichten, in denen der sonst so gefürchtete Wolf die Rolle des immer wieder genarrten Dummen spielt (ATh 4 + 122 J + 122 K + 122 A). Vgl. auch BP 2, 117, 207; *A. Amend*, Deutsche volkstümliche Tiermärchen und ihre Zyklenbildung. Diss. Marburg 1955.

23 Die Geschichte von der Metzelsuppe (I, 207): nach *Meier*, Schwaben, S. 236 nr. 66 (aus Lustnau und Bühl). Das erste Motiv vom geizigen Pfarrer (ATh 1792) findet sich schon im Schwank- und Exempelbuch des elsässischen Geistlichen *Johannes Pauli*, Schimpff und Ernst (1522, hg. v. *J. Bolte*, Berlin 1924, nr. 790); der makabre zweite Teil (ATh 1536 A) ist dem »Schwank von der viermal getöteten Leiche« verwandt, den *Suchier* (Halle a. S. 1922) eingehend untersucht hat.

24 Die Seidenspinnerin (I, 211): nach *Kuhn* und *Schwartz*, Norddeutsche Sagen, S. 347 nr. 11 (aus dem Havelland). Eines der schönen, weitverbreiteten Märchen von der Suche nach dem verlorenen Gatten aus dem großen Zyklus des »Tierbräutigam«, nach der ältesten Version des römischen Dichters Apuleius auch häufig als »Amor-und-Psyche-Märchen« bezeichnet (ATh 425). Vgl. *Jan-Öjvind Swahn*, The Tale of Cupid and Psyche, Lund 1955 (Variante GG 21). Zum Schlüsselgleichnis vgl. nr. 13 in diesem Band.

25 Die russische Finetee und die russische Galethee (I, 216): nach *Jahn*, Pommern und Rügen, S. 266 nr. 52 (aus Petznick, Kr. Pyritz). Eine alte, literarisch und mündlich weitverbreitete Diebsgeschichte mit Motiven der schon von Herodot überlieferten Geschichte vom Schatzhaus des ägyptischen Königs Rhampsinit (ATh 950). Zum Motiv vom Zauberstab, der jeden zwingt, die Wahrheit zu sagen, vgl. ATh 1391; andere Einzel-

heiten gehören zum Motivkreis des »Meisterdieb« (ATh 1525 G I und 1525 D). Vgl. auch BP 3, 395 ff. und *Ranke* 3, 313 ff.

26 Die verwünschte Prinzessin (I, 237): nach *Ey*, Harzmärchen, S. 64. Ein seltenes Märchen vom »dankbaren Toten«, der seinem Wohltäter eine Prinzessin aus der Gewalt eines Dämons befreien hilft (ATh 507 A). Die nächtlichen Ausflüge des verzauberten Mädchens erinnern an das Märchen von den zertanzten Schuhen (ATh 306). Vgl. BP 3, 83 f., *Ranke* 2, 116; *Sven Liljeblad*, Die Tobiasgeschichte und andere Märchen mit toten Helfern, Lund 1927.

27 Das blaue Band (I, 250): nach *Müllenhoff*, Schleswig-Holstein, S. 416 nr. XI. *Zaunert* hatte in seiner Ausgabe die Übeltaten der Mutter dem Riesen angelastet, wodurch ein Grundzug des Märchens (ATh 590) verwischt wurde. Wir sind darum auf den Text bei *Müllenhoff* zurückgegangen. Vgl. BP 1, 551 f., 3, 1 ff., *Ranke* 2, 330.

28 Der schnelle Soldat (I, 257): nach *Ey*, Harzmärchen, S. 165 ff. Ein vor allem im europäischen Norden und Osten verbreitetes Märchen von der Gabe der Tierverwandlung (ATh 665). Vgl. *Ranke* 2, 387 f.

29 Warum das Meerwasser salzig ist (I, 266): nach *Colshorn* S. 173 nr. 61 (aus Hannover und Leer). Ein aitiologisches (naturerklärendes) Märchen. Schon in der Edda wird von der Wundermühle Gretti berichtet, mit der zwei Riesinnen auf dem Meeresgrund unaufhörlich Salz mahlen. Vgl. *Friedrich v. d. Leyen*, Das Märchen in den Göttersagen der Edda, Berlin 1899, S. 59; BP 2, 439 f., *Ranke* 2, 257.

30 Der Ritt auf den Glasberg (I, 268): nach *Bartsch*, Mecklenburg, 1, 492 nr. 10 (dort kürzer gefaßt, aus der Umgebung von Wittenburg). Die Bezwingung eines gläsernen Berges, hier das Hauptmotiv (ATh 530), kehrt auch in vielen anderen Märchen wieder, ja der Glasberg mag überhaupt als ein Signum der anderen, märchenhaften Welt gelten. Vgl. *Inger Beberg*, Prinzessen på glasbjœrget, in: Danske Studier 1928, S. 16 ff.; BP 3, 111 f., 340; *Ranke* 2, 146 ff.

31 Der Zaubertopf und die Zauberkugel (I, 274): nach *Vernaleken*, S. 74 nr. 17. Zum großen Kreis der Geschichten von den wunscherfüllenden Zaubergaben gehörig. Vgl. ATh 591 und 563; BP 2, 361, *Ranke* 2, 245; *Antti Aarne*, Die Zaubergaben, Helsingfors 1909.

32 Das Borstenkind (I, 286): nach *Haltrich*, Siebenbürgen, S. 134 nr. 44 (aus Schässburg). Eine weitere Variante zum Amor-und-Psyche-Märchen (ATh 425), vgl. oben nr. 24. *Swahn* (s. d.) führt die Fassung unter GG 33.

33 Der Federkönig (I, 297): nach *Haltrich*, Siebenbürgen, S. 40 nr. 13. Eine volkstümliche Variante zum beliebten Kindermärchen vom »Gestiefelten Kater« (KHM 24, ATh 545 B), das auf *Perrault* zurückgeht. Vgl. BP 3, 487, *Ranke* 2, 189 f.

34 Goldmariken und Goldfeder (I, 303): nach *Müllenhoff*, Schleswig-Holstein, S. 395 nr. VI (aus einer Fehmarner und einer Dithmarscher Fassung zusammengefügt). Eine weitere Fassung des Märchens von der »magischen Flucht« (vgl. nr. 15 dieses Bandes), hier jedoch vollständiger mit den Motiven von der vergessenen Braut verbunden (ATh 313). Zum Schlüsselgleichnis vgl. oben nr. 13; sehr altertümlich ist das Motiv vom

zurückgelassenen Speichel (oft auch Blutstropfen u. a.), der für die Entflohenen antwortet. Vgl. BP 2, 527.

35 Das Zauberroß (I, 333): nach *Haltrich,* Siebenbürgen, S. 30 nr. 10. Eine Verbindung von Drachentötermotiven (ATh 300) mit dem Märchen vom klugen, hilfreichen Pferd (ATh 531). Vgl. BP 3, 18 f., *Ranke* 2, 177 ff. Verwandt auch *Haltrich* nr. 21 = *Zaunert,* Dlm S. 315 ff.

36 Undank ist der Welt Lohn (I, 341): nach *Pröhle,* Märchen f. d. Jugend, S. 8. Eine schon aus dem Fabelkreis des Äsop und der mittelalterlichen Exempelliteratur bekannte Tiergeschichte orientalischer Herkunft (ATh 155), die auch recht häufig aus mündlicher Überlieferung aufgezeichnet wurde. Vgl. BP 2, 420.

37 Die schönste Braut (I, 343): nach *Vernaleken* S. 287 nr. 51 (aus Nikolsburg, Mähren) = *Haiding* nr. 21. Ähnlich wie in Nr. 11 ist hier der Mann auf der Suche nach seiner entschwundenen Gattin, die er trotz des Verbots während ihrer periodischen Tierverwandlung beobachtet hat (Melusinenmotiv). Vgl. *Ranke* 1, 282 ff. Merkwürdig ist, daß »Tod und Tödin«, die eben für den böhmisch-mährischen Raum typische weibliche Todesgestalt, an der Hochzeit teilnehmen. Vgl. *Josef Hanika,* Die Tödin. Eine Sagengestalt der Kremnitz-Deutschprobener Sprachinsel, in: Bayerisches Jahrbuch f. Volkskunde 1954, S. 171 ff.

38 Das Schneiderlein und die drei Hunde (I, 351): nach *Wolf,* Deutsche Hausmärchen, S. 9. Auf den ersten Blick vielleicht nicht erkennbar, handelt es sich um eine Variante des Drachentötermärchens (ATh 300/I–IV): Der Kampf gegen die Riesen, die des öfteren für den Drachen stehen, die Hilfe dreier Hunde, das Festbannen des Unholds sind charakteristische Motive dieses Typs. Vgl. *Kurt Ranke,* Die zwei Brüder (= FFC nr. 114), Helsinki 1934 (Variante GG 81); BP 1, 547 ff.

39 Die Prinzessin von Tiefental (I, 355): nach *Wolf,* Deutsche Hausmärchen, S. 16 (aus dem Odenwald). Die Erlösung der Prinzessin erfolgt hier durch drei qualvolle Nächte des Helden im verzauberten Schloß (ATh 401), darauf folgen Verlust und mühevolle Suche der Verlorenen wie in nr. 11 und 37. Vgl. BP 2, 335 ff. zu KHM 93 »Die Rabe«.

40 Die Krönlnatter (I, 372): nach *Zingerle,* Tirol, S. 15 nr. 3 (aus dem Unterinntal). Vgl. ATh 672 C, BP 2, 436 f. Von der glückbringenden Schlangenkrone wird auch in vielen Sagen Süddeutschlands erzählt: s. Handwörterbuch des deutschen Aberglaubens 7, 1176 f. Vgl. auch *Merkelbach-Pinck* S. 291 nr. 52.

41 Glück und Verstand (II, 1): nach *Haltrich,* Siebenbürgen, S. 130 nr. 42. Vgl. ATh 945. Die Erzählung von der verdüsterten Königstochter, die durch die Geschichte von der hölzernen Puppe zum Lachen und zum Reden gebracht wird, ist vermutlich indischen Ursprungs. Vgl. *Friedrich v. d. Leyen,* Indische Märchen, Halle 1898, S. 145; BP 3, 53 f., *Ranke* 3, 312.

42 Donner, Blitz und Wetter (II, 25): nach *Meier,* Schwaben, S. 29 nr. 6 (aus Kirchheim a. d. Teck). Dem Märchen von den »Tierschwägern« (ATh 552) verwandt, verbunden mit Motiven von hilfreichen Tieren (ATh 554) und dem Pferdehüten bei einer Hexe (ATh 556 F) ähnlich wie in nr. 1 dieses Bandes. Vgl. BP 3, 429 f.

43 De Koenigin un de Pogg' (II, 41): nach *Jahn,* Pommern und Rügen,

S. 31 nr. 5 (in der Mundart erzählt von einer Pastorenfrau im Kreis Lauenburg). Eine Variante des Märchens vom »Froschkönig« (KHM 1, ATh 440); vgl. BP 1, 1 ff., *Ranke* 2, 55 f.

44 Das goldne Königreich (II, 67): nach *Wolf*, Deutsche Hausmärchen, S. 40. Wieder eine Variante zum Märchen von der Suche nach der verlorenen Geliebten (vgl. nr. 11, 37, 39), doch ist die Prinzessin hier in eine Hinde verwandelt (ATh 401 A).

45 Das Pomeranzenfräulein (II, 78): nach *Zingerle*, Tirol (2. Aufl. 1870), S. 49 nr. 11 = *Haiding* nr. 26. Ein im deutschen Sprachgebiet recht selten aufgezeichnetes Märchen (ATh 408), das schon im »Pentamerone«, einer 1634–36 erschienenen Märchensammlung des Italieners *Giambattista Basile* zu finden ist und wohl auch vom Süden her nach Bozen gelangt. *Prokofieff* verwendete den Stoff für seine Oper »Die Liebe zu den drei Orangen«. Das Motiv von der Braut, die von einer Nebenbuhlerin oder deren böser Mutter durch eine Zaubernadel in eine Ente oder Taube verwandelt wird, begegnet jedoch auch in anderen Märchen, so etwa in KHM 11, 89 und 135. Vgl. auch *Zaunert*, Dlm S. 263 ff.

46 Das kleine alte Männlein (II, 110): nach *Wolf*, Deutsche Märchen S. 43 nr. 9. Eine niederrheinische Version des Legendenmärchens von den Wünschen des Armen und des Reichen (ATh 750 A). Vgl. BP 2, 210 ff., *Ranke* 3, 91 ff.

47 Werweiß? (II, 113): nach *Zingerle*, Tirol, S. 138 nr. 28 (aus Bozen) = *Haiding* nr. 63. Eine Sonderform des Märchens vom »Eisenhans« (KHM 136, ATh 502 u. 314), bei ATh unter nr. 532 eigens geführt. Vgl. BP 3, 94 ff., *Ranke* 1, 169; eine gute Zusammenstellung der alpenländischen Überlieferung dieses Märchentyps gibt *Haiding* S. 419.

48 Die drei Brüder und der Hüne (II, 165): nach *Haltrich*, Siebenbürgen, S. 117 nr. 37. Der Kampf der drei Hirten gegen den Hünen erinnert an die antike Überlieferung vom Riesen Polyphem (ATh 1137). Vgl. BP 3, 374 ff.; *Hackman*, Die Polyphemsage in der Volksüberlieferung, Helsingfors 1904.

49 Die Tiere auf der Kirchweih (II, 175): nach *Haltrich*, Siebenbürgen, S. 209 nr. 90.

50 Alles glaubt der König doch nicht: nach *Vernaleken*, S. 232 nr. 43. Eine niederösterreichische Variante des Märchens von der Lügenwette (ATh 852), für eine von *Zaunert* (II, 153) aus dem Flämischen übersetzte Version des gleichen Typs eingesetzt. Vgl. BP 2, 510 f., *Ranke* 3, 170 f.

51 Griseldele (II, 186): nach *Zingerle*, Süddeutschland, S. 291. Eine volkstümliche Version des sehr beliebten Volksbuchstoffes von der geduldigen Griseldis (ATh 887). Vgl. *Käte Laserstein*, Der Griseldisstoff in der Weltliteratur, Weimar 1926; *Ranke* 3, 229.

52 Die Zwerchpfeife (II, 197): nach *Wolf*, Deutsche Hausmärchen, S. 225 ff. Eine Kontamination des Motivs von der Wunderpfeife (oder Geige), die alle Leute zum Tanzen bringt (ATh 592), mit Zügen des Märchens vom »Fürchtenlernen« (ATh 326) und des Schwankmärchens vom Teufel und dem listigen Schmied (ATh 330, s. u. nr. 54 dieses Bandes). Vgl. BP 2, 490 ff., *Ranke* 2, 340 ff.

53 Die Räuberbraut (II, 206): nach *Hoffmeister*, Hessische Volksdichtung,

S. 26 nr. 26. Wiewohl kein eigentliches Märchen, ist diese spannende Räubergeschichte (ATh 956 B) doch in viele Märchensammlungen aufgenommen worden. Vgl. BP I, 373, *Ranke* 3, 357 ff.

54 Der Schmied und der Teufel: nach *Colshorn*, S. 248 nr. 89 (aus Donnern). Für eine von *Zaunert* (II, 210) aus dem Flämischen übertragene Version gleichen Typs (ATh 330) eingesetzt. BP 2, 149 ff., *Ranke* 1, 245.

55 Die Königstochter in der Flammenburg (II, 217): nach *Haltrich*, Siebenbürgen, S. 67 nr. 22.

56 Der dumme Hans (II, 233): nach *Bünker*, S. 17 nr. 7 (von einem ungewöhnlich begabten Märchenerzähler, dem Straßenkehrer *Tobias Kern* in Ödenburg). Eine Verbindung mehrerer Schwankmotive: vom guten Handel (ATh 1642), von der Fliege auf des Richters Nase (ATh 1586) und vom Schatz in der zerbrochenen Heiligenstatue (ATh 1643); vgl. BP 1, 59 u. 519. –

Bünker hat seine Aufzeichnungen stets in der heanzischen Mundart, einem eigentümlichen Dialekt des deutsch-ungarischen Grenzgebiets, dem heutigen Burgenland, niedergeschrieben, wovon ein kürzeres Stück in *Zaunerts* Donaulandmärchen, S. 272 ff. zu finden ist. *Bünkers* Transkription des Heanzischen ist etwas mühsam zu lesen. Hier nur eine Probe: Ta' tummi Håns. As wåa' an-åam's Pauan'waip. Tås wåa' a Witfrau. Tëi håt an åañzinga' Sun g'håpt, tea håt Håns g'håass'n, tea' wåa' hålt plitztumm. Naiñzëija' Jåa' wåar-a' schouñ ålt. Sou wåa' 's za' Summa's-zait, sou sagt saiñ' Muida': »I wia' ti' in t'Stadt schicka'.« Hiatz håt s' 'n a recht's Hëif'n vull Hëinich g'gëib'm zan va'kaffa'. Hiatz håt s' g'sågt: »Muisst hålt ni't z'vüll rëid'n låss'n.« Si håt g'måañt, ni't z'vüll hånd'ln låss'n. – Hiatz kimmpt a' hålt in t'Stådt aini va tëin Tån'f. Schrait a': »Kaft's mar-an Hëinich a'!« – Såg'n t'Lait': »Was koust't 's tëinn?« – Sagt a': »Åwa', Ëis håpt 's ma schouñ z'vüll g'rëid't.« – Såg'n t'Lait: »Åwa', fråg'n wia't ma' wull teaf'n, was 's koust't?« – »Åwa'«, sagt a', »hiatz håpt's ma' schouñ gåa' z'vüll g'rëidt.« usw.

57 Der Pfiffigste (II, 236): nach *Wolf*, Deutsche Hausmärchen, S. 355 ff. Eine volkstümliche Version der Novelle von der Wette um die Treue der Kaufmannsfrau (ATh 882), die sich als 9. Erzählung des 2. Tages im Decamerone des *Boccaccio* findet, vermutlich aber noch älter ist. Vgl. *Köhler*, Kl. Schriften 1, 211 f. Weitere Nachweise bei *Ranke* 3, 217 f.

58 Die junge Gräfin und die Wasserfrau (II, 254): nach *Meier*, Schwaben, S. 165 nr. 48 (aus Heubach). Ähnlich wie im Märchen vom Marienkind (KHM 3) die Muttergottes die Geschicke des armen Mädchens lenkt, hilft hier die Wasserfrau mit Zaubergaben und rettet die Kinder der verleumdeten Gräfin (ATh 706 A). Das Erscheinen der prächtig gekleideten Küchenmagd beim Fest des Königssohns erinnert an das Aschenputtel (ATh 510).

59 Der Hasenhirt (II, 260): nach *Jahn*, Schwänke, S. 87. Dort ist die Version eingangs mit dem Motiv vom freigelassenen wilden Mann aus dem Goldenermärchen (ATh 502/I) verbunden. *Zaunert* hat dieses durch einen dem Märchen vom listigen Hasenhirt (ATh 570) gemäßeren Anfang ersetzt. Vgl. BP 3, 267 ff., *Ranke* 2, 264 ff.

60 Holtmul (II, 299): nach *Colshorn*, S. 252 nr. 90.

Literatur

Bartsch, Karl, Sagen, Märchen und Gebräuche aus Mecklenburg. 2 Bde. Wien 1879.

Bechstein, Ludwig, Deutsches Märchenbuch. Leipzig 1845.

Bünker, J. R., Schwänke, Sagen und Märchen in heanzischer Mundart. Leipzig 1906.

Colshorn, C. und *Th.,* Märchen und Sagen. Hannover 1854.

Ey, August, Harzmärchenbuch, oder Sagen und Märchen aus dem Oberharze. Stade 1862.

Haiding, Karl, Österreichs Märchenschatz. Wien 1953.

Haltrich, Josef, Deutsche Volksmärchen aus dem Sachsenlande in Siebenbürgen (1856). Jubiläumsausgabe. München 1956.

Hoffmeister, Philipp, Hessische Volksdichtung in Sagen und Mährchen, Schwänken und Schnurren. Marburg 1869.

Jahn, Ulrich, Schwänke und Schnurren aus Bauern Mund. Berlin 1890.

–, Volksmärchen aus Pommern und Rügen. Norden u. Leipzig 1891.

Köhler, Reinhold, Kleinere Schriften zur Märchenforschung, hg. von J. Bolte. Weimar 1898–1900.

Kuhn, Adalbert, Märkische Sagen und Märchen. Berlin 1843.

–, Sagen, Gebräuche und Märchen aus Westfalen. 2 Bde. Leipzig 1859.

Kuhn, A. und *Schwartz, W.,* Norddeutsche Sagen, Märchen und Gebräuche. Leipzig 1848.

Lemke, Elisabeth, Volksthümliches aus Ostpreußen. 2. Teil. Mohrungen 1887.

Meier, Ernst, Deutsche Volksmärchen aus Schwaben. Stuttgart 1852.

Merkelbach-Pinck, Angelika, Lothringer Volksmärchen (= MdW). Düsseldorf-Köln 1961.

Müllenhof, Karl, Sagen, Märchen und Lieder der Herzogthümer Schleswig, Holstein und Lauenburg. Kiel 1845.

Pröhle, H., Märchen für die Jugend. Halle 1854.

Ranke, Kurt, Schleswig-Holsteinische Volksmärchen. 3 Bde. Kiel 1955 bis 1962.

Vernaleken, Theodor, Österreichische Kinder- und Hausmärchen. Wien 1864.

Wolf, J. W., Deutsche Märchen und Sagen. Leipzig 1845.

–, Deutsche Hausmärchen. Göttingen 1851.

Zaunert, Paul, Deutsche Märchen aus dem Donauland, hg. (= MdW). Düsseldorf-Köln 1958.

Zingerle, Ignaz und *Joseph,* Kinder- und Hausmärchen aus Tirol. Innsbruck 1852.

–, Kinder- und Hausmärchen aus Süddeutschland. Innsbruck 1854.

INHALT